인구에서
인간으로

일러두기

1. 2023년 방영된 EBS 다큐프라임 3부작 〈저출생 보고서 – 인구에서 인간으로〉 제목에 들어간 '인구에서 인간으로'를 책 제목으로 활용하였다.
2. 맞춤법과 외래어 표기는 국립국어원 맞춤법과 외래어 표기법을 따랐다.
3. 국내 번역 출간된 책은 한국어판 제목으로 표기했으며, 미출간 도서는 원어를 병기했다.
4. 단행본, 논문 등은 《 》로, 영화, 드라마, 신문, 잡지, 노래 등은 〈 〉로 표시했다.
5. 저작권 허가를 받지 못한 일부 작품 등에 대해서는 추후 저작권이 확인되는 대로 절차에 따라 계약을 맺고 그에 따른 저작권료를 지불하겠다.

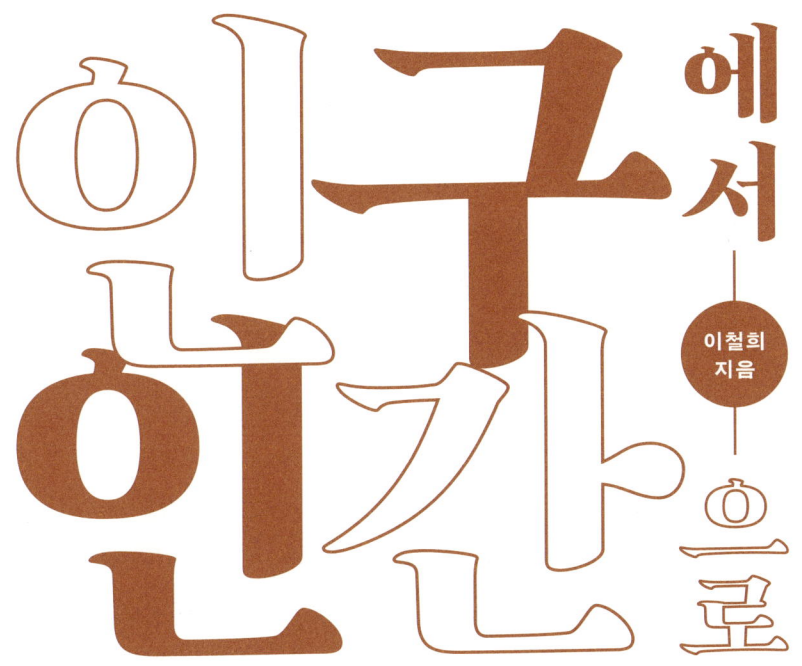

인구에서 인간으로

이철희 지음

아이가 태어나지 않는 나라,
인구위기 대한민국이 새롭게 나아갈 길

위즈덤하우스

• **머리말**

《일할 사람이 사라진다》를 출간한 지 1년 반 만에 두 번째 대중서 《인구에서 인간으로》를 내놓게 되었다. 첫 책이 인구변화로 장차 한국 사회가 당면할 사회경제적 불균형 문제를 다루었다면, 이번 책은 인구변화의 주된 동인(動因)으로 작용하는 가파른 출생아 감소 문제를 자세하게 들여다본다.

이 두 책이 다루는 주제는 한국 인구문제의 양대 기둥이라고 할 수 있다. 인구변화의 원인과 결과에 해당하기 때문이다. 인구정책의 관점에서도 '저출산 완화'와 '인구변화 대응'은 어느 하나 포기할 수 없는 중요한 두 가지 목표이다. 둘은 서로 복잡하게 얽혀 있기도 하다. 출생아 수 감소 추이가 완화된다면 우리가 대응 혹은 적응해야 하는 인구변화의 미래가 변할 수 있다.

출판사 편집인의 권유가 없었다면 필자는 아마도 이번에 내는 책을 먼저 집필했을 것이다. 우선 '원인'을 살펴보고 다음으로 '결과'를 전망하는 일이 어쩐지 순서에 맞을 것 같아서였다. 그러나 편집인의 생각은 달랐다. 한국의 출생아 수 감소 문제가 너무 오래, 너무 많은 사람이 생각하고 이야기해온 내용이어서 이에 관한 어떤 책도 그다지 신선하게 받아들여지지 않으리라고 예상했다. 첫 대중서를 준비하는 출판계의 초보자로서 필자는 이 의견에

동의할 수밖에 없었다. 많은 사람은 매년 반복되는 출생아 수 역대 최저치 경신 소식에 익숙해졌고 인구위기 공포 마케팅에 대한 내성도 보유하게 되었다. 또한 대다수 사람은 이미 인구문제에 대한 그 나름의 생각과 해답을 지닌 듯하다. 결혼과 출산은 모두에게 익숙한 사회현상이다. 본인의 경험과 주변에서 본 사례가 넘쳐나고 드라마와 소설의 단골 소재이기도 하다. 이미 잘 알고 있는 문제에 관한 책을 굳이 사서 읽을 필요는 없어 보인다.

그러나 인구 연구자로서 필자의 생각은 다르다. 출생아 수 감소 문제에 관하여 아직 사람들이 모르거나 오해하는 내용이 많다. 합리적인 정책 수립에 필요하지만 아직 믿을 만한 연구가 이루어지지 않은 사안들도 적지 않다. 모두가 상식처럼 받아들이는 주장이 사실과 다른 사례들도 있다. 개인의 경험이 전체 국민의 일반적인 경험과 늘 같지는 않다.

사실 결혼과 출산에 관한 필자의 연구는 이를 확인하는 과정이었다. 박사과정 학생이던 1990년대 초부터 인구문제를 연구했지만 2009년까지 필자의 주된 연구 관심사는 건강, 사망, 고령화, 인구이동 등이었다. 결혼과 출산 문제는 생산자(연구자)가 아닌 소비자(강의자)로서 다른 연구자의 책과 논문을 읽고 정리하고 강의하는 데 만족했다.

그런데 필자가 대학에서 담당한 '인구와 경제' 수업에서 한국의 출산율 저하 요인에 관한 강의를 준비하다가 막히는 부분이 생겼다. 출산율 하락이 결혼의 감소 때문인지 결혼한 사람들의 출산율(유배우 출산율) 감소 때문인지를 알려주는 연구를 찾을 수 없었다.

당시의 일반적인 믿음은 유배우 출산율 감소가 출산율 하락의 주된 요인이라는 것이었다. 이는 19세기 말 이후 서구의 출산율 변화가 주로 유배우 출산율 하락으로 발생했다는 데에서 생겨난 믿음일 것이다.

필자는 이 질문에 대한 답을 찾기 위해 1년에 걸쳐 새로운 데이터를 구축하고 분석하는 작업을 했다. 결과는 뜻밖이었다. 한국에서는 결혼의 감소가 장기적인 출산율 감소의 주된 요인으로 작용한 것이다. 오랜 믿음이 깨지는 순간이었고 필자가 본격적으로 결혼과 출산에 관한 연구에 발을 들여놓게 된 계기였다. 이제는 많은 사람이 결혼의 감소가 출산율 하락의 중요한 원인임을 이해하고 있고 결혼을 지원하는 정책도 마련되고 있다.

마찬가지로 많은 사람이 한국의 저출산 대응 정책은 효과를 내지 못한다고 믿는다. 엄청난 재원을 투입했지만 합계출산율이 높아지지 않았기 때문이다. 필자는 이에 대한 좀 더 확실한 근거를 찾고 싶었다. 직접 새로운 데이터를 만들고 적절한 방법을 도입하여 정책의 효과를 분석하는 연구를 수행했다. 필자가 얻은 결과는 일반적인 믿음과 달리 다양한 유형의 저출산 대응 정책이 어느 정도 긍정적인 효과가 있었음을 보여주었다. 또한 누구에게, 어떤 조건에서 더 효과적이었는지를 알려주었다. 이는 '인구정책 무용론'에 대한 반론의 근거를 제공했을 뿐만 아니라 정책을 보완하고 개선하는 데에도 유용하게 쓰일 수 있었다.

이러한 경험을 통해 필자는 인구문제를 더 깊이 이해하고 더 넓게 조망하는 일이 여전히 필요하며 매우 중요하다고 믿는다. 이는 한국이 당면한 인구위기에 합리적·효과적으로 대응하는 방안을 마련하는 기초가 된다. 또한 인구문제나 인구정책을 둘러싼 정치적·사회적 이견을 좁히고 갈등을 완화하는 데에도 도움을 줄 수 있다. 인구변화로 인해 지금과는 달라질 미래 사회를 내다보고 준비하는 출발점이기도 하다.

이 책은 필자가 지난 16년간 한국의 출생아 수 감소 문제를 연구하고 생각해온 결과물이다. 인구문제에 대한 각종 콘텐츠가 넘쳐나는 상황에서 새로운 책을 내는 게 무슨 의미가 있을까? 이 책이 새롭게 내세울 수 있는 장점은 무엇일까? 세 가지를 들고 싶다.

첫째로, 인구문제를 깊이 이해하기 위해 최대한 엄밀한 방법을 통해 얻은 실증적인 증거와 합리적인 추론에 기초하여 책을 썼다. 책 속에는 필자가 데이터를 구축하고 분석하여 작성한 수십 편의 논문과 보고서의 내용이 녹아 있다. 여러 가지 친근한 사례를 들어가며 친절하게 설명하기 위해 애썼지만 객관적·수량적 근거의 테두리를 벗어나지 않고자 했다.

둘째로, 인구문제를 넓게 조망하기 위해 가능한 한 통합적·장기적 시각을 갖고자 노력했다. 출생아 수 감소 문제를 균형 있게 분석하기 위해 보육, 교육, 노동, 주거, 의료, 복지, 성평등, 문화 등 서로 이질적인 요인들을 통합적으로 살펴보았다. 오랜 기간 형성된 사회구조와 문화의 영향을 받아 나타나는 인구 현상을 정확하게 이해하기 위해 과거 수십 년간의 경험까지 소환하여 분석하였다. 또한 출생아 수 감소로 달라질 미래 사회의 모습을 전망하는 작업도 수행하였다.

마지막으로 한국의 일반성과 특수성을 균형 있게 고려하고자 시도하였다. 한국의 출생아 수 감소 현상에는 다른 선진국의 역사적인 경험과는 다른 특수성이 존재하므로, 일반적인 사례를 배경으로 생성된 이론이나 다른 국가에서 얻은 실증적인 결과를 적용하기 어려운 면이 있다. 이 책에서는 한국 사회 고유의 구조적 요인이 결혼과 출산에 미치는 영향을 최대한 면밀하게 살펴보았다. 또한 거의 모든 실증적인 근거를 한국의 사례와 데이터로부터 얻었다.

요컨대 필자는 이 책에서 최대한 과학적·실증적 근거에 기초하고, 한국의 보편성과 특수성을 균형 있게 고려하면서, 한국의 인구문제에 통합적·장기적으로 접근하기 위해 애썼다. 그렇게 함으로써 한국의 인구문제를 더 정확하고 깊게 이해하고, 인구위기에 합리적으로 대응하는 방안을 마련하는 데 보탬이 되고자 노력하였다. 이 책을 통해 독자들은 전에 들어보지 못했던 새로운 사실을 알게 되고, 또 막연하게 알고 있었던 내용을 더 자세하고 확실하게 이해할 수 있으리라 기대한다.

책은 총 9장으로 구성되었고 크게는 4부로 구분된다. 1부는 이 책의 빌드업(build-up) 역할을 한다. 1장은 한국의 출생아 수 감소 문제와 관련된 중요한 이견과 갈등의 내용을 정리하고, 이를 해소하기 위해 풀어야 할 과제를 던진다. 2장은 선진국이 보편적으로 경험한 장기적인 출산율 감소의 원인을 설명하고 한국의 사례가 얼마나 특수한지 살펴본다.

2부는 한국의 출생아 수 감소 원인을 모색한다. 3장은 여성인구, 결혼, 출산 등 각 인구학적 요인을, 4장은 교육비, 주거비, 고용 및 일자리의 질 등 경제적 요인을, 5장은 여성의 변화와 성평등, 세대 간 격차, 이웃과 동료의 영향 등 사회적·문화적 요인을 다룬다. 아울러 이러한 요인들의 심층에 자리한 한국 사회의 불평등과 경쟁, 압축적인 성장의 영향도 파헤친다.

3부는 한국의 저출산 대응 정책을 평가한다. 6장은 지난 20년간의 저출산 대책이 과연 아무런 효과를 얻지 못했는지를 심층적으로 분석한다. 7장은 기존 정책의 문제점들을 지적하고 어떻게 하면 더 잘할 수 있었을지를 생각해본다.

4부는 아이가 줄어드는 사회의 미래를 내다본다. 8장은 출생아 수가 줄면서 장차 발생할 여러 가지 사회경제적 문제들을 진단한다. 마지막 장은 아이들이 사라지는 사회의 미래를 지켜내기 위해 우리가 해야 할 일들을 짚어본다.

본문의 첫 장을 열기 전에 독자들에게 알릴 사항이 몇 가지 있다. 첫째는 용어에 관한 것이다. 근래에 '출산율'이나 '저출산'이라는 용어에 대한 거부감이 제기되면서 이를 '출생률'과 '저출생'으로 바꾸어 부르는 경향이 있다. 이는 여성만을 아이 낳고 키우는 주체로 보고, 여성에게 출생아 수 감소의 책임을 떠넘기는 듯한 국가와 사회의 태도에 대한 거부감으로 풀이된다. 아이를 낳고 키우는 일은 남녀 모두, 더 나아가 사회 전체의 책임이다. 따라서 필자 역시 그 책임을 여성에게 전가하는 생각이나 행위는 잘못되었다고 생각한다.

그러나 출산율이나 저출산 같은 용어 자체에는 잘못이 없다. 그저 무미건조한 학술용어일 뿐이다. 더욱이 출산율과 출생률은 별개의 인구 지표이다. 산출하는 방법도, 의미하는 바도 다르다. 또한 '저출산'이나 '초저출산' 등을 정의하는 데에는 명확한 기준이 있지만 '저출생'에는 그러한 기준이 존재하지 않는다. 그러므로 학술적인 관점에서 볼 때 이들을 서로 바꾸어 쓰기가 적절하다고 보기는 어렵다. 따라서 인구문제 연구자인 필자로서는 정확한 용어를 쓰지 않을 수 없었다. 혹시라도 불편하게 느낄 독자들에게는 너른 양해를 구한다.

둘째로, 연구 방법과 결과에 관한 것이다. 필자는 본문에서 책 내용의 기초가 된 연구의 방법을 간략하게 설명하고 결과를 담은 도표를 제시하였다. 중요한 분석의 더 상세한 방법은 수식과 함께 부록에 수록하였다. 널리, 쉽게 읽힐 수 있어야 한다는 대중서의 덕목을 다소 훼손하는 결정이지만, 필자가 주장하는 내용의 기본 근거를 독자에게 충분히 제시하는 것이 옳다고 판단했다.

필자로서는 이들을 최대한 이해하기 쉽게 풀어쓰려고 노력했지만, 적잖은 독자들에게는 이 내용을 소화하기가 다소 성가시게 느껴질 수 있다. 이럴 경우 연구 방법에 관한 내용과 도표는 그냥 건너뛰어도 무방하겠다. 그렇게 해도 주된 논지를 이해하는 데 큰 문제가 없도록 본문을 서술하였다. 반대로, 설명이 충분치 못하다고 느끼는 독자는 주석에 출처로 제시된 논문과 보고서를 참고하기 바란다.

책의 제목《인구에서 인간으로》는 2023년 1월 방영된 EBS 다큐프라임 3부작 〈저출생 보고서-인구에서 인간으로〉에서 따온 것이다. 아이가 줄어드는 나라의 미래를 지켜내는 데 필요한 한국 사회의 변화 방향을 함축하는 제목이라고 생각했다. 이 프로그램에 출연했을 때 필자는 '아이들이 인구를 채우는 존재가 아니라 인간으로서 존중받는 사회'로 전환할 필요성을 강조한 바 있다. 이제 오랜 연구와 생각의 결과를 담아 왜 그렇게 해야 하는지, 어떻게 그럴 수 있을지를 자세히 설명하고자 한다. 아무쪼록 이 책이 한국 사회가 바람직한 방향의 변화를 이루어서 인구변화의 미래를 지켜내는 데 보탬이 되기를 희망한다.

2025년 가을의 흐린 일요일
이철희

차례

머리말   4

1부   아이가 사라지는 나라

1장   외줄 위에서 중심 잡기   19
위기의 원인인가? 문제의 결과인가?   23
다산의 과거가 마냥 아름답지만은 않았다   28
출산율이 낮아져서 일어난 긍정적인 변화들   33
파국의 미래는 확정되지 않았다   38
국가는 출산율을 높일 수 있을까?   44
그럼에도 불구하고 출산 지원 정책은 필요하다   52
근거 없는 공포를 넘어 근거 있는 행동으로 나아가려면   58

2장   가족과 아이를 원하지 않는 시대   62
'우울한 학문'의 시각으로 보는 가족의 변화   65
경제학적으로 결혼이 '미친 짓'이 된 이유   69
적게 낳아 공들여 기르는 사회 풍조의 확산   75
한국의 초저출산 현상은 특별하고 예외적인가?   78

2부 | 결혼과 출산을 막아서는 것들

3장 어쩌다 아이가 태어나지 않는 나라가 되었나:
저출산의 인구학적 요인 분해   89

출생아 수를 결정짓는 인구학적 요인: 여성인구, 유배우 비율, 유배우 출산율   94
인구학적 요인들을 하나하나 자세히 뜯어보아야 하는 이유   100
여성인구가 줄었고 아이를 많이 낳는 유배우 여성도 급감했다   102
결혼하지 않는 것인가? 아이를 낳지 않는 것인가?   111
결혼하기도, 첫아이를 낳기도 어려워졌다   120

4장 과열된 교육 경쟁, 지나치게 비싼 주거비, 불평등한 노동시장:
저출산의 경제적 요인   127

부모와 아이를 모두 피해자로 만드는 교육 경쟁의 폐해   130
사교육비 부담이 커질수록 출산율이 떨어진다는 증거   140
단칸방에서 신혼 살림을 시작해도 아이 낳을 수 있는 시대의 종언   146
고용과 일자리 질이 떨어질수록 결혼과 출산은 사치재가 된다   159
저출산 문제의 뿌리는 사회경제적 불평등 확대   170

5장 여성의 기대에 한참 모자란 성평등, 부모보다 살기 어려워진 자녀 세대:
저출산의 사회적·문화적 요인   174

한국 여성이 겪는 결혼과 출산의 페널티가 유난히 높다   177
현재 여성의 기대에 한참 못 미치는 한국 사회의 열악한 현실   181
여성에게 불리한 일자리 여건이 출산율을 낮춘다는 실증적 증거   193
부모보다 못살지도 모른다는 미래 전망이 청년의 결혼과 출산에 미치는 영향   196
결혼과 출산의 사회규범은 '전염'되는가?   204
압축적인 성장의 어두운 그림자   213

3부 저출산 대책의 빛과 그림자

6장

한국의 저출산 대응 정책, 완전한 실패도 괄목할 성공도 아닌   221

저출산 대책을 시행하지 않았다면 벌어졌을 일들   224

출산지원금 효과가 전혀 없었다는 주장에 대한 데이터 기반 반박   230

육아휴직급여 인상이 여성의 고용 유지에 도움이 되었을까?   241

아무리 보육료를 지원해도 내가 사는 곳에 보육시설이 없다면   245

7장

더 잘할 수 있었으나 잘하지 못한 것들에 대한 성찰   251

저출산 대책에서 비켜나 있는 사람이 너무 많다   253

소득 중상위계층에만 집중된 저출산 대응 정책의 효과   256

비혼 출산 지원은 바람직하지만 저출산 대책은 아니다   267

한국은 지난 20년간 중증질환 환자에게 진통제만 처방해왔다   270

저출산 대응에 예산을 쏟아부어왔다는 착각   274

정책 수행 과정에서 우리는 무엇을 놓쳤는가   278

4부 아이가 사라지는 나라의 미래

8장 아이들이 태어나지 않는 나라에서 살아가는 아이들의 삶   291
내가 사는 지역에서 산부인과와 어린이집이 사라지면 생기는 일들   295
학생이 급격히 줄어들면 학교는 어떻게 될까   303
아이들이 소수집단이 되는 사회에서 외면당하는 것들   317

9장 사라질지도 모를 미래를 지켜내기 위하여   325
태어난 사람을 보호하는 일이 우선이다   328
선택의 자유를 확대하고 삶의 질을 유지하는 인구정책   332
저출산 대응 정책, 어떻게 개선할 것인가?   337
출생아 수 급감이 초래하는 사회경제적 불균형, 어떻게 대응할 것인가?   342
'완벽한' 기업, '완벽한' 상사가 필요한 시대   348
다시 만날 새로운 세상   352

부록   359
감사의 말   392
주   395
참고 문헌   403

아이가 사라지는 나라

1부

1장

외줄 위에서 중심 잡기

김려령 작가의 동명 소설을 바탕으로 제작된 김규태 감독의 2024년 넷플릭스 오리지널 시리즈 〈트렁크〉는 기간제 결혼 서비스라는 자극적인 소재를 다룬다. 어릴 적 트라우마에 시달리는 영화음악가 한정원은 아내 이서연에게서 이혼을 통보받는다. 서연은 1년간 각자 다른 파트너와 기간제 결혼 생활을 마치면 다시 받아줄 수 있다는 조건을 내건다. 정원을 철저하게 소유하고 지배하기 위한 극약 처방이다. 약혼자에게 버림받은 후 기간제 결혼 서비스 업체 직원이 된 5년 차 베테랑 차장 노인지는 정원을 다섯 번째 '남편'으로 배정받는다. 인지가 서연의 '가스라이팅'으로부터 정원을 지키려 애쓰는 가운데 두 사람은 사랑을 느끼며 서로의 상처를 보듬는다.

서연과 정원이 이혼하게 된 직접적인 계기는 자녀를 둘러싼 갈

등이었다. 서연이 임신하자 정원은 뛸 듯이 기뻐하며 아직 태어나지 않은 아기의 옷과 장난감을 사들인다. 그러나 아이를 낳기 싫었던 서연은 임신한 자신을 혐오했고 급기야 만삭의 몸으로 달리는 자동차에 뛰어든다. 병원에 달려온 정원은 의사에게 아기를 먼저 살려달라고 부탁한다. 정원에게 자신보다 아기가 더 소중했음을 느낀 서연은 정원을 더 확실하게 자기 사람으로 만들 방법을 찾는다. 정원이 다른 파트너와 살면서도 자신에게 간절히 매달리도록 조종하는 것이다.

시리즈 막바지에 나오는 서연과 정원의 대화 속에서는 접점을 찾기 어려운 두 세계가 충돌한다.

"수술실에 들어가는 나 대신에 아이를 살리라고 했잖아. 당신이 어떻게 그래?"

"그날 차도로 뛰어드는 걸 보았어. 원망스러웠어. 화도 났고. 아이가 불쌍했어."

"같이 죽으려고 했어. 임신하고 사는 게 매일같이 지옥이었어. 세상에서 가장 쓸모없는 사람이 된 것 같더라. 나는 아이 낳는 게 죽는 것보다 끔찍해서 말라 죽어가는데, 넌 살아갈 이유라도 다시 얻은 것처럼 신나 보였어. 나는 없고 선물 포장지가 된 것 같은 기분, 그게 어떤 건지 알아?"

이 작품은 자녀에 대한 선호나 태도의 차이가 성별이나 경제적 여건을 반영하는 것만이 아님을 보여준다. 서연은 아이를 간절하게 원하는 남편이 있고 아이를 어려움 없이 키울 수 있는 경제력을 갖추고 있지만 아이를 갖고 싶지 않다. 그러한 서연의 대척점에 서 있는 사람도 있다. 인지의 직장 동료인 탈북 여성은 기간제 결혼 생활 중 임신한다. 남편 동의 없는 임신은 계약 위반이고 밝혀지는 경우 엄청난 위약금을 물어야 한다. 그래도 아이를 낳으려고 마음먹은 그녀는 걱정해주는 동료에게 담담히 대꾸한다.

"다 죽어서 그런지 난 가족이 있는 게 좋더라고요."

......

2025년 한국에서 벌어지고 있는 사회적·문화적 가치와 규범을 둘러싼 갈등은 가히 총성 없는 '내전'에 비유할 만하다. 세상의 빠른 변화는 사람들 사이의 거리를 벌리며 생각과 소통의 접점을 지우고 있다. 여전히 과거에 남은 사람들과 현재를 뛰어넘어 미래를 미리 사는 사람들이 위태롭게 공존한다. 시간과 공간을 공유하며 같은 공기를 호흡하지만, 서로에게서 견디기 어려운 이질감을 느끼는 상황이 펼쳐지고 있다. 내게는 너무나 당연하고 익숙한 상식이 다른 이에게는 이상하고 수긍하기 어려운 비상식으로 여겨지는 현실은 여전히 낯설다.

결혼과 출산에 대한 인식이나 태도 역시 그러한 갈등의 한복판에 있다. 출산율이 세계에서 가장 낮은 수준으로 떨어지고 출생아 수 감소가 한국 사회의 위기 요인으로 떠오르면서 저출산 문제를 둘러싼 이견과 대립이 더욱 첨예해지고 있다. 기성세대에 속하는 일부 인사는 결혼을 마다하고 자녀를 갖지 않는 오늘날의 젊은 세대가 이기적이라는 비판을 서슴지 않는다. 전쟁의 혼란 속에 태어나 보릿고개를 경험하면서도 여러 명의 자녀를 낳아 길렀던 세대는 한국이 선진국의 반열에 올라선 풍요로운 시대에 아이를 낳지 않는 행태를 이해하기 힘들어한다. 대다수 젊은 세대에게는 결혼이 선택사항이 되고 자녀에 대한 선호가 줄어드는 경향이 너무도 당연하고, 변화하는 세상에 대한 지극히 합리적인 대응으로 여겨진다. 저출산 현상을 국가적 위기로 규정하고 이를 극복하기 위한 '특단'의 조치가 필요하다는 주장이 젊은이에게는 자신의 세대에 무거운 책임을 지우려는 압력으로 다가온다.

국가정책의 영역에서도 의견과 주장이 엇갈린다. 전문가, 정책담당자, 정치인마다 저출산의 주된 원인을 다르게 진단하고 내놓는 해법도 제각각이다. 돈은 적게 들면서 효과성이 높은 정책에 우선순위를 두어야 한다는 주장도 있고, 시간이 걸리더라도 한국사회의 구조적·근본적 문제를 해결하기 위한 노력에 집중해야 한다는 견해도 있다. 출산율을 높이기 위한 정책이 아무런 효과를 얻지 못하니 소용없는 노력을 포기하고 저출산의 미래에 적응해야 한다는 지적도 있고, 아이를 더 낳게 하려는 정책이 여성을 출산의 도구로 보는 정부의 폭력적 개입이라는 비판도 제기된다. 한 여성단체의 집회에 내걸린 "인구정책 OUT! 여성에게 저출생의 책임을 묻지 말라"라는 현수막에는 현 정책에 대한 거부감이 잘 묻어나 있다.

이처럼 한국의 저출산 문제는 복잡하게 얽혀 있는 실타래와 같다. 대다수 사람에게 맞닿아 있는 매우 보편적인 삶의 문제여서 누구나 자기 나름의 경험이 있고 개인마다 생각과 이해가 다르다.

또한 출생아 수 감소의 원인과 그로 인한 인구축소를 바라보는 시각은 각자가 생각하는 바람직한 사회의 모습을 반영한다. 어떻게 하든 과거에 경험했던 '성장사회'로 복귀하기 위해 최선의 노력을 다해야 한다는 이들도 있고, '축소사회'에 적응하여 과거와 다른 방식으로 만족스럽게 살아가는 법을 배워야 한다는 이들도 있다. 이러한 상황에서 모든 사람이 이해하고 받아들일 수 있는 문제의 진단과 해법이 나오기 어려운 것은 하나도 이상하지 않다.

현재 한국 사회가 당면한 이 복잡다기한 문제에 어떻게 접근할 수 있을까? 한국의 저출산 문제를 둘러싼 논란과 갈등의 뿌리가 된 핵심 쟁점은 무엇인가? 현재 우리가 알고 있는 객관적·과학적 증거들은 이러한 쟁점에 대해 무엇을 말해주는가? 출생아 수 감소의 원인과 결과를 올바르게 이해하고, 인구변화의 미래에 합리적으로 대응하는 방법은 무엇인가? 우리가 할 수 없는 일, 하지 말아야 할 일, 반드시 해야 할 일은 무엇인가? 책의 첫 장은 엉킨 실타래를 풀어서 정리하는 작업, 문제가 무엇인지를 파악하는 작업으로 시작한다.

위기의 원인인가? 문제의 결과인가?

EBS〈다큐멘터리K-인구대기획 초저출생〉에서 한국의 출산율이 0.7명대로 떨어졌다는 이야기를 들은 캘리포니아대 조앤 윌리엄스 교수는 머리를 손으로 감싸고 "한국은 망했다"라며 격하게 탄

식했다. 〈뉴욕타임스〉의 한 칼럼은 한국의 저출산이 14세기 흑사병 유행 이후 유럽이 경험했던 수준의 인구감소와 이로 인한 사회경제적 충격을 가져오리라는 경고를 내놓았다.[1] 저출산과 관련된 언론보도의 다수는 학령인구 감소, 노동력 부족, 지방 소멸, 인구절벽과 같은 장래의 부정적인 영향을 우려하는 내용이다. 저출산 완화를 위한 정부 정책의 중요한 목적도 인구변화의 충격을 완화하는 데 있다. 2024년 6월 정부는 저출산 대책을 발표하며 '인구 국가비상사태'를 선언하기도 했다. 이처럼 출산율 저하와 출생아 수 감소는 한국 사회가 직면한 중요한 '위기의 원인'으로 지목되고 있다.

한국이 직면한 인구문제가 엄중하다는 사실을 부인하기는 어렵다. 매년 태어나는 아기의 수가 지난 10년 사이 절반으로 줄어들고, 50년 이내에 총인구가 30% 감소할 것으로 전망되는 상황은 비상하다고 할 수 있다. 출생아 수가 급격하게 감소하면서 매년 태어나는 인구에 맞춰져 있는 여러 분야의 시스템에 균열이 발생하고 있다. 최소한의 수요를 충족하기 어려운 지역부터 산부인과와 소아청소년과 의원이 문을 닫고, 서울을 비롯한 수도권에서도 아동 수 감소로 보육시설과 학교가 사라지고 있다. 이미 적지 않은 대학이 정원을 채우지 못해 재정적인 어려움을 겪고 있으며 머지않은 미래에 많은 대학이 폐교 위기에 몰릴 것으로 우려된다. 군복무 나이의 청년인구가 빠르게 줄면서 현재의 군병력을 유지하기도 어려워질 것이다.

줄어드는 신생아들이 자라서 학업을 마치는 시기가 되면 노동시장에 새로 들어가는 인력이 감소할 것이다. 현재의 성별·나이별·학력별 경제활동참가율이 유지되는 경우, 35세 미만 노동인구 규모는 20년 후 현재의 약 절반으로 축소될 전망이다. 젊은 인력을 꼭 필요로 하는 기업은 머지않아 심각한 인력난을 겪을 것이다. 또한 학습 능력과 이동성이 상대적으로 높은 젊은 인력이 절대적으로나 상대적으로 줄어들면서 노동시장의 기능이 약화하고 이에 따라 한국 산업의 경쟁력도 떨어지리라 우려된다. 당분간 전반적인 노동인력 부족은 없겠지만 20만 명대로 줄어든 최근의 출생자들이 노동시장에 진입하는 시점이 되면, 전체 노동인구의 감소도 본격적으로 진행될 것이다.[2]

출생아 수의 급격한 감소는 인구 고령화를 가속화하고 있으며, 이미 줄어들기 시작한 총인구는 2050년경부터 감소세가 가팔라질 것으로 예상된다. 세계에서 가장 빠른 속도로 진행되는 한국의 인구 고령화는 연금 재정을 악화시키고 의료 및 돌봄 등 각종 사회서비스 수급 불균형을 초래할 것이다. 인구감소와 고령화는 상당수 업종에서 국내 소비수요의 감소와 규모의 경제 축소로 이어지면서 여러 기업에 타격을 줄 가능성이 있다. 일부 비관론자는 한국 사회와 경제가 인구감소로 쇠락의 길을 걷고 종국에는 세계 최초로 '소멸 국가'가 되는 디스토피아의 미래를 예견하기도 한다. 이런 '공포' 분위기 속에서 출생아 수 감소와 이로 인한 인구변화가 국가적 위기 요인으로 더욱 강조되고 있다.

한국의 출생아 수 감소는 위기의 원인임과 동시에, 아니 그보다 먼저, 한국 사회가 안고 있는 문제의 증상이자 결과이다. 어떤 사람이 병에 걸렸다고 하자. 건강이 악화되면 일하기가 어려워지고 의료비 지출이 늘어나 아픈 사람은 물론이고 그 가족의 생활까지 위험해질 수 있다. 질환이 집안에 미칠 부정적인 영향을 따져보고, 줄어든 수입을 어떻게 만회할지 혹은 의료비를 줄일 방법이 있을지 궁리하는 것은 어느 정도 당연하다. 그러나 그의 병이 초래하는 '위기'에만 집중하는 것은 이상할 뿐만 아니라 이치에도 맞지 않는다. 우선 아픈 사람의 고통을 헤아린 다음, 왜 아픈지 어떻게 치료할 수 있는지 알아보고 고민하는 것이 맞는 순서 아닐까? 적어도 두 가지 방향을 모두 중요하게 생각하는 것이 합당하지 않을까?

일반적으로 생명체의 개체 수 변화는 그 '수'와 그들의 생존을 지탱해주는 '자원' 사이 균형 상태의 변화를 반영한다. 인간 역시 '먹고 살 수 있어야' 개체 수가 늘어난다는 자연법칙에서 벗어나기 어렵다. 일찍이 영국 경제학자 토머스 로버트 맬서스가 《인구론》에서 제시한 가장 기본적인 가정은 소득(경제적 여건)과 출산율 사이에 양(+)의 관계가 존재한다는 것이다. 16~17세기 잉글랜드와 웨일스의 데이터를 분석한 연구는 곡물 가격이 높아져서 실질임금이 낮아질 때 시차를 두고 출산율이 낮아지는 경향을 발견했다.[3] 대공황이 발발하여 실업자가 넘쳐나던 1930년대 미국의 출산율이 큰 폭으로 하락한 현상도 이러한 보편적인 상관관계를 드러낸다.

이처럼 어떤 사회의 급격한 출산율 변동은 그 사회의 구성원이 직면한 삶의 여건 변화를 반영한다. 지난 30년간 출생아 수가 3분의 1로 감소한 한국의 이례적인 경험도 결코 우연의 산물이 아니다. 이는 결혼을 하고 아이를 낳아 기르기 어렵게 만드는 한국의 다양한 근본적·구조적 문제와 이를 악화시키는 사회경제적 변화를 반영하는 것으로 여겨진다. 일자리 질, 소득과 자산 소유의 불평등이 커지면서 노동시장에서의 경쟁이 치열해졌다. 쉼 없이 자신을 계발하고 영혼을 갈아 넣어 노력하지 않으면 패배자, 낙오자가 되는 세상이다. 연애할 시간도 결혼할 여력도 없고, 자녀는 무한 경쟁의 걸림돌이 될 수 있다.

이러한 세상에서 자녀를 낳아 키우는 일은 얼마나 괴롭고 두려운가? 노동시장의 경쟁은 교육의 경쟁으로 전이된다. 유치원에 들어가면서 명문대 인기 학과에 들어가기 위한 치열한 전쟁이 시작되고, 자녀의 미래를 생각하면 사교육비 지출을 아까워할 여유가 없다. 자칫 한 발이라도 잘못 디디면 영구히 2등, 3등 시민으로 추락할지 모르는 위험하고 비정한 사회에서는, 아이가 걱정되어 아이를 낳지 못하는 사람이 많다.

출생아 수가 급격하게 줄어드는 현상에는 젊은이들이 연애와 결혼을 포기하고 자녀를 키우는 기쁨을 느끼기 어려운 한국 사회의 모습이 반영되어 있다. 살아가기 팍팍하고 일상의 소소한 만족감을 누리기 어려운 사람들이 있다. 자신과 다음 세대의 미래를 밝게 내다보기 어려운 무거운 현실이 있다. 이처럼 살기 힘들고 불행한 사람이 넘쳐나는 사회는 그 자체로 문제이다.

저출산 문제는 한국 사회가 앓고 있는 심각한 병의 증상 혹은 결과이다. 아이를 낳아 키우기 어려운 사회가 되어가는 현실은 그 결과로 출생아 수가 줄면서 발생하는 위기보다 더 근원적이고 심각한 위기라고 할 수 있다. 한국의 저출산 문제에 대한 접근은 이를 직시하는 데에서 시작해야 한다. 아파서 누워 있는 사람에게 일하지 못하게 되어 생기는 손해를 알려주기에 앞서, 아픈 사람을 걱정하고 병의 원인을 찾아 치유하는 노력이 우선되어야 하지 않겠는가?

다산의 과거가 마냥 아름답지만은 않았다

옛날 사람들은 아이를 많이 낳았다. 인구학자들의 추정에 따르면 신대륙 개척 시대 프랑스 출신 캐나다인의 여성 평균 자녀 수는 11.4명이었다. 인위적인 피임이 없었던 시대에 한 여성이 낳았던 평균적인 자녀 수는 7명으로 추정된다.[4] 두 세대 전의 한국 사정도 이와 다르지 않았다. 필자의 어머니는 여덟 남매의 첫째였다. 필자의 대학 동기 중에는 각각 10명과 8명의 형제자매를 둔 친구들이 있었다. 필자가 태어날 무렵 한 여성이 낳을 것으로 기대되는 평균 자녀 수(합계출산율)는 6명이었다.[5]

왜 예전에는 자녀를 많이 낳았을까? 가족과 부모의 관점에서 자녀의 경제적·사회적 편익은 컸던 반면 자녀를 키우는 비용은 낮았기 때문이다. 농업을 비롯한 자영업의 비중이 압도적으로 크고 노동시장이 잘 발달하지 않았던 시대에는 자녀의 노동력이 가족경제를 지탱하는 중요한 자원이었다. 공권력이 취약하고 사회서비스가 취약한 상황에서 자녀는 한 가족과 그 가장이 갖는 권위와 영향력의 중요한 기반이기도 했다. 외부의 적과 다툼이 벌어졌을 때 장성한 자녀가 많으면 가족의 든든한 버팀목으로 삼을 수 있었다.

공적인 사회안전망이 갖추어지지 않았던 사회에서 가족은 주된 사회적 안전판 역할을 했다. 경제활동의 기회가 제약되었던 여성은 결혼을 통해 가족공동체의 구성원이 되지 않고는 독립적으로 생계를 유지하기 어려웠다. 공적연금과 복지제도가 발전하기 전에는 많은 사람에게 자녀가 주된 노후보장 수단이었다. 비교적 최근에 복지정책이 시행된 한국의 경우, 이런 상황은 그리 오래된 과거가 아니다. 1994년 통계청 사회조사 결과에 따르면 지금부터 30년 전 성인 인구의 절반이 아들의 부양을 주된 노후대책으로 생각하고 있었다. 필자 세대의 다수는 부모의 노후를 책임져야 한다는 의무감을 가지고 있을 것이다. 한국을 비롯한 유교권 사회에서 자녀, 특히 아들은 가문의 혈통을 잇고 사후에 제사를 올려줄 존재로서도 가치가 있었다.[6]

높은 영유아 사망률은 부모가 애초 원하는 수보다 더 많은 자녀를 낳게 만든 요인이었다. 전근대사회의 영유아 사망률은 매우 높았다. 로마제국 시대 갈리아 지역에서는 출생아 10명 가운데 4명만 10살이 될 때까지 생존했다고 추정된다. 1921년 이탈리아의 영유아 사망률은 이보다 낮아졌지만 출생아 10명 가운데 6명만 열 번째 생일을 맞이할 수 있었다.[7] 작고하신 필자의 부친에게 승초(이을 承, 처음 初)라는 이름이 붙은 배경에는 어린 나이에 세상을 뜬 형들을 대신해서 처음으로 가문을 잇기 바라는 조부의 뜻이 담겼다고 들었다. 태어난 자녀가 언제 죽을지 모르는 상황에 대응하

여 부모는 '예비로' 자녀를 더 낳아서 원하는 생존 자녀 수를 채우려 했다.[8]

자녀 수와 질의 상충관계 때문에 높은 영유아 사망률이 출산율을 높이는 요인으로 작용하기도 했다. 부모는 한정된 소득을 자녀 수를 늘리는 데 쓰거나 태어난 자녀의 질을 높이는 데 쓸 수 있다. 더 잘 먹이고 더 나은 교육 기회를 주어서 건강하고 생산적인 아이로 키우는 선택은 자녀의 질에 대한 투자의 예로 들 수 있다. 그런데 조기사망의 위험이 높았던 과거의 부모에게는 자녀의 질에 투자하기보다 자녀 수를 늘리는 선택이 더 유리했다. 소수의 자녀에게 집중 투자했다가 그 자녀가 사망하면 큰 타격을 입을 수 있기 때문이다. 반면 여럿의 자녀를 낳는 선택을 하면 자녀 조기사망의 위험을 분산할 수 있는 장점이 생긴다.

이처럼 옛날에는 자녀의 경제적·사회적 편익은 컸던 반면 자녀를 키우는 비용은 낮았다. 산업구조의 특성상 과거의 노동시장은 교육수준이 높은 우수 인력을 많이 필요로 하지 않았다. 일을 통해 단련된 육체와 경험에서 얻은 숙련이 중요했다. 아이들은 학교에 가지 않고 이른 나이부터 일을 시작했다. 초등교육의 선도국 중 하나인 미국에서도 19세기 중엽부터 초등학교가 본격적으로 확산하였고 20세기에 들어와서야 여러 주에서 초등 의무교육이 이루어졌다.[9] 여성의 경제활동참가율이 낮고 일과 가정이 완벽하게 분리되지 않은 자영업 중심의 경제구조는 출산과 양육의 기회비용을 낮추었다.[10] 이러한 상황에서 아이는 '낳으면 알아서 크는 존재', '자기가 먹을 것을 가지고 태어나는 존재'였다.

한 여성이 여럿의 자녀를 낳아 아이들이 넘쳐나고 '건강한' 피라미드형 나이별 인구구조를 자랑했던 과거는 아름답기만 했을까? 그렇다고 할 수는 없다. 다산이 가문과 가장에게는 축복이고 국가에는 부와 힘의 기반일 수 있었겠지만, 그 이면에는 출산과 양육의 짐을 짊어져야 했던 개인이 존재했다. 과거나 현재나 자녀를 낳아 기르는 부담은 대부분 여성의 몫이다. 공중보건과 의학이 발달하기 이전, 새로운 생명을 세상에 내놓는 일에는 산고와 함께 큰 위험이 따랐다. 제2차 세계대전 직후 스리랑카의 통계는 출생아 100명당 약 2명의 산모가 사망했음을 보여준다.[11] 평균 7명의 자녀를 낳았던 과거의 여성들은 젊었을 때 '목숨을 건' 일을 반복해야 했다.

전통사회에서는 자녀의 가치가 높았기에 가족과 국가에 출산이 중요했다. 그리하여 다산 장려가 사회적·종교적 관습과 규범으로 자리 잡았다. 구약성서 〈창세기〉에 등장하는 인간에 대한 '창조주'의 첫 축복은 "자식을 낳고 번성하라"라는 것이었다. 조선시대에는 결혼하여 아들을 낳지 못하는 것은 아내를 내쫓는 이유가 되는 칠거지악의 하나였다. 여성은 이러한 사회적·문화적·종교적 규범 속에서 일생을 한 인간이 아닌 아내와 어머니로 살아야 했다. 사회와 경제가 변하여 자녀의 편익이 감소하고 비용이 늘어난 상황에서도 이와 같은 관습과 규범은 그대로 남아서 결혼과 출산에 관한 개인의 결정을 제약하는 요인으로 작용하였다. 21세기의 선진국에서조차 결혼과 출산은 사회참여와 경제활동을 통한 여성의 자아실현을 어렵게 만드는 요인으로 작용하고 있다.

아이가 넘쳐나던 시절, 잠재적인 노동력 혹은 병력 자원으로서 아동의 가치는 컸을지 모르지만, 정작 어린이는 존중되거나 보호받지 못했다. 전근대사회에서 기근이 들어 굶주림을 겪을 때 가장 먼저 희생되는 가구원은 아이였다. 찰스 디킨스의 소설에 자세히 묘사되어 있듯이 산업혁명기 영국의 가정이나 시설에서는 아동 방임과 학대가 공공연히 자행되었다. 아동은 이른 나이부터 노동에 투입되었다. 전근대 영국의 농촌에는 가족 수에 비해 농경지가 부족한 가구의 '남아도는' 어린이들이 일손이 부족한 농장에 거주하며 농업노동자(servants in husbandry)로 일했다.[12] 산업화 시기 영국의 수많은 아동은 광산과 공장에서 장시간의 고된 노동에 시달려야 했다.

여러 자녀를 낳아 기르던 시절, 아이 하나하나에 관심을 쏟고 정성을 기울여 키우기는 어려웠다. 실증적인 연구 결과는 자녀 수가 늘 때 부모의 자녀 1명당 투자가 감소함을 보여준다.[13] 아이가 너무 많아서 일부는 꿈을 포기하거나 잠재력을 묻어둘 수밖에 없었던 사례는 차고 넘친다. 많은 식솔을 감당하기 어려운 가정의 딸들은 숙식을 해결하는 조건으로 타향에서 남의 집 '식모살이'를 했다. 장남의 학업을 밀어주기 위해 동생들은 일찍 학교를 그만두고 공장에서 일해야 했다. 교육여건도 좋지 못했다. 매년 100만 명이 태어나던 시절, 필자가 다녔던 초등학교는 80명이 넘는 학생을 빽빽하게 채워 넣은 교실을 오전과 오후 2부제로 운영하였다. 중학교 학급 정원은 70명으로 줄었지만 덩치가 커진 아이들에게 교실은 여전히 비좁았다.

이처럼 과거의 높은 출산율이 모두에게 축복은 아니었다. 옛날에 자녀의 편익은 높고 그 비용은 낮았다는 진술은 여성과 아동의 권익과 후생이 무시되는 상황에서 가문과 가장의 이해를 반영한 것이라고 할 수 있다. 물론 과거 세대가 겪었던 어려움은 경제적으로 부유하지 못하고 정치와 사회가 전근대적이었던 데에서 크게 기인한다. 그러나 그러한 조건에서 태어나는 아이가 적었다면 개개인의 사정은 더 나아졌을지도 모른다. 실제로 전근대사회에서 인구감소는 사람의 가치를 높여서 임금 및 생활 수준을 개선하는 역할을 하였다.[14] 출산율 저하만이 영구적으로 생활수준을 높이는 방법이라는 맬서스의 주장에는 이러한 배경이 존재한다.[15]

출산율이 낮아져서 일어난 긍정적인 변화들

대부분의 선진국에서 19세기의 어느 시점부터 장기적인 출산율 감소가 시작된다. '출산력 변천(fertility transition)'으로 불리는 이 현상은 기본적으로 자녀의 편익 감소와 비용 증가에 따른 것이었다. 최근 한국의 현실만 보아도 알 수 있듯이, 이는 불평등과 경쟁의 심화 등 개인의 자유와 후생의 관점에서 부정적일 수 있는 요인에서 비롯한다. 그러나 장기적인 출산율 저하를 가져온 모든 요인을 부정적으로만 바라볼 수는 없다. 오히려 그 요인들이 오늘날의 일반적인 관점에서 출산율이 높았던 과거에 비해 개인의 자유를 확대하고 삶의 질을 개선한 측면도 존재한다.

사회규범의 변화는 출산력 변천의 중요한 요인 가운데 하나로 지적된다. 가족과 자녀의 중요성을 강조하는 사회적·문화적·종교적 규범이 약해지면 결혼과 출산은 점차 개인이 자유롭게 선택하고 결정할 수 있는 일이 된다. 19세기 전반에 걸쳐 진행된 도시화와 산업화는 개인을 대가족과 지역공동체의 시선과 속박에서 해방시키고 새로운 생각과 행동 방식을 접하도록 기회를 제공하였다. 교회의 영향력 저하와 지식의 확산도 사회규범의 변화에 일조하였다. 출산력 변천이 진행되던 시기 영국에서는 '교회 밖에서의 결혼(civil marriage)' 비율과 여성 문해율이 출산율과 반비례하는 현상이 관찰된다.[16] 개인, 특히 여성은 서서히 자신의 선호와 여건에 따라 결혼 여부나 시기, 출산 여부나 자녀 수를 결정할 자유를 얻었다.

공중보건이 개선되고 건강 지식이 확산되자 영유아 사망의 위험성이 낮아지며 출산율이 감소하였다. 산업화와 경제성장에도 불구하고 19세기 초까지 서구 선진국의 기대수명은 낮았고, 이는 상당 부분 높은 영유아 사망률 탓이었다. 19세기 초 영국 리버풀과 맨체스터의 기대수명은 각각 28년과 27년에 불과했다. 1900년 무렵, 미국 출생아 10명 중 2명은 다섯 번째 생일을 맞이하기 전에 죽었다. 불결한 환경, 공해, 음식과 식수원의 오염과 늘어난 인구이동 등으로 말미암은 각종 전염병의 창궐은 높은 영유아 사망률의 원인이었다.[17] 앞에서 설명했듯이 높은 영유아 사망률은 '예비 자녀'를 더 낳고 자녀의 질보다 수를 선택하게 하여 출산율을 높이는 요인으로 작용했다.

19세기 중엽 이후 이러한 사정이 점차 개선되었다. 과학자 루이 파스퇴르와 로베르트 코흐가 제시한 세균 이론(Germ Theory)이 받아들여지면서 전염병 예방을 위한 효과적인 노력이 전개될 수 있었다. 하수도 건설, 상수도 정화시설 설치, 부패성 식품 검역 강화, 백신접종 등 일련의 공공보건 개선과 손 씻기, 쓰레기 처리, 음식물 보관 등 개인위생에 관한 건강 지식 확산이 영유아 사망률을 감소시켰다. 예컨대 19세기 말까지 10만 명당 60~80명에 달했던 미국 필라델피아의 연간 장티푸스 사망률은 상수도 정화시설이 설치된 직후 10명 아래로 떨어졌다.[18] 이러한 변화로 부모들은 '예비'를 위해 애초 바라지 않았던 자녀를 더 낳을 필요가 없어졌고 자녀를 적게 낳아 더 잘 키우는 선택을 할 수 있었다.

기술이 발전하고 산업구조가 변화하자 자녀의 수보다 질에 투자하는 선택이 점점 더 유리해졌다. 19세기 후반에 진행된 제2차 산업혁명은 전기, 기계, 화학 등 체계적인 과학 지식이 요구되는 산업의 발전을 불러일으켰다. 근대적인 대기업이 형성되면서 경영, 금융, 회계 등의 전문 지식을 갖춘 관리자에 대한 수요도 커졌다.[19] 또한 중등교육을 요구하는 사무직과 서비스직 일자리가 증가했다. 2023년 노벨경제학상 수상자인 하버드대 교수 클로디아 골딘의 연구 결과에 따르면 19세기 말 이후의 기술변화는 줄곧 숙련에 대한 수요를 상대적으로 늘리는 방향으로 진행되었다. 이러한 경제적 변화는 숙련 및 교육 수준에 따른 임금 프리미엄을 증가시켰다.[20] 이제 부모에게는 소수의 자녀에게 인적자본투자를 집중하여 똑똑하고 건강한 인력으로 키우는 선택이 더 유리해졌다.

노동시장이 요구하는 숙련 및 교육 수준의 증가는 자녀 양육비 증가로 이어졌고, 이는 출산율을 낮추는 요인으로 작용하였다.

여성의 경제활동 확대는 자녀 양육의 기회비용을 높이고 자녀의 수보다 질을 선택할 확률을 높이는 요인으로 작용했다. 현재 높은 수준의 성평등이 실현된 국가들에서도 20세기 초까지 일하는 기혼 여성은 소수였다. 무능한 남편을 둔 여성이 먹고살기 위해 일한다고 단정하는 사회적 낙인이 기혼 여성의 취업을 가로막았다. 여성의 업무 능력과 일을 임하는 태도에 편견이 있었던 고용주는 여성 고용을 꺼렸다. 고된 장시간 근무를 해야 하는 제조업 부문 공장 일은 결혼한 여성에게 맞지 않는다고 여겨졌다. 과도한 가사 노동 부담도 결혼한 여성의 사회 진출을 막는 걸림돌이었다.[21]

20세기에 접어들면서 나타난 사회적·경제적 변화에 힘입어 여성의 경제활동이 점차 늘어났다. 미국의 경우 1890년 4.6%에 불과했던 기혼 여성의 경제활동참가율이 1960년까지 30.6%로 높아졌다. 사회규범의 점진적 변화와 양차 세계대전 중 남성을 대신해서 일터에 투입된 여성인력의 활약은 여성의 사회적 역할에 대한 인식을 바꾸었다. 여성이 선호하는 화이트칼라 일자리 증가와 세탁기, 식기세척기, 이유식 등 가사 노동을 줄여주는 제품 도입은 여성의 노동 공급을 늘리는 역할을 하였다.[22] 여성의 경제활동 확대는 자녀 양육의 기회비용을 증가시키고, 여성의 '시간'이 요구되는 자녀 수 증가보다 '소득'이 요구되는 자녀 질 개선의 상대적 유인을 높임으로써 출산율을 낮추는 요인으로 작용했다.

도시화, 산업화, 시장변화 등이 불러온 새로운 기회의 확대도 역설적으로 '자녀의 편익'을 감소시켜 출산율을 낮추는 결과를 가져왔다. 예컨대 19세기 초 미국 농촌에서는 막내아들이 나이 들어가는 부모의 농사일을 돕다가 농장을 물려받는 '암묵적 계약'이 작동하고 있었다. 그러나 서부 개척지와 발전하는 도시에서 일할 기회가 생기면서 농민들은 자녀를 농장에 붙잡아둘 수 있는 교섭력을 잃었다. 다른 한편 토지시장과 노동시장이 발달하면서 고령의 농민에게는 땅을 임대하거나 임금노동자를 고용하는 방식으로 노후를 대비하는 선택지가 생겨났다. 부모와 자녀 모두에게 선택의 자유가 넓어지는 가운데 노후보장 수단으로서 자녀의 편익은 줄었고 이는 19세기 미국 농촌 출산율 저하의 원인이 되었다.[23]

복지국가의 확대 역시 가족과 자녀의 편익을 감소시키는 요인이 되었다. 전통사회에서 가족의 중요한 기능 가운데 하나는 각종 위험에 대한 공동 대처였다. 실직, 질병, 재난, 사망 등으로 위험이 닥쳤을 때 가족은 안전판 역할을 하였다. 자녀는 가장 중요한 노후보장 수단이었다. 19세기 말 미국의 가구 지출 자료를 분석한 필자의 연구는 자녀의 소득이 고령 가구주의 소비지출 축소를 완화하는 '가족 전략(family strategy)'이라는 증거를 보여준다.[24] 노령연금, 실업급여, 건강보험 등 사회보험의 형성 및 확대와 사회적 약자를 대상으로 하는 복지제도의 출현은 위험 대응 수단으로서 배우자와 자녀의 편익을 감소시켰다. 적어도 사회적 안전판을 마련하기 위해 결혼하거나 자녀를 가질 유인은 줄어든 것이다.

이처럼 장기적으로 결혼과 출산의 유인을 감소시킨 요인들은 현재의 보편적인 관점에서 볼 때 다수 개인의 자유를 확대하고 후생을 증진하는 변화였다. 이러한 사실은 출산율 제고 자체를 궁극의 목표로 설정하고 모든 수단을 동원하여 이를 달성해야 한다는 주장에 심각한 의문을 제기한다. 개인이 자기의 선호와 여건에 따라 결혼과 출산을 선택할 수 있는 자유, 자녀가 언제 죽을지 모른다는 공포로부터의 해방, 태어나는 아이의 건강과 교육수준 개선, 여성이 일을 통해 자아를 실현하고 사회에 공헌할 기회 확대, 예기치 못한 재난의 충격과 노후 빈곤의 불안 해소 등 오늘날 선진국가들이 오랜 세월에 걸쳐 어렵게 쌓아온 성취가 출산율을 낮추는 결과를 불러왔다는 이유로 다르게 평가될 수 있을까? 출산율을 높일 수 있다면 이러한 변화의 일부를 과거로 되돌리는 일이 타당할까?

파국의 미래는 확정되지 않았다

인구변화로 한국이 머지않은 미래에 파국을 맞이하리라는 경고가 사방에서 큰소리로 들려온다. 국외 유명 인사들도 그 대열에 동참하고 있다. 세계적 인구학자이자 옥스퍼드대 명예교수인 데이비드 콜먼은 2024년 11월 서울에서 열린 SBS D포럼에서 인구문제 해결에 실패하는 경우 한국이 세계 최초로 인구소멸을 맞이하는 국가가 될 것이라고 경고했다.[25] 미국 도널드 트럼프 2기 행정부 출범 초반에 실세로 떠올랐던 테슬라 최고경영자 일론 머스크는 2024년 11월 자신의 엑스(X) 계정에 "세대마다 한국 인구의 3분의 2가 사라질 것이다. 인구 붕괴"라는 게시물을 올렸다.[26] 2025년 2월 한국을 방문한 전설적인 투자가 짐 로저스는 "뭐라도 하지 않으면 30년 뒤 한국은 없을 것이다"라며 인구문제를 투자의 가장 큰 걸림돌로 지적했다.[27]

이들이 지적하듯이 한국이 직면한 인구문제가 매우 엄중하다는 사실을 부인하기는 어렵다. 통계청 장래인구추계 중위 전망에 따르면 2072년까지 한국의 인구는 3,600만 명으로 감소할 것이다. 2025년 현재 인구의 70% 수준이다. 이마저도 2023년 0.72를 기록한 합계출산율이 곧 반등하여 2030년대 중반까지 1.1로 높아짐을 가정한 것이다. 만약 더 비관적인 시나리오가 실현되는 경우 50년 후 한국 인구는 현재 규모의 60%에도 미치지 못하는 3,000만 명으로 줄어들 것이다. 인구 규모 감소는 장기적으로 노동력을 감소시키고, 국내시장을 축소하여 규모의 경제 실현을 어렵게 하는 등 경제적 충격을 일으킬 것이다.

급속한 인구구조 변화는 더 심각한 문제이다. 출생아 수 감소가 인구축소를 초래하면서 급속한 인구 고령화가 진행될 것이다. 통계청 장래인구추계 중위 전망에 따르면 현재 20% 수준인 65세 이상 인구 비율은 50년 이내에 48%로 높아져서 고령인구 비율이 가장 높은 국가가 된다. 출생아 수가 빠르게 줄어들며 한국 사회의 여러 분야에 심각한 불균형이 일어날 것으로 우려된다. 의료, 보육, 교육, 국방, 노동시장, 연금 등 한 사회의 각종 제도는 출생 코호트(birth cohort, 같은 해에 태어난 사람들) 수에 대체로 맞춰져 있다.

그런데 한국의 출생 코호트 규모가 지난 10년 사이 절반, 30년간 3분의 1로 급격하게 감소하면서 이러한 균형이 깨지고 이로 인한 혼란과 사회경제적 비용이 발생하는 것이다.[28]

한국의 인구 감소 및 고령화 속도가 예외적으로 빠르고, 그 충격으로 국민의 삶이 더 어려워질 가능성이 크다는 객관적인 현실을 직시하는 일은 꼭 필요하다. 인구문제 대응의 중요성은 모든 분야에 걸쳐 충분히 고려되어야 한다. 그렇지만 과도한 공포심은 합리적·효과적 대응에 도움이 되지 않는다. 앞에서 강조했듯이 출산율 제고는 그 자체로 선(善)이 아니고 정부 정책의 궁극적인 목표도 될 수 없다. 물론 장래 국민의 삶의 질을 유지하는 데 도움이 되는 변화 방향이기는 하다. 다만 인위적으로 빠르게 출산율을 높이기 위한 정책적 노력에는 상당한 비용이 소요될 수 있음을 감안할 필요가 있다(이는 뒤에서 자세히 다루겠다). 다양한 면을 종합적으로 고려하여 저출산 문제 대응의 가장 적절한 해법을 찾으려면 막연한 공포심을 떨쳐내고 위기의 실체를 객관적·과학적으로 파악해야 한다.

우선 생각해볼 문제는 현재 많은 사람이 우려하는 '인구소멸의 미래'가 얼마나 확실한 전망인지 여부이다. 통계청 장래인구추계를 포함한 대부분의 전망은 대체로 최근 인구동향에 기초하고 있다. 앞서 소개한 유명 인사들의 어두운 전망도 기본적으로 '현재 상황이 유지된다면' 어떻게 될지를 예상한 것이다. 이러한 가정 도입은 미래를 알기 어려울 때 어느 정도 불가피한 면이 있고 따라서 불합리하다고 보기는 어렵다. 무척 오랜 기간 장기적으로 하락

해온 데다 2015년 이후 8년 동안 멈추지 않고 떨어진 한국의 출산율이 추세적으로 반등할 수 있다고 믿을 희망의 근거는 아직 잘 잡히지 않는다.

그러나 미래가 아직 열려 있다는 점도 분명한 사실이다. 현재로서는 잘 보이지 않아도 변화의 가능성은 존재한다. 모든 개인과 사회는 거대한 변화에 대응하여 자기 나름대로 조정 능력을 발휘할 여지가 있다. 예컨대 출생아 수가 감소하여 아동과 청소년의 '희소성'이 높아지면 이를 반영한 국가의 정책, 사회의 성격, 개인의 행위에서 조정이 일어날 수 있다. 미국의 저명한 인구학자 필립 모건(Philip Morgan)은 이와 같은 제도적인 조정 가능성이 크다고 보았다. 그리고 그 사례로 서구 국가에서 혼외 출산과 동성 부부의 자녀 양육에 대한 사회적인 거부감이 줄어든 현상과 1960년대에는 음(-)이었던 여성 경제활동과 출산율 간 관계가 1990년대 들어 양(+)으로 돌아선 변화를 제시하였다.[29]

대부분 사람이 관심을 두고 있는 최근의 몇십 년 기간을 벗어나 더 긴 역사를 살펴보면 출산율이 큰 폭으로 등락했던 사례를 어렵지 않게 찾을 수 있다. 잉글랜드와 웨일스에서 출산율 지표인 총재생산율(Gross Reproduction Rate)이 16세기 중엽 약 2.8에서 17세기 중엽 1.8로 약 36% 하락했다가 이후 100년간 67%나 증가하여 3.0까지 높아졌다. 17세기 중엽 이후 출산율의 증가는 여성의 초혼 나이가 빨라지고 평생 결혼하지 않는 여성의 비율이 낮아지면서 나타난 현상이다.[30] 17세기 후반 명예혁명 시대를 살았던 영국인은 100년 후 산업혁명이 시작될 무렵까지 평균 2명의 자녀를 더 낳게 되리라고 짐작하지 못했을 것이다.

1940년대부터 미국을 포함한 선진국에서 발생한 베이비붐(baby boom) 역시 기대하지 못했던 출산율 상승의 사례이다. 서구 사회의 장기적인 출산력 변천을 불러왔던 요인들, 예컨대 도시화, 산업화, 여성의 경제활동 증가 등은 20세기 내내 일관되게 출산율을 낮추는 요인으로 작용하였다. 그런데도 20세기 중반 여러 국가의 출산율이 가파르게 증가했다. 미국의 합계출산율은 1940년 2.2에서 1950년대 말 3.8로 높아졌다. 이는 젊은이들이 더 일찍 가정을 꾸리고 더 많은 자녀를 낳음으로써 나타난 현상이다. 1930년대 대공황이 끝나갈 무렵의 미국인은 불과 20년 후에 평균 1.5명의 자녀를 더 낳게 되리라 예상하지 못했을 것이다.

이 정도 규모에는 미치지 못하지만 비교적 최근에 떨어지던 출산율이 반등하여 상당한 폭으로 높아진 사례도 찾아볼 수 있다. 1990년대 중반 1.7까지 낮아진 프랑스의 합계출산율은 2010년 2.0 수준으로 높아졌다. 1990년대 중반 1.3으로 떨어졌던 독일의 합계출산율은 다시 증가하여 2020년에는 1.6을 기록하였다. 체코의 합계출산율은 1999년 1.13에서 2021년 1.83으로 증가하였고, 헝가리는 2011년부터 10년간 합계출산율이 1.23에서 1.61로 높아졌다.

유례없이 낮은 출산율에서 드러나듯이 현재 한국이 처한 상황은 그 어떤 역사적 사례도 적용하기 어려울 만큼 비관적일 수 있다. 그렇지만 20년 혹은 더 먼 미래를 내다볼 때 지금은 생각하기 어려운 상당한 규모의 출산율 증가가 일어나지 않으리라 단정하기도 어렵다.

이처럼 아직 인구변화의 미래는 열려 있다. 물론 열려 있는 길이 어느 방향으로 이어질지는 알 수 없다. 지금 주어진 장래인구추계 전망보다 더 암울한 미래가 도래할 수도 있다. 만약 저출산 문제가 완화되지 않고 가파른 인구감소가 현실이 된다면 어떻게 될까? 붕괴, 소멸, 멸종 같은 무시무시한 표현이 가리키는 대로 한국은 파국을 피하기 어려울까? 꼭 그렇지는 않을 수 있다. 국민의 삶이 지금보다 팍팍해질 가능성은 매우 높다. 그러나 적어도 절벽에서 추락하는 것이 아닌 완만한 길로 하산할 가능성은 남아 있다. 한국 사회의 잠재력을 효과적으로 활용한다면 인구 규모 및 구조의 변화가 초래할 사회경제적 충격을 어느 정도 흡수하면서 축소사회에 적응할 수 있기 때문이다.

예를 들어보자. 노동력 감소와 생산성 저하는 대표적인 인구변화의 부정적 영향의 하나로 꼽힌다. 하지만 인구감소와 고령화가 예상하는 추이로 진행되더라도 지금보다 사람들의 역량을 더 충분히 활용할 수 있다면 노동 투입이 줄어드는 속도를 늦출 수 있다. 필자의 연구는 여성과 장년의 경제활동참가율이 최근 일본 수준까지 높아지고 여성의 상대적 생산성이 최근 경제협력개발기구(OECD) 평균 수준으로 개선되면 인구변화에도 2047년까지 생산성을 조정한 노동 투입이 유지될 것임을 보여준다.[31] 과거의 추이나 관련 정책 현황을 살펴볼 때, 이는 충분히 달성할 수 있는 목표이다. 더 많은 외국인력을 받아들임으로써 인구변화로 인한 노동력 감소를 줄이는 선택지도 있다. 인공지능(AI)이나 로봇 같은 새로운 기술을 적절하게 도입함으로써 모자란 노동력을 대체하거나 노동생산성을 개선하는 길도 열려 있다.

인구변화의 충격을 늦추거나 줄이는 일은 그리 쉽지 않다. 출산 장려를 강조하는 영국 인구학자 폴 몰런드(Paul Moland)는 저서 《최후의 인구론》에서 기술 발전이나 이민자 유입이 출산율 저하로 인한 인구감소의 충격을 완화하기 어렵다는 주장을 제기하기도 했다.[32] 그러나 인구변화의 충격을 줄이고 축소사회에 적응하는 노력이 출산율을 높이는 노력보다 더 어려운지 혹은 비용이 더 많이 드는지를 따지기란 쉽지 않다. 앞서 예로 들었던 여성과 장년의 경제활동참가율 제고처럼 인구변화의 충격이 도래하는 시기를 늦추는 방안은 장기적으로 더 효율적인 저출산 대응 정책 채택을 가능케 해준다. 무엇보다 '개선'의 가능성과 '대안'의 존재는 공포심에 마비되어 빠르게 출산율을 높이기 위한 무분별하고 무리한 정책 추진에 제동을 거는 장치 역할을 할 수 있다.

국가는 출산율을 높일 수 있을까?

국가가 개인의 결혼이나 출산을 통제할 수 있을까? 가장 극단적인 조치는 국가에 의한 강제 결혼일 것이다. 2025년 초에 종영된 드라마 〈옥씨부인전〉에 그러한 사례가 등장한다. 극 중에서 도망 노비 출신으로 양반가 여식으로 살게 된 주인공 옥태영은 자신의 과거가 드러나면 피해를 줄 수 있다는 생각에 혼인을 피한다. 같은 마을 현감의 자제인 성윤겸은 성소수자인지라 혼인할 의사가 없다. 그런 두 사람이 서로의 사정을 알면서도 결혼한 계기는 국가의 '혼인령'이었다. 이 시대에 가족이나 지역공동체의 혼인 압력이 존재했던 것은 사실이다. 그러나 나이가 찬 양반가 미혼 남녀가 기한 내 혼인하지 않으면 중한 벌을 내리는 공식적인 혼인령 포고가 실재했는지는 확실하지 않다.

과거에 실제로 빈번하게 실시되었던 '금혼령'은 역설적으로 조혼을 강제하는 역할을 했다. 왕이나 세자가 부인을 얻으려 할 때 국가는 혼기가 찬 전국 미혼 여성의 결혼을 금지하였다. 임금의 사위인 부마 간택이 있을 때에는 전국 미혼 남성이 금혼령에 묶였다. 이미 약혼한 사람들의 혼례식도 중지할 정도로 금혼령 적용은 가혹했다. 이러한 사정 때문에 세자나 공주의 혼기가 다가오면 금혼령이 선포되기 전에 민가의 부모들은 자녀의 혼인을 서둘렀다. 침략자의 폭력이 초래한 조혼 풍습도 있었다. 고려시대 원나라와 조선시대 청나라 침략 이후 공녀 징발을 피하고자 이른 나이에 혼인하는 관습이 생겨났다. 일제강점기 조선이 전시체제에 돌입한 1930년대 이후 징병과 징용, 정신대 징발 등의 불안이 조혼을 강제하였다.

20세기에 들어와서도 국가가 개인의 출산에 폭력적으로 개입한 사례가 적지 않다. 1935년 나치 독일은 순수 아리아인의 수를 늘리기 위해 레벤스보른(Lebensborn)이라는 기관을 설치하였다. 그곳에서 처음에는 친위대 단원 부부가 자녀를 많이 낳게 하였고, 나중에는 미혼 여성들과 '인종적으로 순수하고 가치 있는 사람들'

을 '교배'하여 아이를 얻었다. 루마니아의 니콜라에 차우셰스쿠(Nicolae Ceaușescu) 서기장은 인구 확대를 위해 1966년 낙태와 피임을 금지하는 조치를 골자로 한 법령을 시행하였다. 낙태 수술은 사실상 금지되었고, 피임약 구매가 불가능해졌으며, 여성은 매달 산부인과 의사에게 임신 여부를 관리받는 등 엄격한 통제를 받아야 했다.[33]

이와 같은 극단적·폭력적 강제는 아니어도, 출산과 양육을 조국에 대한 봉사로 규정하면서 이를 장려하는 국가의 적극적 개입 사례는 적지 않다. 예컨대 1944년 옛 소련 이오시프 스탈린 서기장은 자녀 수에 따라 다자녀를 키운 여성에게 '어머니 명예 훈장'을 수여하고 10명 이상의 자녀를 낳아 기른 여성에게 '어머니 영웅' 칭호를 부여했다. 이러한 정책은 1991년 소련 붕괴 후 폐지되었다가 2022년 러시아 블라디미르 푸틴 대통령에 의해 부활하였다. 이에 따라 러시아에서는 열 번째 아이가 1살이 됐을 때 나머지 9명의 자녀가 생존해 있으면 아이 어머니가 100만 루블의 포상금과 금, 다이아몬드로 만든 '어머니 영웅' 훈장을 받게 되었다.

이처럼 국가가 결혼이나 출산 같은 개인의 선택을 바꾸기 위해 직접 개입했던 시대와 사회가 있었다. 명시적 개입까지는 아니더라도 자녀를 갖도록 독려하거나 은근한 압력을 가하는 사례는 지금도 빈번하리라 짐작한다. 그러나 21세기 한국은 기본적으로 결혼과 출산이 개인의 자유로운 선택에 맡겨진 사회이다. 민주화 이후 개인의 권리와 자유가 존중되는 환경에 익숙해진 사람들은 직접적·명시적 강제뿐만 간접적·암묵적 간섭에도 거부감을 느끼며 반발할 가능성이 크다. 따라서 지금은 원론적으로나 실질적으로나 결혼이나 출산에 대한 국가의 강제나 개입의 여지가 없다고 할 수 있다.

그렇다면 오늘날 국가가 할 수 있는 일은 무엇일까? 직접적인 개입은 적절하지 않지만 개인의 선택에 영향을 미치는 사회적·제도적 환경을 바꾸는 일은 할 수 있다. 예를 들어보자. 국가가 나에게 강제로 사과를 사서 먹도록 할 수는 없다. 사과가 맛있고 건강에도 좋다는 정부의 적극적인 홍보가 잘 먹힐지도 의문이다. 정부의 소비 장려가 일부 사람들에게는 오히려 역효과를 낼 수도 있을 것이다. 그런데 정부가 사과의 소비수요를 결정하는 사과 가격과 가구소득에 영향을 미치는 정책을 시행한다면 어떨까. 예컨대 사과 농가를 지원하여 사과 가격을 낮추고 과일을 구매할 수 있는 바우처를 지급하면 사과 소비가 늘어날 수 있다. 사람들의 선호는 잘 바뀌지 않지만 간접적·장기적으로는 이 역시 정책의 영향을 받는다. 품종 개량과 유통망 개선을 통해 훨씬 신선하고 맛있는 사과가 공급되면 사과를 좋아하는 사람들이 늘어날 것이다.

저출산을 완화하기 위한 정책도 이와 다르지 않다. 가족의 경제학(economics of family)은 현대사회에서 출산율이 주로 자녀에 대한 '수요'에 의해 결정된다고 본다. 그리고 자녀에 대한 수요는 사과 같은 일반 재화와 마찬가지로 자녀를 갖고 싶은 의사(선호), 자녀를 낳아 키울 수 있는 경제적 여건(소득), 자녀 양육비(가격) 등에 의해 결정된다. 이 가운데 양육비는 다시 교육비나 주거비 같은 금전적 비용과 자녀 때문에 포기해야 하는 소득, 여가, 성취 등을 반영하는 기회비용으로 나눌 수 있다. 국가정책은 자녀의 비용, 가구소득, 자녀에 대한 선호 등에 미치는 효과를 통해 출산율에 영향을 미칠 수 있다.

실제로 한국을 포함한 많은 국가가 저출산 완화 정책을 시행하고 있다. 아동 수당 지급, 보육·교육비 보조, 유자녀 가구에 대한 공공임대주택 입주권 부여 등의 정책은 자녀 양육의 금전적 비용을 덜어주는 역할을 한다. 육아휴직 지원, 보육시설 확충 및 질적 개선, 일-가정 양립 강화 등의 방안은 자녀 양육의 기회비용을 낮출 수 있다. 양질의 일자리를 늘리고 사회안전망을 강화하면 소득 안정성이 높아져서 결혼이나 출산 같은 장기적인 결정을 내리는 데 도움이 된다.

일반 재화의 경우와 마찬가지로 자녀에 대한 선호가 쉽게 바뀌기는 어렵다. 하지만 사람들의 선호 역시 진공상태에서 결정되지 않고 환경과 경험의 영향을 받는 만큼 고정되어 있지 않다. 오늘날 자녀에 대한 선호를 결정짓는 가장 중요한 요소는 아이를 키우면서 느끼는 행복감과 보람일 것이다. 만약 정책을 통해 불평등이 완화되고 경쟁이 줄어들어 태어나는 자녀가 더 나은 삶을 살리라는 기대가 커진다면 자녀에 대한 선호도 높아질 수 있다.

이렇듯 적어도 이론적으로는 국가정책이 개인의 선택에 영향을 미치는 다양한 요인들을 바꿔서 출산율에 영향을 미칠 수 있다. 그렇다면 이러한 가능성이 실제로 얼마나 효과적으로 실현될 수 있을까? 국가가 역량을 동원하면 의도한 대로 출산율을 높일 수 있을까? 이 질문에 대한 사람들의 답변은 극단적으로 갈린다. 한

쪽 끝에는 저출산 대응 정책이 효과가 없으므로 이를 폐기해야 한다는 '정책 무용론'이 자리하고, 반대편 끝에는 국가가 굳은 의지를 품고 적극적으로 노력하면 목표한 대로 출산율을 끌어올릴 수 있으며 그렇게 하는 것이 국가의 책무라고 보는 '국가만능주의'가 위치한다.

우선 '정책 무용론'부터 살펴보자. 이 주장의 가장 주된 근거는 정책의 효과성과 관련되어 있다. 매년 수십조에 달하는 막대한 정부예산이 투입되었음에도 합계출산율이 높아지기는커녕 가파르게 떨어졌음을 지적하며 저출산 대응 정책의 효과가 없었다고 평가한다. 그리고 이러한 평가는 저출산 완화가 아닌 인구변화 대응으로 정책의 초점을 옮겨야 한다는 주장으로 이어진다. 즉 정책을 통해 출산율을 높이는 것이 어차피 불가능하니 인구 감소 및 고령화를 기정사실로 받아들이고 이에 대비하는 노력에 집중하는 편이 더 합리적이라는 것이다.

그런데 '정책 무용론'은 상당 부분 오해의 산물로 보인다. 첫째, 정책의 효과가 만족스럽지는 않았을 수 있지만 아예 없었던 것은 아니다. 이러한 오해는 합계출산율 변화만 보고 정책의 성패를 판단하는 데 따른 것이다. 출산율은 저출산 대응 정책 외에 다양한 정책적·사회경제적·문화적 요인의 영향을 받는다. 따라서 정책의 효과를 올바르게 평가하려면 그것이 없었을 경우 나타났을 결과를 합리적으로 추정해야 한다. 일련의 정황증거를 고려한다면 정부의 저출산 대응 정책이 없었을 경우 출산율이 실제보다 더 일찍, 더 낮은 수준으로 떨어졌을 가능성이 있다.[34] 이 책의 6장에 제시된 실증적인 증거들은 현금 지원, 보육 지원, 일-가정 양립 지원 등의 정책이 유의미하게 출산율을 높였음을 보여준다.

둘째, 인구변화 대응이 필요하고 출산율 제고가 어려운 것은 사실이지만 이것이 저출산 대응 정책이 필요하지 않다는 의미는 아니다. 한국이 당면한 인구문제의 핵심은 출생아 수 감소 자체보다 그 속도가 너무 빠르다는 사실이다. 빠른 인구변화는 한국 사회의 다양한 분야에서 쉽게 적응하고 대응하기 어려운 급격한 불균형을 초래할 것으로 우려된다.[35] 출생아 수 감소 추이를 반전하지는 못해도 그 속도를 늦출 수만 있다면 인구변화의 충격을 완화하고 대응 비용을 줄이는 데 도움이 된다. 기존 정책을 개선하고 인구변화 대응 노력이 필요하다는 지적은 타당하지만, 정책이 소용없으니 폐기해야 한다는 주장은 합리적인 근거가 부족한 주장이다.

'국가만능주의'는 국가가 출산율을 조절할 수 있으며 실제로 그렇게 해야 한다는 견해를 약간 과장되게 표현한 것이다. 여기에는 경제성장률이나 총수출액 목표를 설정한 뒤 이를 달성하기 위해 기업을 독려하고 재정·금융·산업 정책 수단을 동원했던 과거 경제개발 시대의 성공에 대한 향수가 배어 있다. 국가의 출산율 조절 능력에 대한 믿음은 출산율 목표치 설정에 반영된다. 2016년 시작된 제3차 저출산·고령사회 기본계획은 합계출산율을 1.5까지 높이는 것이 목표였다. 2024년 말 정부는 2030년까지 합계출산율을 1.0으로 높이겠다는 목표를 내걸었다. 이는 물론 저출산 완화를 위해 최선을 다하겠다는 결의의 발로일 수 있다. 그렇지만 그 이면에 국가의 능력과 역할에 대한 과도한 기대가 존재함을 부정하기 어렵다.

2025년 한국에서 이러한 국가만능주의는 유행이 지난 낡은 옷과 같다. 정부 정책이 출산율에 어느 정도 영향을 줄 수 있는 것은 사실이지만, 국가가 계획에 따라 원하는 만큼의 성과를 얻을 수 없는 것도 현실이다. 2015년 1.24였던 합계출산율을 2020년까지 1.5로 높이겠다는 제3차 저출산·고령사회 기본계획의 목표는 2020년 합계출산율이 0.84로 내려앉으며 '헛된 꿈'이 되었다. 앞에서 언급했듯이 출산율을 높이기 위한 일부 정책이 유의미하게 긍정적인 효과를 보였지만 대체로 그 규모는 크지 않은 것으로 나타났다. 또한 그 효과의 대부분이 소득 중상위계층에 집중되었다. 이는 기존 정책이 정부의 지원이 아니었어도 자녀를 가질 의향이 있었던 사람들의 등을 살짝 떠미는 정도의 역할만 했음을 시사한다.

출산율 제고 목표를 달성하기 위해 특단의 조치도 불사해야 한다는 인식과 태도는 정부 정책에 대한 불신과 거부감을 낳을 수 있다. 정책의 효과성에 관련된 정책 무용론과 결을 달리하는 정부 정책에 대한 비판은 저출산 대책이 여성을 출산의 도구로 인식하고 개인의 선택을 제약하고 억압하는 국가주의적 발상의 산물이기 때문에 폐기되어야 한다는 것이다. 필자가 보기에 이는 많은 부분 과거 정책에 대한 부정적인 기억에 뿌리를 둔 것이다. 현재의 정책당국자들 가운데 여성을 출산의 도구로 인식하는 사람은 없을 것으로 믿는다. 하지만 단기적인 출산율 목표를 내걸고 이를 달성하기 위해 사람들을 압박한다는 인상을 주는 정책은 불필요한 오해를 불러일으킬 수 있다. 이는 바람직하지도, 도움이 되지도 않는다.

　이제 다시 처음 던졌던 질문으로 돌아가자. 국가는 출산율을 높일 수 있을까? 영어식 표현으로 답변하자면 그렇기도, 아니기도 하다(Yes and No). 국가는 결혼이나 출산과 관련된 개인의 선택에 개입할 수 없다. 과도한 설득은 압박으로 여겨져서 역효과를 낼 수도 있다. 그러나 국가는 개인의 선택을 둘러싼 사회경제적·제도적 환경 변화를 통해 출산율에 영향을 미칠 수 있다. 다만 그 영향력은 제한적이어서 계획한 대로 출산율을 '조절'하기는 어렵다. 비유적으로 말하자면 국가의 저출산 대응 정책은 공장에서 물건을 찍어내는 일보다는 농사짓는 일에 가깝다. 정해진 재료를 투입하여 적절한 공정을 거치면 기대했던 제품이 만들어지는 일이 아니라 아무것도 보이지 않는 땅에 꾸준히 씨앗을 심고 물과 거름을 주어야 하는 작업이라고 할 수 있다.

그럼에도 불구하고
출산 지원 정책은 필요하다

대다수 사람이 나이가 차면 결혼하고 아이를 낳던 시절이 있었다. 아주 먼 옛날도 아니다. 1990년대 초에는 25~39세 여성의 85%가 결혼한 상태였다. 이 나이대 기혼 여성 셋 중 둘은 자녀가 2명 이상 있었고 넷 중 하나는 자녀가 1명 있었다. 결혼해서 자녀가 없는 여성은 드물었다. 30여 년이 지난 지금 결혼과 출산은 더 이상 사람들의 당연한 선택지가 아니다. 현재는 25~39세 여성 10명 가운데 4명만 결혼한 상태이다. 또한 이 나이대 기혼 여성 넷 중 하나는 자녀가 없다. 결혼하지 않기로 마음먹었거나 그렇게 되리라 예상하는 젊은이가 점점 더 늘어나고 있다. 다음 세대의 탄생을 당연하게 기대했던 필자의 부모 세대와 달리 필자 세대는 자녀가 장차 가정을 꾸릴지 여부를 확신하기 어렵다.

이러한 인구학적 변화는 결혼과 출산이 보편적이었던 시대에 당연한 것으로 받아들여졌던 인식과 관행에 균열을 일으킨다. 2024년 방영된 〈손해 보기 싫어서〉라는 드라마의 시작은 이러한 사례를 흥미롭게 보여준다. 주인공 손해영은 결혼할 생각은 없지만 결혼하지 않아서 손해 보는 것이 너무 싫다. 그동안 뿌려온 결혼식 축의금을 돌려받지 못하고 회사에서 결혼 휴가도 받지 못하는 것이 부당하다고 생각한다. 그래서 편의점 직원과 계약을 맺고 가짜 결혼식을 올려서 손해를 해소하고자 한다. 이러한 가짜 결혼식이 현실에도 존재하는지는 모르지만, 비혼을 선언하면서 축의금을 받는 사례는 흔해지는 듯하다.

이러한 균열과 충돌은 한국 사회 곳곳에서 늘어나고 있다. 비혼·무자녀 직원이 늘면서 자녀 학비 지원 같은 기혼자 대상의 전통적인 사내 복지제도에 대한 반발이 생겨난다. 저출산 문제 악화와 함께 정부와 기업의 출산 지원 정책이 강화됨에 따라 여기에서 배제되거나 오히려 손해를 입는 사람들의 불만이 커지는 경향도 감지된다. 예컨대 육아휴직 사용자와 이용 기간이 늘면 비혼·무자녀 직원은 업무 부담만 늘어날 수 있다. 근래 들어 자녀를 낳은 직원에게 거액의 축의금을 지급하는 기업이 늘고 있는데, 자녀를 가질 의사가 있는 사람들은 이를 반기겠지만 결혼하지 않았거나 자녀를 낳을 의사가 없는 사람들은 부당하게 차별받는다고 생각할 수 있다.

정부의 저출산 대응 정책에 대한 국민의 인식과 태도도 이와 다르지 않을 것이다. 직접적인 혜택을 받을 것으로 기대하는 사람들과 그 비용만 부담할 가능성이 크다고 생각하는 사람들의 입장이 같을 수는 없다. 점점 늘어나는 비혼자와 결혼 후 자녀를 갖지 않는 부부는 출산 지원을 위한 정책에 필요한 재원 마련을 위해 더 많은 세금을 내는 데 거부감을 품을 수 있다. 저출산 대응에 투입되는 예산이 늘면서 불가피하게 지원이 삭감되는 다른 정책의 대상자들 역시 출산 지원 정책 확대를 곱지 않은 시선으로 볼 가능성이 존재한다. 왜 전체 국민에게 걷은 세금을 일부를 위해 쓰는지, 출산과 양육에 대한 국가의 지원이 비혼 혹은 자녀 없는 삶을 선택한 사람들에 대한 차별은 아닌지 묻는 사람이 적지 않을 것이다.

정부가 세금을 활용해 출산과 양육을 지원하는 가장 합리적인 이유는 그것이 현재와 미래의 국민 모두의 후생을 개선하는 데 도움이 되기 때문이다. 경제학적 표현을 쓴다면 출산은 사회적 보수(social return)가 개인적 보수(private return)보다 높은 대표적인 선택 가운데 하나이다. 성장한 자녀는 취업하여 경제활동을 하고, 번 돈으로 소비활동을 하며, 세금과 각종 사회보험 기여금을 냄으로써 사회와 경제 유지에 공헌한다. 즉 출산의 편익은 가족의 범위를 넘어 사회 전체로 흘러든다. 그러나 자녀를 낳아 키우는 비용은 대부분 부모가 부담해야 한다. 자녀 학원비 마련에 허리가 휘는 이도, 아픈 아이를 돌보러 가기 위해 상사 눈치를 보느라 진땀을 흘려야 하는 이도 결국 부모이다.

이러한 상황을 경제학 용어로 표현하자면 출산과 양육에 양(+)의 외부성(externalities)이 존재한다고 할 수 있다. 즉 한 부부의 출산과 양육은 그 가정의 울타리를 넘어 사회의 다른 구성원에게 긍정적인 영향을 미친다는 뜻이다. 어떤 재화나 서비스 생산에 양(+)의 외부성이 존재하는 경우 일반적으로 공급이 사회적으로 바람직한 수준을 밑도는 결과가 나타난다.

경제학 교과서에 가장 널리 등장하는 양봉업을 사례로 들어보자. 양봉업자가 키우는 꿀벌은 꿀을 생산할 뿐만 아니라 이웃 과수원의 과일 생산에도 도움을 준다. 그런데 양봉업자는 꿀 생산에서 얻는 자신의 수익만 고려하여 꿀벌을 키우기 때문에 양봉업과 과수원 모두의 순이익을 가장 크게 만드는 수준보다 적은 양의 벌꿀을 생산하게 된다. 부모도 마찬가지이다. 미래의 노동력 확대나 세수 증가 같은 자녀의 외부성을 고려하여 출산 여부나 자녀 수를 결정하는 부모는 많지 않으며, 따라서 사회적으로 바람직한 수준보다 적은 수의 자녀가 태어나는 경향이 있다.

그러면 어떻게 이러한 양(+)의 외부성을 줄여서 사회적 편익을 증대할 수 있을까? 경제학 교과서에 소개된 가장 고전적인 수단은 보조금 지급이다. 예컨대 양봉업자에게 꿀 생산을 1킬로그램 더 늘릴 때마다 일정한 보조금을 지급한다면 꿀 생산량은 양봉업과 과수원의 순수익이 최대로 되는 수준에 가깝게 늘어날 것이다. 출산과 양육에 대한 국가의 지원도 비슷한 역할을 한다. 사회적 편익의 일부가 실제로 비용을 부담하는 다양한 형태의 '보조금'으로 부모에게 지급되면 출산의 개인적 보수가 사회적 보수에 가까워져서 자녀 수가 사회적으로 바람직한 수준으로 늘어날 수 있다.

이미 오래전부터 출산과 자녀에 대한 투자의 외부성을 완화해야 한다는 주장이 제기되어왔다. 이는 일반적인 저출산 대책 내용처럼 자녀 양육비를 줄이는 데 국한되지 않는다. 미국 경제학자 아이작 얼리히(Isaac Ehrlich)는 1980년대부터 자녀의 수와 질에 비례하여 은퇴 후 연금을 더 지급해야 한다는 주장을 폈다. 자녀를 낳아서 잘 길러도 그 결실이 부모가 아닌 사회 전체로 돌아가기 때문에 출산과 자녀에 대한 인적자본투자의 유인이 지나치게 낮아지는 상황을 개선하자는 취지이다.[36] 국내에서도 국민연금 지급액을 자녀 수에 연동하자는 주장이 서서히 제기되고 있다.

출산을 지원하는 정책은 필요하고 정당한가? 적어도 경제적 관점에서는 이 질문에 긍정적인 답변을 하지 않을 수 없다. 국가의 저출산 대응 정책은 사회적 보수와 개인적 보수 간의 괴리를 좁힘으로써 사회적 효율성을 높이는 정책적 개입이므로 일부에게만 혜택을 주는 '차별'이라고 보기 어렵다. 앞에서 저출산으로 인한 '파국의 미래'가 정해져 있는 것은 아니라고 지적했다. 그렇지만 인구 감소와 고령화로 여러 사회경제적 불균형이 발생하여 국민의 삶을 점점 더 팍팍하게 만들 것이라는 우려를 부정하기는 어렵다. 8장에서 살펴보겠지만, 현재 가능해 보이는 수준으로 출산율이 높아져도 인구 감소와 고령화 추세를 근본적으로 바꾸기는 힘들다. 하지만 동시에 출산율이 높아질수록 인구변화의 충격으로 발생할 사회경제적 비용이 감소하는 것도 사실이다. 출생아 수가 줄어들수록 신생아 1명의 소중함은 더 커질 것이다.

출산 지원의 필요성과 정당성을 받아들이더라도 여기에 투입될 재원의 규모와 그 부담의 배분을 결정하는 어려운 과제가 남는다. 경제학적으로 볼 때 합리적인 지원 규모는 출산의 사회적 보수와 개인적 보수를 일치시키는 수준이다. 이 경우 신생아 1명에 대한 총지원액은 그 아이가 생애에 걸쳐 다양한 방식으로 사회에 더하는 순 편익의 규모와 같아질 것이다. 이론적으로는 간단하지만 실제로 이를 따지는 작업은 매우 어렵다. 앞으로 세상이 어떻게 바뀔지 모르는 상황에서 지금 태어나는 아이가 앞으로 전 생애에 걸쳐 사회에 얼마나 공헌할지를 어찌 정확하게 산정할 수 있겠는가?

출산 지원에 필요한 재원을 누가 부담할지도 풀기 어려운 과제이다. 원론적으로는 출생아 수 증가로 혜택을 입는 사람들이 그 비용도 나누어 부담하는 편이 합리적일 것이다. 노동인력 증가와 소비수요 확대로 이익을 볼 기업들, 세수 증가로 세금 부담이 줄어들 미래의 납세자들, 사회보험 재정 안정으로 노후보장이 강화될 미래의 은퇴자들 모두 출산 지원 정책의 수혜자가 될 것이다. 그러나 누가 얼마나 혜택을 입을 수 있을지는 따지기 어렵다. 사람들은 먼 미래에 얻을 수 있는 불확실한 이득을 위해 바로 지금 확실한 부담을 감내하기를 꺼리는 경향이 있다. 자신은 수혜자가 아니라고 주장하며 무임승차자가 되려는 사람도 적지 않을 것이다.

근거 없는 공포를 넘어
근거 있는 행동으로 나아가려면

한국의 저출산 문제를 파악하고 이를 풀고자 노력하는 일은 외줄타기와 같다. 얼핏 상충하는 목표들 사이에서 적절한 균형을 잡고 서로를 반대하는 이질적인 사람들을 아울러야 하는, 어렵고도 위태로운 작업이다.

출생아 수 감소의 결과로 초래될 미래의 어려움을 객관적으로 전망하고 이에 대비하는 한편 출생아 수 감소의 원인이 되는 현재의 어려움을 직시하면서 해소하기 위해 애써야 한다. 여성과 아동을 비롯한 일부에게 그리 아름답지 않았던 과거로 돌아갈지 모른다는 경계심, 인구축소의 암울한 미래가 닥칠지 모른다는 공포심을 함께 덜어내는 해법을 찾아야 한다. 국가가 개인의 선택에 과도하게 개입한다는 오해를 피하는 한편 담대하면서도 치밀한 정책을 꾸준하게 추진하여 저출산을 완화하는 방안을 찾아야 한다. 정책의 직접적인 대상자, 잠재적인 수혜자, 비용 부담자의 이해 충돌을 절충하는 방법도 도출해야 한다. 이러한 조건을 만족하는 정책의 공간은 좁다. 칼날 같은 외줄의 형상일 것이다.

외줄 위를 걸으려면 타고난 평형감각이 필요하다. 그러나 이 재능을 제대로 발휘하기 위해서는 다양한 지식과 정보를 습득해야 한다. 프랑스의 필리프 프티는 1973년 완공 당시 세계에서 가장 높은 빌딩이었던 미국 뉴욕 세계무역센터 쌍둥이 빌딩 사이에 외줄을 걸고 보호 장비 없이 걸었던 유명한 곡예사이다. 그의 고공 외줄타기 퍼포먼스는 로버트 저메키스 감독의 2015년 영화 〈하늘을 걷는 남자〉에 담기기도 했다. 영화 앞부분에는 거리의 곡예사였던 그가 서커스 장인에게 돈을 내고 외줄타기를 배우는 장면이 나온다. 여기서 그는 적당한 무게, 굵기, 강도의 줄을 고르는 법과 이를 안전하게 묶는 기술을 배운다. 감촉이나 소리로 줄의 적절한 탄성을 확인하는 방법도 익힌다. 바람의 방향과 강도, 주변의 소음과 방해 요소도 외줄타기에 성공하기 위해 확인해야 할 정보이다.

연구자로서 한국의 저출산 문제 해결에 도움을 주는 방법 역시 국가와 국민이 '중심'을 잡는 데 필요한 지식과 정보를 제공하는 일일 것이다. 저출산 문제를 둘러싼 사회적 갈등과 정책의 혼선은 상당 부분 객관적·과학적 근거의 부재와 합리적·체계적 설명의 부족에 기인하는 것으로 보인다. 인구문제가 한국 사회의 중요한 이슈로 떠오르면서 근거가 취약하거나 실체가 확실하지 않은 주장이나 정보가 다양한 언론매체를 통해 널리 퍼지는 사례가 자주 관찰된다. 인구문제와 관련된 통계나 보고서가 미디어를 통해 정확하지 않게 해석되거나 오용되는 사례도 적지 않다. 정보의 부족이나 왜곡은 불필요한 오해, 공포, 거부감, 갈등을 유발한다. 국가의 인구정책을 둘러싼 논란과 갈등 역시 이론적·실증적 증거가 부족해서 생겨나는 경우가 많다.

왜 출생아 수가 장기적으로 감소하고 있는지, 아이를 낳고 키우기 어렵게 만드는 한국 사회의 근본적인 문제가 무엇인지, 왜 과거의 저출산 대응 정책은 그리 성공적이지 못했는지, 어떻게 해야 정책의 효과성을 높일 수 있을지, 어떤 일에 우선순위를 두고 무슨 사업에 더 많은 재원을 투입하는 편이 더 합리적일지, 지금처럼 출생아 수가 감소하는 경우 미래에 구체적으로 어떤 문제가 얼마나 심각하게 발생할지 등의 질문에 답할 수 있는 탄탄한 근거가 제시된다면, 저출산 문제를 둘러싼 불필요한 사회적 갈등을 완화하고 많은 국민이 동의할 수 있는 효과적인 정책을 만드는 데 도움이 되리라 믿는다. 이 책은 이러한 목적으로 수행해온 필자의 연구 결과를 토대로 쓰였다.

……

 2025년 3월, 합계출산율이 9년 만에 0.03 반등했다는 발표가 난 직후 필자는 한 일간지에 장기적인 하락 추이 반전은 의미 있는 일이지만 기뻐하기엔 이르다는 취지의 칼럼을 썼다. 근본적인 여건을 개선한 결과가 아니라 결혼과 출산을 미루어야 했던 사람들이 증가하는 등 곧 소진될 요인에 힘입었을 가능성이 크다는 이유를 들었다.
 이 글에 2개의 댓글이 달렸다. 한 독자는 출산율을 높인 정부의 성과를 무시한다며 필자를 '좌파'라고 성토했다. 반면 다른 독자는 살기 좋은 사회가 되기 위해 인구가 더 감소해야 하는데도 저출산 문제 완화를 이야기한 필자를 '우파'라고 비판했다.
 오늘날 한국에서는 정치인이나 정책 담당자뿐만 아니라 인구문제를 연구하는 사람 역시 외줄 위를 걷는다는 느낌을 지울 수 없다. 조금만 발을 헛디디면 바닥을 알 수 없는 아래로 추락하리라는 두려움이 엄습한다. 그래도 독자들이 이 책의 마지막 장을 덮을 때까지 필자는 외줄 위에서 중심을 잃지 않기 위해 최선을 다하려 한다.

2장

가족과 아이를 원하지 않는 시대

결혼하여 가정을 꾸리기 쉽지 않은 것이 오늘날 한국만의 현실일까? 아이를 낳아 부모가 되기로 마음먹는 데 '고뇌에 찬 결단'이 필요한 상황은 예외적일까? 경제학자들이 종종 가정하듯이, 계산기를 두드려 결혼 생활 및 자녀의 비용과 편익을 면밀하게 따져보는 사람은 별로 없을 것이다. 그러나 가족과 함께 사는 즐거움을 얻기 위해 포기해야 할지도 모르는 본인의 경제적·시간적 여유와 자유로운 삶을 생각해보지 않는 사람 역시 그리 많지 않을 것이다.

지금과는 사정이 많이 달랐겠지만 옛날 사람들에게도 가정을 꾸리고 자녀를 낳아 기르는 데 따르는 고민이 없지 않았던 것 같다. 19세기 내내 출산율이 가파르게 떨어졌던 미국의 역사적 경험은 이를 잘 보여준다. 1800년경 55명에 달했던 미국의 조출생률(crude birth rate, 연간 인구 1,000명당 출생아 수)은 가파르게 하락하여

100년 후에는 그 절반 수준으로 떨어졌다. 당시 인구의 대부분을 차지하던 농촌인구의 출산율 감소가 주된 요인이었다. 유럽의 다른 선진국에서는 출산율의 장기적 하락이 19세기 말 도시화와 산업화를 경험하며 시작된 것으로 알려져 있다. 따라서 19세기 미국 농촌의 출산율 하락은 이례적인 현상으로 여겨졌고, 몇 가지 흥미로운 가설이 제기되었다.

그중 하나가 목표 상속(Target Bequest) 가설이다. 19세기 미국 농민에게는 자녀에게 유산을 고르게 물려주는 분할상속(multigeniture) 관습이 있었다. 아들들이 장성하면 부모가 토지 구매를 지원하고 딸들에게는 지참금을 주어 독립할 여건을 마련해준 후, 막내아들에게 농장을 물려주는 방식이 일반적이었다. 그런데 시간이 지나면서 구매할 수 있는 토지가 감소하고 지가가 상승함에 따라 자녀의 독립을 돕기가 점점 어려워졌다. 이러한 변화 때문에 농민이 각 자녀에게 물려줄 유산의 규모를 유지하기 위해 자녀 수를 줄였다는 것이 이 가설의 골자이다.

이 가설에 대한 실증적인 검증도 이루어졌다. 어떤 지역에 정착이 진행되어 개간되지 않은 토지가 줄어들면 농민은 자녀에게 물려줄 토지를 구매하기 어려워질 것이다. 미국 경제학자 리처드 이스털린(Richard Easterlin)은 이러한 아이디어에 착안하여, 전체 토지 면적 대비 개간된 토지 면적 비율(개간된 토지 비율)과 출산율 지표인 모아비(母兒比: child-female ratio) 간의 관계를 분석하였다. 모아비는 가임기 여성인구 대비 5살 미만 아동인구 비율로 정의되며 출생아 수에 관한 통계가 없었던 과거의 출산율 지표로 널리 쓰인다.

이 연구 결과는 개간된 토지 비율이 20%에 이를 때까지는 모아비가 높아지지만, 그 수준을 넘어선 이후에는 개간된 토지 비율과 모아비 사이에 강한 음(-)의 관계가 나타남을 보여준다. 예컨대 1860년 개간된 토지 비율이 약 20%였던 아이오와주는 가임기 여성 1,000명당 10세 미만의 아동인구가 1,600명이 넘었다. 반면 그 비율이 60%였던 오하이오주는 약 1,400명, 80%인 뉴욕주는 1,000명, 100%인 뉴햄프셔주는 약 900명의 모아비를 기록했다. 전체 지역의 시간에 따른 변화도 비슷한 양상을 보인다. 이 결과는 다음 세대의 경제적 여건이 나빠질 것을 걱정하여 자녀 수를 줄였다는 목표 상속 가설을 뒷받침한다.

출산을 결정할 때 자녀의 상대적 지위를 유지하려는 의도가 중요했다는 주장은 19세기 말 영국의 출산율 감소에 대한 설명으로도 제시되었다. 이는 상대 소득 축소(relative income compression) 가설로 불린다. 영국 중산층은 산업혁명 시기를 거치며 빠르게 부를 축적하고 세대 간 신분 상승을 도모할 수 있었다. 영국 사학자 해럴드 퍼킨(Harold Perkin)은 다른 어떤 국가보다도 부와 사회적 지위가 강하게 연관되었던 영국의 사회적 가치가 산업혁명의 원동력 가운데 하나였다고 주장하였다. 그에 따르면 "부의 추구는 자기 자신뿐 아니라 가족 전체의 지위를 추구하는 일과 같았다."[1] 예컨대 자동방적기를 발명한 리처드 아크라이트(Richard Arkwright)는 많은 부를 축적했을 뿐만 아니라 기사 작위와 더비 카운티의 보안관직도 얻을 수 있었다. 이는 정치적인 영향력만을 의미하지 않았다. 자녀를 어느 학교에 보내고 어느 집안 자녀와 결혼시키느냐의

문제이기도 했다.

그러나 1870년경 이후 영국은 경제성장의 벽에 부딪혔고 미국이나 독일 같은 신흥 공업 국가의 추격을 허용하였다. 이에 따라 이들의 소득 증가세는 정체하였고 이들의 자녀가 노동시장에서 마주하는 경쟁은 치열해졌다. 이 가설에 따르면 영국 중산층은 소득의 압박에도 불구하고 상대적인 사회적 지위를 유지하기 위해 소비지출을 줄이지 않았고 자녀 교육에 대한 투자를 늘렸는데, 그러면 자녀 수를 줄일 수밖에 없었다. 그리고 중산층이 아이를 적게 낳는 경향을 하층민이 모방하면서 출산율 감소가 사회 전반에 나타났다.

이미 150년 전부터 서구 사회도 꽤 가파른 출산율 감소를 경험했다. 현재의 한국과 경제적으로나 문화적으로 많이 달랐던 19세기 미국과 영국의 출산율 감소 원인으로 제시된 가설은 놀라우리만큼 낯설지 않다.

대부분 국가에서 예전에 비해 아이를 낳지 않는 경향이 나타나는 공통적이고 일반적인 원인은 무엇일까? 한국의 출산율 감소는 이처럼 공통적이고 일반적인 원인으로 잘 설명될까? 한국의 경험은 전례 없이 특별할까?

'우울한 학문'의 시각으로 보는 가족의 변화

필자가 전공한 경제학은 많은 사람에게 냉정하고 계산적이며 심지어 비인간적이라는 이미지를 주는 듯하다. 세상의 모든 일을 '비용', '이익', '효율성'의 잣대로 바라보고 평가한다고 생각하기 때문일 것이다. 1849년 영국 학자 토머스 칼라일(Thomas Carlyle)이 처음 썼다는 '우울한 학문(dismal science)'이라는 표현은 오늘날까지 경제학의 색깔로 각인되어 있다. 적지 않은 경제학자가 이러한 세간의 평가를 억울하게 생각할 수 있지만 굳이 여기서 이를 반박할 의사는 없다.

가족의 경제학은 경제학 교과서 첫머리에 등장하는 합리적 선택 이론을 결혼과 출산의 결정에도 적용한다. 결혼하고 아이를 낳는 결정이 자동차를 구매하는 결정과 근본적으로 다르지 않다는 것이다. 한정된 소득을 자동차 구매에 써서 얻는 효용 혹은 만족도가 그 외 용도에 지출하여 얻는 효용 혹은 만족도보다 더 크면 자동차 구매는 합리적 결정이라고 할 수 있다.

자신이 가진 돈을 가급적 잘 써서 최대의 만족을 얻고자 하는 사람은 자동차를 살 때 다음을 고려할 것이다. 첫째는 자동차의 필요성과 운전에 대한 선호이다. 출퇴근에 자동차가 꼭 필요한 사람이나 운전을 좋아하는 사람은 다른 조건이 같을 때 차를 구매할 가능성이 크다. 둘째는 소득이다. 아무리 자동차를 좋아해도 돈이 없으면 살 수 없다. 셋째는 자동차 가격, 유지비, 대체 교통수단을 비롯한 다른 재화와 서비스 가격 등이다. 자동차 가격이 상대적으로 낮아지면 차를 구매하는 사람이 늘 것이다.

경제학적 시각에서 볼 때 가족의 형성 역시 개인의 합리적 선택의 산물이다. 적어도 규범적인 강제와 가족의 압력에서 벗어나 개인이 결혼과 출산을 자유롭게 선택할 수 있는 사회에서는 각 개인이 그 선택으로 자신이 더 행복해질 수 있다고 믿을 때 결혼하고 자녀를 갖는 결정을 내릴 것이다. 그리고 자동차를 구매할 때처럼 그 결정 과정에서 의식적으로든 부지불식간이든 가족에 대한 자신의 필요와 선호, 자신의 경제적 자원, 가족 형성 비용 등을 따질 것이다.

가족의 형성과 변화를 경제학적으로 분석하는 접근은 '우울한 학문'의 다른 어떤 내용보다도 '냉정하고 계산적이며 비인간적'으로 다가올 수 있다. 가족에 관한 경제학 연구의 선구자로 꼽히는 학자는 1992년 노벨경제학상 수상자이자 시카고대 교수였던 게리 베커(Gary Becker)이다. 그가 1960년 《출산에 대한 경제적 분석(An Economic Analysis of Fertility)》이라는 논문을 발표한 이후 이전까지 사회학을 비롯한 다른 학문 분야의 영역으로 여겨져왔던 결혼, 출산, 가족 관련 주제가 경제학의 중요한 연구 대상이 되어 오늘에 이르고 있다. 베커 교수는 가족뿐만 아니라 차별, 마약중독, 범죄 같은 사회현상도 경제학의 원리로 분석하여 경제학의 영역을 넓혔다는 평가를 받는다.[2]

필자는 1991년 시카고대 대학원 입학 후 5년간 베커 교수의 강의를 듣고 그분의 가르침을 받을 기회가 있었다. 예순을 넘긴 나이에도 강의실과 세미나실에서 베커 교수는 늘 냉철하고 예리한 모습이었고 그 공간 속 모든 이를 지적으로 압도하는 학자였다. 대학원 첫 학기 수업은 모두 버거웠지만, 특히 베커 교수의 미시경제학 수업은 모든 신입생에게 공포의 대상이었다. 월요일에 받아 금요일까지 제출해야 하는 문제 풀이 과제는 정답이 있는지조차 가늠할 수 없는 난제의 연속이어서 매주 목요일 밤을 새우는 일이 첫 학기의 루틴이 되었다. 그나마 금요일을 제출일로 정한 것은 주말이라도 맘 편히 보내게 해주려는 베커 교수의 '따뜻한 배려'라는 소문이 돌았다. 소문대로 베커 교수는 취업시장에서 어려움을 겪던 필자에게 위로와 격려를 베풀어준 따뜻한 분이었다.

가족의 경제학에 대해서는 호불호가 갈린다. 이제는 어느 정도 익숙해졌지만 경제성장, 고용, 실업, 금융, 산업 등 전통적인 경제학 영역을 넘어서 온갖 인간사와 사회현상을 경제학의 렌즈로 분석하고 설명하는 작업에 대한 거부감이 적지 않았다. '경제학 제국주의(economics imperialism)'라는 표현에는 이러한 반감과 비아냥이 묻어나 있다. 일반적으로 애정, 서약, 헌신, 희생 같은 단어가 어울릴 법한 가족 형성 요인을 선호, 소득, 비용 같은 '우울한' 단어로 대체하는 것을 불편하게 생각하는 사람이 적지 않을 것이다. 결혼과 출산을 결정하는 데 중요하지만 수학적 모형이나 계량적 분석에 포함되기 어려운 인간적·사회적·문화적 요인이 무시된다는 비판도 있다.

이러한 비판을 모두 수용한다고 해도 여전히 가족 형성을 결정하는 요인과 그 장기적인 변화를 경제학적으로 분석하는 연구는 유용하다고 생각한다. 결혼이나 출산처럼 다양하고 복잡한 요인들이 얽혀 있는 현상을 한 가지 학문 분야의 연구로 충분히 이해하기는 어차피 어려운 일이다. 그렇지만 굵직한 뼈대를 식별하는 작업은 그 자체로 중요하다. 살을 채워 넣어서 더 완전한 실체를 파악하는 일은 다른 분야의 몫일 것이다.

또한 동업자의 변명처럼 들릴 수 있겠지만, 이 분야의 연구를 자세히 들여다보면 이러한 비판이 모두 옳지만은 않다는 점을 알게 된다. 수업 중 베커 교수가 칠판 가득 적었던 무미건조해 보이는 수식 속에 담겨 있는 인간의 본성과 사회의 성격에 대한 깊은 통찰이 전해준 전율은 필자만의 경험이 아니었으리라. 연구 결과는 대체로 그 사회를 살아가는 평균적인 사람들의 행위를 보여주지만, 이론과 실증의 틀 안에는 서로 다른 사람들의 다양한 선택이 공존할 수 있다. 비틀스가 절규하는 목소리로 외쳤듯이 사랑을 돈으로 살 수 없을지 모르지만 평균적으로는 결혼의 안정성이 소득에 비례하는 것도 사실이다.

경제학적으로 결혼이 '미친 짓'이 된 이유

〈결혼은, 미친 짓이다〉라는 제목의 영화가 있다. 2000년 출간된 이만교 작가의 소설을 바탕으로 2002년 유하 감독이 동명의 영화로 내놓았다. 당시 최고의 인기를 누리던 배우 엄정화, 감우성이 주역을 맡은 영화는 많은 관객을 모으며 흥행에 성공했다. 영화를 보지 않은 사람들도 당시로서는 상당히 도발적인 제목에 깊은 인상을 받았을 것이다. 그때만 해도 여전히 결혼이 대다수의 선택지였기 때문이다. 2000년경에는 25~39살 여성 다섯 가운데 넷은 결혼한 상태였다.

25년이 지난 지금, 이 소설과 영화의 제목이 더 이상 낯설게 다가오지 않는다. 현재 25~39살 여성 다섯 중 셋은 싱글이다. 20대 후반 미혼 여성 가운데 한 해에 결혼하는 여성의 비율은 2000년 약 20%에서 현재 약 5%로 떨어졌다. 결혼이 '미친 짓'까지는 아닐지언정 소수의 선택지가 되었다는 사실은 확실해 보인다.

결혼의 감소는 한국에 국한된 현상이 아니다. 그림 2-1은 14개 국가의 35~44세 여성 중 결혼해 있는 여성의 비율이 1960년 이후 어떻게 변해왔는지 보여준다. 1960년경에는 대부분 국가에서 80~90%에 달했던 이 나이대 유배우 여성 비율은 최근 50%에서

그림 2-1. 1960년 이후 선진국 35~44세 유배우 여성 비율 변화

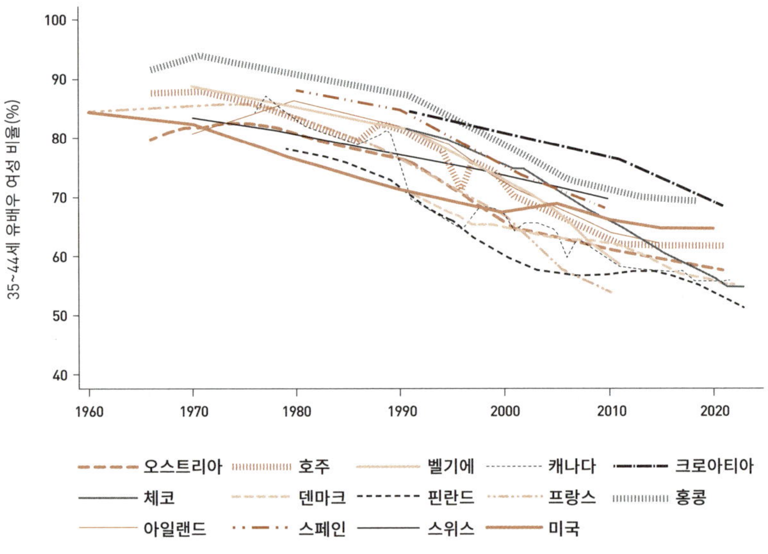

* 출처: UN Yearbook

70% 사이에 분포하고 있다. 미국의 35~44세 유배우 여성 비율은 1960년 85%에서 2020년 65%로 낮아졌다. 1966년에는 홍콩의 35~44세 여성 가운데 91%가 결혼한 상태였지만 오늘날에는 69%만 배우자가 있다.

그렇다면 오늘날 청년은 왜 결혼하지 않을까? 왜 결혼이 줄었는지를 따져보려면 먼저 결혼하는 이유를 물어볼 필요가 있다. 왜 사람들은 결혼하는 선택을 할까? 어리석게 느껴지는 질문이다. 이미 수많은 유행가 가사에 그 답이 나와 있기 때문이다. 사랑하기 때문에, 늘 함께 있고 싶어서. 그런데 이게 전부일까? '우울한 학문'은 결혼의 이유에 대한 낭만적인 대답에 또다시 찬물을 끼얹는다. 결혼이 주는 경제적 편익이 있다고.

결혼이 주는 대표적인 경제적 편익은 가정 내 분업을 통한 효율성 제고이다. 한 사람이 시간을 나누어 바깥일과 가사를 모두 하는 것보다 두 사람이 각각 한 가지를 전적으로 맡는 방식이 적어도 경제적으로는 더 효율적이다. 우선 두 사람이 저마다 상대적인 우위를 보이는 일에 전념하면서 더 좋은 성과를 얻을 수 있다. 비단 그렇지 않더라도 한 가지 일에 더 오랜 시간을 쓰면 더 많은 숙련과 지식이 쌓여서 그 일을 더 잘하게 되는 측면이 있다. 이러한 분업 효과는 남성이 주 소득원으로 혼자 일하고 여성이 가사와 육아를 전담하던 전통사회에서 특히 중요했던 결혼의 경제적 편익이었다.

위험 분담 가능성도 결혼의 중요한 경제적 편익 가운데 하나이다. 여러 위험에 대응하는 데 둘은 혼자보다 유리하다. 한 사람이

다치거나 병들었을 때 배우자의 부양과 돌봄을 제공받을 수 있다. 2025년 봄에 방영되었던 〈천국보다 아름다운〉이라는 드라마에서 젊은 나이에 사고로 불구의 몸이 된 남편 고낙준을 부양하기 위해 이해숙은 '일수' 일에 뛰어들어 평생 험한 꼴을 마다하지 않는다. 근래에는 치매에 걸린 배우자를 위해 요양보호사 자격을 취득하는 노인이 적지 않다. 결혼하여 배우자를 얻는 것은 가장 기본적인 사회안전망에 발을 들여놓는 일이다.

결혼의 또 다른 경제적 편익은 공동 소비의 혜택이다. 주택, 가전제품, 생활용품은 어느 정도 공공재의 성격을 가진다. 둘이 사용한다고 혼자 쓸 때의 두 배 비용이 들지 않는다. 따라서 결혼하여 함께 살면 따로 사는 경우보다 소비지출 면에서 경제적이다. 식당에 가서 2인분 이상만 주문할 수 있는 음식을 나누어 먹을 수 있고 대형마트에서 대용량 제품을 값싸게 구매하는 일도 가능하다. 여행도, 공연 관람도, 마음이 맞는 두 사람이 하면 더 즐거울 수 있다. 무엇보다 아이를 낳아서 키우는 일은 혼자서 하기 어렵다.

세계의 젊은이들이 점점 더 결혼을 선택하지 않는 현상을 경제적 요인으로만 설명하기는 어렵다. 이를테면 사회규범과 문화환경의 변화가 결혼 결정에 영향을 미쳤을 것이다. 그렇지만 다른 조건이 같을 때 앞에서 살펴본 결혼의 경제적 편익 감소는 사람들이 결혼을 선택할 유인을 줄였을 것으로 짐작할 수 있다. 또한 이러한 경제적인 유인의 변화는 결혼과 관련된 사회규범과 문화환경의 변화를 촉진하는 역할을 했을 수 있다. 실제로 20세기 전반에 걸쳐 발생한 사회경제적·기술적·제도적 변화는 결혼의 경제적 편익을 줄곧 줄여온 것으로 파악된다.

먼저 일련의 사회경제적 변화로 결혼을 통한 가정 내 분업의 이점이 줄어든 현상을 들 수 있다. 대다수 국가에서 20세기에 여성의 교육수준과 경제활동참가율이 비약적으로 높아졌다. 남성과 여성의 인적자본 수준과 사회경제적 역할이 비슷해지면서 가정 내 남녀 간 분업이 점점 어려워졌고 이를 통한 생산성 개선 효과도 감소하였다. 이혼에 관한 사회규범과 이혼을 쉽게 만든 법적·제도적 변화에 힘입어 여러 선진국에서 20세기 후반에 이혼율이 높아진 흐름도 영향을 미쳤다. 이혼의 가능성이 커지면서 가사보다는 바깥일에 시간을 투자하는 선택을 선호하게 되었고, 이는 전통적인 가정 내 분업을 어렵게 만드는 요인이 되었다.

복지국가가 형성되면서 가족의 위험 분담 기능이 축소된 점도 지적할 수 있다. 선진국들은 20세기 초, 늦어도 20세기 중반부터 노령연금, 실업급여, 건강보험 같은 사회보험 체계를 갖추었다. 또한 노인, 빈곤층, 혼자 자녀를 키우는 여성을 대상으로 한 현금성 지원 정책도 시행되었다. 이처럼 사회안전망이 형성되고 확대됨에 따라 가족이 없는 상태에서 실직, 사고, 질환 등을 겪게 된 사람들도 어느 정도 생계유지가 가능해졌다. 사회보험과 복지제도가 확충되었다고 결혼할 의사가 있는 사람들이 다른 선택을 하지는 않았겠지만, 혼자 사는 생애가 걱정되어 어쩔 수 없이 결혼하는 사람들은 줄어들었을 것이다.

사회적·기술적 변화로 결혼이 주는 공동 소비의 편익도 줄어들었다. 20세기 후반 여러 선진국에서 비혼 동거가 확산하였다. 미국의 경우, 1970년경만 해도 함께 사는 커플 중 비혼 동거 비율이 미미했지만 2010년경에는 27%로 늘었다.[3] 가정 내 분업이나 위험 분담과 달리 가구 공공재 소비나 여가의 공유 같은 공동 소비의 편익은 동거로도 충분히 얻을 수 있어 이를 위해 결혼을 선택할 필요가 줄었다. 기술 및 소비 패턴이 변화하며 공동 소비의 편익 자체도 감소하였다. 예컨대 온라인 동영상 제공 서비스(OTT) 확산으로 영화관에 함께 갈 사람이 필요 없어졌고 '혼밥'과 '혼술'도 어렵거나 어색하지 않다. 결혼뿐만 아니라 연애의 편익도 줄어든 셈이다.

모든 국가에 적용할 수는 없으나 한 사회의 소득불평등 증가도 결혼을 감소시키는 요인으로 작용할 수 있다. 미국의 경우 1970년대부터 노동시장에서 불평등도가 커지면서 저학력·저숙련 남성의 고용이 악화하고 임금이 줄어들었다. 이러한 변화로 미국의 결혼 시장에서는 '결혼할 만한 남성(marriageable men)'의 수가 크게 줄었다.[4] 그 결과, 미국의 저학력 여성이 파트너를 만나기 어려워졌고 설사 만났다 하더라도 결혼의 불확실성을 피하려는 경향이 나타났다. 고학력 여성의 경우 동거 기간 아이를 가지면 대부분 결혼으로 전환했던 반면 저학력 여성의 다수는 동거를 유지하거나 혼자 아이를 키우는 결정을 했다. 이러한 현상은 1970년 이후 미국 저학력 인구의 유배우 비율이 빠르게 감소하는 요인으로 작용했다.[5]

적게 낳아 공들여 기르는 사회 풍조의 확산

세계 여러 국가의 출산율은 어떻게 변해왔을까? 그림 2-2는 1850년부터 16개 선진국과 한국의 합계출산율이 어떻게 변해왔는지 보여준다. 1장에서 지적했듯이 150년 전만 해도 대다수 사회에서 여성은 평균 넷 혹은 다섯이 넘는 자녀를 낳았다. 그러나 오늘날 OECD 국가들 가운데 합계출산율이 2.0을 넘는 나라는 이스라엘이 유일하다. 시작된 시점과 속도는 다르지만 출산율 감소는 거의 모든 국가에서 공통으로 나타난 현상이다. 장기적으로 선진국의 출산율이 하

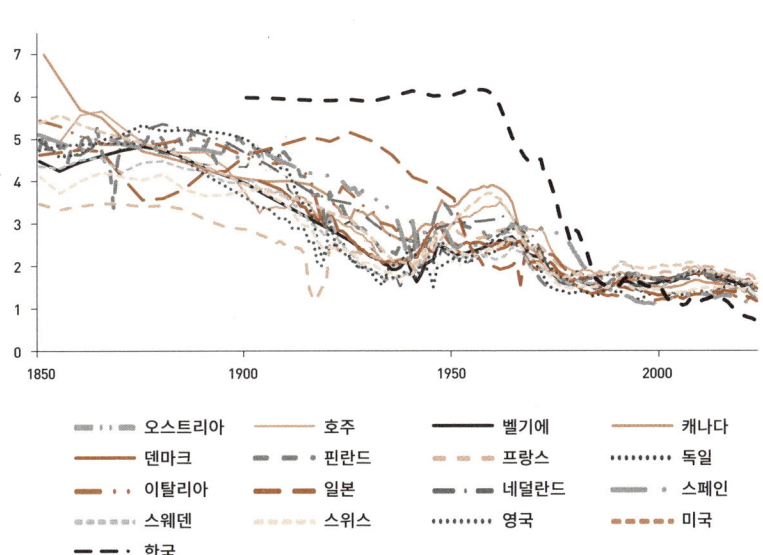

그림 2-2. 1850년 이후 선진국과 한국의 합계출산율 장기 변화

* 출처: 1850~1945년: Statista; 1901~1949년: Sardon (1991), UN; 1950~2023년: UN, World Bank database

락했던 기간은 세계적으로 산업화가 확산하고 심화하며 각 국가의 소득이 빠르게 높아진 때이기도 하다.

왜 한 사회가 부유해지면서 더 적은 수의 아이를 낳게 되었을까? 게리 베커를 필두로 한 가족의 경제학 연구가 제시하는 주된 가설은 자녀의 수와 질 사이에 상충관계가 존재하는데, 장기적으로 진행된 사회적·경제적 변화에 따라 자녀의 질을 높이는 선택이 수를 늘리는 선택에 비해 유리해졌다는 것이다.[6] 사실 어떤 가정이든 소득이 일정할 때 자녀 수가 늘어나면 적어도 물질적인 면에서 각 자녀에 대한 투자는 줄어들 수밖에 없다. 방 하나를 여럿이 공유해야 하고, 나중에 태어난 아이가 낡은 옷과 학용품을 물려받아야 하며, 먼저 태어난 아이가 때로 더 배울 기회를 양보해야 한다.

더 부유해져 지출 여력이 생긴 부모는 자녀의 수와 질 가운데 무엇을 더 늘리는 선택을 할까? 이는 소득이 늘 때 둘 중 무엇에 대한 수요가 더 탄력적으로 증가하는지에 달려 있다. 소득이 높아짐에 따라 자녀의 질에 대한 수요가 빠르게 증가한다면 부유해진 부모는 자녀의 수를 줄이면서 자녀의 질에 더 많이 투자할 것이다. 즉 아이를 더 낳는 대신, 이미 태어난 자녀에게 더 넓은 방을 주고 고급 가구와 장난감을 사주며 더 좋은 학교에 보내는 결정을 할 것이다.

소득의 증가가 노동시장에서 얻는 임금의 증가에 따른 것이라면 이러한 효과는 강화된다. 임금 상승은 두 가지 효과를 일으킨다. 하나는 더 부유해지면서 소비지출을 늘리는 '소득효과'이다. 이는 자녀의 수와 질 모두에 대한 지출을 늘릴 가능성이 있다. 다른 하나는 시간의 기회비용이 높아지는 '대체효과'이다. 이 효과는 자녀의 질에 대한 투자를 상대적으로 더 유리하게 만든다. 자녀의 질을 높이는 데에는 주로 '돈'이 필요하지만 여러 자녀를 키우는 데에는 더 많은 '시간'이 소요되기 때문이다. 즉 '시간이 돈'인 고임금 부모에게는 자녀를 적게 낳아 '비싸게' 키우는 편이 더 합리적인 선택이다.

특히 출산과 양육의 부담을 상대적으로 더 많이 져야 하는 여성의 경제활동 확대와 임금 상승은 자녀를 적게 낳아 더 많은 투자를 하는 선택을 유리하게 만들었다. 1장에서 설명한 바와 같이 여러 선진국에서는 20세기 초중반부터 여성의 경제활동참가율이 빠르게 높아졌다. 이는 여성 시간의 기회비용을 높이는 역할을 했고, 여성의 '시간'이 요구되는 자녀 수 증가보다 '소득'이 요구되는 자녀 질 개선의 유인이 상대적으로 더 높아졌다. 여러 연구는 적어도 1990년 이전까지 여성의 경제활동참가율이 높아질수록 출산율이 낮아지는 경향을 발견하였다.[7]

교육체계의 발전과 인적자본에 대한 수요 확대 역시 자녀의 수보다 질에 투자하는 선택을 점점 더 유리하게 만들었다. 19세기 말부터 선진국에서 발생한 일련의 산업과 기술의 변화는 중등 및 고등 교육에 대한 수요를 증가시켰다. 이에 부응하여 각급 학교와 학생 수가 빠르게 늘었다. 미국의 사례를 보면 1910년 10%에 불과했던 고등학교 진학률이 1940년까지 50%로 높아졌다.[8] 또한 1900년 태어난 인구의 4%가 4년제 대학을 졸업한 반면 1950년생 가운데 4년제 대학 졸업자 비율은 24%에 달했다.[9] 교육을 통한 인적자본투자는 점차 '자녀의 질'을 높이는 가장 중요한 수단이 되었다.

자녀 교육에는 비용이 따른다. 학교에 수업료를 내야 하고 교복, 교과서, 학용품을 장만해야 한다. 대학에 진학하면 부담스러운 액수의 등록금도 내야 한다. 현재 등록금과 생활비를 포함한 미국의 1인당 대학교육 비용은 약 3만 8,000달러(한화 약 5,200만 원)로 추산된다. 상당수 대학은 등록금만 해도 이 액수를 훌쩍 넘는다. 교육이 자녀 성공의 중요한 조건이 되고 교육비가 높아지면서 부모는 자녀의 질을 높이기 위해 자녀의 수를 줄이는 선택을 하게 되었다.

한국의 초저출산 현상은 특별하고 예외적인가?

결혼하는 사람이 줄고 자녀를 덜 낳는 장기적인 경향은 한국이나 다른 나라나 근본적으로 다르다고 보기 어렵다. 75쪽 그림 2-2가 보여주듯이 나라마다 시간적인 변화의 양상이 다르기는 하지만 장기적인 하락 추세는 공통적이다. 한국의 출산율 감소 추세가 다른 선진국에 비해 늦게 시작하여 매우 빠른 속도로 진행된 이유는 자녀의 비용과 편익을 바꾸는 중요한 변화인 근대화와 산업화가 늦게, 압축적으로 진행되었기 때문으로 풀이된다. 인구의 변화는 그 사회의 변화를 반영하는 것이다.

큰 틀에서 볼 때 발견되는 공통점에도 불구하고 한국의 저출산 현상은 다른 많은 국가와 구별되는 특징을 보인다. 대다수 국가에서 장기적인 출산율 하락 추세가 대체로 합계출산율 1.5 내외 수준에서 멈추었지만, 한국의 출산율은 2001년 이후 줄곧 '초저출산' 범주에 속하는 합계출산율 1.3을 밑돌았고 2018년 이후에는 합계출산율 1.0 아래로 떨어졌다. 2023년에 0.73을 기록한 후 2024년에는 0.75로 살짝 반등했지만 여전히 세계적으로 출산율이 가장 낮은 국가 중 하나로 남아 있다.

그림 2-3은 각국의 최근 데이터를 기반으로 OECD 국가 합계출산율을 비교한 결과를 보여준다. 널리 알려진 바와 같이 한국의 2024년 합계출산율은 0.75로 OECD 국가들 중위 출산율의 절반 수준이고, 한국 다음으로 출산율이 낮은 스페인의 2023년 합계출산율(1.12)의 3분의 2 수준이다. 각 분야에서 한국이 세계에서 차지하는 위치를 확인할 때, OECD 평균 혹은 다른 OECD 국가와의 비교는 일반적인 준거를 제공한다. 이 기준을 적용한다면 한국은 비교 대상을 찾기 어려울 정도로 예외적인 초저출산을 경험 중이라고 할 수 있다.

이제 눈을 돌려보자. 세계에는 33개 OECD 국가 외에도 수많은 나라가 존재한다. 그림 2-4는 OECD에 가입되지 않은 국가들과 한국의 최근 합계출산율을 비교해준다. 한국의 출산율은 여기에서도 가장 낮은 위치에 자리하고 있다. 그렇지만 그림 2-3과 달리 한국과 '같은 리그'에 속한다고 할 수 있는 나라들도 눈에 띈다. 홍콩의 2023년 합계출산율(0.751)은 한국의 2024년 합계출산율과 사실상 같다. 대만의 2023년 합계출산율(0.865)은 한국의 2020년 합계

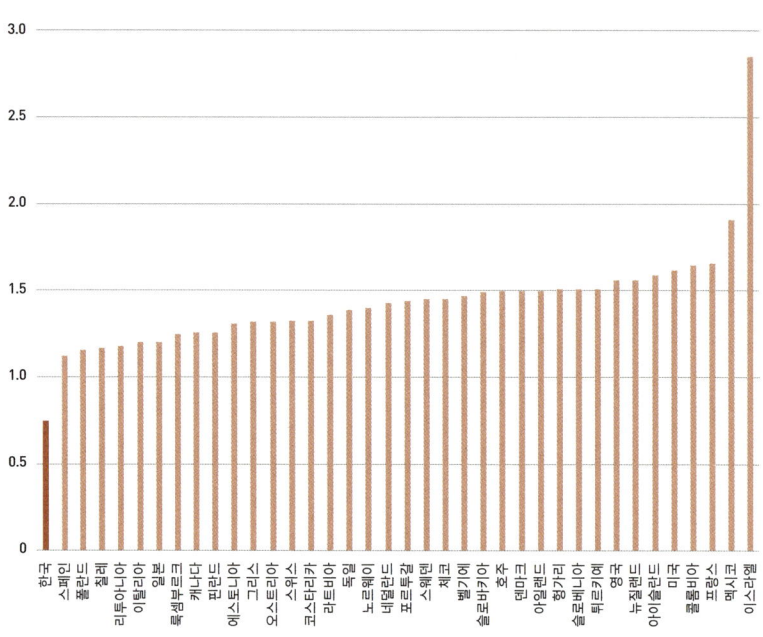

그림 2-3. 한국과 OECD 국가 최근(2023년, 2024년) 합계출산율 비교

* 출처: OECD, World Bank, National Statistics of Republic of China(Taiwan)
  (한국 합계출산율은 2024년의 0.75 값에 해당)

출산율(0.84)과 비슷하고, 각각 0.97, 0.98, 1.0인 싱가포르, 우크라이나, 중국의 합계출산율은 1.0 선이 처음 무너졌던 한국의 2018년 합계출산율(0.98) 수준이다.

이 국가들의 면면을 볼 때 크게 위안이 되는 결과는 아니다. 홍콩, 싱가포르, 대만은 도시국가에 가까운 작은 나라이고 우크라이나는 전쟁 중인 국가이다. 그럼에도 불구하고 한국과 함께 아시아의 네 마리 용으로 불리던 나라들이 현재 한국과 유사한 수준의

그림 2-4. 한국과 OECD 외 국가 최근(2023년, 2024년) 합계출산율 비교

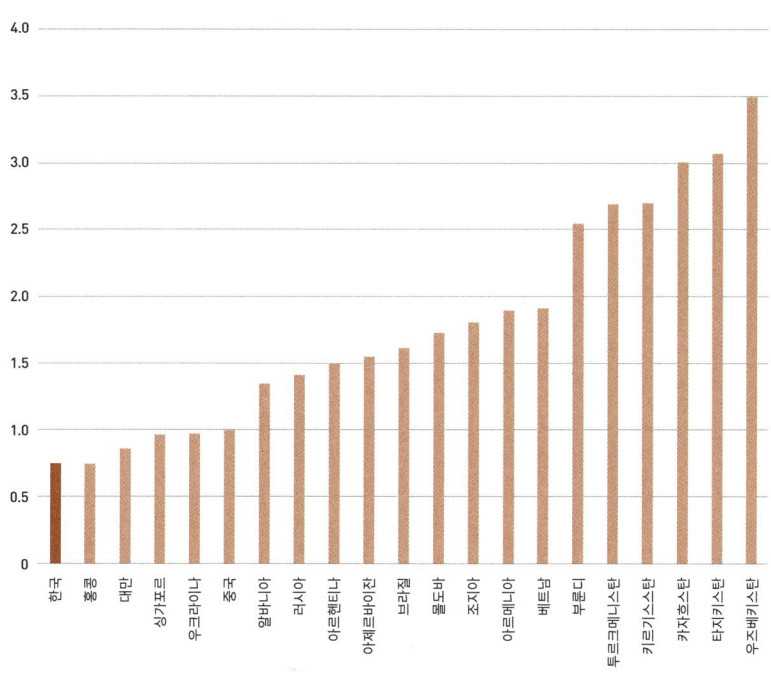

* 출처: OECD, World Bank, National Statistics of Republic of China(Taiwan)
  (한국 합계출산율은 2024년의 0.75 값에 해당)

출산율을 보이는 현상은 주목할 만하다. 1960년대 이후 몇십 년 동안 고도성장을 경험했던 아시아 4개국에 이어 1980년대부터 빠르게 성장하면서 미국과 경쟁하는 강대국으로 떠오른 중국의 출산율이 몇 년의 시차를 두고 한국을 따라오는 사실도 흥미롭다. 중국의 한국 추격이 반도체 기술뿐 아니라 인구변화에서도 나타나는 것이다.

낮은 출산율과 함께 한국의 인구변화가 보이는 중요한 특징은 출생아 수의 빠른 감소이다. 그림 2-5는 한국을 포함한 OECD 국가들의 1990년 출생아 수 대비 2023년 출생아 수 비율을 비교한다. 한국은 35.4%로 이 기간 가장 가파른 출생아 수 감소를 경험하였다. 절반의 OECD 국가에서는 이 비율이 80% 이상을 기록했다. 이스라엘, 룩셈부르크, 호주, 아일랜드 등 4개국은 이 기간 출생아 수가 늘었다. 한국 외에 이 비율이 40%를 밑도는 나라는 리투아니아(36.3%)와 라트비아(38.2%) 두 나라뿐이다. 그리고 에스

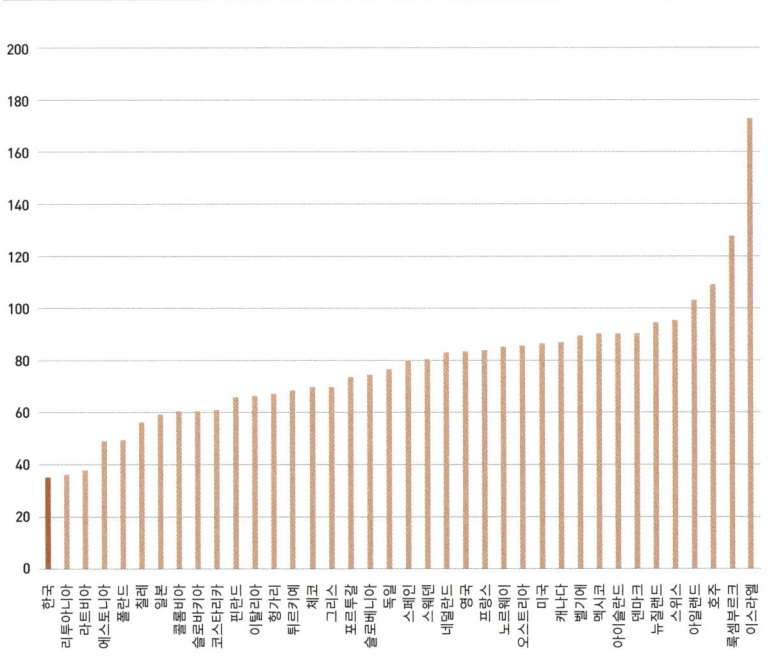

그림 2-5. 1990년 출생아 수 대비 2023년 출생아 수 비율(%): OECD 국가와의 비교

* 출처: UN Yearbook

토니아(49.1%)와 폴란드(49.7%)에서는 같은 기간 출생아 수가 절반 넘게 감소하였다.

그렇다면 OECD 외 국가 가운데 한국보다 출생아 수가 빨리 감소한 나라가 있을까? 있다. 그림 2-6은 한국과 OECD 외 국가들의 1990년 출생아 수 대비 2023년 출생아 수 비율을 보여준다. 우크라이나(28.5%), 알바니아(28.8%), 몰도바(31.3%) 등 구소련 국가

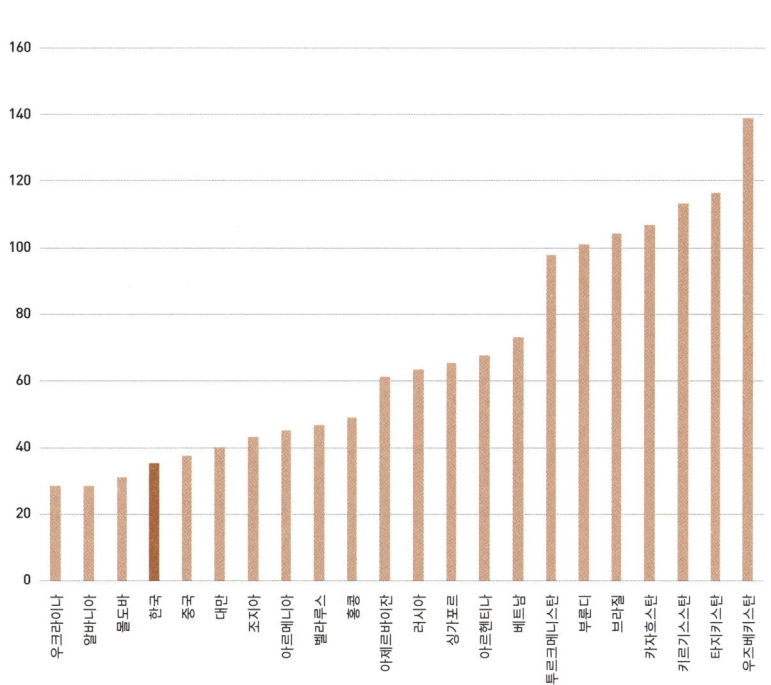

그림 2-6. 1990년 출생아 수 대비 2023년 출생아 수 비율(%): OECD 외 국가와의 비교

* 출처: World Bank, UN World Population Prospects

들에서는 1990년 이후 한국보다 더 빠르게 출생아 수가 감소했다. 중국(37.7%)과 대만(40.3%)의 출생아 수 감소 속도는 한국보다 느리지만 그리 큰 차이는 아니다. 한국의 출생아 수가 이례적으로 급속하게 줄어드는 것은 사실이다. 하지만 한국보다 더 빠르게 혹은 유사한 속도로 출생아 수가 줄어드는 나라들이 없지는 않다.

1장과 이번 장의 앞부분에서 전 세계 대부분 나라에서 진행되어 온 장기적인 출산율 감소의 일반적인 원인을 설명하였다. 가족에 관한 사회규범 변화, 영유아 사망률의 감소로 인한 '예비 자녀'의 필요성 소멸, 복지국가 형성에 따른 자녀의 노후보장 기능 약화, 여성 경제활동 증가로 말미암은 자녀 양육의 기회비용 상승, 산업·기술의 변화와 교육의 확대에 따른 자녀의 질에 대한 투자 증가 등은 여러 사회에서 오랜 기간에 걸쳐 진행되며 출산율을 감소시키는 요인으로 작용했다.

한국도 예외는 아니다. 나이가 차기 전에 결혼해야 한다는 사회적 압박은 과거의 유산이 되었다. 1960년경 출생아 1,000명당 약 100명 수준이었던 한국의 영아 사망률은 현재 2~4명으로 떨어졌다. 이제 대다수 국민은 자녀 부양이 아닌 공적연금을 주된 노후 대책으로 생각한다. 소와 전답을 팔아 자녀를 대학에 보냈던 교육열은 의대를 준비하기 위한 영유아 사교육으로 진화하였다. 모두 지난 60년간 출산율을 낮추는 데 일조한 요인들이다. 따라서 한국이 보편적인 세계 인구 변천사에서 아주 벗어나 있다고 할 수는 없다.

그러나 동시에 한국은 특별하기도 하다. 비슷한 규모와 경제적인 발전 수준을 이루어낸 국가들 가운데 현재의 한국보다 출산율이 낮은 나라는 없다. 몇 년째 치열한 전쟁을 벌이고 있는 우크라이나의 출산율도 한국보다는 높다. 한국은 또한 지난 30여 년 동안 출산율과 출생아 수가 가장 빠른 속도로 떨어졌던 국가들 가운데 하나이다. 한국과 유사한 소수의 나라는 몇몇 아시아의 작은 국가들과 구소련 체제 전환국에 불과하다.

그렇다면 왜 한국은 특별한가? 다른 다수의 선진국과 무엇이 다른가? 어떤 인구학적 요인 때문에 출생아 수가 줄어들었는가? 보편적인 출산력 변천의 요인들이 다른 국가들보다 더욱 강력하게 작용하고 있을까? 아니면 다른 나라들과는 공유하지 않는 독특한 특성 때문에 이례적인 초저출산을 경험하고 있는 것일까? 만약 그렇다면 한국의 고유한 특성들은 무엇일까? 한국과 유사한 수준의 저출산을 경험하는 소수의 국가도 그러한 특성을 공유하고 있을까? 이어지는 2부에서는 이러한 질문에 답함으로써 무엇이 한국 젊은이의 결혼과 출산을 막는지 규명하기로 한다.

결혼과 출산을 막아서는 것들

2부

3장

어쩌다 아이가 태어나지 않는 나라가 되었나:
저출산의 인구학적 요인 분해

인위적인 피임이 없었던 시대에 여성은 평균 몇 명의 자녀를 낳았을까? 인구학자들에 따르면 이론적으로 가능한 한 사회의 최다 자녀 수는 16명이다. 물론 이보다 많은 자녀를 낳은 개별 사례는 적지 않다. 예컨대 러시아의 발렌티나 바실리예프라는 여성은 1707년부터 1782년까지 살면서 27번의 출산으로 69명의 자녀를 낳았다고 전해진다. 그러나 실제로 관찰된 한 사회 전체의 평균 자녀 수는 16명을 밑돈다. 1660년 이전에 태어난 프랑스계 캐나다 여성의 평균 자녀 수 11.4명이 역사적으로 알려진 최대치이다. 더욱이 피임이 없던 시대에도 시기와 지역에 따라 평균 자녀 수는 상당한 차이를 보인다. 20세기 초 캐나다 후터파(Hutterites) 교도의 평균 자녀 수는 8.5명이었던 반면 18세기 말 잉글랜드 여성의 평균 자녀 수는 5명이었다.[1]

왜 피임이 없었던 시대에도 평균 자녀 수가 이처럼 달랐을까? 이를 이해하기 위해 다음 식을 통해 어떤 사회의 평균적인 자녀 수를 결정하는 몇 가지 요인을 나누어 생각해보자.

$$평균\ 자녀\ 수 = 유배우\ 비율 \times \frac{완경\ 나이 - 초경\ 나이}{출산\ 터울}$$

오른편 분수의 분자에 해당하는 초경 시점부터 완경 때까지의 기간은 생물학적으로 결정되는 여성의 가임기간이다. 피임이 없던 전근대사회의 평균적인 초경 나이는 대체로 15살 무렵으로 알려져 있다. 물론 이는 영양상태나 발육속도의 변화에 따라 달라진다. 현재 한국의 평균 초경 나이는 12살로 앞당겨졌다. 완경 나이 역시 시기와 지역에 따라 차이가 있다. 한국을 포함한 현대 선진국의 평균적인 완경 나이는 50살 전후이지만, 피임이 도입되기 이전 과거에는 일반적인 여성이 40살 전후에 가임기를 마쳤다. 따라서 이 시기에 생물학적으로 여성이 아이를 낳을 수 있는 기간은 15살부터 40살까지 25년가량이라고 할 수 있다.

그러나 여성이 실제로 아이를 가질 수 있는 기간은 생물학적인 가임기간보다 짧을 수 있다. 여러 시대와 지역에서는 여성이 결혼하거나 안정적인 파트너와 동거하면서 자녀를 갖기 시작하는 것이 일반적이다. 이 경우 생물학적 가임기는 15살부터이지만 사회적 가임기의 시작은 평균적인 초혼 나이로 결정된다. 다산이 장려되던 과거에는 여성이 가임기에 접어들자마자 일찍 결혼하는 경향이 강했다. 그래서 사회적 가임기간이 생물학적 가임기간에 근접했다.

하지만 그렇지 않은 사회도 있었다. 일찍이 핵가족제도가 일반화되고 경제적 독립이 결혼의 전제 조건이었던 전근대 영국에서는 여성이 20대 중반이 되어서야 결혼했다. 또한 평균적으로 여성 10명 가운데 1명은 일생 결혼하지 않았다. 흉년이 들어 곡물 가격이 오르고 실질임금이 낮아져서 경제적 독립이 어려워지면 일정한 시차를 두고 여성의 초혼 나이와 비혼 비율이 높아지는 현상도 나타났다.[2] 이처럼 사회규범과 경제적 여건의 차이로 사회적 가임기간이 생물학적 가임기간보다 훨씬 짧은 시기와 지역이 존재했다. 이를 고려할 때, 과거의 실제 가임기간은 대체로 15~25년이었다고 할 수 있다.

가임기간 동안 실제로 낳는 자녀 수는 출산 터울에 의해 결정된다. 출산 사이의 시간적 간격이 짧을수록 더 많은 자녀를 낳는 셈이다. 인위적인 피임이 없을 경우 출산 터울은 다음 요인에 의해 결정된다. 첫째, 출산 후 임신이 되지 않는 기간의 길이인데, 이는 수유 여부와 기간에 따라 평균 3~24개월 정도이다. 둘째, 정상적인 배란이 시작되어도 임신이 되기까지 평균 5~10개월이 소요된다. 셋째, 임신하면 평균 9개월 후에 출산한다. 넷째, 과거에는 유산 빈도가 높았는데 유산 후에는 다시 임신할 때까지 5~10개월이 걸린다. 유산 확률을 20%로 가정할 때, 이는 출산 간격을 평균 1~2개월 늘린다. 출산 터울을 결정하는 이상의 요인들을 모두 더하면 대략 18~45개월(1.5~3.75년)이 된다.

이제 피임이 없던 시대에 왜 시기와 장소에 따라 평균 자녀 수가 크게 달랐는지 설명할 준비가 끝났다. 그러니까 실제 가임기간과 출산 터울의 다양한 조합이 실현되어서 나타나는 차이라고 할 수 있다. 최대 가임기간(약 25년)과 최소 출산 터울(약 1년 6개월)이 실현되는 경우, 평균 자녀 수는 약 16.7명(25÷1.5)으로 평균 자녀 수의 생물학적 한계를 보여준다. 최소 가임기간(약 15년)과 최대 출산 터울(약 3.75년)이 실현되는 사회의 평균 자녀 수는 약 4명으로, 피임이 없는 경우 최소 평균 자녀 수를 나타낸다. 여성이 늦게 결혼하고 출산 터울이 길었던 18세기 후반 잉글랜드의 사례는 이에 가장 가깝다.

피임이 도입되기 이전 사회의 평균 자녀 수는 이 두 극단의 중간 어딘가에 있다. 일찍 결혼하고 자녀 간 터울도 짧았던 17세기 프랑스계 캐나다 여성의 평균 자녀 수 11.4명은 생물학적 최대치에 근접한다. 평균적으로 자녀를 8.5명 낳았던 20세기 초 캐나다 후터파 여성은 비교적 늦게 결혼했으나 자녀 사이 터울이 짧았던 사례를 보여준다. 1960년대 이집트는 이른 결혼과 긴 터울의 결과로 평균 자녀 수 7.1명을 기록했는데, 다수의 개발도상국 사례는 이에 해당한다.

이처럼 한 사회의 출산율을 결정하는 요인은 크게 두 가지로 구분된다. 첫째는 가임기 여성 중 결혼해 있거나 동거하는 등 '사회적' 가임 상태인 여성의 비율이다. 앞으로는 이 비율을 '유배우 비율'로 표현할 것이다. 둘째는 사회적 가임 상태인 여성이 평균적으로 낳는 자녀 수로, 앞서 소개한 식의 출산 터울에 드러난다. 지금부터는 이 요인을 '유배우 출산율(marital fertility)'로 표현한다.

역사인구학(historical demography)에는 출산율의 시간적 변화나 지역 간 차이를 이 두 요인의 변화로 분해하는 전통이 있다. 예를 들면 전근대 영국의 경우 출산율의 시간적 변화는 대부분 가임기 여성의 유배우 비율 변화로 말미암은 것이었다. 그리고 유배우 비율의 변화는 대부분 초혼 나이 변화에 기인한 것이었다. 반면 19세기 중엽 이후 소위 출산력 변천이 시작된 다음에 일어난 선진국의 출산율 감소는 대부분 유배우 출산율이 떨어지면서 나타난 결과였다. 이를테면 1870년대부터 1940년대까지 영국 여성인구의 유배우 비율은 변하지 않았던 반면 유배우 출산율 지표는 절반으로 감소했다.[3]

지난 30여 년 동안 발생한 한국 출산율의 가파른 하락은 어떤 요인 때문이었을까? 이전보다 늦은 나이에 결혼하거나 비혼으로 남는 사람이 늘기 때문일까? 아니면 결혼 후에 아이를 낳지 않거나 더 적은 수의 아이를 낳은 사람이 늘기 때문일까? 시기에 따라 각 요인의 중요성이 달라졌을까? 무엇이 한국 사회에서 아이를 낳기 어렵게 만드는 근본 원인인지를 따져보기 전에 이번 장에서는 한국이 1990년대 초부터 경험한 출생아 수의 변화를 몇 가지 인구학적 요인의 영향으로 분해함으로써 앞에서 던진 질문에 답하고자 한다. 뒤에서 더 자세히 설명하겠지만 이는 출생아 수 감소의 근본 원인을 정확하게 규명하기 위한 기초 작업이기도 하다.

출생아 수를 결정짓는 인구학적 요인: 여성인구, 유배우 비율, 유배우 출산율

1970년 이후 한국의 연간 출생아 수 변화 추이는 경사가 가파른 산비탈 모양을 닮았다. 그림 3-1이 보여주듯이 1970년대 초 100만 명에 달하던 연간 신생아 수는 1990년대 초 70만 명대로 감소하였고, 2000년 이후 급감하면서 2005년 약 43만 5,000명을 기록하였다. 이후 10년간 40만 명대에서 등락하던 연간 출생아 수는 2015년 이후 8년 연속 급격히 떨어져 2023년 약 23만 명까지 축소되었다.

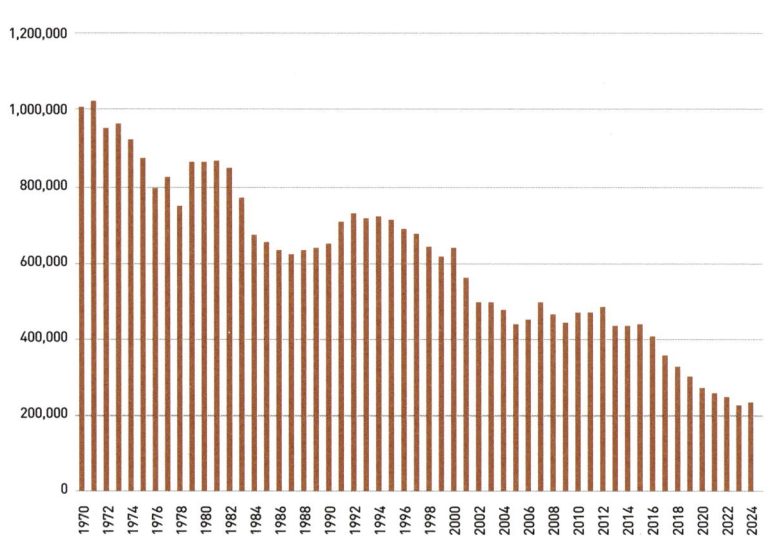

그림 3-1. 1970~2024년 한국의 연간 출생아 수

* 출처: 통계청, 인구동향조사

2024년에는 9년 만의 반등에 성공했지만 출생아 수는 여전히 50년 전의 4분의 1, 30년 전의 3분의 1, 10년 전의 절반 수준인 약 23만 8,000명에 불과하다.

이와 같은 한국의 빠른 출생아 수 감소는 일반적으로 '저출산'이라는 '하나의 현상'으로 인식되는 경향이 있다. 그러나 면밀하게 따져보면 출생아 수의 변화에는 몇 가지 '다른 현상들'이 중첩되어 있다. 이를 하나의 현상으로 파악하는 경우, 우리가 놓치거나 잘못 이해하게 되는 사실들이 적지 않다. 그리고 이는 출생아 수 감소의 원인을 정확하게 파악하고 이를 완화하는 방안을 모색하는 데 걸림돌이 될 수 있다.

비유를 들어보자. 야구에서는 타자의 성과 혹은 능력을 측정하기 위해 '장타율'이라는 지표를 이용한다. 이는 1타수당 루타 수의 평균값으로, (1루타 수+2×2루타 수+3×3루타 수+4×홈런 수)÷타석 수로 계산한다. 그런데 장타율이 같다고 해서 타자의 유형이 유사하지는 않다. 장타를 많이 치지 못해도 타율이 높은 정교한 타자와 타율이 낮아도 홈런을 많이 치는 파워히터의 장타율은 비슷할 수 있다. 더 세부적인 수치를 뜯어보아야 그 선수를 선두타자로 배치할지 4번타자를 맡길지 결정할 수 있다.

그렇다면 한국에서 매년 태어나는 아이의 수를 결정하는 세부적인 인구학적 요인은 무엇일까? 특정한 나이 여성에게서 태어나는 연간 출생아 수를 구성하는 요소를 다음과 같은 간단한 식으로 나타낼 수 있다.

출생아 수 = (여성인구 × 유배우 비율 × 유배우 출산율) + 무배우 출생아 수

우선 전체 출생아 수를 결혼한 여성에게서 태어난 자녀의 수(유배우 출생아 수)와 결혼하지 않은 여성이 낳은 자녀 수(무배우 출생아 수)로 나눌 수 있다. 한국은 대다수 신생아가 결혼한 여성에게서 태어나는 사회이다. 무배우 여성에게서 태어난 신생아가 전체 신생아에서 차지하는 비중은 몇 년 전까지 2%가량이었다. 이 비율이 2023년부터 4% 수준으로 높아졌지만 비혼 출산 비중은 여전히 크지 않다. 따라서 거의 절반의 신생아가 결혼하지 않은 커플에게서 태어나는 미국이나 여러 유럽 국가와 달리 한국에서는 유배우 여성의 출생아 수 변화가 전체 출생아 수의 변화를 결정하는 압도적으로 중요한 요인일 수밖에 없다.

유배우 여성이 낳는 출생아 수는 식의 괄호 안에 들어 있는 세 요인에 의해 결정된다. 첫째는 해당 (가임) 나이 여성인구 규모다. 출산율이 변하지 않아도 여성인구가 절반으로 줄면 출생아 수는 절반으로 줄어든다. 둘째는 해당 나이 여성 중 배우자가 있는 여성의 비율(유배우 비율)이다. 여성인구가 변하지 않아도 유배우 비율이 절반으로 줄면 유배우 여성 수 역시 절반으로 준다. 셋째는 유배우 출산율, 즉 결혼한 여성이 평균적으로 낳는 자녀 수이다. 한국의 출생아 수 변화는 주로 이상 세 가지 요인의 변화를 반영한다고 할 수 있다. 이를 일반화하기 위해 나이를 구분하고 무배우 출산율의 영향을 고려하면 출생아 수의 변화는 ① 나이별 가임기 여성인구 변화 ② 나이별 유배우 비율 변화 ③ 나이별 유배우

출산율 변화 ④ 나이별 무배우 출산율 변화 등의 요인으로 분해할 수 있다.

유배우 출산율은 다시 각 나이 유배우 여성의 자녀 수에 따라 몇 가지 세부 요인으로 나눌 수 있다. 즉 전체 유배우 출산율은 자녀가 없는 유배우 여성의 첫째 출산율(무자녀 유배우 출산율), 자녀가 1명 있는 유배우 여성의 둘째 출산율(한 자녀 유배우 출산율), 자녀가 2명 이상 있는 유배우 여성의 셋째 이상 출산율(다자녀 유배우 출산율) 등 세 비율의 가중평균으로 나타낼 수 있다. 여기서 각 요인의 가중치는 전체 유배우 여성 가운데 특정한 자녀 수 여성이 차지하는 비율이다. 그러므로 유배우 출산율의 변화는 각 나이 ① 무자녀 유배우 출산율의 변화 ② 한 자녀 유배우 출산율의 변화 ③ 다자녀 유배우 출산율의 변화 ④ 각 자녀 수별 여성 비중 변화 등의 요인으로 분해된다.

이처럼 출생아 수 변화를 여러 세부 요인들의 변화로 나누어 살펴보는 작업이 왜 필요할까? 기본적으로 출생아 수를 결정하는 각각의 인구학적 요인이 저마다 다른 경로로 결정되며 변화의 추이도 다르기 때문이다. 야구의 장타율 사례를 다시 들어보자. 장타율을 결정하는 두 요인이라고 할 수 있는 정확한 타격 능력과 멀리 칠 수 있는 능력은 서로 관련 있기는 하지만 함께 움직이지는 않는다. 예컨대 나이 들면서 장타력이 떨어진 타자도 축적된 경험의 힘으로 타율은 높일 수 있다. 같은 타자라도 배트를 길게 잡고 전력을 다해 휘두르는 타격 방식으로 전환하면 홈런 수가 늘어나는 대신 타율은 낮아질 수 있다.

출생아 수를 좌우하는 요인인 결혼과 출산은 서로 연결된 단일한 결정일까? 아이를 갖는 것이 결혼의 주된 목적인 사람에게는 그럴 것이다. 2009년 개봉하여 1,000만 관객을 모은 〈해운대〉라는 재난영화를 보면 최만식이 강연희에게 거친 부산 사투리로 "내 아를 나아도(내 아이를 낳아줘)"라면서 청혼하는 장면이 나온다. 여전히 일부에게 출산은 결혼의 연장선에 있는 자연스러운 선택일 것이다. 그러나 꽤 오래전부터 결혼과 출산은 점차 별개의 결정이 되어가고 있다. 결혼은 하지만 아이를 낳지 않는 부부도 늘어나고 최근에는 결혼은 싫지만 아이는 키우고 싶다는 사람도 늘고 있다.

이러한 사정 때문에 미혼자의 결혼 결정과 기혼자의 출산 결정은 서로 다른 요인들의 영향을 받을 수 있다. 실제로 연도·시군구별 데이터에 기초한 필자의 연구는 유배우 여성 비율과 유배우 출산율 사이에 강한 음(-)의 관계를 발견했다. 즉 결혼해 있는 여성의 비율이 높은 시기 혹은 지역에서 결혼한 여성의 출산율이 낮은 경향이 나타났다. 과거의 일부 기간(예컨대 2005년부터 2012년까지)에는 유배우 출산율과 유배우 비율이 반대 방향으로 변화하기도 했다.[4]

출생아 수의 다른 인구학적 요인인 가임기 여성인구는 과거 출산율과 출생성비의 산물로, 현재의 사회경제적·정책적 변화와는 무관하게 이미 정해진 변수이다. 현재 30대 초반 여성의 수는 1990년대 초 가임기 여성인구, 출산율, 출생성비에 의해 이미 결정되었다. 즉 가임기 여성인구 감소는 1960년대부터 진행된 장기적인 출산율 하락을 반영한다. 그리고 부분적으로는 1980년대 초부터 초음파검사 같은 태아 성감별 기법이 도입되면서 남아를 선호하는 가정의 선택적인 임신중절이 늘어난 결과를 반영한다. 1990년 백말띠 해에는 '팔자가 드센' 여아를 낳지 않으려는 사람이 늘면서 여아 100명당 남아 출생아 비율로 계산하는 출생성비가 정상 비율인 105명보다 훨씬 높은 116명을 기록하였다.[5]

여러 가지 저출산 대응 정책이 출생아 수를 결정하는 각 인구학적 요인에 서로 다른 영향을 미칠 가능성도 지적할 수 있다. 예를 들어 아동수당 같은 현금성 지원이나 보육비 지원 정책은 미혼 인구의 결혼 결정보다는 유배우 인구의 출산 결정에 영향을 줄 가능성이 크다. 6장에서 살펴보겠지만 실제로 지방자치단체 출산지원금은 유배우 비율의 영향을 받는 합계출산율보다 유배우 출산율에 더 강한 영향을 미치는 것으로 나타났다.[6] 반면 청년층의 일자리 질을 개선하는 정책의 효과는 이와 다르다. 필자의 연구는 지역 일자리 질이 유배우 여성의 출산보다는 무배우 여성의 결혼 결정에 더 강한 영향을 미친다는 사실을 알려준다.[7]

이처럼 출생아 수를 결정하는 인구학적 요인들은 각기 다른 원인과 경로로 결정되고 그 변화 추이도 같지 않다. 따라서 왜 출생아 수가 감소하는지를 정확하게 이해하려면 각각의 요인이 미치는 영향을 따로 살펴보는 편이 유용하다. 또한 출생아 수를 늘리고자 시행되는 정책이 각 인구학적 요인에 미치는 효과는 서로 다를 수 있다. 그러므로 효과적인 저출산 대응 정책을 마련하기 위해서도 어떤 인구학적 요인이 출생아 수 감소의 주된 요인인지, 어떤 정책이 이 요인을 변화시킬 수 있을지 따져볼 필요가 있다.

인구학적 요인들을 하나하나
자세히 뜯어보아야 하는 이유

나태주 시인은 풀꽃이 "자세히 보아야 예쁘다"라고 썼다. 인구 현상도 최대한 세밀하게 뜯어보아야 더 잘 이해할 수 있고, 그래야 전체적으로 드러나지 않던 사실이 보이기 시작한다. 그런데 풀꽃을 자세히 보면서 그 아름다움을 느끼는 시인의 눈과 마음을 갖기만큼이나 출생아 수 변화의 다양한 요인을 하나하나 나누어 살피는 일은 쉽지 않다.

가장 큰 장애는 이 작업에 필요한 데이터가 없다는 것이다. 앞서 설명한 출생아 수의 인구학적 요인들을 나누어 분석하기 위해서는 각 연도의 각 나이 여성인구, 자녀 수에 따른 유배우 여성 비율과 유배우 출산율, 무배우 출산율 등을 알아야 한다. 이 가운데 각 나이 여성인구만 통계청의 성별·나이별 추계인구 자료에서 구할 수 있다. 나머지 변수들을 생성하려면 연구자가 직접 데이터를 구축해야 한다.

필자는 2009년부터 연구조교들과 함께 매년 이 데이터를 구축하는 작업을 진행해왔다. 품이 많이 드는 일이다. 이 작업의 방법과 과정을 소개하고 싶지만 그렇지 않아도 이해하기 쉽지 않은 내용 때문에 골치가 아픈 독자들을 더 괴롭히지 않는 편이 좋을 것 같다. 혹시 관심이 있는 독자는 맨 뒤쪽 부록에 나와 있는 비교적 간략하고 친절한(?) 설명을 참고하면 되겠다.

이처럼 구체적인 내용을 들여다보고 싶지 않을 만큼 다소 복잡한 과정을 거쳐서 각 연도 출생아 수를 결정하는 인구학적 요인들을 수량적으로 추정하였다. 이는 나이별 여성인구, 나이별 유배우 여성 비율, 나이별 유배우 여성 대비 각 자녀 수별 유배우 여성 비율, 나이 및 자녀 수별 유배우 출산율, 나이별 무배우 출산율 등을 포함한다. 이제 이상의 인구학적 요인이 각각 출생아 수 변화에 미친 효과를 수량적으로 추정하는 방법을 생각해볼 순서이다. 예컨대 30대 초반 유배우 여성 비율 감소가 전체 출생아 수 감소의 몇 퍼센트를 설명하는지를 어떻게 계산할 수 있을까?

어떤 사람이 내게 얼마나 중요했는지를 판단하는 방법 가운데 하나는 그 사람을 만나지 않았을 경우 내 삶이 어땠을지를 생각해보는 것이다. 이와 같은 반사실적 분석(counter-factual analysis)은 학문 연구에서도 널리 이용된다. 1993년 노벨경제학상 수상자인 로버트 포겔(Robert Fogel)은 철도 건설이 미국의 경제성장에 얼마나 중요한 요인이었는지를 판단하기 위하여 철도가 없었을 경우 발생했을 가상의 미국 경제성장률을 실제의 경제성장률과 비교하는 방법을 도입하였다.[8] 만약 철도가 없었을 경우의 경제성장률이 실제 경제성장률과 큰 차이를 보이지 않는다면 철도가 미국 경제성장의 핵심 요인이었다는 주장은 설득력을 잃을 것이다.

출생아 수 변화 요인을 분해하기 위해 필자가 이용한 방법도 이와 유사하다. 예를 들어보자. 1992년부터 2023년까지의 기간에 대해 30대 초반 여성의 유배우 비율 감소가 출생아 수 감소의 몇 퍼센트를 설명하는지 알고 싶다고 하자. 필자가 앞서 소개한 데이터와 부록에 소개한 연간 출생아 수 분해 식을 이용하여 1992년의 30대 초반 유배우 여성 비율이 이후 변하지 않았을 경우 얻어졌으리라 기대되는 가상의 2023년 출생아 수를 추정할 수 있다.

만약 해당 기간의 실제 출생아 수 감소가 100이었고 30대 초반 유배우 여성 비율이 변하지 않은 가상의 경우 출생아 수 감소가 90이었다면, 10만큼의 출생아 수 감소는 이 인구학적 변화의 결과로 간주할 수 있다. 즉 해당 기간 출생아 수 감소의 10%는 30대 초반 유배우 여성 비율 감소 때문으로 추정되는 것이다. 이 방법에 대한 자세한 설명 역시 부록에 제시하였다.

여성인구가 줄었고
아이를 많이 낳는 유배우 여성도 급감했다

이제 앞서 설명한 방법으로 추정한 출생아 수의 인구학적 요인들이 1991년부터 2023년까지 어떻게 변했는지 살펴보자. 이는 각각의 요인이 출생아 수 변화에 미친 영향의 방향성을 가늠하게 해준다. 예컨대 이 기간에 30대 초반 유배우 여성 비율이 매우 빠르게 떨어졌다면 이 변화는 출생아 수 감소의 중요한 요인 가운데 하나일 가능성이 크다고 할 수 있다.

출생아 수 변화의 인구학적 요인 분석에는 20세부터 49세까지 여성만 포함하였다. 통상 여성 가임 나이에 포함되는 15~19세 여성에게서 태어나는 출생아 수가 너무 적어서 이 변화를 더 세밀한 요인으로 분해하기 어렵게 만들기 때문이다.[9] 여성의 나이에 따라 차이가 심한 일부 인구학적인 요인들의 경우에는 시계열적인 변화를 단순명료하게 보이기 위해 가장 핵심적인 가임기라고 할 수 있는 25~39세 여성에 대한 지표를 제시하였다.[10]

전체 출생아 수의 장기적인 변화는 94쪽 그림 3-1에 제시되어 있다. 20~49세 여성에게서 태어난 자녀 수도 이 추이와 거의 비슷하다. 1991년 이후 출생아 수가 가장 많았던 연도는 1992년으로 20~49세 여성 출생아 수가 약 72만 3,800명을 기록하였다. 출생아 수가 최저치를 기록한 연도는 2023년으로 20~49세 여성 출생아 수는 약 23만 명이었다.

이미 언급했듯이 출생아 수를 결정하는 첫 번째 요인은 가임기 여성인구의 규모이다. 그림 3-2는 1991년부터 2024년까지 25~39세

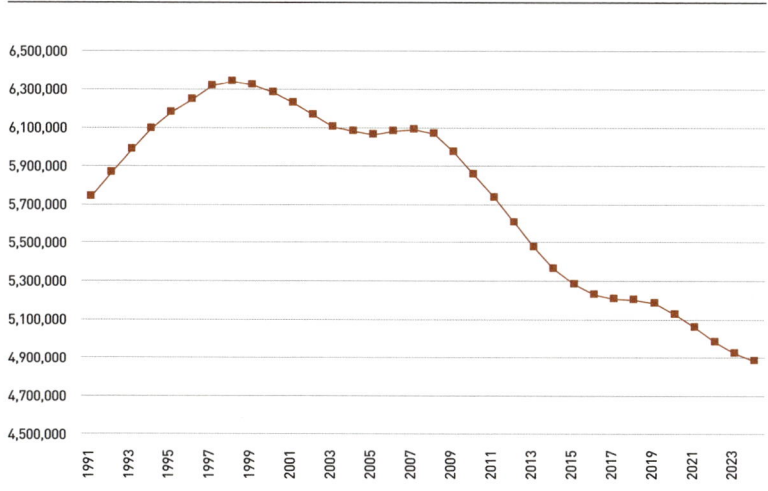

그림 3-2. 1991~2024년 25~39세 여성인구

* 출처: 통계청, 장래인구추계

2부 | 결혼과 출산을 막아서는 것들

여성인구의 변화를 보여준다. 1991년 약 574만 명이었던 이 연령층 여성인구는 1990년대 초중반에 걸쳐 증가하여 1998년 약 634만 명에서 정점에 도달한 후 감소 추세로 전환되었다. 이후 2004~2008년과 2015~2018년에 일시적으로 감소세가 멈추기는 했지만 장기적인 감소 추이는 지속되었고 2023년에는 약 492만 명을 기록하였다. 1998년 대비 약 78% 수준이다. 20~49세 여성인구를 고려하더라도 장기적인 추이는 크게 다르지 않다. 이 결과는 적어도 1990년대 말 이후 가임기 여성인구 감소가 출생아 수를 감소시키는 요인으로 작용했음을 알려준다. 따라서 이 기간 출산율이 감소하지 않았더라도 여성인구 감소로 출생아 수는 줄어들었을 것이다.

출생아 수를 결정하는 두 번째 요인은 유배우 비율이다. 그림 3-3은 1991년부터 2024년까지 25~39세 여성 중 유배우 여성이 차지하는 비율 변화를 보여준다. 결과는 비혼 혹은 만혼 경향이 강화되며 이 연령층 여성인구 중 유배우 비율이 급격하게 감소했음을 보여준다. 1991년 86.7%였던 25~39세 유배우 여성 비율은 줄곧 줄어들어 2023년에는 41.5%로 낮아졌다. 이러한 유배우 비율 감소는 특히 20대 후반과 30대 초반 여성에게서 두드러졌다. 25~29세 유배우 여성 비율은 1991년 76.2%에서 2023년 11.2%로 급감했고 30~34세 유배우 여성 비율은 같은 기간 92.7%에서 44.6%로 떨어졌다. 여전히 결혼이 출산의 전제 조건인 한국의 여건에서 이러한 유배우 여성 비율의 감소는 지난 30여 년 동안 출생아 수 감소의 주된 요인이었을 것임을 알 수 있다.

출생아 수를 결정하는 세 번째 요인은 유배우 출산율이다. 그

그림 3-3. 1991~2024년 25~39세 여성인구 중 유배우 비율

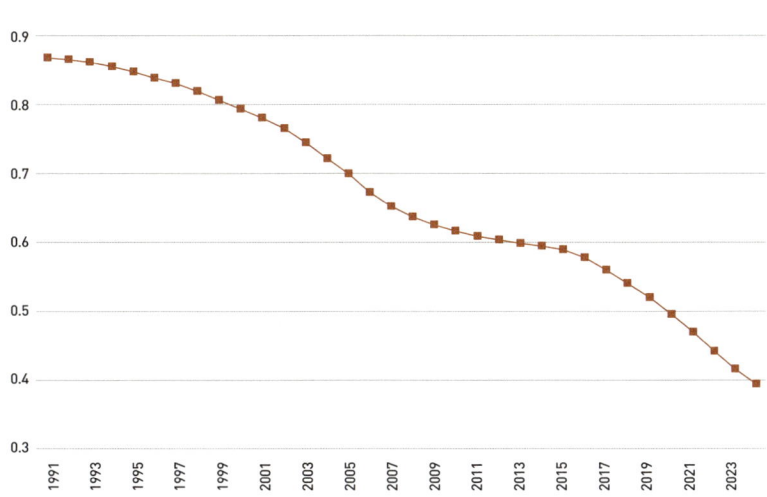

* 출처: 통계청 인구동향조사, 인구주택총조사 2% 표본, 장래인구추계 등 이용하여 필자가 계산

림 3-4는 각 연령층 유배우 출산율의 변화를 보여준다. 그림에 나타난 결과는 1991~2005년에 20대 유배우 출산율이 약간 하락하였고 30대 초반 유배우 출산율은 약간 증가하였음을 보여준다. 2005~2012년에는 20대와 30대의 유배우 출산율이 모두 높아졌으며 2012~2023년에는 20대와 30대 초반의 유배우 출산율이 가파르게 하락하였다. 이러한 결과는 유배우 출산율 변화가 출생아 수 변화에 미친 영향이 시기에 따라 달라졌을 것임을 알려준다. 즉 유배우 출산율의 변화는 2005~2012년에는 출생아 수를 증가시킨 요인으로, 그 후에는 출생아 수를 감소시키는 요인으로 작용했을 것임을 짐작할 수 있다.

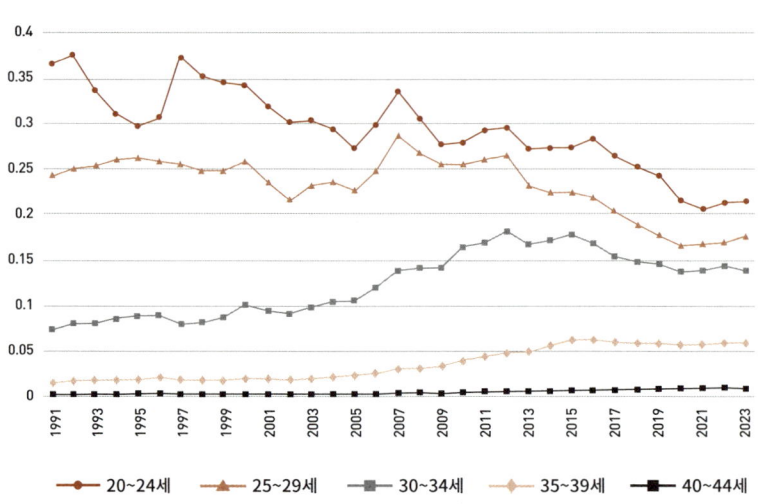

그림 3-4. 1991~2023년 20~44세 유배우 출산율

* 출처: 통계청 인구동향조사, 인구주택총조사 2% 표본, 장래인구추계 등 이용하여 필자가 계산

    유배우 출산율 변화는 여성의 자녀 수에 따라 어떤 차이를 보였을까? 그림 3-5는 핵심 가임기라고 할 수 있는 25~39세 유배우 여성의 자녀 수별 출산율 변화를 추정한 결과를 보여준다. 가장 눈에 띄는 결과는 무자녀 유배우 여성의 첫째 출산율이 매우 뚜렷한 단기적 변동성을 보인다는 것이다. 즉 무자녀 유배우 여성의 첫째 출산율은 1991~2005년에 빠르게 감소하였고, 2005~2010년에 가파르게 증가했다가, 2010~2023년에 다시 급격하게 감소하였다.
    이와 대조적으로 둘 이상의 자녀를 가진 유배우 여성의 추가 자녀 출산율은 매우 낮은 수준에서 안정적으로 유지되고 있으며, 한 자녀 유배우 여성의 둘째 출산율은 장기적으로 완만하게 감소하

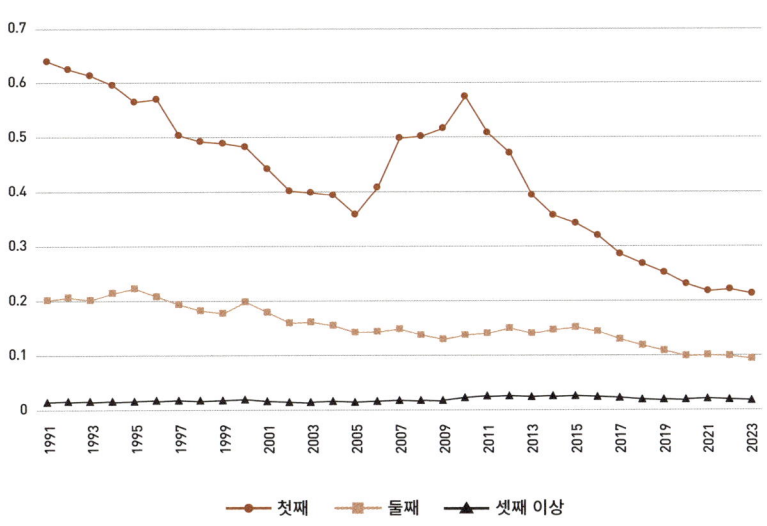

그림 3-5. 1991~2023년 25~39세 유배우 여성의 자녀 수별 출산율

* 출처: 통계청 인구동향조사, 인구주택총조사 2% 표본, 장래인구추계 등 이용하여 필자가 계산

는 추이를 보인다. 이 결과에 따르면 그림 3-4에 나타난 것처럼 유배우 출산율 추이가 시기에 따라 달라진 현상이 주로 무자녀 유배우 여성의 첫째 출산율 변화 때문에 나타난 것으로 파악된다.

그렇다면 무자녀 유배우 여성의 출산율 변화가 왜 시기에 따라 큰 차이를 보일까? 두 가지 설명이 가능하다. 하나는 시간 효과(time effect)이다. 시대가 바뀌고 동시대 사람들이 공유하는 여건이 바뀌면서 사람들의 행위가 달라졌다는 것이다. 이 효과가 중요했다면 태어난 시기에 관계없이 모든 여성의 출산율이 비슷한 추세로 변했을 것이다.

다른 하나는 세대 간 차이를 반영하는 코호트 효과(cohort effect)이다. 같은 시기에 태어나 비슷한 경험을 공유하며 자라난 세대는 그들만의 고유한 특성을 지닌다. 시대가 바뀌어도 다른 세대와 구별되는 행동을 할 수 있는 것이다. 만약 이 효과가 중요했다면, 즉 주된 가임 나이에 접어든 출생 코호트가 바뀌면서 시간에 따른 출산율 변화가 나타났다면 출산율의 변화 추이가 나이에 따라 다르게 나타났을 것이다.

그림 3-6은 이를 살펴보기 위해 가임기 여성을 4개 연령층으로 구분하여 유배우 여성의 자녀 수별 출산율을 추정한 결과를 보여준다. 나이별로 자녀 수에 따른 유배우 출산율의 추이가 어느 정도 다르기는 하지만 2005년 이후 무자녀 유배우 여성의 첫째 출산율 변화는 4개 연령층 모두에 대해 유사한 추이를 보인다. 다시 말해 2005년부터 2010년까지의 증가세와 2010년(30~34세의 경우에는 2012년) 이후의 급격한 감소는 나이와 무관하게 공통으로 나타난다. 이처럼 태어난 때와 무관하게 모든 여성의 유배우 출산율이 동일한 시간적 변화 추이를 보이며, 이는 유배우 출산율의 단기적 변동이 코호트 효과보다는 시간 효과를 반영할 가능성이 크다는 점을 알려준다.

출생아 수 변화의 마지막 요인은 유배우 여성 가운데 각 자녀 수별 여성이 차지하는 비중이다. 107쪽 그림 3-5에 제시된 결과는 시기에 따른 변동성에도 불구하고 자녀 수가 늘어날수록 자녀 수별 유배우 출산율이 낮아짐을 보여준다. 즉 무자녀 유배우 여성의 첫째 출산율이 가장 높고, 한 자녀 유배우 여성의 둘째 출산율

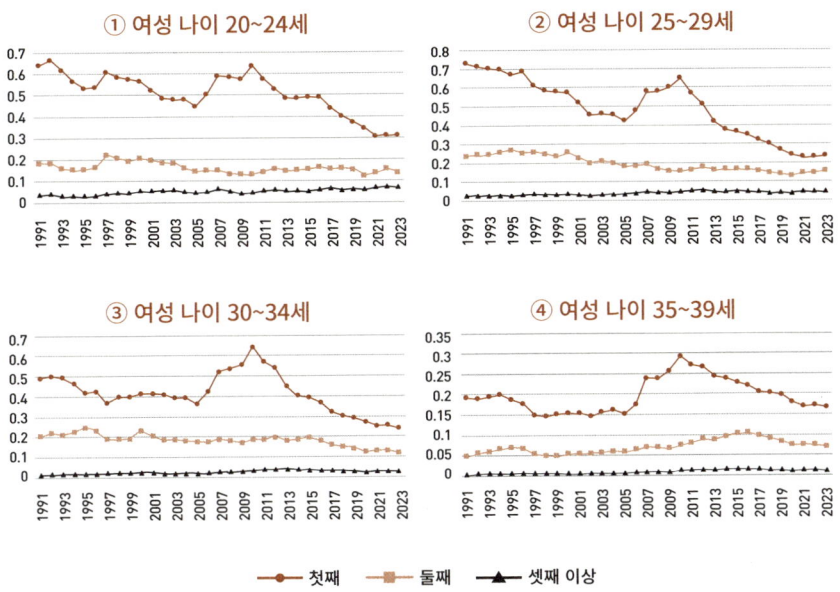

그림 3-6. 1991~2023년 유배우 여성의 나이별·자녀 수별 출산율

● 첫째   ■ 둘째   ▲ 셋째 이상

* 출처: 통계청 인구동향조사, 인구주택총조사 2% 표본, 장래인구추계 등 이용하여 필자가 계산

이 그보다 낮으며, 둘 이상 자녀를 가진 유배우 여성의 추가 자녀 출산율은 매우 낮다.

따라서 다른 조건(예컨대 자녀 수별 유배우 출산율)이 유지될 때 자녀 수별 유배우 여성 비율 변화는 전체적인 유배우 출산율에 영향을 미친다. 이를테면 상대적으로 유배우 출산율이 높은 무자녀 유배우 여성이 전체 유배우 여성 가운데 차지하는 비중이 높아지면 전체 유배우 출산율은 높아질 것이다. 이 효과를 보기 위해 그림 3-7은 1991년부터 2023년까지 25~39세 유배우 여성 수 대비 해

그림 3-7. 1991~2023년 25~39세 유배우 여성 대비 자녀 수별 유배우 여성 비율

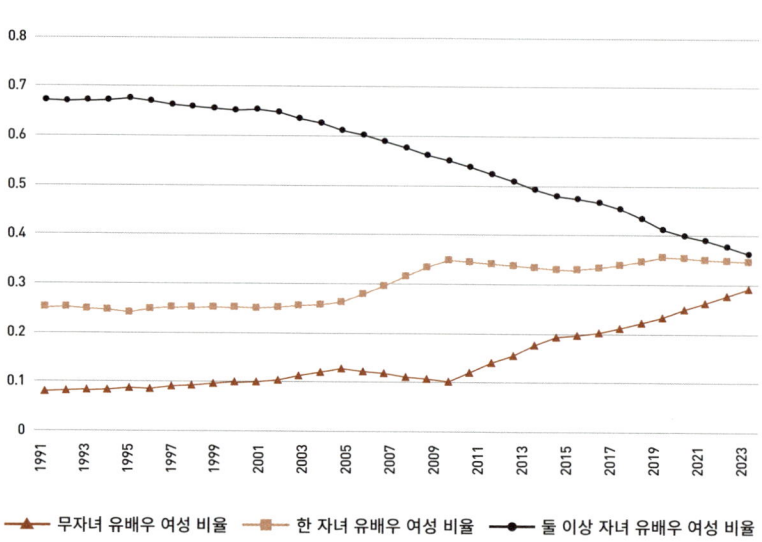

* 출처: 통계청 인구동향조사, 인구주택총조사 2% 표본, 장래인구추계 등 이용하여 필자가 계산

당 나이 자녀 수별 유배우 여성 비율을 추정하여 제시하였다.

몇 가지 뚜렷하게 나타나는 결과는 다음과 같다. 첫째, 다자녀 여성이 전체 유배우 여성인구에서 차지하는 비율은 빠른 속도로 감소하였다. 1991년에는 둘 이상 자녀를 가진 유배우 여성이 전체 유배우 여성의 3분의 2(67.1%)를 차지했지만, 이후 이 비중이 가파르게 줄어서 2023년에는 37.6%로 떨어졌다. 둘째, 전체 유배우 여성에서 한 자녀 유배우 여성이 차지하는 비중은 1991년 25%에서 2023년 34.8%로 증가하였다. 셋째, 유배우 여성 가운데 무자녀인 여성의 비중이 통계 측정 이후 가장 높아졌다. 25~39세 유배우 여성 중 결혼 후에도 자녀가 없는 여성의 비율은 1991년 7.9%에 불과했지만 2023년에는 27.6%로 증가했다.

이와 같은 자녀 수별 유배우 여성의 비중 변화는 전체적인 유배우 출산율을 높이는 요인으로 작용했을 것이다. 출산율이 가장 낮은 다자녀 유배우 여성의 비중이 크게 줄고 출산율이 가장 높은 무자녀 유배우 여성의 비중이 매우 높아졌기 때문이다.

결혼하지 않는 것인가? 아이를 낳지 않는 것인가?

이제 지금까지 소개한 각각의 인구학적 요인이 출생아 수 변화에 얼마나 영향을 미쳤는지 수량적으로 보여줄 때가 되었다. 왜 지난 30여 년간 출생아 수가 거의 50만 명이나 줄었을까?

복잡한 표를 들여다보기 싫은 독자들을 위해 먼저 굵직한 결론부터 말하겠다. 1992년 이후 전체 기간을 볼 때 출생아 수 감소의 주된 요인은 '결혼의 감소'였다. 즉 결혼 시기가 점점 늦어지고 결혼하지 않는 사람이 늘면서 나타난 현상이라고 할 수 있다. 이 기간 유배우 출산율은 장기적으로 줄지 않았고 따라서 출생아 수 감소에 거의 영향을 미치지 않았다. 여성인구 감소는 출생아 수 감소의 보조 요인으로 작용하였다.

이제 분해 결과를 좀 더 꼼꼼하게 살펴보자. 숫자를 들여다보는 데 거부감이 있는 독자는 위의 간략한 결론만 담아두고 이 부분을 건너뛰어도 괜찮겠다. 표 3-1은 1991년 이후 출생아 수가 가장 많았던 1992년부터 역사상 최저치를 기록했던 2023년까지 20~49세 여성 출생아 수 변화를 ① 가임기 여성인구 ② 유배우 비율 ③ 유배우 출산율 ④ 무배우 출산율 등의 변화로 분해한 결과를 제시한다. 여기에는 20~49세 여성 모두에 대해 얻은 결과를 나타냈고 나이에 따라 나누어 얻은 결과는 부록의 부표 3-1로 첨부하였다.

표 3-1에서 '기여분'은 해당 요인이 출생아 수 변화에 미친 효과, 즉 몇 명의 출생아를 증가시키거나 감소시키는 역할을 했는지를 추정한 결과를 보여준다. '기여도'는 각 요인이 출생아 수 감소에 상대적으로 얼마나 기여했는지, 즉 전체 출생아 수 감소의 몇 퍼센트를 설명하는지를 나타낸다. 출생아 수가 감소한 기간에 기여도가 양수이면 출생아 수를 감소시키는 역할을 한 것이고 음수이면 출생아 수 감소를 상쇄하는 요인으로 작용했음을 의미한다.

표 3-1. 1992~2023년 20~49세 여성 출생아 수 변화 요인 분해

	1992~2023 (출생아 수 변화: -494,277)	
	기여분(명)	기여도(%)
① 전체 가임기 여성인구	-39,577	8.01
② 전체 유배우 비율	-367,036	74.26
③ 전체 유배우 출산율	4,348	-0.88
④ 무배우 출산율	-13,493	2.73
⑤ 오차항	-78,519	15.89

* 출처: 통계청 인구동향조사, 인구주택총조사 2% 표본, 장래인구추계 등 이용하여 필자가 추정

마지막 항목은 분해 과정에서 발생한 오차항을 나타낸다.

표 3-1 항목 ②에 제시된 결과는 만혼과 비혼이 늘면서 나타난 유배우 여성 비율의 하락이 약 36만 7,000명의 출생아 감소를 초래한 인구학적 요인이었음을 보여준다. 이는 이 기간 출생아 수 감소의 약 74%에 달한다. 특히 20대 후반과 30대 초반 여성의 유배우 비율 하락 효과가 컸다. 부록의 부표 3-1이 보여주듯이 두 연령층 유배우 비율 감소는 이 기간 출생아 수 감소의 각각 37.81%와 21.45%를 설명한다.

여성인구 감소는 출생아 수 감소의 비교적 부차적인 요인이었다. 표 3-1 항목 ①에 나타난 결과는 20~49세 여성인구 감소가 이 기간 줄어든 출생아 수의 8.01%인 약 4만 명 감소를 불러왔음을 보여준다. 그리고 이 효과의 약 4분의 3은 30대 초반 여성인구 감소 때문이었다(부표 3-1). 이러한 결과는 1992년 이후 30대 초반 여성인구가 특히 큰 폭으로 감소하였고 이 연령층의 출산율이 비교적 높았던 데 기인한다.

다른 두 요인과 대조적으로 유배우 출산율의 변화는 이 기간 출생아 수 감소에 거의 영향을 미치지 않았다. 표 3-1 항목 ③에서 확인할 수 있듯이 유배우 출산율의 변화는 출생아 수를 오히려 미미하게나마 증가시킨 요인이었다. 이는 나이대별로 달랐던 유배우 출산율 변화의 효과가 서로를 상쇄한 결과로 풀이된다. 즉 20대 후반의 유배우 출산율 감소가 출생아 수를 약 5만 5,000명 감소시켰지만 30대 후반과 40대 초반 여성의 유배우 출산율 증가가 출생아 수를 5만 7,000명 가까이 증가시킴으로써 전체적으로는 출생아 수가 늘어나는 결과가 나타났다.

 이제 유배우 출산율 변화의 영향을 조금 더 세부적인 요인의 영향으로 나누어볼 차례이다. 마찬가지로 골치 아프게 숫자들을 자세히 들여다보기에 앞서 전반적인 결론부터 이야기하겠다. 앞서 유배우 출산율 변화가 출생아 수 감소에 미친 영향이 미미했음을 보인 바 있다. 그런데 이 현상은 두 가지 세부 요인이 서로를 상쇄한 결과였다. 즉 특정한 수의 자녀를 가진 여성, 다시 말해 무자녀 유배우 여성의 첫째 출산율과 한 자녀 유배우 여성의 둘째 출산율이 상당 정도 하락하면서 출생아 수를 감소시키는 요인으로 작용했다.

 이 가운데 특히 무자녀 유배우 출산율 하락이 두드러졌다. 그러나 다른 한편으로 상대적으로 출산율이 높은 무자녀 유배우 여성이 전체 유배우 여성 가운데 차지하는 비중이 높아지는 변화도 함께 나타났다. 이는 전체 유배우 여성의 출산율을 높임으로써 출생아 수를 증가시키는 요인으로 작용하였다.

 이제 구체적인 수량적 분해 결과를 살펴보자. 표 3-2는 유배우 출산율을 구성하는 세부 요인들의 변화가 출생아 수 변화에 미친 효과를 보여준다. 항목 ①에 있는 유배우 여성 비중 변화의 효과는 출산율 수준이 다른 자녀 수별 유배우 여성의 비중이 변화하면서 발생하는 '구성 효과(composition effect)'를 나타낸다. 예컨대 자녀 수별 유배우 출산율이 변하지 않아도 상대적으로 출산율이 높은 무자녀 유배우 여성의 비중이 줄면서 출생아 수가 감소할 수 있다. 항목 ②에 제시된 자녀 수별 유배우 출산율의 영향은 그 아래에 있는 각 자녀 수 유배우 출산율의 영향(②-A, ②-B, ②-C)을 합한 것이다.

항목 ②에서 드러나듯이 자녀 수별로 나눈 유배우 출산율은 이 기간 상당한 폭으로 떨어져서 출생아 수를 11만 명 이상(약 23%) 감소시키는 요인으로 작용하였다. 이는 주로 무자녀 유배우 여성의 첫째 출산율 하락이 출생아 수를 9만 명 넘게 감소시킨 효과를 반영한다(②-A). 이처럼 자녀 수별 유배우 출산율이 낮아졌음에도 전체 유배우 출산율이 오히려 높아진 것은 자녀 수별 유배우 여성 비중이 유배우 출산율을 높이는 방향으로 변했기 때문이다.

표 3-2 항목 ①에 제시된 바와 같이 자녀 수별 유배우 여성 비중 변화는 출생아 수를 약 12만 명(기여도 23.82%) 증가시켰다. 이는 상대적으로 출산율이 높은 무자녀 유배우 여성의 비중이 높아지고 상대적으로 출산율이 낮은 다자녀 유배우 여성 비중이 낮아

표 3-2. 1992~2023년 20~49세 유배우 출산율 변화의 기여분 분해

	1992~2023 (유배우 출산율 기여 출생아 수 변화: 4,348)	
	기여분(명)	기여도(%)
① 자녀 수별 유배우 여성 비중	117,728	-23.82
② 자녀 수별 유배우 출산율 합 (A+B+C)	-113,379	22.94
②-A 무자녀 유배우 출산율	-92,184	18.65
②-B 한 자녀 유배우 출산율	-28,263	5.72
②-C 두 자녀 이상 유배우 출산율	7,068	-1.43

* 출처: 통계청 인구동향조사, 인구주택총조사 2% 표본, 장래인구추계 등 이용하여 필자가 추정

지면서 나타난 현상으로 풀이된다.

이처럼 1992년 이후 출생아 수가 가파르게 줄어든 가장 중요한 이유는 결혼의 감소였다. 그런데 이러한 결론이 모든 시기에 적용될 수 있을까? 시기별로 출생아 수 변화의 인구학적 요인이 달라지지는 않았을까? 이를 확인하기 위해 시기별로 출생아 수 변화 요인을 살펴보자.

출생아 수와 유배우 출산율의 변화 방향을 고려할 때 전체 기간을 다음의 세 시기로 나누어볼 수 있다. 첫 번째는 1992년부터 2005년까지로 출생아 수가 감소하고 유배우 출산율이 정체 내지 감소했던 시기이다. 두 번째는 2005년부터 2012년까지로 출생아 수가 등락하면서 약간 증가하고 유배우 출산율이 높아졌던 시기이다. 마지막은 2012년부터 2023년까지로 출생아 수가 다시 빠른 속도로 감소하고 유배우 출산율이 하락 추세로 전환되었던 시기이다.

먼저 시기에 따른 중요한 차이를 간략하게 정리하고 자세한 결과를 살펴보는 편이 좋겠다. 각 인구학적 요인이 출생아 수 감소에 미친 효과는 시기에 따라 달랐다. 1992~2005년에는 유배우 비율 감소 효과가 압도석으로 중요했고 유배우 출산율 하락은 보조 요인으로 작용했다. 2005~2012년에는 다른 기간과 달리 출생아 수가 증가했다. 이 기간에도 유배우 비율 저하와 가임기 여성인구 축소가 출생아 수를 감소시키는 요인으로 작용하였지만, 큰 폭의 유배우 출산율 증가 효과가 다른 요인들의 효과를 압도하였다. 2012~2023년에는 유배우 비율과 유배우 출산율이 동시에 가파르게 하락하면서 급격한 출생아 수 감소를 초래했다. 특히 결혼 후

자녀를 갖지 않는 커플이 늘어난 변화가 출생아 수 감소의 주된 요인이었다.

이제 표 3-3과 3-4에 나와 있는 수량적 분해 결과를 좀 더 자세히 들여다보자. 1992~2005년에는 20~49세 여성 출생아 수가 약 29만 2,000명 감소하였다. 이 기간에는 전체 기간과 마찬가지로 유배우 비율 하락이 출생아 수 감소의 약 82%를 설명하는 가장 주된 요인이었다. 전체적인 유배우 출산율 하락은 이 기간 출생아 수 감소의 약 13%를 기여한 것으로 나타났다.

가임기 여성인구의 감소는 이 기간 출생아 수 감소의 약 5%를 설명하는 비교적 덜 중요한 요인이었다. 자녀 수별 유배우 출산율

표 3-3. 1992~2023년 기간별 20~49세 여성 출산 신생아 수 변화 요인 분해

	1992~2005 (출생아 수 변화: -292,014)		2005~2012 (출생아 수 변화: 48,403)		2012~2023 (출생아 수 변화: -250,666)	
	기여분(명)	기여도(%)	기여분(명)	기여도(%)	기여분(명)	기여도(%)
① 전체 가임기 여성인구	-13,886	4.76	-42,545	-87.90	-38,733	15.45
② 전체 유배우 비율	-240,214	82.26	-103,583	-214.00	-120,801	48.19
③ 전체 유배우 출산율	-38,622	13.23	167,701	346.47	-110,625	44.13
④ 무배우 출산율	-8,856	3.03	475	10.98	19	-0.01
⑤ 오차항	9,564	3.19	26,355	54.45	19,473	-7.77

* 출처: 통계청 인구동향조사, 인구주택총조사 2% 표본, 장래인구추계 등 이용하여 필자가 추정

표 3-4. 1992~2023년 기간별 20~49세 유배우 출산율 변화의 기여분 분해

	1992~2005 (유배우 출산율 기여 출생아 수 변화: -38,622)		2005~2012 (유배우 출산율 기여 출생아 수 변화: 167,701)		2012~2023 (유배우 출산율 기여 출생아 수 변화: -110,625)	
	기여분(명)	기여도(%)	기여분(명)	기여도(%)	기여분(명)	기여도(%)
① 자녀 수별 유배우 여성 비중	116,900	-40.03	59,325	122.57	65,591	-26.17
② 자녀 수별 유배우 출산율 합 (A+B+C)	-155,522	53.25	108,375	223.90	-176,216	70.30
②-A 무자녀 유배우 출산율	-112,369	38.48	72,066	148.89	-146,015	58.25
②-B 한 자녀 유배우 출산율	-49,236	16.86	21,493	44.40	-26,181	10.45
②-C 두 자녀 이상 유배우 출산율	6,083	-2.08	14,816	30.61	-4,020	1.60

* 출처: 통계청 인구동향조사, 인구주택총조사 2% 표본, 장래인구추계 등 이용하여 필자가 추정

은 상당한 폭으로 감소하여 출생아 수를 약 15만 6,000명(이 기간 출생아 수 감소분의 53%) 줄이는 요인으로 작용했지만, 이는 자녀 수별 유배우 여성 비중 변화의 효과(약 11만 7,000명 증가)에 의해 상당 부분 상쇄되었다. 자녀 수별 유배우 출산율 가운데 특히 무자녀 유배우 여성의 첫째 출산율 감소는 전체 출생아 수 감소의 약 38%를 기여한 중요한 요인이었다.

2005~2012년에는 20~49세 여성 출생아 수가 4만 8,000명 이상 증가하였다. 이 기간에도 다른 기간과 마찬가지로 유배우 비율

과 가임기 여성인구는 감소하여 출생아 수를 줄이는 요인으로 작용하였다. 유배우 비율 감소는 출생아 수를 약 10만 명, 가임기 여성인구 감소는 출생아 수를 약 4만 3,000명 감소시키는 요인으로 작용하였다.

반면 다른 기간과 달리 유배우 출산율이 큰 폭으로 증가하여 출생아 수를 약 16만 8,000명 늘렸으며 이는 나머지 두 요인의 효과를 압도하였다. 유배우 출산율 증가 효과의 약 3분의 2는 자녀 수별 유배우 출산율의 증가 때문이고 나머지 3분의 1은 자녀 수별 유배우 여성 비중 변화에 기인한 것이었다. 특히 무자녀 유배우 출산율 상승은 이 기간 출생아 약 7만 2,000명을 늘린 중요한 요인이었다.

2012~2023년에는 20~49세 여성 출생아 수가 약 25만 명 감소하여 연간 감소율로 보았을 때 1992~2005년보다 더 빠른 하락 추세를 나타냈다. 이 기간에도 유배우 비율의 하락은 출생아 수 감소의 가장 중요한 요인이었지만 그 상대적 기여도는 다른 기간에 비해 줄어든 것을 확인할 수 있다. 즉 유배우 비율 감소는 이 기간 출생아 수 감소의 약 48%를 기여한 것으로 추정된다. 가임기 여성인구 감소는 이전 기간에 비해 출생아 감소의 더 중요한 요인으로 부상하였다. 이 요인의 변화는 해당 기간 출생아 수 감소의 15%를 설명한다.

최근 11년의 가장 큰 특징은 유배우 출산율의 하락이 유배우 비율 하락에 버금가는 출생아 수 감소의 주된 요인이 되었다는 사실이다. 이 기간 유배우 출산율 저하는 출생아 수 감소의 약 44%를 기여한 것으로 나타났다. 자녀 수별 유배우 출산율 하락 효과는 이보다 더 커서 전체 출생아 수 감소의 약 70%나 되는 것으로 추정된다.

특히 무자녀 유배우 여성의 첫째 출산율 하락은 이 기간 출생아 수 감소의 약 58%를 설명하는 핵심 요인이었다. 자녀 수별 유배우 여성 비중의 변화는 출생아 수 감소의 약 26%를 상쇄하여 전체 유배우 출산율 저하가 출생아 수를 감소시키는 효과를 줄이는 요인으로 작용하였다. 이는 110쪽 그림 3-7이 보여주듯이 2010년 이후 전체 유배우 여성 가운데 무자녀 유배우 여성 비중이 빠르게 증가하면서 나타난 현상이다.

각 기간의 무배우 출산율은 출생아 수 및 유배우 출산율 변화와 같은 방향으로 움직였지만 그 변화 폭은 미미했으며 전체 출생아 수에 미친 효과도 크지 않았다. 무배우 출산율은 1992~2005년에는 하락하여 출생아 수를 약 9,000명 감소시켰고, 2005~2012년에는 출생아 수를 약 500명 증가시켰으며, 2012~2023년에는 출생아 수에 거의 영향을 미치지 않았다. 지난 30여 년 동안 줄곧 비혼 출산의 변화는 출생아 수 결정에 미미한 영향을 미쳤음을 알 수 있다.

결혼하기도, 첫아이를 낳기도 어려워졌다

여러 페이지에 걸쳐 이어진 지루하고 딱딱한 내용을 소화하기 위해 적잖은 인내심을 발휘한 독자들은 이렇게 물을 수 있다. 도대체 이러한 연구 결과는 무엇을 알려주는가? 그리고 이러한 사실을 알아서 무슨 도움이 될까? 이제 이 질문에 답할 순서이다. 이는 필자가 지난 16년간 새로운 방법을 궁리하고 필요한 데이터를 직접 만들면서 쏟은 시간과 노력의 의미를 설명하는 일이기도 하다.

먼저 왜 한국의 출생아 수가 장기적으로 감소했는지를 따지는 일의 의미를 생각해보자. 첫째, 앞에서 소개한 내용은 만혼과 비혼의 증가로 인한 유배우 여성 비율 감소가 1990년대 초 이후 일관되게 중요한 출생아 수 감소 요인이었음을 알려준다. 세 기간의 유배우 비율 감소 효과를 연간 출생아 수 감소 규모로 환산하면 1992~2005년 약 1만 8,000명, 2005~2012년 약 1만 5,000명, 2012~2023년 1만 1,000명으로 추산된다. 장기적으로 그 효과의 크기가 줄어들기는 했지만, 다른 요인들과 비교할 때 유배우 비율 감소가 출생아 수 감소의 '상수' 역할을 해온 장기적 요인이었다고 할 수 있다.

둘째, 유배우 출산율의 변화가 출생아 수의 중기적·단기적 변동을 초래한 주된 요인이었음을 알려준다. 세 기간의 자녀 수별 유배우 출산율 감소 효과를 연간 출생아 수 변화 규모로 환산하면 1992~2005년 약 1만 2,000명 감소, 2005~2012년 약 1만 5,000명 증가, 2012~2023년 약 1만 명 감소로 나타나, 이것이 각 기간 출생아 수 변화의 방향과 규모를 결정한 중요한 요인이었음을 알 수 있다. 유배우 출산율 변동은 연 단위의 단기적 출생아 수 변동을 초래한 요인이기도 했다. 94쪽 그림 3-1의 출생아 수 변화 추이와 106쪽 그림 3-4의 나이별 유배우 출산율 추이를 비교하면 20대와

30대 초반 여성 유배우 출산율이 추세 위로 솟아오른 연도(예컨대 2007년, 2012년, 2015년)의 출생아 수도 함께 많아지는 양상을 확인할 수 있다.

셋째, 무자녀 유배우 여성의 첫째 출산율 변화는 전체 유배우 출산율과 출생아 수의 중기적·단기적 변동을 초래한 핵심 요인이었다. 이 요인은 1992~2005년 출생아 수 감소의 38%, 2005~2012년 출생아 수 증가의 149%, 2012~2021년 출생아 수 감소의 58%를 기여한 것으로 추정된다. 이 결과는 각 기간 출생아 수 변화 원인을 규명하는 과정에서 무자녀 유배우 여성의 첫째 출산율이 변화한 원인을 이해하는 작업이 핵심적임을 알려준다.

넷째, 2012년부터 2023년까지 이어진 가파른 출산율 및 출생아 수 감소는 유배우 여성 비율 감소 추이의 장기 지속, 유배우 출산율(특히 무자녀 유배우 여성의 첫째 출산율)의 급격한 하락, 가임기 여성인구 감소 추세 심화 등이 겹치면서 나타났다고 분석된다. 그야말로 출생아 수 감소의 '퍼펙트스톰'이 한국을 강타한 것이다. 특히 이전 시기에 비교적 완만하게 감소하거나(1992~2005년) 빠르게 상승했던(2005~2012년) 유배우 출산율이 2012년 이후 매년 연속적으로 빠르게 줄어드는 추세로 전환된 변화는 출생아 수가 급격한 감소세를 기록하게 만든 주된 원인이었다.

특히 이 기간 무자녀 유배우 출산율이 매우 가파르게 감소했던 현상에 주목할 필요가 있다. 2012년 이후 유배우 비율 감소로 인한 연간 출생아 수 감소 규모나 가임기 여성인구 축소로 인한 연간 출생아 수 감소 규모는 이전에 비해 오히려 줄었다. 반면

2012~2023년 자녀 수별 유배우 출산율 감소에 의한 연간 출생아 수 감소 규모는 1992~2005년에 비해 커졌다.

이러한 변화를 일으킨 주된 요인은 무자녀 유배우 여성의 첫째 출산율이 급격하게 줄어든 것이었다. 2012~2023년 무자녀 유배우 여성의 첫째 출산율 하락에 의한 연간 출생아 감소 수는 1992~2005년에 비해 1.5배 더 많아졌다. 요컨대 최근 출생아 수 감소 원인을 알기 위해서는 장기적으로 결혼이 감소하는 현상과 함께 근래 들어 결혼하고도 자녀를 갖지 않는 경향이 강화되는 현상을 이해할 필요가 있다.

이러한 사실을 알고 있는 독자는 한국의 인구 현상에 대해 상당한 식견이 있다고 할 수 있다. 15년 전에 필자가 결혼의 감소가 출산율 감소의 주된 요인임을 보여주는 논문을 처음 발표했을 때, 이를 믿기 어렵다는 반응이 일반적이었다. 다른 선진국처럼 결혼해서 자녀를 갖지 않는 현상이 한국 저출산의 주된 원인이라 믿는 사람이 대부분이었기 때문이다.

이제는 결혼의 감소가 저출산의 주된 원인이라는 사실이 널리 받아들여지고 있다. 하지만 시기에 따라 출생아 수 변화 요인이 다르고 무자녀 유배우 여성의 첫째 출산율 변화가 단기적인 출생아 수 변동의 원인이라는 결과는 아직 널리 알려지지 않은 새로운 사실이다.

그렇다면 새롭게 밝혀진 이 사실은 저출산 대응 정책에 어떤 교훈을 줄까? 첫째, 결혼의 감소 추이를 완화하는 것이 가장 근본적인 차원의 저출산 대응 정책이 되어야 할 것임을 알려준다. 결혼의 감소는 지난 30여 년 동안 일관되게 출생아 수 감소의 중요한 요인이었고 여러 정황상 앞으로도 지속될 가능성이 크다.

3부에서 더 자세히 다루겠지만 현재 저출산 대응 정책의 대부분은 결혼한 사람이 자녀를 낳아 기르는 비용을 줄여주는 방안이다. 이는 과거에 그러했듯 유배우 출산율, 특히 무자녀 유배우 출산율을 높이는 결과를 불러올 수 있다.

그렇지만 오랫동안 지속되어온 유배우 여성 비율 감소 추세가 멈추지 않는다면 유배우 출산율이 높아지더라도 전반적인 출산율이나 출생아 수 증가 효과로 이어지기란 어려울 것이다. 예컨대 지난 30년간 가임기 유배우 여성 비율이 절반으로 줄면서 유배우 출산율 1% 증가가 합계출산율을 높이는 효과가 절반으로 줄었을 것이다. 이러한 사실을 고려할 때 출생아 수 감소 추이를 근본적으로 반등시키기 위해서는 젊은이들이 결혼하기 어려운 여건을 개선할 필요가 있다.

또한 5장과 6장에서 좀 더 살펴보겠지만 결혼 결정에 영향을 미치는 정책과 결혼한 사람의 출산 결정에 영향을 미치는 정책은 다를 수 있다. 따라서 주로 결혼해 있는 사람에게 중점을 둔 현재 정책에서 한 걸음 더 나아가 결혼하지 않은 청년을 대상으로 한 정책을 확대할 필요가 있다.

둘째, 이번 장에서 소개한 분해 결과는 다자녀 중심의 저출산 대응 정책은 더 이상 효과적이지 않으며, 따라서 단기적 저출산 대응 정책의 초점을 첫아이 출생에 맞출 필요가 있음을 알려준다. 현재 적지 않은 출산 지원 정책이 다자녀가구만을 대상으로 하거나 그들에게 더 큰 혜택을 주고 있다. 예를 들어 자녀가 둘 이상인 가구는 출산 후 1년간 쓸 수 있는 정부 바우처인 '첫만남이용권' 지급, 산후조리 도우미 서비스, 아이돌봄 서비스, 대학생 국가장학금, 자동차취득세 감면 등 다양한 중앙정부 지원 프로그램에서 추가 혜택을 받는다. 지방자치단체의 출산지원금도 다자녀가구에 차등적으로 많이 지급되는 경향을 보인다.

다자녀가구를 지원하는 정책은 여러 아이를 키워야 하는 가구의 경제적 어려움을 덜어주고 아동을 보호한다는 면에서 중요하긴 하다. 그러나 출생아 수를 늘리는 데에는 효과성이 낮다고 할 수 있다. 107쪽 그림 3-5와 109쪽 그림 3-6이 보여주는 바와 같이 다자녀 여성의 추가 자녀 출산율은 매우 낮고 변동성도 낮다.

또한 110쪽 그림 3-7에서 나타나듯이 다자녀 유배우 여성이 전체 유배우 여성에서 차지하는 비중이 낮아지면서 둘째 혹은 셋째를 낳을 유배우 여성이 많이 줄어들었다. 이를 반영하여, 앞에서 소개한 분해 결과는 다자녀 유배우 여성의 출산율 상승이 출생아 수 증가에 미친 영향이 미미한 현실을 드러낸다.

반면 무자녀 유배우 여성의 첫째 출산율은 둘째 및 셋째 이상 출산율에 비해 높고 변동성이 크다. 지난 30여 년 동안 관찰된 유배우 출산율의 시간적 변동은 무자녀 유배우 여성의 첫째 출산율의 변동을 반영한 것이었다. 또한 저출산 대응 정책의 효과에 관한 선행 연구들은 현금 지원 같은 정책의 효과가 첫아이 출산에 가장 강한 영향을 미쳤음을 보여준다.[11]

더욱이 전체 유배우 여성 가운데 무자녀 여성이 차지하는 비율은 과거에 비해 훨씬 높아진 상태이다. 이러한 여건에서는 첫아이 출산을 정책의 중심에 두는 편이 출생아 수 감소 추이를 완화하는 데 더 효과적일 것이다.

······

이번 장에서 살펴본 바와 같이 출생아 수 감소를 여러 인구학적 요인으로 분해한 결과는 왜 출생아 수가 감소하는지를 설명하는 데 도움이 되는 근거를 제공한다. 그렇지만 그로부터 한국 저출산 현상의 근본 원인을 직접 밝혀내기는 어렵다. 신체의 어떤 부위에 문제가 있는지를 진단하는 것이 치료의 중요한 시작이지만, 이것만으로는 확실한 치료책을 알기 어려움과 같은 이치이다. 어떤 근본 원인 때문에 결혼과 출산이 줄어들었는지, 한국은 왜 다른 국가에 비해 이러한 현상이 더 심각하게 나타나는지를 구체적으로 따져보아야 한다. 2부의 나머지 두 장에서는 이를 집중적으로 다룬다.

4장

과열된 교육 경쟁, 지나치게 비싼 주거비, 불평등한 노동시장:
저출산의 경제적 요인

부자는 일반인과는 다른 부류의 사람일까? 《위대한 개츠비》를 쓴 작가 F. 스콧 피츠제럴드는 그렇게 생각한 듯하다. 1926년 발표한 단편소설 〈부잣집 아이(The Rich Boy)〉에서 그는 "대단히 부자인 사람들에 대해 한마디 하자면, 그들은 당신이나 나와는 다른 존재들이다"라고 썼다.

영국의 경제사학자 그레고리 클라크(Gregory Clark)는 여기서 한 걸음 더 나아가 부유한 사람들은 다른 가치를 지녔으며, 이 가치가 널리 퍼진 것이 근대화와 산업화의 원동력이었다고 주장하였다.[1] 그에 따르면 전근대 영국 부르주아계급은 근검절약하고 신중하고 타협하고 열심히 일하는 태도를 가졌다. 흥청망청 써버리고 즉흥적이고 타협보다 폭력이 앞서고 게을렀던 당시의 일반인과 달랐다는 것이다.

부유한 사람은 또한 다른 면에서도 가난한 사람과 달랐다. 더 많은 아이를 낳았다. 전근대 영국의 유언장 자료를 이용하여 클라크가 분석한 결과는 16세기 말~17세기 초 영국의 망자(亡者)가 남긴 재산액이 커질수록 자녀 수뿐만 아니라 손자녀 수도 늘어남을 보여준다. 예컨대 재산액이 1,000파운드 이상인 사망자는 재산액이 10파운드 미만인 사망자보다 생존 자녀 수가 두 배가량 많았다.[2]

 부자들이 아이를 더 많이 낳으면서 이들의 후손이 인구에서 차지하는 비중이 커졌다. 이 과정에서 부르주아의 가치가 더 널리 퍼져 나가 영국의 중심 가치로 자리 잡았다. 그리고 이를 반영한 사회적 변화가 나타났다. 당장 쓰기보다 미래를 위해 참는 사람이 늘면서 이자율이 하락했다. 신중함과 타협의 가치가 확산하며 살인 사망률이 낮아졌다. 글을 읽고 쓸 줄 아는 인구의 비율이 높아졌고 노동시간이 늘어났다. 클라크의 표현에 따르면 '근대적 인간(modern men)'이 출현한 것이다.

 한 사회가 점점 부유해지면서 평균적인 자녀 수가 감소했다는 사실은 이미 앞 장에서 설명했다. 그렇지만 이러한 시간적 추이가 특정 시점에 부유한 사람이 가난한 사람보다 아이를 적게 낳음을 의미하지는 않는다. 어떤 사회는 부유할수록 자녀 수가 많아지는 경향이 발견된다. 방금 소개한 전근대 영국의 사례는 거기에 해당한다.

 오늘날 한국은 어떨까? 과거의 영국처럼 돈이 있어야 결혼하고 아이를 가질 수 있는 사회일까? 수량적 증거는 그렇다고 대답한다. 그림 4-1은 국민건강보험공단 청구 자료를 이용하여 2002년 이후

그림 4-1. 2002~2021년 직장건강보험 가입자 소득분위별 합계출산율 변화

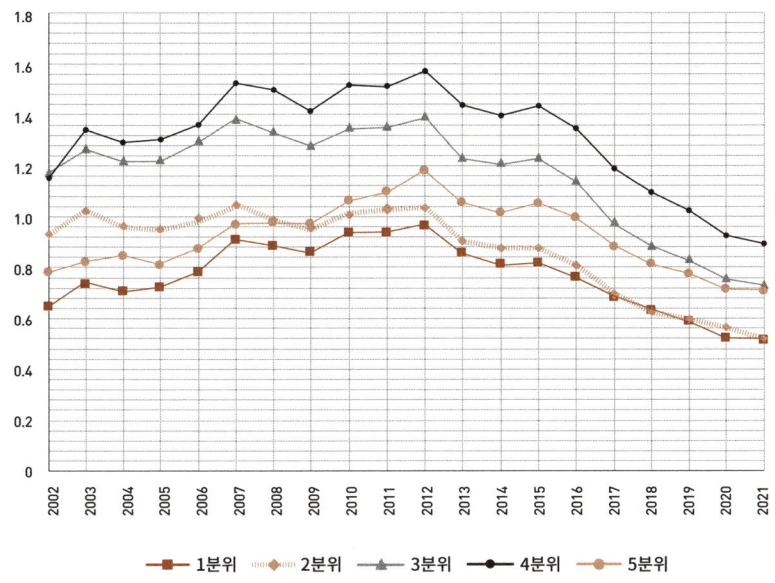

* 출처: 이철희 (2022)

　직장건강보험 가입자의 소득분위별 합계출산율을 계산한 결과를 보여준다.[3] 모든 소득분위 여성의 합계출산율 변화가 비슷한 시간적 추이를 나타내기는 하지만 소득분위 간 출산율 차이는 상당하며 일관되게 유지되었다. 예컨대 지난 20년간 소득 중상위(4분위) 여성의 합계출산율은 소득 최하위(1분위) 여성 합계출산율에 비해 두 배나 높았다. 많은 사람이 느끼듯이 한국 사회에서 결혼하여 자녀를 낳는 선택은 어느덧 부유함의 상징이 되어버린 것이다.

　소득이 낮을수록 아이를 낳지 않는다는 사실은 한국의 경제적 상황이 저출산의 중요한 원인 가운데 하나일 가능성을 시사한다. 가족의 경제학 이론은 자녀의 비용과 소득의 변화를 출산율 변화의 주된 경제적 요인으로 지목한다. 자녀를 낳아 키우는 비용이 다른 나라에 비해 훨씬 큰 폭으로 높아졌다면 전반적으로 출산율이 낮아지는 가운데 비용을 감당하기 어려운 가난한 사람들의 출산율은 더 낮아졌을 것이다. 소득 불평등과 불안정성의 증가 역시 결혼하고 아이를 낳기 어려운 환경을 만들었을 것이고 그 영향이 저소득층에서 더 강하게 나타났을 것이다. 이제 다른 나라들에 비해 유독 한국에서 결혼과 출산을 어렵게 만들었을 것으로 추정되는 몇 가지 경제적 요인의 영향을 차례로 살펴보자.

부모와 아이를 모두 피해자로 만드는 교육 경쟁의 폐해

자녀를 낳아 키우는 일은 쉽지 않다. 자식의 미래를 열어주고자 자기 자신을 잊고 기꺼이 희생하는 부모는 어느 시대에나 있었다. 2025년 봄에 공개되어 큰 인기를 얻었던 넷플릭스 시리즈 〈폭싹 속았수다〉에도 그런 부모들이 나온다. 1932년생 전광례는 자식 셋을 키우기 위해 악착같이 '해녀 일'을 하며 살다가 잠수병이 심해져 고작 스물아홉에 세상을 뜬다. 급장 선거에서 1등을 한 딸 오애순을 부당하게 부급장으로 강등시킨 담임선생을 찾아가 고개를 숙이고, 어렵사리 마련한 촌지를 전하는 광례에게서 그 시절 자식 키우던 대다수 부모의 모습이 드러난다.

1951년생 애순과 그의 남편 양관식은 딸 금명의 일본 유학 비용을 마련하기 위해 어릴 적 추억과 젊은 시절 고난 극복의 역사가 담긴 소중한 집을 판다. 사기를 당해 옥살이를 하게 된 아들 은명의 합의금을 마련하기 위해서는 집안의 경제적 버팀목이자 관식의 분신과도 같았던 배를 판다. 한국에서 자식은 부모의 아킬레스건이다.

소와 땅을 팔아 자녀를 대학에 보냈던 과거 한국 부모의 뜨거운 교육열은 이제 전혀 다른 차원으로 진화한 듯하다. 2023년 〈일타 스캔들〉이나 2024년 〈졸업〉 같은 드라마에 드러난 수험생들과 학원 강사들의 명문대 진학을 둘러싼 치열한 경쟁을 보면 총성 없는 전쟁이 따로 없어 보인다. 2025년 봄에 방영된 드라마 〈라이딩 인생〉은 이러한 경쟁의 시작이 영유아기로 당겨졌음을 드러낸다. 드라마에서 미술치료사 할머니는 6살 서윤을 영어유치원에서 데려오기 위해 '라이더'로 투입되고, 서윤의 부모는 좋은 초등학교가 있는 동네로 이사하기 위해 엄청난 빚을 진다.

통계는 드라마 속 믿기 힘든 장면들이 허구가 아닐 수 있음을 알려준다. 2025년 3월 발표된 통계청의 2024년 초중고 사교육비 조사 결과에 따르면 사교육비 총액이 학령인구 감소에도 불구하고 29조 2,000억 원으로 증가하여 역대 최고치를 기록했다. 전년 대비 2조 1,000억 원(7.7%) 늘어난 규모이다. 사교육에 참여하는 학생의 비율은 80%, 주당 참여 시간은 7.6시간으로 전년에 비해 각각 1.5%p와 0.3시간 늘었다. 1인당 월평균 사교육비 지출액은

전체 학생 47만 4,000원, 참여 학생 59만 2,000원으로 모두 역대 최고치이다.[4]

최근 정부 주도로 처음 이루어진 유아 사교육비 시험조사 결과에 따르면 2024년 7~9월 유아 사교육비는 8,000억 원을 넘어섰다. 취학 전 유아 부모들이 사교육비로 월평균 33만 2,000원을 지출한 셈이다. 자녀를 영어유치원에 보내는 경우 월평균 154만 5,000원을 쓰는 것으로 나타났다. 전체 유아 가운데 사교육에 참여하는 비율은 47.6%, 주당 사교육 참여 시간은 5.6시간으로 조사되었다.[5]

이게 끝이 아니다. 아직 공식 통계가 없지만 고등학교 졸업 후에도 재수와 반수에 막대한 비용이 지출되고 있음은 공공연한 사실이다. 2010학년도 수능에서 20%를 살짝 넘겼던 재수생 비율은 2025학년도 기준 35%에 육박할 정도로 높아졌다.

과거 출생아 수 감소로 학령인구가 줄면 교육 경쟁이 완화되고 사교육비 지출이 감소하리라는 전망이 제기되기도 했다. 2025년 초등학교에 입학한 2019년생은 약 30만 명으로 10년 전인 2009년 출생아 수 44만 5,000명의 3분의 2에 불과하다. 따라서 산술적으로는 대학 입학 가능성이 그만큼 늘어나고 교육 경쟁과 사교육비 지출도 줄었어야 했다. 그렇지만 현재로서는 이와 같은 전망이 실현될 조짐이 보이지 않는다. 학생 수가 감소하고 있지만 사교육비 지출은 줄지 않고 있다.

그림 4-2는 2007년부터 2023년까지 각급 학교 학생 1인당 평균 실질 사교육비 변화 추이를 보여준다. 물가상승의 영향을 제거

그림 4-2. 2007~2023년 평균 실질 사교육비 변화

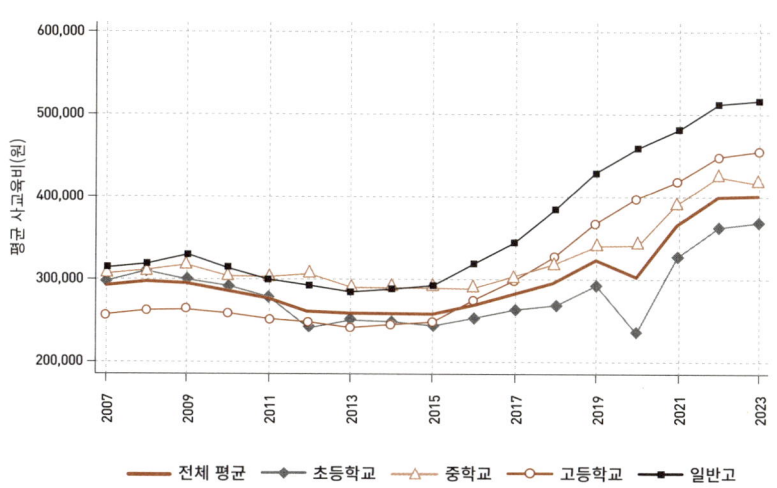

* 출처: 이철희·권정현·김태훈 (2025)

할 경우 사교육비 지출은 2009년부터 2015년까지 정체하거나 소폭 감소했다. 그러나 2015년 이후부터는 초중고 학생 모두에 대해서 뚜렷한 상승세를 보인다. 사교육비 지출 규모와 2015년 이후 증가 폭은 대학 입학이 가까울수록 커지는 경향을 나타낸다. 특히 일반고 학생의 1인당 실질 사교육비 부담은 2015년 약 30만 원에서 2023년 50만 원이 넘는 액수로 급격하게 늘었다.

왜 학생 수는 줄어드는데 사교육비 지출은 늘어날까? 한 가지 원인은 자녀의 교육 성과에 대한 기대가 높고 이를 실현하기 위해 지갑을 열 의사와 여력이 있는 부모가 늘어났다는 것이다. 그림 4-3은 2009년 이후 학부모의 학력과 소득수준 변화 추이를 보여

그림 4-3. 2009~2023년 학부모 학력과 가구소득 변화

① 학부모 학력 변화

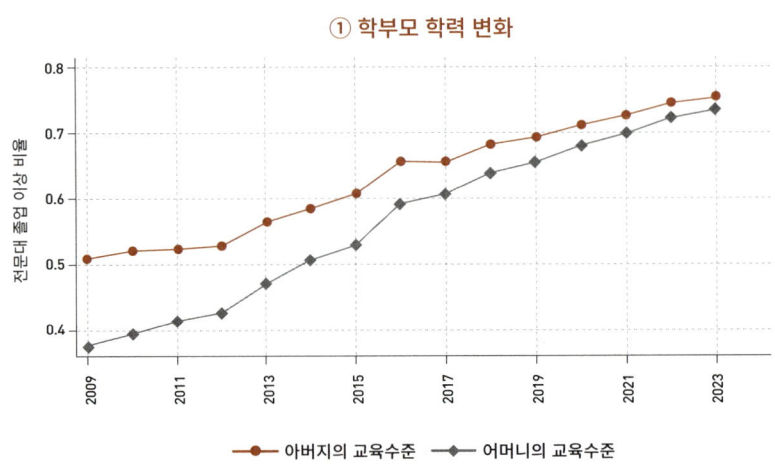

② 학부모 가구소득 변화

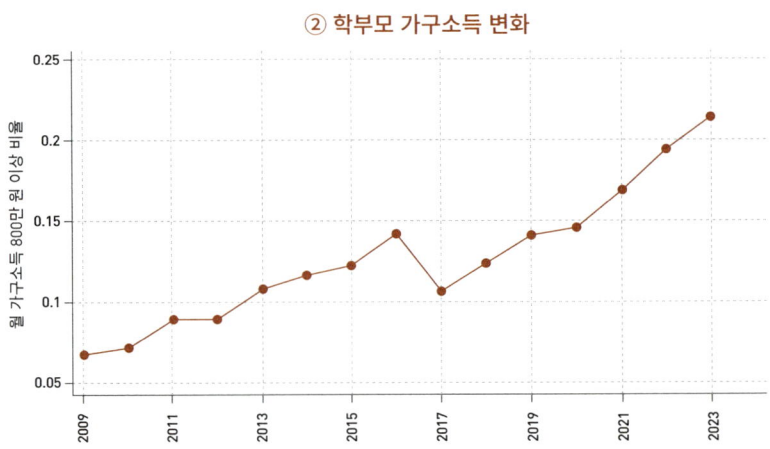

* 출처: 이철희·권정현·김태훈 (2025)

준다. 전문대 졸업 이상 어머니 비율은 2009년 40%에 미치지 못했으나 현재는 70%를 상회한다. 월 가구소득이 800만 원을 넘는 학부모 비율이 2009년에는 약 6%에 불과했지만 현재는 20%를 넘는다. 지금 학생들은 과거 학생들보다 훨씬 더 많이 배우고 부유한 부모를 둔 것이다.

이러한 현상의 이면에는 두 가지 사회경제적 변화가 있다. 첫째는 경제적 변화이다. 과거 세대보다 학력과 소득이 높은 사람들이 자녀를 낳으면서 학부모의 특성이 달라졌을 것이다. 둘째는 인구학적 변화이다. 129쪽 그림 4-1이 보여주듯이 소득이 더 높은 사람들이 자녀를 더 많이 낳는 경향이 지속되고 있다. 필자가 얻은 분석 결과는 부모의 교육수준과 직업의 질이 높을수록 자녀 수가 늘어남을 보여준다.[6] 이와 같은 출산의 선택성 강화에 따라 근래 태어난 아이들은 과거에 비해 상대적으로 부유한 부모를 두게 되었다.

고학력에 돈 많은 부모는 아이 교육에 어떤 태도를 보일까? 모두 같지는 않겠지만 평균적으로는 자녀의 성취에 대한 기대수준이 더 높고 이를 반영하여 자녀 교육에 더 많이 투자하는 경향이 있는 것으로 보인다. 최근 번역되어 국내에 소개된 일본 소아과 전문의 나리타 나오코의 〈완벽한 부모가 놓친 것들〉이라는 책을 보면 일본의 고학력 부모 역시 자신과 달리 아이가 사회에서 낙오될지 걱정하며 과도하게 자녀의 학업과 일상에 간섭하는 행태를 보인다. 한국도 다르지 않은 듯하다. 자신의 성취가 주는 만족감과 여유보다는 이것을 자녀에게 대물림해야 한다는 압박감이 더 커 보인다.

학부모의 고학력화와 소득 증가는 사교육비 증가에 어떤 영향을 미쳤을까? 필자가 책임을 맡았던 연구에서 공동연구자인 경희대 김태훈 교수는 이 질문에 답하기 위해 학부모의 학력과 소득이 2009년 이후 변하지 않은 가상의 경우 사교육비 지출이 어떻게 변했을지 추정하였다. 결과는 학부모의 특성이 변하지 않았을 경우 사교육비 지출이 그렇게까지 늘지 않았을 것임을 보여준다.[7] 그림 4-4에 제시된 중학생 사교육비 지출 사례는 이를 명확하게 드러낸다. 중학생 1인당 실질 사교육비는 2009년부터 2023년까지 약 25% 증가하였다. 그러나 이 기간 학부모의 교육 및 소득 수

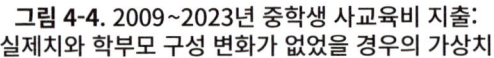

그림 4-4. 2009~2023년 중학생 사교육비 지출: 실제치와 학부모 구성 변화가 없었을 경우의 가상치

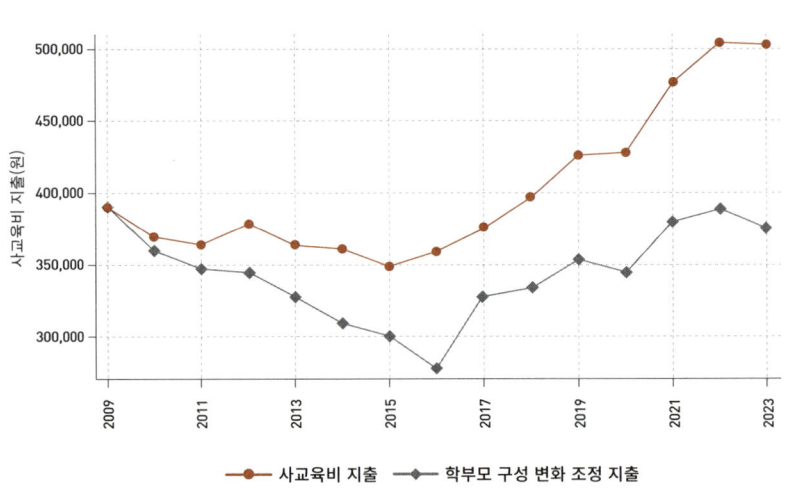

* 출처: 이철희·권정현·김태훈 (2025)

준이 변하지 않았다면 이와 같은 증가는 발생하지 않았을 것이다.

학령인구 감소가 역설적으로 교육 경쟁을 강화하는 요인이 된다는 사실도 지적할 수 있다. 상위 대학의 인기 학과에 입학하려는 바람은 한국 교육 경쟁의 핵심 동인이다. 그런데 수험생 수가 감소하면 성적이 높아질 때 좋은 대학에 합격할 확률이 더 큰 폭으로 오른다. 다시 말해 사교육이나 재수에 대한 투자의 기대수익이 커져서 여기에 더 많은 투자를 할 유인이 생긴다. 2025학년도 의대 정원이 확대되었을 때 의대 준비를 위한 조기 사교육 시장이 더 커지고 반수로 전환한 대학생이 늘어난 현상도 같은 맥락으로 설명할 수 있다.

3장에서 설명한 인구학적 요인은 분명 근래 사교육비 지출 증가에 영향을 미쳤을 것이다. 그렇지만 교육 경쟁 격화와 사교육비 지출 확대의 근본 원인은 역시 노동시장에서의 격차 확대로부터 찾아야 할 것이다. 교육 경쟁 심화와 사교육비 지출 증가는 결국 양질의 일자리 감소와 일자리 간 불평등 확대 등 노동시장 여건 변화의 산물이라고 할 수 있다.

왜 인생의 황금기에 하고 싶은 일을 포기하고 많은 돈을 써가며 좋은 대학에 가려 하는가? 왜 영어유치원에 가고 초등학교 때부터 의대에 가기 위한 사교육을 받는가? 왜 최근 낙마한 장관 후보자가 그랬듯이 중학교 자녀를 조기유학 보내 외국 명문대에 입학시키려 하는가? 자녀의 명문대 입학은 그 자체로 본인과 부모에게 큰 기쁨과 자긍심의 원천이 될 것이다. 하지만 더 중요한 이유는 명문대 인기 학과 입학이 자녀의 사회경제적 성공과 생애소득을 결정하는 매우 중요한 요인으로 작용하기 때문이다.

어느 시대든 어떤 국가든 고학력자는 저학력자보다, 명문대 졸업생은 하위 대학 졸업생보다 더 많이 벌고 더 높은 사회적 위치에 올라가는 경향을 보인다. 즉 교육 경쟁과 투자의 동기는 보편적이다. 그런데 한국은 근래 들어 그 정도가 더 심해진 것 같다. 도대체 노동시장에서 어떤 일이 벌어졌기에 그런 현상이 나타나는 것일까?

다른 국가에서 장기적인 임금 불평등 확대의 주요 원인 가운데 하나는 저학력자와 고학력자 사이 임금격차 확대이다. 그러나 요즘 한국 사정은 이러한 변화만으로는 충분히 설명되기 어렵다. 대학 프리미엄(college premium)으로 불리는 고졸자 임금(=100) 대비 대졸자 임금은 1998년 147에서 2007년 177로 높아졌지만 이후 점차 줄어들어서 2022년 132를 기록했다. 이는 미국(165), 프랑스(151), 독일(142)의 고졸자 대비 대졸자 임금 비율에 비해 낮은 수치이다.

근래 한국의 교육 경쟁은 대학 입학이 아니라 명문대 인기 학과에 진학하기 위한 경쟁으로 파악된다. 이러한 경향은 대학이나 학과에 따른 노동시장 보수 격차 확대를 반영한다. 필자가 지도를 맡았던 고은미 박사의 석사학위 논문은 1999년부터 2008년까지 상위권 10개 대학 졸업생과 전체 대학 졸업생 간 임금격차가 확대되었음을 보여준다.[8] 이지영·고영선 박사의 연구는 최상위 대학 졸업생이 취업 초기 하위 대학 졸업생보다 임금을 25%가량 더 받고, 이 격차가 40대 초반에는 50% 이상으로 벌어진다는 사실을 알려준다.[9] 2024년 한 TV 토론 프로그램에 출연한 의대 교수는 2019년 2억 원 수준이었던 종합병원 봉직의 연봉이 대기업 과장 평균 연봉의 세 배가 넘는 3~4억 원까지 올랐다는 통계를 발표하여 큰 파장을 일으켰다.[10]

프로축구에서는 우승을 위한 경쟁만큼이나 하위 리그 추락을 피하기 위한 생존 경쟁이 치열하다. 한국 노동시장 상황도 마찬가지이다. 청년의 구직난은 나날이 심해지고 일자리 질은 줄곧 낮아지고 있다. 통계청에 따르면 20대 임금근로자 중 비정규직 비율이 2013년 31%에서 2024년 43%로 증가했다.[11] 정규직과 비정규직의 월 평균임금 격차는 2017년 약 128만 원에서 2024년 약 175만 원으로 벌어졌다.[12] 대학 졸업장을 받은 청년이 대학을 나온 부모 세대가 청년 시절 기대했던 일자리에 취업할 가능성이 점점 줄어들고 있다.

사람들 간의 격차가 손에 닿지 않을 만큼 벌어진 불평등한 사회에서 부모는 자녀의 미래가 불안할 수밖에 없다. 학령기 자녀를 둔 현재의 젊은 부모들은 1997년 국제통화기금(IMF) 금융위기가 발생했을 때 청소년이었다. 안정적인 직업과 소득이 사라지고 나면 사람들이 어떤 나락으로 떨어지는지 생생하게 목격했던 세대이기에 부모보다 가난한 첫 세대가 되리라 우려되는 자녀의 미래를 더 걱정할 것이다. 시험 몇 문제로 대학과 전공이 갈리고 사소한 차이가 건너기 어려운 사회적·경제적 '계급'으로 고착되는 현실에서, 부모는 자녀가 2등 혹은 3등 시민으로 낙오되는 일을 막기 위한 교육 투자에 내몰리고 있다.

극심한 교육 경쟁과 사교육의 폐해는 더 언급할 필요가 없는 주지의 사실이다. 늦게까지 학원을 돌며 충분한 수면도, 건강한 식사도, 어릴 적 추억도 잃어가는 아이들은 최대 피해자이다. 청소년의 건강지표가 나날이 악화하고 있다는 소식이 그리 놀랍지 않다. 질병관리청과 교육부가 발표한 제20차 청소년건강행태조사 결과에 따르면 2024년 남학생의 4분의 1, 여학생의 3분의 1이 우울감을 경험하였으며 스트레스를 인지하는 비율은 남녀 각각 35%와 50%로 조사되었다. 모두 전년에 비해 크게 오른 수치이다.

대다수 학부모 역시 피해자이다. 막대한 금전적 비용을 부담하는 것은 물론 엄청난 시간과 에너지를 자녀 '관리'에 쏟아부어야 한다. 사람들을 만나고 설명회에 참석하며 정보를 얻고, 자녀가 느끼는 힘겨움과 스트레스를 고스란히 공유하며, 아이의 건강과 심기를 챙기는 일은 가히 '극한 직업'이다. 자녀를 충분히 지원하지 못할 수 있다는 두려움은 아마도 많은 한국 여성이 일을 포기하는 중요한 이유 가운데 하나일 것이다. 무엇보다도 어린 자녀를 키우는 기쁨을 누려야 하는 시기를 정신적 압박에 시달리며 보내야 하는 처지가 서글프리라.

사교육비 부담이 커질수록
출산율이 떨어진다는 증거

이와 같은 자녀 교육 환경이 아이 낳기를 꺼리는 중요한 원인 가운데 하나라는 데에는 많은 사람이 심정적으로 동의할 것이다. 아주 어린 시절부터 아이들이 무한 경쟁 속에 떠밀릴 수밖에 없고, 부모와 아이 모두 행복하기 어려운 세상에 내 아이를 내놓는 일이 두려울 뿐만 아니라 무책임하게 느껴질 수 있다. 실제로 한국보건사회연구원《2021년도 가족과 출산 조사》보고서에 따르면 아이가 없는 기혼 여성 가운데 넷 중 하나가 '자녀가 행복하지 않을 것 같아서' 낳지 않았다고 응답했다.[13]

이처럼 사교육비 증가에 반영된 자녀 교육의 금전적·시간적·심리적 비용 상승이 출산율 감소로 이어졌을 가능성이 있다. 지금 자녀를 키우는 학부모들의 경험은 장차 아이를 낳으려는 사람이 자신의 미래를 전망하는 데 강력한 준거로 작용한다. 언론보도나 지인의 사례를 통해 자녀가 유치원에 입학할 나이가 되면 고생길을 넘어 지옥문이 열린다는 사실을 알아차린 사람들은 아이 갖기를 주저할 것이다. 여러 설문조사 결과도 이를 뒷받침한다. 예를 들어 2022년에 발표된 인구보건복지협회 저출산 인식 조사 결과에 따르면 청년층의 57%가 '육아 및 교육비와 같은 경제적 부담'을 자녀를 원하지 않는 주된 이유로 제시하였다.[14]

그렇다면 실제로 사교육비 부담 증가가 출산율을 낮추었을까? 그 효과는 얼마나 컸을까? 사교육비 지출이 출산율에 미치는 인과적 효과에 관한 실증적 증거를 얻는 일은 쉽지 않다. 사교육비를 지출하는 현재의 부모와 그들에게 영향을 받아 자녀를 갖지 않기로 마음먹는 부부는 서로 다른 사람들이다. 현재 가용한 데이터로는 이들을 서로 연결할 수도, 특정한 개인이 사교육비 부담에 대한 정보를 얼마나 가지고 있고 어떻게 반응하는지 알 길이 없다.

　그러나 방법이 없는 것은 아니다. 어떤 시기 혹은 지역의 사교육비 부담이 커질 때 해당 시기 혹은 지역의 출산율이 낮아졌는지 확인하는 것이다. 사람들은 아무래도 지금, 자신이 사는 지역에서 일어나는 일을 더 잘 인지하고 더 민감하게 반응할 것이기 때문이다. 필자는 서울대 국가미래전략원 인구 클러스터의 공동연구자인 김태훈 교수와 앞에서 소개한 질문과 이에 답하기 위한 연구 방법을 함께 논의한 적이 있다. 지금부터 소개하는 김 교수의 최근 연구 결과는 어느 정도 정황이기는 하지만 한국 사회에서 사교육비 부담이 출산율을 낮춘다는 실증적인 증거를 보여준다.[15]

그림 4-5. 2008~2023년 합계출산율과 이전 연도 평균 사교육비 지출

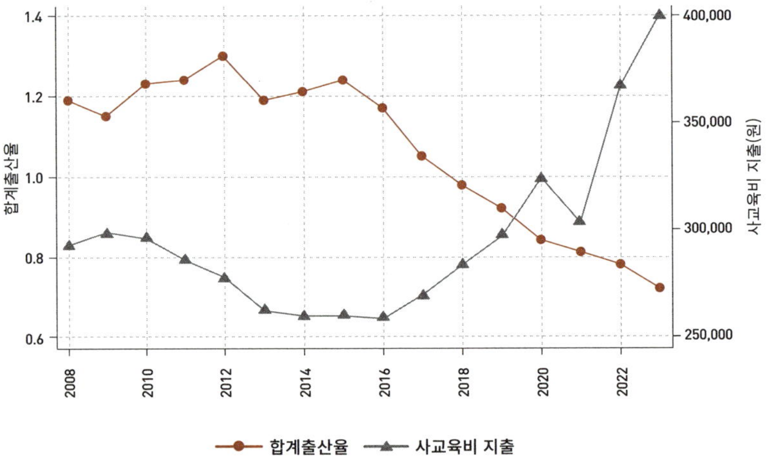

* 출처: 김태훈 (2024)

먼저 시간에 따른 사교육비 지출과 출산율 간 변화 추이를 비교해보자. 그림 4-5는 각 연도 합계출산율과 이전 연도 평균 사교육비 지출액의 변화를 보여준다. 2008년 이후 둘 사이에는 뚜렷한 음(-)의 관계가 발견된다. 2009년부터 2012년까지는 사교육비 지출이 감소하면서 합계출산율이 약간 높아졌고, 2015년 이후부터는 사교육비 지출이 가파르게 상승하는 가운데 합계출산율이 8년 연속 급격하게 떨어졌다. 물론 이러한 관계가 직접적으로 사교육비 지출이 출산율에 미치는 인과적 효과를 나타내지는 않는다. 사교육비를 높이는 변화와 출산율을 낮추는 변화가 우연히 동시에 나타났을 가능성도 있기 때문이다.

다음으로 사교육비 지출과 출산율의 지역 간 차이를 살펴보자. 교육 경쟁의 심화와 사교육비 지출 증가가 전국적인 현상이기는 하지만 그 정도는 지역 간에 큰 차이를 보인다. 예컨대 2022년 서울의 학부모는 월평균 약 60만 원의 사교육비를 지출했지만 전라남도의 학부모는 약 26만 원을 썼다. 출산율의 지역 간 편차도 크다. 2023년 서울의 합계출산율은 0.6을 밑돌았지만 전라남도의 합계출산율은 1.0을 기록했다.

그렇다면 시도별 평균 사교육비 지출액과 합계출산율은 어떤 관계를 보일까? 그림 4-6은 시도별 2022년 평균 사교육비 지출액과 2023년 합계출산율 사이에 뚜렷한 양(+)의 관계가 있음을 보여준다. 사교육비 지출액은 전국 중간 수준이지만 합계출산율은 두 번째로 높은 세종시의 사례를 제외할 경우 양(+)의 상관관계는 더 선명하게 드러난다.

그림 4-6. 광역 시도별 2022년 사교육비 지출과 2023년 합계출산율

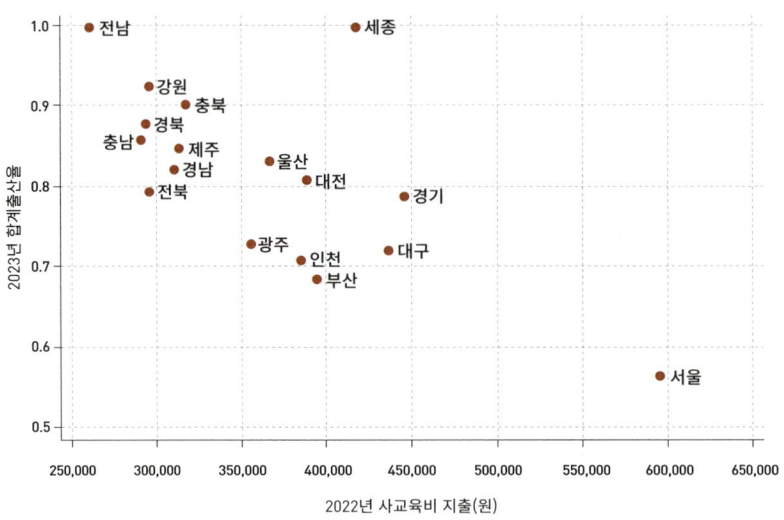

* 출처: 김태훈 (2024)

하지만 시도 사교육비 지출과 합계출산율 사이 양(+)의 관계는 사교육비 지출 증가가 실제로 출산율을 낮추었음을 증명해주지는 않는다. 시도 사교육비 지출과 출산율 모두에 영향을 미치는 '혼동 요인'이 존재할 수 있기 때문이다. 이를테면 어떤 지역에서 자녀를 귀하게 키우려는 부모의 비중이 특별히 높을 경우, 사교육비 지출이 출산율을 낮추는 효과가 실제로 없어도 그 지역은 높은 사교육비 지출과 낮은 출산율을 나타낼 수 있다. 복잡한 세상에서 한 요인이 다른 요인에 미치는 영향을 단순하고 깔끔하게 알아내기는 어려운 일이다.

이 책의 나머지 부분에서 소개하는 연구들은 모두 이런 문제에 맞닥뜨린다. 이 문제 해결은 경제학의 실증연구에서 매우 중요한 일이다. 특정 요인이 결혼과 출산에 미친 효과를 분석한 이 책의 연구도 다른 혼동 요인의 영향을 제거하고 관심을 가진 요인의 순수한 효과만을 정확하게 추정하기 위해 계량경제학의 다양한 방법을 이용하였다. 경제학 전공자가 아닌 독자에게는 매우 낯설고 이해하기 어려운 내용이겠지만, 어떤 방법을 도입했는지는 간략히 밝히려고 한다.

여기서도 사교육비 지출이 출산율에 미친 인과적 효과를 엄밀하게 추정하기 위해 계량경제학에서 널리 이용하는 두 가지 기법을 썼다. 한 가지는 고정효과(fixed effect) 모형을 이용하여 각 시도의 고유한 특성 가운데 시간에 따라 변하지 않는 요인의 효과를 제거하는 것이다. 예컨대 '자녀를 귀하게 키우는 부모의 비중'이 각 시도별로 정해져 있다면 이 방법을 도입함으로써 이러한 요인의 영향을 배제할 수 있다.

다른 하나는 도구변수(instrumental variable)를 이용하여 '혼동 요인'의 영향을 제거한 사교육비 지출의 순수한 효과를 추정하는 것이다. 이 방법과 이용된 도구변수에 관한 설명은 지나치게 기술적이어서 4장 부록에 담기로 한다. 간략하게 설명하자면, 이는 출산율에는 영향을 미치지 않고, 사교육비 지출에만 영향을 미치는 요인들을 도구변수로 선택하고, 실제 사교육비 지출액 대신 이 도구변수에 의해 예측되는 사교육비 지출액이 출산율에 미친 효과를 추정하는 방법이다.[16]

이렇게 추정한 회귀분석 결과는 전년도 학생 1인당 사교육비가 1% 늘면 합계출산율이 0.192~0.262% 감소한다는 것을 알려준다. 결과의 차이는 어떤 도구변수를 이용했는지에 따라 나타난 것이다. 사교육비 증가는 둘째와 셋째 이상 자녀 출산에 훨씬 더 부정적인 영향을 미치는 것으로 나타났다. 즉 사교육비가 1% 증가할 때 첫째, 둘째, 셋째 이상 자녀 합계출산율 감소율은 각각 0.068~0.175%, 0.303~0.451%, 0.522~0.809%로 추정되었다.

이런 효과는 얼마나 큰 것일까? 2007년부터 2023년까지 평균 실질 사교육비는 약 35% 증가하였다. 여기에 회귀분석 결과를 적용하면 이 기간 사교육비 증가로 인해 합계출산율이 6.65~9.57% 감소했다는 결론을 얻을 수 있다. 이는 사교육비 지출 증가가 2007년부터 2023년까지 발생한 합계출산율 감소의 약 5분의 1(15.5~22.3%)을 설명하는 요인임을 의미한다. 이 수치가 정확하다고 주장할 수는 없겠지만 사교육비 지출 증가에 반영된 교육비 부담이 저출산의 중요한 원인 가운데 하나라는 심증을 확인해주는 데에는 모자람이 없어 보인다.

단칸방에서 신혼 살림을 시작해도 아이 낳을 수 있는 시대의 종언

〈사노라면〉이라는 노래가 있다. 필자가 대학생이던 1980년대에 학생들 사이에서 널리 불리던 곡이다. 살다 보면 좋은 날이 올 테니 가난해도 젊음을 밑천 삼아 자신감을 가지라는 내용인데, 2000년대 들어서까지 크라잉넛, 싸이, 우효 등 많은 가수가 이 노래를 불렀다는 것은 가진 것 없는 젊은이의 처지가 크게 변하지 않았음을 알려주는 듯하다.

이 노래 2절에는 비가 새는 판잣집에서도 사랑하는 사람과 함께라면 즐겁다는 내용의 가사가 나온다. 1980년대 기준으로도 지나치게 낭만적인 가사다. 허름한 판잣집에서 결혼 생활을 시작하는 부부는 그때도 그리 많지는 않았으리라 생각된다. 오랫동안 구전가요 또는 작자 미상으로 알려졌던 이 노래는 유명 작곡가인 길옥윤의 1966년 작품이었음이 2004년에야 알려졌다. 시대 배경을 바꾸니 가사 내용이 좀 더 현실적으로 다가온다. 1960년대에는 허름한 단칸방에서 신혼살림을 차리고 거기서 아이를 낳아 키우는 모습이 일반적이었으리라.

집 장만은 언제건 가정을 형성하는 과정의 중요한 출발점이다. 혼자서는 기숙사나 고시원에 살 수 있고 여차하면 친구 집에 얹혀서 살 수도 있지만 결혼하려면 집이 필요하다. 아이를 낳기 위해서는 집을 넓혀가야 한다. 부모의 출퇴근 시간을 줄이고 자녀를 좋은 보육시설과 학교에 보내기 위해서는 교통과 교육여건이 좋은 곳에 집을 구해야 한다. 그런 동네는 집값도 전세보증금도 비싼 법이다. 그러니 주거비는 결혼과 출산 결정에서 중요한 고려 사항일 수밖에 없다.

한국의 주택 가격은 지난 수십 년간 빠르게 상승했다. 그림 4-7은 1990년부터 2025년까지 전국, 서울, 수도권, 수도권 외 지역의 아파트 매매가 지수 변화를 보여준다. 2025년을 기준(100)으로 두고

그림 4-7. 1990~2025년 아파트 매매가 지수 변화

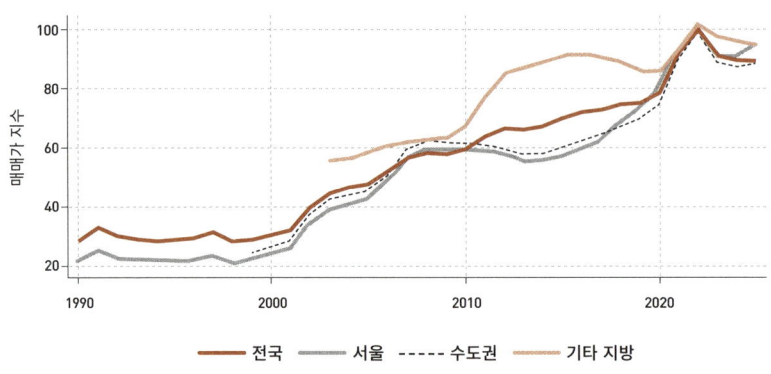

* 출처: 한국부동산원, 전국주택가격동향조사

있어 과거 지수가 낮을수록 오름세가 빨랐음을 의미한다. 전국 아파트 가격은 지난 25년간 약 세 배 높아졌다. 서울을 비롯한 수도권의 집값은 더 큰 폭으로 뛰어올랐다. 서울의 평균 아파트값은 이 기간 다섯 배 넘게 올랐다. 반면 지방의 주택 가격은 2010년대 중반 이후 다소 정체되어 있다.

서울 안에서도 지역마다 집값 상승 폭의 편차가 크다. 최근 나온 한 부동산 분석업체의 추정 결과에 따르면 2000년 서울의 한강 이남과 이북의 아파트 평당 가격은 1,000만 원을 밑도는 비슷한 수준이었지만, 2025년에는 각각 약 5,300만 원과 3,300만 원으로 차이가 벌어졌다. 강남 내 일부 자치구의 아파트 평당 평균 가격은 8,300만 원을 넘어섰다. 이제 지역 간 집값 격차가 엄청나게 벌어져서 집을 가진 사람도 아무 곳으로나 이사할 수 없다. 건

넘을 수 없는 보이지 않는 장벽이 나라를 갈라놓은 것이다.

집값 상승의 영향은 특히 청년층에게 큰 고통으로 다가온다. 우선 청년층은 자가 소유 비율이 더 낮다. 한국에서 자가 소유 비율은 나이가 많아질수록 높아진다. 2010년 데이터를 이용하여 필자가 계산한 통계를 보면 65세 인구의 약 70%가 자기 집을 가지고 있었지만 35세 청년 가운데 자기 집을 소유한 사람의 비율은 약 45%에 불과했다.[17] 따라서 주택 가격이 오를 때 청년은 평균적으로 더 심각한 주거비 부담 증가에 직면할 수밖에 없다.

수도권을 비롯한 대도시에서 집값이 많이 오르는 현상도 청년에게 더 큰 타격으로 다가왔을 것이다. 우선 청년의 대다수가 수도권과 비수도권 대도시에 거주하고 있어 이 지역 주거비 상승의 영향권에 있다. 현재 전체 19~39세 인구의 약 56%는 수도권에 살고 있다. 전체 인구 가운데 수도권 인구 비중에 해당하는 51%보다 높은 수치이다. 비수도권 청년인구의 약 3분의 1은 부산, 대구, 광주, 대전, 울산 등 광역시에 거주한다. 게다가 청년은 주거비가 높아져도 대도시를 떠나기 어려운 형편이다. 양질의 일자리, 각종 편의시설, 풍부한 문화적 자원과 네트워킹의 기회가 여기에 집중되어 있기 때문이다.

과거 수십 년간 청년인구는 줄곧 지방 및 소도시에서 수도권 및 대도시로 이동하면서 지역 간 인구 불균형을 키워왔다. 필자와 서울대 국가미래전략원 인구 클러스터의 황영지 박사의 연구 결과에 따르면 2000년부터 2020년까지 인구 규모 측면에서 상위 열 번째 분위 수 시군구와 하위 열 번째 분위 수 시군구 간 격차가 열한 배에서 열여섯 배로 커졌고, 그러한 변화의 77%는 20~39세 인구의 대도시 이동으로 말미암은 것이었다.[18] 이와 대조적으로 50~64살 장년층은 오히려 대도시에서 중소도시 및 농촌으로 옮겨 가는 경향을 보여왔다. 청년인구의 수도권 및 대도시 집중은 이 지역의 집값과 전셋값을 높이는 요인으로 작용하고, 이는 다시 청년층의 주거 불안정을 초래하고 있다.

과거에 비해 청년이 겪는 사회경제적 어려움이 커지는 현상은 세계적으로 공통으로 나타난다. 영국 주간지 〈이코노미스트〉는 몇 년 전 특집기사에서 현재의 청년들을 '오르막길 세대(Generation Uphill)'로 표현한 바 있다. 대도시의 주거비 상승은 이러한 현상의 중요한 원인 가운데 하나로 꼽힌다. 즉 주거비 상승으로 청년이 대도시 중심부에서 밀려나며 자신의 선호와 적성에 맞는 일자리를 찾고 역량을 발전시킬 기회에서 멀어진다는 것이다.

2022년 봄에 방영된 드라마 〈나의 해방일지〉는 '주변부'로 밀려나 살아가는 청년의 비애를 잘 보여준다. 주인공 염미정의 가족은 서울에서 멀리 떨어진 경기도 산포시라는 가상의 소도시에 살고 있다. 세 남매는 매일 버스와 지하철로 오랜 시간 통근하느라 친구를 만나기도 연애하기도 힘들다. 미정의 동생 창희는 본인이 서울에 살았다면 많은 것이 달라졌으리라 믿는다. 그가 사는 곳이 서울을 감싸고 있는 '계란 흰자' 같다고 했던 여자 친구의 말을 회상하며, 그녀와의 헤어짐도 사는 곳의 탓이 아니었을까 생각한다. 그렇지만 서울살이를 꿈꾸기는 어렵다. 서울 집값을 감당할 수 없기 때문이다.

그림 4-8. 2005~2010년 수도권 시군구별 전세가 및 주택 매매가 변화율

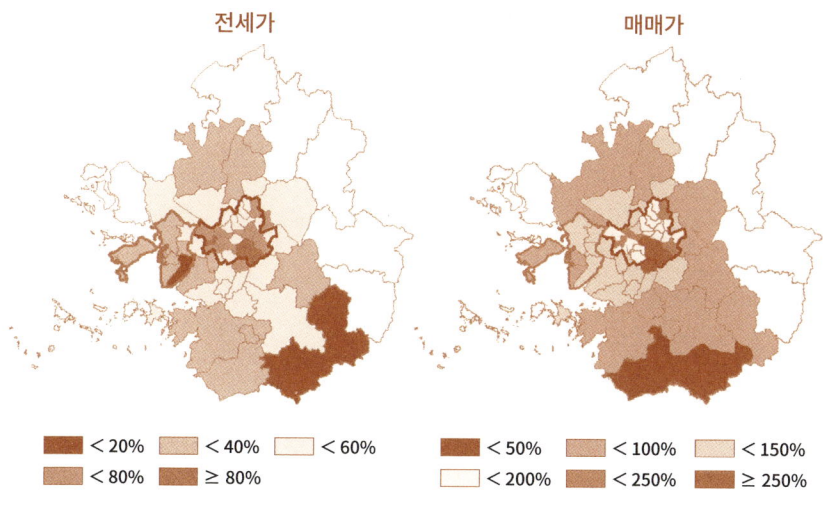

* 출처: Lee and Kang (2022)

　대도시 주거비 상승은 청년의 일자리와 주거지 간 미스매치(mismatch) 문제를 악화시키는 요인이다. 필자와 현재 미시간대 박사과정 중인 엘리엇 강(Elliot Kang)은 실제로 이러한 현상이 나타나는지를 보기 위해 2005년부터 2010년까지 수도권의 주택 매매가와 전세가가 급등했던 사례를 분석하였다. 이 기간 주택 매매가는 약 50%, 전세가는 약 25% 상승했다. 수도권 내에서도 시군구별로 주거비 상승 정도는 큰 차이를 보였다. 그림 4-8이 보여주는 바와 같이 5년간 전세가 상승률은 서울 강남 지역의 경우 80% 이상을 기록했던 반면 경기도 외곽 지역에서는 20%를 밑돌았다.

　내가 사는 동네의 전세보증금이 갑자기 오르면 어떤 일이 벌어

그림 4-9. 2005~2010년 시군구 전세 지수 상승률과 타 시군구 이주 비율

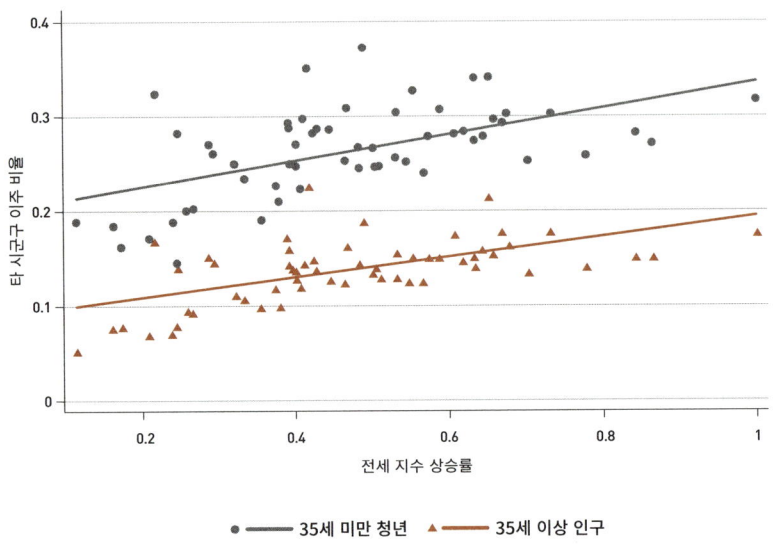

* 출처: Lee and Kang (2022)

질까? 이 비용을 감당하기 어려운 사람들은 전세가 저렴한 지역으로 옮겨 갈 것이다. 그리고 주거비가 비싸진 동네에서 밀려나는 경향은 자가 소유 비율이 낮고 자금 여력이 낮은 청년층에서 더 두드러지게 나타날 것이다. 데이터는 이를 확인해준다. 그림 4-9는 2005년부터 2010년까지 수도권 각 시군구의 전세 지수 상승률과 이 기간 다른 곳으로 이주한 사람들의 비율을 35살 미만 청년 거주자와 나머지 거주자로 나누어 보여준다. 결과는 전세가가 더 많이 오른 시군구일수록 타 시군구로 이주한 거주민 비중이 높다는 사실과 이러한 경향이 청년층에서 더 강하게 나타났다는 사실을 알려준다.

살던 동네의 집세가 갑자기 올라서 이사를 떠나는 사람의 삶은 어떻게 변할까? 사람은 누구나 가장 선호하고 편리한 동네에 살고 싶어 한다. 따라서 이론적으로 따지더라도 집값 상승으로 어쩔 수 없이 기존 거주지를 떠나는 이주민은 전보다 덜 선호하는 곳으로 갈 가능성이 크다. 직장까지의 통근 거리도 그 가운데 하나이다. 많은 일자리가 서울 중심부에 밀집해 있는 여건에서 중심부와 가깝거나 이곳까지의 교통이 좋은 지역의 전세가가 더 큰 폭으로 상승하면 많은 직장인이 외곽으로 밀려나며 일터에서 멀어질 것을 예상할 수 있다.

분석 결과는 이러한 예상과 잘 들어맞는다. 2005년부터 2010년까지 전세가 상승률이 높은 시군구에 거주한 사람들은 전세가가 덜 오른 지역에 거주했던 사람들보다 2010년 기준 통근 거리와 통근 시간이 더 길었다. 1제곱미터당 전세가가 100만 원 오를 때 통근 거리는 3.2킬로미터, 통근 시간은 6.6분 더 늘어나는 것으로 나타났다. 이는 2010년 평균 통근 거리와 시간의 각각 41.6%와 18.1%에 해당하는 규모이다.[19]

한 가지 흥미로운 결과는 애초 거주했던 시군구 밖으로 이주하지 않은 사람들도 전세가가 오를 때 통근 시간과 거리가 늘어나는 경험을 했다는 사실이다. 이는 아마도 동일 시군구 내에서 주거비가 상대적으로 낮은 동네로 이사하면서 나타난 현상일 수 있다. 지하철역 근처에 살다가 집세가 상대적으로 저렴한 외진 동네로 옮긴 후 마을버스를 타고 지하철역까지 이동하게 된 경우를 예로 들 수 있다.

집값과 전셋값 상승은 결혼과 출산에 어떤 영향을 미칠까? 집이 없는 사람은 의문의 여지 없이 결혼하기도, 아이를 갖기도 어려워질 것이다. 주택 가격과 집세가 오르면 신혼집을 장만하고 자녀를 위해 더 넓은 집을 구하는 데 더 큰 비용이 든다. 집값이 저렴한 곳으로 거처를 옮기느라 통근 시간이 길어지면 연애할 시간도, 자녀를 돌볼 시간도 줄어들 수밖에 없다.

집을 소유한 사람의 경우, 이야기는 다소 복잡해진다. 거주지역의 집값 상승은 자가 소유자의 재산을 늘리는 효과가 있다. 다른 조건이 같을 때 자산이 늘면 소득이 늘어날 때와 마찬가지로 결혼하고 자녀를 키울 경제적 능력이 나아진다. 자가 소유자 중에는 집을 임대하는 사람이 적지 않다. 따라서 전세가 상승은 주택 임대인의 소득을 증가시키고 이들의 결혼 및 출산 가능성을 높일 수 있다. 요컨대 주택 매매가나 전세가 상승은 자가 소유자의 결혼율과 출산율을 높일 수 있다.

국내외 실증 연구 결과는 이와 같은 이론적 예상과 부합한다. 미국 사례를 분석한 연구들은 주택 가격이 상승할 때 주택 보유자의 출산율은 높아졌지만 미보유자의 출산율은 감소했다는 사실을 발견했다.[20] 서미숙의 연구에 따르면 한국 아파트 주택매매가격변동율이 상승할 때 전세로 사는 거주자는 자가 소유자보다 출산 확률이 감소하는 것으로 나타났다.[21] 한요셉·이영욱의 연구는 한국 주택 가격의 상승이 주택 소유자의 출산 확률을 높이고 미보유자의 출산 확률을 감소시켰으며 전세가 증가가 전세 임차인의 출산

확률을 뚜렷하게 감소시켰다는 결과를 발표하였다.[22]

주거비 상승이 출산에 미친 효과를 이해하는 데 아직 풀어야 할 과제가 남아 있다. 첫째는 선행 연구가 발견한 효과가 혼인율 변화에 기인하는 것인지 결혼한 사람들의 출산율 변화를 반영하는 것인지를 밝히는 일이다. 필자의 과거 연구는 시군구별 주택 가격 지수의 상승이 그 지역의 무배우 혼인율을 낮추었음을 보인 바 있다.[23] 도난영·최막중의 연구는 거주지역 주택 가격 상승이 결혼 나이를 높였다는 결과를 얻었다.[24] 그러므로 주거비 상승이 출산율에 미친 효과는 부분적으로 결혼에 미친 효과를 반영할 가능성이 있다.

둘째는 인구이동의 영향을 고려하는 일이다. 앞서 설명했듯이 어떤 지역의 주거비가 증가하면 이를 감당하기 어려운 주민이 그 지역을 떠나는 현상이 나타난다. 그런데 결혼이나 출산 의향에 따라 이 선택이 달라질 수 있다. 예컨대 혼자 사는 사람은 더 좁고 불편한 집으로 이사하는 선택이 가능하다. 반대로 곧 결혼하거나 자녀를 가질 의향이 있는 사람은 집값이나 전셋값이 저렴한 동네로 이사할 가능성이 크다. 이러한 선택적 인구이동의 영향을 적절하게 고려하지 않으면 지역 주거비 변화와 출산율 간의 관계를 그릇되게 파악할 우려가 있다.

필자는 이러한 과제를 풀기 위해 서울대 경제학부 석사과정의 신지원과 공동연구를 진행하고 있다. 잠정 결과를 소개하면서 한국의 주택 매매가와 전세가의 변화가 결혼과 출산에 미친 영향을 자세히 살펴보자. 이 연구는 2005년부터 2023년까지 시군구별 데이터를 구축하여 시군구 주택 매매가와 전세가가 다음 해의 해당 시군구 합계출산율, 25~39세 무배우 여성 혼인율, 25~39세 유배우 출산율 등에 미친 효과를 분석하였다. 그리고 가임기 여성의 순 유입률을 분석에 포함하여 인구이동의 영향을 최대한 제거한 후 주거비 변화의 효과를 추정하고자 시도하였다.

먼저 그림을 통해 단순한 상관관계를 살펴보자. 그림 4-10은 시군구 주택 매매가와 다음 연도의 여성 1,000명당 기대 출생아 수 사이 유의한 음(-)의 상관관계를 보여준다. 이러한 관계는 무배우 혼인율과 유배우 출산율에 대해서도 비슷하게 나타난다. 또한 시군구 전세가 역시 합계출산율, 무배우 혼인율, 유배우 출산율과 뚜렷한 음(-)의 관계를 드러낸다. 이 결과는 주거비 변화가 무배우

그림 4-10. 2005~2023년 주택 매매가와 다음 연도 출산 지표 간 관계

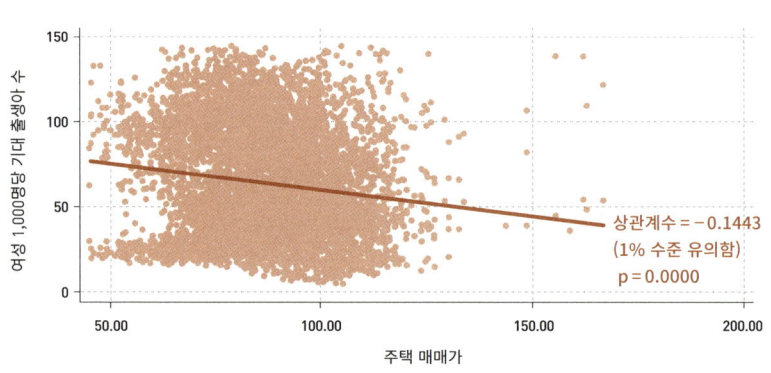

* 출처: 신지원·이철희 (2025)

인구의 결혼 결정과 유배우 인구의 출산 결정 모두를 매개로 하여 합계출산율에 영향을 미쳤을 가능성을 드러낸다. 또한 주거비 상승이 무주택자의 결혼과 출산에 미치는 음(-)의 효과가 자가 소유자의 결혼과 출산에 미치는 잠재적 양(-)의 효과를 압도한다는 사실도 보여준다.

그런데 그림에서 드러난 상관관계는 주거비 변화가 결혼과 출산에 미친 인과적 효과를 반영하지 않을 수 있다. 여기에는 역인과관계의 가능성도 존재한다. 예컨대 많은 사람이 결혼하고 자녀를 낳는 지역은 주택에 대한 수요가 늘어나서 집값과 집세가 올라갈 수 있다. 이러한 문제를 완화하기 위해 우리는 각 지역의 주택공급 제한지수를 도구변수로 이용한 분석을 수행하였다.[25]

또한 주거비 변화가 주택 미보유자와 자가 소유자에게 다른 방향의 영향을 미칠 수 있음을 고려하기 위해 각 시군구 가임기 여성의 자가 소유 비율을 분석에 이용하였다. 연구 방법에 관한 자세한 설명은 4장 부록에 제시하였다.

회귀분석 결과는 다른 국내외 선행 연구가 보여주었듯 주거비 상승의 효과가 주택 소유 여부에 따라 다르다는 것을 보여준다. 즉 주택 매매가 1% 상승은 무주택자의 합계출산율을 3.8% 낮추지만 유주택자의 합계출산율은 6.0% 높이는 것으로 나타났다. 또한 전세가가 1% 증가하면 무주택자의 합계출산율은 4.5% 감소하지만 유주택자의 합계출산율은 1.7% 높아졌다. 주택 매매가와 전세가 상승은 집을 소유하지 않은 사람의 출산율은 낮추지만 '자산 효과'를 통해 주택 보유자의 출산율은 높이는 것이다. 특히 매매가

상승으로 인한 자산효과는 상당히 크다고 판단된다.

주거비 변화가 합계출산율에 미치는 영향은 결혼 결정과 출산 결정 모두의 변화를 반영하는 것으로 나타났다. 매매가 1% 상승은 무주택자의 무배우 혼인율과 유배우 출산율을 각각 0.2%와 2.7% 감소시키고, 유주택자의 무배우 혼인율과 유배우 출산율을 각각 2.5%와 4.0% 증가시킨 것으로 추정되었다. 또한 전세가 1% 상승은 무주택자의 무배우 혼인율과 유배우 출산율을 각각 0.24%와 2.6% 감소시키고, 유주택자의 무배우 혼인율과 유배우 출산율을 각각 0.4%와 1.8% 증가시킨 것으로 나타났다.

주택 소유 여부에 따라 그 영향이 다르기는 했지만 주거비 상승은 전반적으로 출산율을 떨어뜨리는 요인으로 작용했다. 즉 주택 매매가 1% 상승은 합계출산율을 0.264% 하락시키고, 전세가 1% 상승은 합계출산율을 0.826% 떨어뜨린다고 추정되었다. 무주택자의 출산율에 미친 음(-)의 효과가 유주택자의 출산율에 미친 양(+)의 효과를 압도한 것으로 풀이된다. 회귀분석 결과에 따르면 2015~2023년 주택 매매가와 전세가 상승은 동 기간 합계출산율 하락의 약 15%를 설명하는 요인이었다.

특히 전세가 상승은 무주택자의 결혼과 출산을 어렵게 함으로써 출산율을 낮춘 주된 요인으로 파악된다. 매매가와 전세가 1% 상승은 전체적으로 무배우 여성 혼인율을 0.383% 낮추고 유배우 출산율을 0.518% 떨어뜨렸다. 반면 매매가 1% 상승은 무배우 여성 혼인율을 0.35% 감소시켰지만 유배우 출산율은 0.483% 높인 것으로 나타났다. 이는 주택 매매가 상승이 주택 보유자에게 미친 자산효과가 특히 유배우 출산율에 강하게 나타났기 때문으로 풀이된다.

이상의 연구 결과는 아직 잠정적인 것으로 추후 추가 분석을 통해 수정될 가능성이 있다. 그렇지만 이 결과가 알려주는 바는 선행 연구의 발견이나 일반 국민이 갖고 있는 심증에서 벗어나지 않는다. 지난 25년 한국이 경험한 주거비의 가파른 상승은 사람들, 특히 무주택자의 삶을 힘겹게 만들고 있으며, 이는 결혼과 출산을 어렵게 하는 중요한 요인이 되고 있다.

고용과 일자리 질이 떨어질수록 결혼과 출산은 사치재가 된다

한 사람이 독립하여 가정을 꾸리는 과정에서 첫 관문은 무엇일까? 아마도 일자리를 얻는 일일 것이다. 금수저 집안에서 태어나지 않는 한 스스로 돈을 벌 수 있게 되기까지는 결혼하기도, 자녀를 낳아 키우기도 어렵다. 취업 준비생에게는 연애조차 사치로 여겨지는 시대이다. 일단 취직하기만 하면 평생 일자리가 보장되던 과거와 달리 이제는 첫 직장이 어디인지, 일자리 질이 어떤지 등 따질 점이 많아졌다. 안정적인 정규직 일자리를 얻은 후에야 가족을 형성할 조건이 충족된다고 믿는 사람이 늘어간다. 웹툰 원작을 바탕으로 제작되어 2014년 방영된 인기 드라마의 제목처럼 정규직이 아니라는 이유로 '미생(未生)'에 머무는 청년이 나날이 많아지고 있다.

　노동시장 여건이 결혼과 출산에 미치는 영향은 오래전부터 관찰되고 있다. 전근대 영국에서는 흉년으로 농업 노동시장 사정이 나빠지고 실질임금이 떨어지면 여성 초혼 나이와 비혼 비율이 높아지면서 출산율이 감소하는 현상이 나타났다.[26] 실업 문제가 극심했던 1929~1933년 대공황기에 미국의 혼인율은 20% 감소했으며 경기후퇴가 심했던 지역은 그 감소 폭이 더 컸다.[27] 근래 미국 사례를 분석한 연구는 실업률이 1% 상승할 때 혼인율이 1.5% 감소한다는 것을 알려준다.[28] 다른 연구에 따르면 미국의 소득 변동성 증가가 1970년부터 2000년까지 혼인 나이 증가의 약 20%를 설명한다고 한다.[29]

　한국의 출산율도 고용시장 사정의 영향을 받을까? 필자와 한국보건사회연구원 이소영 박사의 최근 공동연구 결과는 그렇다는 것을 보여준다. 이 연구는 2008~2021년 시군구별 자료를 구축하고 이를 이용하여 각 시군구 20~44세 인구 고용률이 네 가지 결혼·출산 지표에 미친 효과를 분석하였다. 네 가지 결혼·출산 지표는 합계출산율, 25~39세 무배우 여성 혼인율, 25~39세 유배우 여성 비율, 25~39세 유배우 출산율 등을 포함한다. 각 시군구 20~44세 인구 고용률(이하 고용률)은 결혼하고 아이를 낳는 주된 나이대에 있는 남성과 여성의 고용 여건을 나타낸다.

　그림 4-11은 여러 연도의 시군구 고용률과 다음 연도 합계출산율 사이 뚜렷한 양(+)의 관계가 있음을 보여준다. 이는 청년인구의 고용 여건이 출산율의 중요한 결정요인이라는 일반적인 믿음이나

그림 4-11. 2008~2021년 시군구 20~44세 인구 고용률과 다음 연도 합계출산율 간 관계

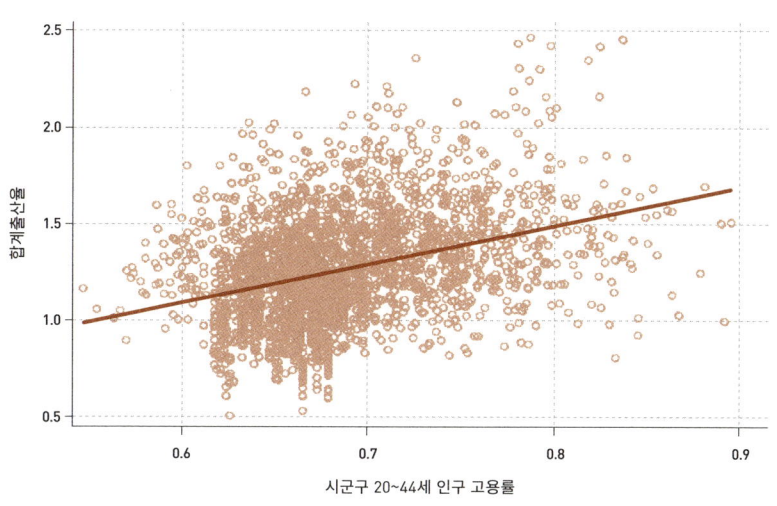

* 출처: 이철희·이소영 (2024)

이와 관련된 실증적인 연구에 잘 부합하는 결과라고 할 수 있다. 여기에는 제시되지 않은 다른 결과는 시군구 고용률과 합계출산율 간 유의한 양(+)의 관계가 주로 고용률과 결혼 사이의 관계를 반영할 가능성이 크다는 사실을 알려준다. 고용률은 무배우 여성의 혼인율이나 유배우 여성 비율과는 양(+)의 관계를 보이지만 유배우 출산율과는 뚜렷한 관계를 보이지 않는다.

사교육비와 주거비의 사례처럼, 고용률과 결혼·출산 지표 사이에 양(+)의 관계가 있다고 해서 전자가 후자에 인과적 효과를 미쳤다고 단언하기는 어렵다. 예를 들어 어떤 지역의 고용 사정과 지역 주민의 결혼·출산 모두에 영향을 미치는 요인이 존재한다면 인과적 효과 없이도 그림 4-11에 드러난 관계가 관찰될 수 있다.

이러한 문제를 최대한 줄이기 위해 앞서 소개한 바 있는 패널고정효과 모형을 도입하여 시간에 따라 변하지 않는 각 시군구의 고유한 특성의 효과를 제거하고자 노력하였다. 또한 시군구 출산지원금, 아동인구 대비 보육시설 수, 1인당 지방세 규모 등 출산에 영향을 미칠 수 있는 지역 특성들의 영향도 통제하였다.

회귀분석 결과는 그림 4-11에 나타난 고용률과 결혼·출산 지표 간 관계와 잘 부합한다. 즉 지역의 고용률이 상승할 때 합계출산율, 무배우 여성 혼인율, 유배우 여성 비율은 높아지지만 유배우 출산율은 유의미하게 달라지지 않았다. 그렇지만 이러한 효과의 규모는 그리 크지 않은 것으로 추정되었다. 이를테면 고용률이 표준편차 크기인 5%p 증가할 때 무배우 여성 1,000명당 혼인 건수는 1.2건 더 많아지고 합계출산율은 약 0.01 더 오르는 것으로 나타났다. 다시 말해 지역의 고용률이 주민의 결혼 결정에 어느 정도 영향을 미치기는 하지만 큰 폭의 출산율 변동을 초래할 만한 요인이라고 보기는 어렵다.

양적인 고용률뿐만 아니라 일자리 질 역시 결혼과 출산을 결정하는 중요한 요인으로 알려져 있다. 어렵게 취업했더라도 임금이 너무 낮으면 결혼자금을 마련하기 어렵다. 지금 당장은 수입이 괜찮더라도 언제 일자리를 잃을지 알 수 없는 불안한 상황에서는 결혼이나 출산처럼 먼 미래를 내다보아야 하는 결정을 내리기도 쉽지 않다. 또한 장시간 근무해야 하거나 너무 고되게 일해야 하는 청년은 사람을 만나고 연애할 수 있는 여유를 갖기 힘들다.

국내외 연구 결과도 이러한 사정을 확인해준다. 스페인 사례를 분석한 연구는 시간제 혹은 임시직으로 근무하는 남성이 전일제 상용직 남성보다 결혼할 확률이 낮음을 보인 바 있다.[30] 미래의 고용 불안정성에 대한 기대가 출산율을 낮춘다는 연구 결과들도 다수 축적되어 있다.[31] 한국 사례를 분석한 연구들 역시 늦은 노동시장 진입, 미취업, 임시직 및 시간제 일자리 취업 등이 남성의 낮은 결혼율과 연관되어 있음을 보여준다.[32] 한 연구는 남편의 일자리가 안정되고 시간적 여유가 있고 가족 친화적일수록 출산 의향이 높아진다는 결과를 제시하였다.[33]

어떤 개인의 일자리 질이 그 사람의 결혼과 출산 결정에 어떤 영향을 미치는지 파악하는 작업은 일자리 질의 악화가 저출산 현상 요인인지를 따지는 데 도움이 된다. 그러나 더 의미 있는 작업은 국가 혹은 지역 차원의 일자리 질 변화의 영향을 이해하는 것이다. 한 국가 혹은 지역사회에 존재하는 '좋은'(혹은 '나쁜') 일자리의 비중은 다양한 경로를 통해 그 일자리를 가지지 않은 다른 개인에게도 영향을 미칠 수 있다. 즉 전반적인 일자리 질은 지역사회의 사회경제적 여건과 결혼 시장의 변화를 통해 출산율에 영향을 미칠 수 있다.

저명한 노동경제학자 데이비드 아우터(David Autor)와 동료 학자들의 연구는 지역 일자리 질이 결혼과 출산에 미친 효과를 엄밀하게 분석한 대표적인 사례이다.[34] 이 연구는 중국과의 무역 경쟁으로 초래된 미국의 지역별 남성의 제조업 고용 비율 감소가 해당 지역의 인구변화에 미친 효과를 분석하였다. 결과는 제조업 고용 비율 감소가 현재 결혼해 있는 여성의 비율과 출산율을 감소시켰음을 보여준다. 또한 제조업 고용 비율의 감소는 지역 남성인구를 감소시키고, 남성의 불법행위를 증가시켰으며, 미혼모에게서 태어나는 아동의 비율을 증가시킨 것으로 나타났다.

한국에서도 전반적인 일자리 질 변화가 결혼과 출산에 영향을 미쳤을까? 필자의 최근 연구 결과는 그럴 가능성을 확인해준다. 미국에 대한 아우터 등의 연구 방법을 따라 이 연구도 20~44세 인구의 제조업 고용 비율을 지역의 평균적인 일자리 질을 나타내는 변수로 이용하였다. 한국의 노동시장 사정이 미국과 같지는 않지만 제조업 부문 일자리는 국내에서도 상대적으로 안정적이고 임금이 높은 일자리로 여겨진다. 실제로 제조업의 임금과 상용직 비율은 이 연구의 대상 기간인 2008~2021년 비제조업 부문보다 높았다.[35] 결혼·출산 지표로는 고용률 분석 때와 마찬가지로 합계출산율, 25~39세 무배우 여성 혼인율, 25~39세 유배우 여성 비율, 25~39세 유배우 출산율 등을 이용하였다.

그림 4-12는 연도 및 시군구별 제조업 고용 비율과 합계출산율 사이에 통계적으로 유의미한 양(+)의 관계가 존재함을 보여준다. 여기에 제시되지 않은 결과는 제조업 고용 비율과 무배우 여성 혼인율 및 유배우 여성 비율도 양(+)의 관계를 나타냄을 알려준다. 반면 제조업 고용 비율과 유배우 출산율 사이에는 뚜렷한 관계가 나타나지 않았다. 이 결과는 제조업 고용 비율로 측정한 지역 일

그림 4-12. 2008~2021년 20~44세 인구 제조업 고용 비율과 합계출산율 간 관계

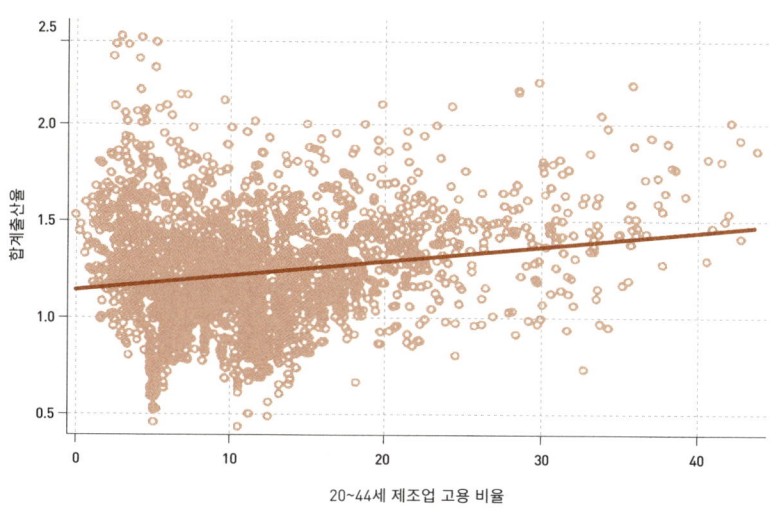

● 연도 및 시군구별 제조업 고용 비율-합계출산율 조합   ── 회귀선

* 출처: 이철희 (2023a)

자리 질이 합계출산율과 양(+)의 상관관계를 나타내며, 이는 유배우 출산율보다는 결혼율과의 관계를 반영할 가능성이 크다는 사실을 알려준다.

앞서 살펴본 다른 사례처럼 그림 4-12가 보여주는 관계는 제조업 고용 비율이 증가할 때 그 결과로 합계출산율과 혼인율이 높아지는 인과적 관계를 확인해주지 않는다. 예를 들어보자. 어떤 지역의 청년이 다른 지역에 비해 더 건강하고 교육수준이 높다고 하자. 이러한 지역의 특성은 양질의 인력이 필요한 제조업 기업의 진입을 늘리는 한편 결혼 가능성을 높이는 요인으로 작용할 것이다. 이 경우, 실제로는 두 변수 사이에 직접적인 연관성이 없더라도 지역 제조업 고용 비율과 결혼율이 양(+)의 관계를 나타낼 수 있다.

여기서는 시군구별 산업 단지 설립 시기와 규모를 도구변수로 도입하는 방법을 이용하여 이와 같은 문제를 최대한 제거하려는 노력을 기울였다. 자세한 방법은 4장 부록에 설명되어 있다. 분석 결과는 질적으로 그림 4-12가 보여주는 결론을 뒷받침한다. 즉 어떤 지역의 청년인구 중 제조업에 고용된 사람의 비율이 증가할 때 해당 지역의 합계출산율, 무배우 여성 혼인율, 유배우 여성 비율 등이 높아지는 것으로 나타났다. 반면 제조업 고용 비율 증가는 유배우 출산율을 오히려 낮추는 것으로 추정되었다.

제조업 고용 비율이 결혼과 출산에 미치는 효과의 크기는 얼마나 될까? 예를 들어 어떤 지역의 제조업 고용 비율이 분석 기간의 표준편차 크기인 7.5%p 높아졌다고 하자. 회귀분석 결과에 따르면 이는 합계출산율을 0.27, 무배우 여성 1,000명당 혼인 건수를 86.5건, 유배우 여성 비율을 12.7%p 높이는 것으로 추정된다. 각 지표의 분석 기간 평균을 기준으로 볼 때 합계출산율이 약 22%, 무배우 혼인율이 약 83%, 유배우 여성 비율이 약 20% 높아지는 것을 의미한다. 이는 상당한 규모이다.

양질의 일자리 증가가 결혼과 출산에 미친 영향에 관한 다른 정황증거도 있다. 필자는 2015년 8월 SK하이닉스의 M14 이천 공장 완공이 해당 지역의 결혼과 출산에 미친 영향을 분석한 적이 있다. 이천시와 유사한 다른 지방자치단체의 결혼·출산 지표 차이가 공장 완공 이후 어떻게 바뀌었는지를 살펴보는 '이중차분법

(difference-in-difference)'을 이용하였다. 분석 결과는 대규모 제조업 공장 설립으로 해당 지역의 무배우 여성 혼인율, 유배우 여성 비율, 유배우 출산율이 모두 유의미하게 증가했음을 보여준다.[36]

물론 한국의 상황에서 제조업 고용 비율이 청년 일자리 질을 나타내는 대표적인 지표는 아니다. 복합적인 요인으로 결정되는 평균적인 일자리 질을 정확하게 측정하기란 어렵다. 그렇지만 이러한 연구 결과에서 일자리 질이 결혼과 출산에 영향을 미치는 중요한 요인 가운데 하나일 가능성은 충분히 확인할 수 있다. 특히 제조업 고용 비율로 측정한 일자리 질은 주로 결혼 결정에 대한 영향을 매개로 합계출산율에 영향을 미치는 것으로 파악된다. 이는 취업 여부와 일자리 질이 가정을 꾸리는 과정의 첫 관문인 결혼의 중요한 조건이라는 일반적인 믿음과 다르지 않다.

마지막으로, 임금과 일자리 질의 불평등 확대로 대표되는 전반적인 노동시장 여건 변화의 영향을 살펴보자. 소득불평등 확대는 교육 경쟁 강화와 사교육비 증가를 매개로 출산율을 낮출 수 있다. 동시에 장래의 경제적 불확실성과 노동시장의 경쟁을 높임으로써 직접적으로 결혼과 출산에 영향을 미칠 수 있다. 즉 노동시장에서의 '승자'와 '패자' 사이 격차가 커지면, 패자가 될지 모른다는 두려움이 커지고 승자로 남아야 한다는 압박감이 높아질 것이다. 사람을 만나고 결혼하고 자녀를 낳아 키울 여유는 그만큼 줄어들 수밖에 없다.

필자와 부산대 주예진 교수의 최근 연구는 이러한 가능성을 확인하기 위해 2015~2021년 시군구 수준에서 소득불평등과 평균 소득수준이 합계출산율, 무배우 여성 혼인율, 유배우 출산율 등에 미친 효과를 분석하였다.[37] 이 주제에 관한 연구가 직면하는 최대 난점은 시군구 수준 소득불평등도를 추정할 수 있는 적절한 데이터가 없다는 점이다. 이 연구에서는 국민건강보험 자료에서 얻을 수 있는 각 소득분위의 구간과 평균으로부터 소득분포를 추정하는 '구간 적분(Mean-Constrained Integration over Brackets, MCIB) 기법'을 적용하여 이를 극복하였다. 이렇게 얻은 시군구별 소득분포에서 지니계수를 추정하여 분석에 이용하였다.

이 분석의 목적은 결혼과 출산에 영향을 미치는 각 시군구의 다른 특성들의 영향을 최대한 배제하고 소득불평등도 변화가 출산율이나 혼인율에 미치는 영향을 살펴보는 것이다. 이를 위한 첫 단계로, 평균임금, 보육시설, 복지예산, 출산지원금, 주택 가격, 가임기 여성 순 유입 등 시군구 소득불평등도를 제외한 다른 요인이 합계출산율, 무배우 혼인율, 유배우 출산율 등에 미친 효과를 추정하는 회귀분석을 수행하였다. 다음 단계로 회귀분석 결과를 이용하여 다른 요인들로는 설명되지 않는 시군구 간 결혼과 출산의 차이를 추정하였다. 마지막으로 시군구 소득불평등도의 변화가 다른 요인으로 설명되지 않는 결혼과 출산의 변화(즉 회귀분석의 잔차)와 어떻게 상관되어 있는지 살펴보았다.

그림 4-13은 이 분석 결과를 보여준다. 여기서 가로축은 시군구 소득불평등도 지표인 지니계수를, 세로축은 방금 설명한 회귀분석의 잔차를 나타낸다. 지니계수는 완전한 평등의 경우 0, 완전한 불평등의 경우 1의 값을 갖는다. 합계출산율의 잔차가 0보다 크다

그림 4-13. 2015~2021년 시군구 소득 지니계수와 다른 요인으로 설명되지 않는 시군구 합계출산율 간 관계

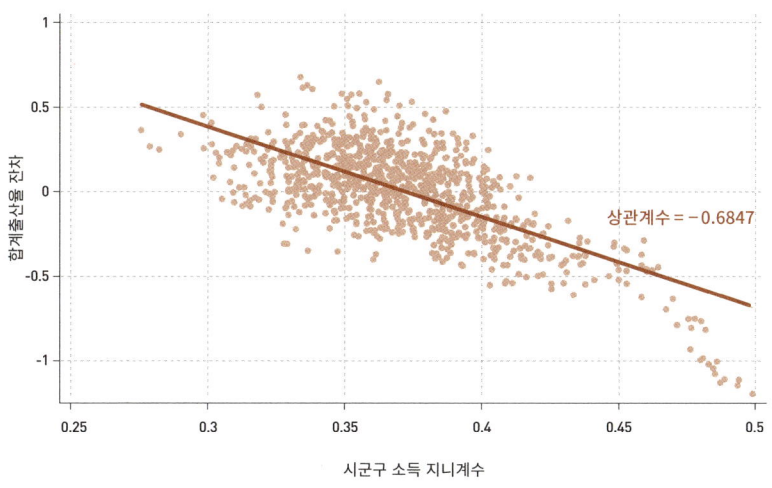

● 연도 및 시군구별 소득 지니계수-합계출산율 잔차 조합 ── 회귀선

* 출처: 주예진·이철희 (2025)

는 것은 다른 요인들로부터 기대할 수 있는 것보다 특정 시군구의 합계출산율이 높음을 의미한다. 그림 4-13에 나타난 결과는 다른 조건이 같은 경우 시군구 소득불평등도가 커질 때 합계출산율이 낮아지는 경향이 있음을 보여준다. 시군구 소득불평등도는 유배우 출산율과도 강한 음(-)의 관계를 나타냈으며 무배우 여성 혼인율과는 약한 음(-)의 관계를 보였다.

회귀분석 결과는 직장가입자 기준 지니계수가 0.1 증가할 때 평균적으로 합계출산율이 0.116, 25~39세 무배우 여성 1,000명당 혼인 건수가 6.9건, 25~39세 유배우 여성 1,000명당 출생아 수가 14.2명 감소했음을 보여준다. 지니계수와 함께 분석에 포함된 평균임금에 관한 결과는 지역 평균 소득 증가가 결혼율과 출산율을 늘린다는 사실도 알려준다. 각 시군구의 연평균 소득 100만 원 증가는 합계출산율을 0.022, 25~39세 무배우 여성 1,000명당 혼인 건수를 0.17건, 25~39세 유배우 여성 1,000명당 출생아 수를 약 1.56명 늘리는 것으로 나타났다.

저출산 문제의 뿌리는 사회경제적 불평등 확대

2장에서 지적했듯이 아이를 낳아 키우는 비용이 점점 커지고 부담스러워지는 나라는 비단 한국만이 아니다. 대다수 나라에서 진행되는 현상으로, 한국만 특별하지는 않다. 그런데 한국의 저출산 문제가 유독 심각한 이유는 무엇일까? 이번 장에서 제시한 실증적 증거들은 지난 30년간 한국인이 체감하는 '자녀의 가격'이 특별히 빠르게 높아졌고, 그 비용을 감당할 수 있는 능력이 급격히 낮아졌을 가능성을 시사한다. 즉 원인이 되는 사회경제적 변화의 방향은 유사하지만 그 변화의 정도가 달랐다는 뜻이다.

결혼과 자녀 양육에 필요한 금전적 비용을 구성하는 요소는 다양하다. 결혼식 경비, 산부인과 진료비, 산후조리원 비용, 아이 분유와 기저귀 구매 비용 등 일일이 따지기도 어렵다. 그렇지만 역시 가장 큰 부담은 집 장만과 자녀 교육에 들어가는 비용이라고 할 수 있다. 지난 25년간 주거비와 자녀 교육 비용은 모든 국민이 쉽게 체감할 수 있을 만큼 큰 폭으로 올랐다. 반면 결혼하여 아이를 낳을 나이의 젊은이들이 직면한 노동시장 여건은 급격하게 악화하여 늘어난 결혼과 출산의 비용을 마련하기 어려워졌다.

독자들은 이미 자녀 교육, 주거, 고용과 일자리 질 등이 결혼과 출산을 막는 중요한 요인이라는 사실을 알거나 체감하고 있을 것이다. 이번 장에 제시한 연구 결과들은 사교육비 및 주거비 증가와 고용 및 일자리 질 악화가 결혼과 출산에 미친 영향에 관한 실증적 증거를 보임으로써 이러한 심증을 확인해준다. 이것들이 한국의 저출산 현상을 전적으로 설명하지는 못하겠지만, 결혼하여 아이를 낳기 어렵게 만드는 중요한 장애 요소인 것만은 확실해 보인다.

그렇다면 왜 한국은 유독 급격한 교육비 및 주거비 증가와 청년 일자리 질 악화를 경험하게 되었을까? 필자는 그 뿌리가 사회경제적 불평등의 확대에 있다고 생각한다. 노동시장에서의 일자리 양극화와 임금격차 확대, 지역 간 인구 불균형과 경제적 격차 확대 등이 그것이다. 사실 이러한 사회경제적 불평등 확대 역시 많은 국가가 근래 겪고 있는 공통 현상이다. 이미 50년 전부터 대다수 선진국의 소득불평등도가 높아지고 있고, 대도시 집중과 지역 불균형 확대도 일반적인 현상이다. 다만 한국에서 좀 더 급격하고 심하게 진행되었다고 할 수 있다. 무릇 열매는 뿌리의 상태를 반영하는 법이다.

사회경제적 불평등의 확대가 어떻게 교육 및 주거비 증가로 이어지는지는 앞에서 간략하게나마 설명하였다. 노동시장의 불평등 확대는 좋은 일자리를 둘러싼 경쟁을 낳고, 이는 다시 취업에 유리한 대학과 학과에 진학하기 위한 교육 경쟁으로 이어진다. 학령인구가 감소해도 사교육비 지출이 늘어나는 이유이다. 노동시장 불평등 확대는 장래의 경제적 지위에 대한 불안과 일터에서의 경쟁을 강화함으로써 결혼하고 아이를 낳아 키울 여유를 박탈하고 있다. 또한 인구의 수도권 및 대도시 집중은 이 지역의 주거비를 높이는 요인으로 작용한다.

사회경제적 격차 확대는 '비용'이나 '소득' 같은 눈에 보이는 경제적 경로를 통해서만 결혼과 출산에 영향을 미치지 않는다. 불안정한 고용 여건, 불안한 소득 전망, 취약한 사회안전망 등은 결혼이나 출산처럼 전 생애를 내다보아야 하는 결정을 어렵게 만드는 요인으로 작용한다. 자녀에 대한 선호에도 영향을 미칠 수 있다. 자녀가 행복할 것 같지 않아서 더 이상 부모의 기쁨이 되지 못하는 사회에서는 자녀를 낳을 이유가 사라진다. 태어날 세대가 교육과 노동시장의 무한 경쟁에 내몰리고, 한 발만 잘못 디디면 일생을 2등, 3등 시민으로 살아갈지 모르는 사회에서 자녀를 세상에 내놓는 일은 위험하게 느껴질 수 있다.

······

2장에서 자녀에 대한 수요를 결정하는 세 가지 요인으로 비용, 소득, 선호를 꼽은 바 있다. 이번 장에서 다룬 저출산의 원인은 이 가운데 금전적 비용(교육비와 주거비) 및 소득(고용과 일자리 질)과 관련되어 있다. 이제는 자녀의 기회비용과 선호가 왜, 어떻게 변하여 출산에 영향을 미쳤는지 따져볼 때이다. 다음 장에서는 한국의 사회적·문화적 변화와 밀접하게 연관된 이 내용을 다룰 것이다.

5장

여성의 기대에 한참 모자란 성평등, 부모보다 살기 어려워진 자녀 세대:
저출산의 사회적·문화적 요인

그렇지 않았던 적이 있었을까만 지금 우리는 어느 때보다 돈을 중시하는 시대에 살고 있다. IMF 금융위기가 한국을 휩쓸고 지나간 직후, 당대의 한 유명 여배우는 신용카드 TV 광고에 나와서 큰 소리로 외쳤다. "여러분, 부자 되세요." 무척 어색하게 들렸던 그 말은 이제 담백한 수준의 덕담이 되었다. 돈은 과거에도 성공의 중요한 기준이었지만, 지금처럼 돈 많은 사람이 사회적 존경의 대상이었던 적은 없는 듯하다. 한국이 선진국으로 도약하고 사회가 풍요로워지면서 돈이 많으면 할 수 있는 일이 훨씬 많아지고 다양해졌다. 돈이 있어야 결혼도 하고 자녀도 낳을 수 있는 시대이다.

돈이 많으면 행복해질까? 아마 그럴 가능성이 클 것이다. 특정 시점에 한 국가의 개인을 대상으로 조사한 결과들은 대체로 소득 수준과 삶의 만족도 사이에 양(+)의 관계가 있음을 보여준다. 그러나 각 사회의 평균 행복도가 시간에 따라 어떻게 변했는지를 살펴보면 전혀 다른 결론이 도출된다. 많은 국가에서 평균 소득이 증가해도 행복도가 변하지 않는 현상이 나타난다. 예컨대 1950년 이후 미국의 1인당 소득은 여러 배 늘어났지만 매우 행복하다고 답변한 응답자의 비율은 거의 변하지 않았다.[1]

이처럼 부유해졌음에도 더 행복해지지 않는 현상은, 1970년대에 이를 처음 발견한 경제학자의 이름을 따라서 이스털린의 역설(Easterlin Paradox)로 불린다. 돈이 행복을 결정하는 전부가 아님을 보여주는 대표 사례이기도 하다. 국가 간 비교 결과를 보면 대체로 1인당 국민소득이 낮은 구간에서는 부유해질수록 행복도가 높아지지만, 1인당 소득이 2만 달러 수준을 넘으면서 평균 소득과 행복도 사이의 관계가 점차 사라지는 양상이 나타난다.[2]

부유해져도 더 행복해지지 않는 현상을 어떻게 설명할 수 있을까? 영국의 저명한 경제학자 리처드 레이어드(Richard Layard)는 다음의 세 가지 가설을 제시하였다.[3] 첫 번째는 사회적 비교 가설이다. 다시 말해 사람의 행복도가 자신의 절대적 소득이 아닌 다른 사람과 비교한 상대적 소득에 의해 결정된다는 것이다. '사촌이 땅을 사면 배가 아프다'라는 속담이나 '부유한 사람은 자신의 동서보다 100달러를 더 버는 사람이다(A wealthy man is one who earns $100 a year more than his wife's sister's husband)'라는 미국 평론가 헨리 루이 멩켄(Henry Louis Mencken)의 말은 행복도가 타인과의 비교에 영향을 받는 사람의 속성을 잘 보여준다.[4]

두 번째는 적응 가설이다. 소득이 높아져서 생활수준이 개선되어도 금방 그 상태에 적응하여 기대치가 높아지기 때문에 더 행복해지지는 않는다는 주장이다. 이 상황과 어울리는 속담은 아마도 '개구리 올챙이 적 생각 못 한다'일 것이다. 어찌 개구리만 그러하랴. 유학을 준비할 때에는 입학 허가만 받으면 기쁘리라 생각했고, 입학 후에는 졸업장만 받으면 행복할 것 같았으며, 졸업 후에는 취업만 하면 더 바랄 것 없으리라 여겼는데, 직장을 얻은 후 28년 동안 크고 작은 불만 속에 살아온 필자도 적응 가설이 적용되는 사례이다.

마지막은 선호 가설이다. 개인의 선호는 사회적·문화적 요인에 의해 바뀔 수 있다는 것이다. 레이어드가 든 사례 가운데 하나는 광고의 효과이다. 미국의 종합사회조사(US General Social Survey) 결과는 사람들이 TV를 오래 시청할수록 상대적으로 빈곤감을 더 느낀다는 점을 보여준다. 성과급을 지급하는 경우, 소득이 변하지 않거나 설사 오르더라도 동료 간 경쟁심 때문에 만족도가 낮아지는 현상도 예로 들 수 있다. 자신의 절대적인 사회경제적 여건은 물론 사회에서 차지하는 객관적 위치에 변화가 없어도 주변의 사회적·문화적 환경이 바뀌면 행복도가 변화할 수 있다.

자녀를 낳는 결정은 어떨까? 숫자로 환산될 수 있는 비용, 소득, 편익을 냉철하게 따져서 아이를 낳을지 말지를 결정할까? 그것이 2장에서 소개한 가족의 경제학이 제시하는 세계관일까? 꼭 그렇지는 않다. 경제학 교과서에 등장하는 '합리적 인간'은 결국 가진 돈을 잘 써서 자신의 '행복도'를 극대화하는 존재이다. 그런데 마음과 감정을 지닌 인간의 행복은 객관적인 물질적 조건뿐만 아니라 다른 사람과의 비교, 자신의 기대치와의 비교, 주변의 사회적·문화적 환경에 영향을 받는다. 자녀를 낳는 결정도 그렇지 않을까? 한국의 출산율이 가파르게 떨어진 현상의 이면에는 어느 나라보다 빠른 속도로 진행되어온 사회적·문화적 변화의 영향이 있지 않았을까? 이번 장에서는 이러한 질문에 대한 답을 모색해본다.

한국 여성이 겪는 결혼과 출산의 페널티가 유난히 높다

인구 현상은 사람들의 각기 절반을 차지하는 남성과 여성 모두의 선택과 결정을 반영한다. 결혼이나 동거도, 자녀를 갖는 일도 혼자서는 할 수 없다. 1건의 혼인과 1명의 출생에는 결혼과 출산을 선택한 1명의 남성과 1명의 여성이 존재한다. 당연히 남녀의 혼인 수와 이들이 낳은 자녀 수도 함께 변해왔다.

그러나 결혼이나 출산에 관한 태도와 결정의 변화에서 남성과 여성이 비슷하게 움직였다고 보기는 어렵다. 오히려 두 성별 사이에 뚜렷한 차이가 나타난다. 어떤 조사 결과를 보더라도 여성은 남성보다 결혼 및 출산 의향이 낮게 나타난다. 예컨대 한국보건사회연구원의 《2024년도 가족과 출산 조사》 보고서에 따르면 비혼 인구 가운데 결혼할 의향이 있다고 답한 사람의 비율은 남성 68.1%, 여성 55.5%로 나타났다. 동거 의향도 남성(47.3%)이 여성

(33.3%)보다 높다고 조사되었다.[5] 2025년 한국리서치 조사 결과에 따르면 18~29세 청년 중 자녀가 필요하다고 응답한 비율은 남성 59%, 여성 39%로 큰 차이를 보인다.[6]

어떤 사람이 결혼하는지에 대해서도 남성과 여성 사이 차이가 발견된다. 즉 남성은 교육수준과 직업의 질이 높을수록 결혼할 가능성이 크지만, 여성은 반대로 고학력 전문직일수록 비혼 비율이 높게 나타난다. 필자가 2020년 인구주택총조사 원자료를 이용하여 추정한 결과에 따르면 2020년 35~44세 전문직과 단순노무직 남성 중 결혼한 적 있는 사람의 비율은 각각 82%와 62%로 나타났다. 반면 결혼한 적 있는 여성의 비율은 전문직의 81%, 단순노무직의 91%로 추산되었다. 이와 같은 남성과 여성의 사회경제적 지위별 유배우 비율 차이가 1990년경에는 비교적 작았으나 이후 계속 벌어지는 추이를 보인다.[7]

이러한 현상은 결혼하고 자녀를 낳기 어려운 정도와 이유가 성별에 따라 다를 가능성을 제기한다. 또한 여성의 경우 4장에서 소개한 금전적 비용과 소득 등의 요인만으로 결혼이나 출산 결정을 설명하기 어려움을 알려준다. 만약 경제적 능력이 중요하다면 소득이 높아서 각종 비용을 감당할 수 있는 고학력 전문직 여성의 결혼 가능성이 더 크리라 기대할 수 있다. 하지만 현실은 그렇지 않다.

그렇다면 무엇이 결혼과 출산에 대한 남성과 여성의 태도를 다르게 만들었을까? 가장 유력한 가설은 여성이 체감하는 결혼과 출산의 '기회비용'이 더 높다는 것이다. 즉 가정을 꾸리고 아이를 키우기 위해 더 많이 포기하고 희생할 수밖에 없는 여건 때문에 여성이 남성보다 결혼과 출산을 더 꺼린다는 설명이다.

이러한 성별 기회비용 차이는 결혼하거나 자녀를 가짐으로써 여성이 가정과 사회에서 직면하는 여러 불리함에서 발생한다. 연구자들은 일반적으로 이를 '결혼과 출산의 페널티'로 부른다. 결혼하면 자녀가 없더라도 가사 노동 부담이 늘고 배우자의 가족을 챙겨야 하는 새로운 '의무'가 생겨난다. 아이가 생기면 육아에 들어가는 시간과 노력이 필요하고 가사 노동은 더욱더 늘어난다. 그런데 맞벌이를 하는 경우에도 이러한 부담의 절반 이상이 여성의 어깨 위에 얹힌다.

직장에서도 여성이라는 이유로 겪는 여러 불이익이 존재한다. 여기에 '기혼'이라는 수식어가 붙고 '엄마'라는 호칭이 추가되는 순간 그러한 불이익이 급격하게 늘어난다. 2025년 여름 방영한 〈서초동〉이라는 드라마에는 일 잘하는 변호사조차 임신이 알려진 직후 대표의 차별 대우와 퇴직 압박에 직면하는 모습이 드러난다. 결혼과 출산의 페널티는 일을 그만둠으로써 잃는 것이 많은 고학력 전문직 여성에게 더 크게 다가올 수 있다.

가정 내 자원배분에서 남녀 간 불평등과 결혼 및 출산으로 인한 노동시장에서 여성의 불리함은 많은 사회에서 가장 중요한 저출산 요인으로 지목된다. 여러 연구는 가사 노동의 남녀 간 분담 정도나 여성의 경제활동에 관한 사회규범처럼 결혼과 출산의 페널티 정도에 영향을 줄 수 있는 요인이 출산율에 영향을 미친다는 사실을 실증적으로 밝힌 바 있다. 예컨대 국가별 데이터를 분석한 한 연구는 남성의 가사 분담 비율이 높은 나라일수록 출산율이 높다는 사실을 드러냈다.[8] 다른 연구는 여성의 노동시장 참여에 대한 사회규범이 고학력·고숙련 여성의 결혼율 변화를 결정하는 중요한 요인임을 밝혔다.[9]

여성이 겪는 결혼과 출산의 페널티는 현재 한국의 출산율이 유독 낮은 현상의 중요한 원인일 가능성이 크다. 여러 지표로 볼 때 한국의 성평등 수준은 다른 선진국에 비해 낮다고 파악된다. 2019년 통계를 분석한 국제 비교 결과를 보면 한국 남성의 가사 노동 분담 비중은 18.6%로, 스웨덴(44%), 미국, 독일, 프랑스(이상 38%), 헝가리(36%) 등에 비해 매우 낮다.[10] 남성 중위 임금 대비 남녀 간 임금격차 비율로 계산하는 성별 임금격차는 2022년 31.2%였는데 이는 OECD 회원국 평균인 12.1%의 2.6배에 달한다.

엄밀하게 수행된 실증분석 연구도 한국 여성이 경험하는 결혼과 출산의 페널티가 매우 크다는 것을 드러낸다. 그림 5-1은 다른 조건이 비슷한 남성과 여성의 임금이 결혼 이후 어떻게 변화하는지를 추정한 유인경 박사의 연구 결과를 보여준다. 초기에는 남성과 비슷했던 여성의 임금이 결혼 직후 가파르게 감소하는 것을 볼 수 있다. 이 연구에 따르면 결혼과 출산으로 인한 성별 소득 격차는 약 30%로 전체 성별 소득 격차의 절반을 설명한다.[11] 이러한 여건에서 한국 여성이 체감하는 결혼과 출산의 기회비용은 매우 클 수밖에 없다.

그림 5-1. 결혼과 출산에 따른 임금 불이익

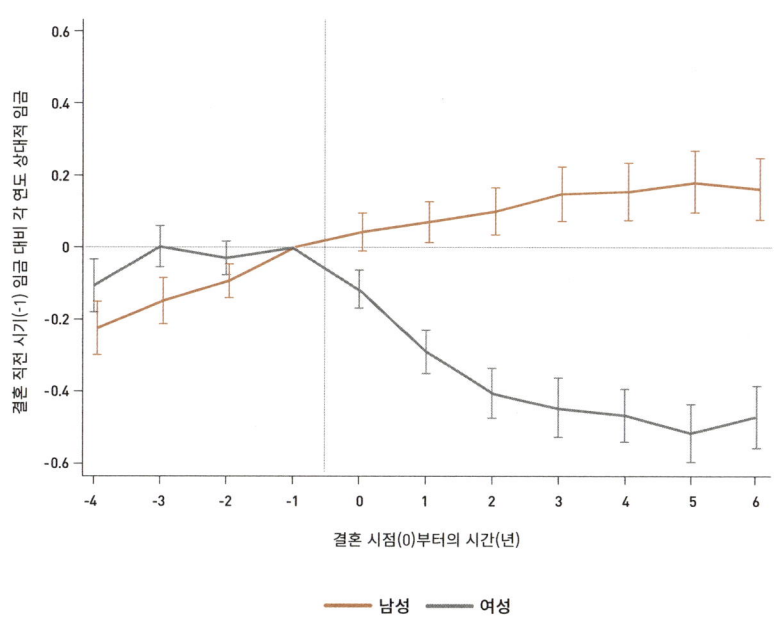

* 출처: 유인경 (2023)

현재 여성의 기대에 한참 못 미치는
한국 사회의 열악한 현실

대다수 선진국의 경우, 이 문제에 관한 논의는 여기서 멈출 가능성이 크다. 그러나 한국의 사정은 다르다. 가정과 일터에서 성평등 수준이 낮다는 사실만으로는 한국의 경험을 충분히 설명할 수 없다. 과거 30년 동안 다른 국가와 비교한 한국의 성평등 수준은 개선되었지만 결혼과 출산은 매우 빠르게 감소했기 때문이다. 변화 속도가 만족스럽지 않지만, 남성의 가사 노동 분담 비율은 지난 25년 동안 계속 증가하였고 성별 임금격차도 꾸준히 좁혀져왔다.

지난 30년간 발생한 결혼과 출산의 감소는 여성이 직면한 여건의 변화뿐 아니라 여성 자신의 변화를 함께 살펴봐야만 설명할 수 있다. 예를 들어보자. 경제학에는 '유보임금(reservation wage)'이라는 개념이 있다. 어떤 구직자가 제안된 일을 맡도록 하는 최소한의 임금을 뜻한다. 일자리를 찾더라도 임금이 너무 낮으면 일하기를 포기할 수 있다. 유보임금은 사람마다 다르다. 대체로 능력이 우수하고 당장 일자리를 얻지 못해도 살아가는 데 큰 문제가 없는 사람의 유보임금이 상대적으로 높을 것이다. 한 사회의 임금이 높아지더라도 전반적인 유보임금 수준이 더 빨리 올라간다면 일하기를 선택하는 사람은 줄어들 수 있다.

결혼 결정에도 이러한 이론을 적용할 수 있다. 즉 사람은 저마다 배우자 혹은 결혼의 질에 대한 '유보 수준'을 알게 모르게 정해놓는다. 누군가를 만나고 사귈 때 그와의 결혼 생활이 이 정도 수준 이상으로 만족스러우리라 예상되는 경우 사람들은 결혼하기로 마음먹을 것이다. 그런데 지난 수십 년간 진행되어온 여러 사회경제적 변화 때문에 결혼의 질에 대한 여성의 평균적인 유보 수준이 빠르게 높아졌을 가능성이 있다.

그렇다면 지난 30년간 한국 여성의 무엇이 달라졌을까? 가장 두드러지는 변화는 학력 신장에서 드러나는 인적자본 개선이다. 상대적으로 낮았던 여학생의 대학 진학률이 남학생과의 격차를 차츰 줄여오다가 2009년부터는 남학생을 앞섰다. 2024학년도 여성과 남성의 대학 진학률은 각각 76.7%와 70.7%를 기록하여 6%p 차이를 보인다.[12]

　대학 전공에서 남녀 간 차이도 줄어들었다. 필자가 대학생이던 1980년대만 하더라도 성별에 따른 학과 선택 집중 현상이 뚜렷했다. 필자가 다녔던 서울대 경제학과 입학생은 약 220명이었는데 그중 여학생은 5명뿐이었다. 그럼에도 당시로서는 경제학과 역대 최고의 여학생 비율을 자랑하는 학번이었다. 공대, 자연대 등 이공계 학과는 물론 법대와 경영대의 여학생 비율도 매우 낮았다.

　1998년 필자가 교수로 부임했을 때 약 20% 수준이었던 서울대 경제학부의 여학생 비율은 2000년대 중반 이후 40%대로 높아졌다. 지금은 학부나 대학원 모두 성비가 균형에 이르렀다. 그림 5-2에 제시된 1985년과 2017년의 대학 전공별 여학생 비율은 필자의 개인적인 경험이 일반적인 현상이었음을 확인해준다. 1980년대에 여학생이 집중되었던 전공 분야의 여학생 비율이 줄어들고 남학생만 넘쳐나던 전공 분야에 여학생 비율이 높아지면서 성별에 따른 전공 분리 현상이 크게 완화되었다.[13]

　여성 인적자본 개선의 중요한 동력 가운데 하나는 여성의 역할에 관한 사회규범 변화였다. 특히 뿌리 깊은 남아선호의 퇴조는 딸의 교육에 대한 부모의 투자를 늘리는 역할을 했던 것으로 추정된다. 남아선호 감소를 수량적으로 보여주는 지표는 출생성비이다. 이는 한 해에 태어나는 여아 100명당 남아 수인데, 정상 비율은 105 내외이다. 그림 5-3이 보여주듯이 1980년 이후 초음파검

그림 5-2. 1985년과 2017년의 대학 전공 분야별 여학생 비율

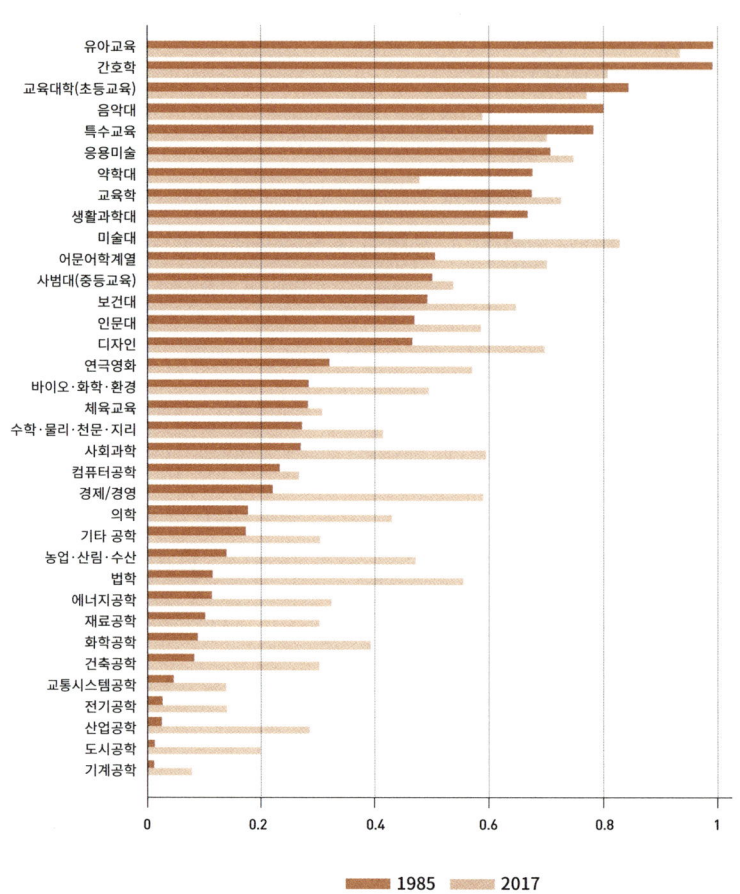

* 출처: Kim, Lee, and Oh (2025)

사 같은 성감별 기법이 도입되면서 한국의 출생성비는 빠르게 높아져서 1990년에는 116을 기록하였다. 반드시 아들을 낳고자 하는 부모들이 태아의 성별에 따라 선택적으로 임신중절을 해서 나

그림 5-3. 1977~2023년 한국 출생성비의 변화

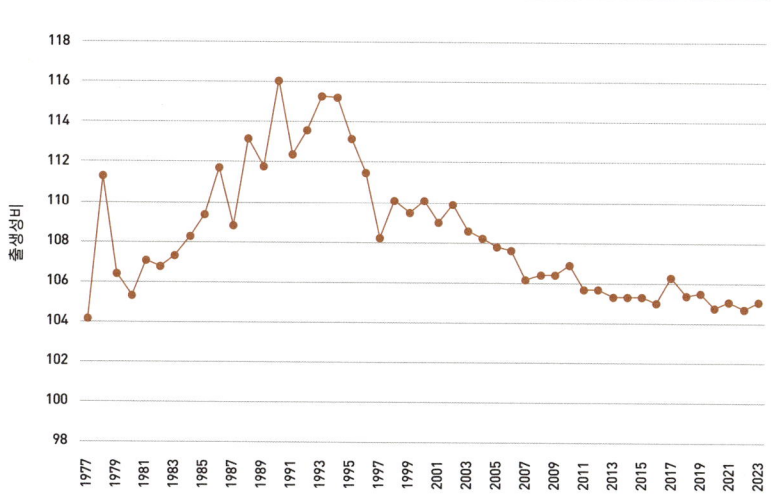

* 출처: 통계청, 인구동향조사

타난 현상이다.

    출생성비는 1990년대 중반을 기점으로 빠르게 감소하여 2007년 경에는 정상 수준으로 낮아졌다. 적어도 30년 전부터는 한국의 남아선호현상이 약화한 것이다. 왜 이런 흐름이 나타났을까? 필자와 미국 컬럼비아대 레나 에드룬드(Lena Edlund) 교수의 공동연구 결과는 소득이 증가하며 아들의 노후 소득 지원의 중요성이 줄어들고 여성 대비 남성 비율이 높아지면서 아들을 결혼시키기 어려워진 변화를 그 요인으로 지적한 바 있다.[14] 필자의 다른 연구는 여성 고용과 임금의 상대적 증가가 딸의 경제적 편익을 높임으로써 출생성비를 낮추었을 가능성을 제기했다.[15]

출생성비 감소로 드러나는 남아선호의 퇴조는 여아에 대한 부모의 투자를 늘리는 역할을 했던 것으로 추정된다. 필자와 이에스더 박사의 연구는 1990년 백말띠 해 도래의 사례를 이용하여 이를 분석하였다. 60년마다 돌아오는 백말띠 해에 태어난 여성은 팔자가 드세다는 속설 때문에 1990년 출생성비는 역대 최고치를 기록하였고 일부 지역에서는 출생성비가 130까지 오르기도 했다. 그 결과 역설적으로 1990년 출생성비가 높았던 지역에서는 남아선호가 강하지 않은 부모들만 여아를 낳았다는 추측이 가능해졌다. 분석 결과는 남아선호가 강하지 않은 부모에게서 태어난 여아들은 그렇지 않은 여아들보다 산전 진료, 출생 시 체중, 모유수유, 사교육비 지출 등의 지표로 측정한 부모의 투자를 더 받았음을 보여준다.[16]

1990년대 중반 이후 딸에 대한 부모의 기대가 바뀌었음을 보여주는 다른 사례도 있다. 1993년 한 언론사의 조사 결과를 보면 부모가 원하는 딸의 직업이 교사, 주부, 약사, 공무원, 예술가 순으로 나타나 아들이 갖기를 희망하는 직업과는 큰 차이를 보였다.[17] 반면 2014년 실시된 한국직업능력개발원 조사 결과는 부모가 원하는 딸과 아들의 직업이 거의 비슷해졌음을 알려준다.[18] 여성의 사회적 역할에 대한 규범의 변화는 여성이 인적자본을 축적할 기회를 얻고, 일찍부터 일하는 생애를 내다보며 그에 맞는 준비를 하는 데 도움을 주었을 것이다.

지난 30년 동안 이러한 변화를 경험하며 일에 대한 여성의 기대와 의지는 굳건해졌고 이를 실현하기 위한 준비는 탄탄해졌다. 이와 같은 한국 여성의 내적 변화는 외적인 노동시장 성과로도 나타난다. 그림 5-4는 고용, 임금, 국가고시 합격자 비율, 사법연수원 판검사 임용 비율 등을 통해 여성의 노동시장 성과가 상대적으로 어떻게 변했는지를 보여준다. 그림 5-4 ①과 ②는 고용과 임금에서의 성별 격차는 여전하지만 과거보다는 상당히 줄었으며, 특히 35세 미만 젊은 출생 코호트의 경우 남녀 간 차이가 크지 않음을 보여준다.

그림 5-4 ③과 ④는 성별에 따른 명시적 불이익의 가능성이 낮은 성과지표를 보는 경우 여성의 약진이 더 두드러짐을 보여준다. 국가고시나 사법연수원에서의 판검사 임용은 시험 성적에 좌우되기 때문에 여성으로서의 불리함이 비교적 적으리라 추측할 수 있다. 1990년대 말까지만 해도 사법, 행정, 외무 등 국가고시 합격자 가운데 여성 비율이 낮았다. 그러나 이후 여성 합격자 비율이 비약적으로 늘면서 2010년대 들어서는 일부 시험에서 남성을 앞지르게 되었다. 로스쿨을 통한 법조인 배출이 시작되기 전에는 사법시험 합격자들이 사법연수원 수료 후 판사와 검사로 임용되거나 변호사로 배출되었다. 여기서 임용된 판검사 가운데 여성이 차지하는 비율은 2000년대 초 5분의 1에서 2000년대 말 3분의 2로 급증했다.

이처럼 1970년대에 태어나서 1990년대에 대학을 다닌 세대의 여성부터 일하는 삶에 대한 기대와 의지가 본격적으로 강화되기 시작했다. 2000년대 후반 대학에 입학한 세대부터는 여성이 인적 자본의 질에서도 남성을 따라잡거나 앞질렀다. 여성은 경제적으로 자립할 수 있을 뿐만 아니라 직장에서의 인정과 성취에 큰 가치를 두게 되었다. 여성에게 결혼과 가족이 경제적 기반을 마련하

그림 5-4. 1990~2024년 여성의 노동시장 성과

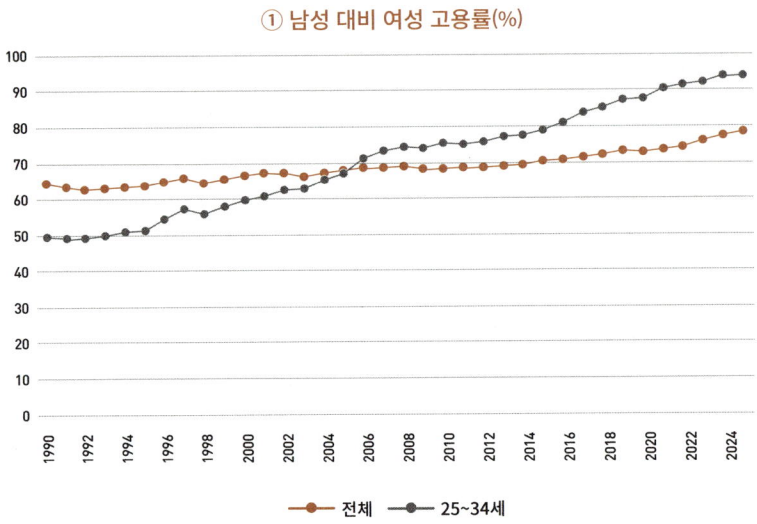

① 남성 대비 여성 고용률(%)

* 출처: 통계청, 경제활동인구조사

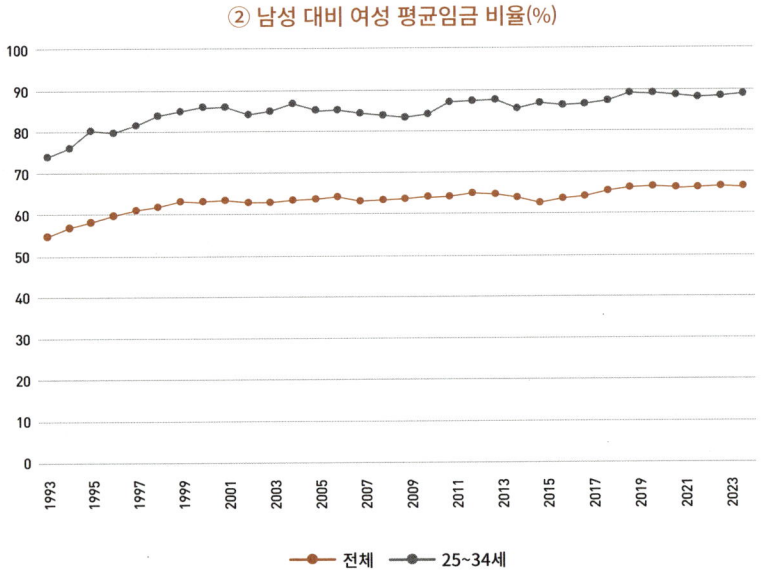

② 남성 대비 여성 평균임금 비율(%)

* 출처: 고용노동부, 고용형태별 근로실태조사

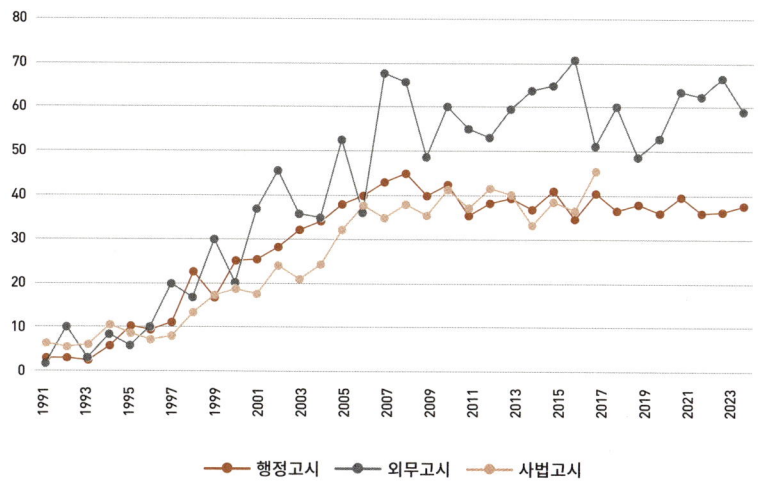

③ 행정, 외무, 사법 고시 합격자 중 여성 비율(%)

* 출처: 인사혁신처-사이버국가고시센터
외무고시의 경우, 2014년부터 외교관 후보자 합격자 성비로 대체

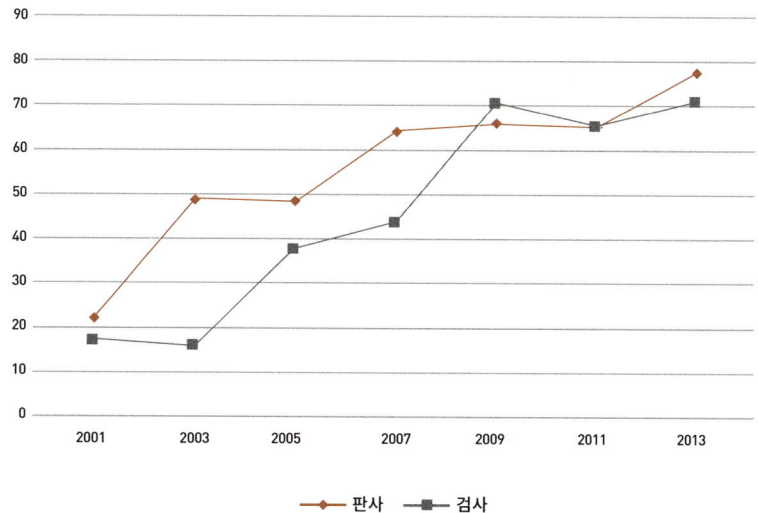

④ 판검사로 임용된 사법연수원 졸업생 중 여성 비율(%)

* 출처: 법무부

고, 사회적 관계를 맺고, 일상의 보람을 얻는 데 필수였던 시대는 이미 지나갔다.

여성 자신의 변화와 함께 결혼과 가족에 관한 사회적·문화적 규범도 바뀌었다. 여성이 20대 중반을 넘어서면 주변에서 더 나이 먹기 전에 빨리 사람을 만나고 결혼하라는 성화에 시달리던 때가 있었다. 나이 들어 혼자인 여성은 '노처녀(old miss)'라 불리며 종종 사회적 편견의 대상이 되었다. 결혼과 관련된 사회적 압력이 완전히 사라지지는 않았지만, 이제는 그에 떠밀려 마음에 차지 않는 결혼을 선택하는 여성이 그리 많지 않을 것이다.

이처럼 여성의 인적자본과 노동시장에서의 역량이 개선되고 일하는 생애에 대한 애착과 의지가 커지면서 결혼 생활의 질에 대한 유보 수준이 높아졌으리라 기대할 수 있다. 혼자 사는 삶이 가능해졌을 뿐 아니라 그 생활이 주는 만족도가 높아졌기 때문이다. 기대되는 결혼 생활의 질이 혼자 사는 삶의 질을 넘어서지 않는다면 합리적 여성은 결혼을 선택하지 않을 것이다.

그렇다면 무엇이 결혼 생활의 질을 결정하는가? 일일이 따질 수 없는 지극히 개인적·주관적 요인들이 있을 것이다. 아이돌 그룹 방탄소년단(BTS) 멤버 진과 같은 외모의 소유자를 만난다면 머릿속에 담아두었던 수많은 고려 사항을 잊을 사람도 있지 않을까? 하지만 여기서는 객관적이고 공통적인 사회경제적 요인에만 집중하자. 아마 가장 중요한 요소 가운데 하나는 결혼 후 얼마나 가정의 시간과 경제적 자원이 공평하게 배분되는지일 것이다. 예컨대 배우자의 매력을 포함한 다른 조건이 같을 때, 가사 노동 분담 비율이 낮아지면 결혼 생활의 질이 높아질 것으로 기대할 수 있다.

그렇다면 한국 여성의 가사 노동 분담 비율은 지난 25년간 어떻게 변했을까? 그림 5-5는 1999년부터 2024년까지 통계청 생활시간조사에서 얻은 여성의 가사 노동 분담 비율 변화를 보여준다. 지난 25년간 어느 정도의 개선은 있었다. 맞벌이 여성을 기준으로 볼 때 1999년에는 여성이 가사의 89%를 담당했고 2014년까지도 그 비율이 83%에 달했지만, 2019년에 와서는 70%대로 내려왔고 2024년에는 74%를 기록했다. 하지만 장기적인 개선 추이에도 불구하고 호의적으로 평가하기는 어렵다. 변화 속도가 느리거니와 현재 상황이 그리 만족스럽지 못하기 때문이다. 똑같이 직장에서 일하면서도 남성 배우자보다 두 배 이상 가사 노동을 하는 상황을

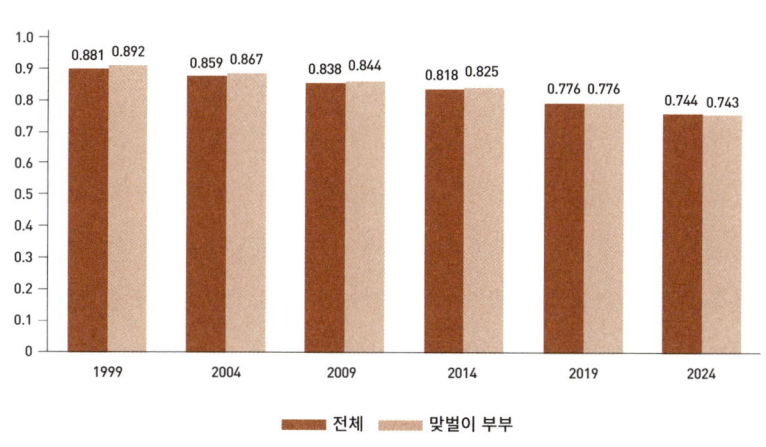

그림 5-5. 1999~2024년 한국 여성의 가사 노동 분담 비율

* 출처: 통계청, 생활시간조사

공평하다고 느끼는 여성이 얼마나 될까.

  가족의 경제학은 남성이 밖에서 일하고 여성이 가사 노동을 담당하는 전통적인 가구 내 분업이 남녀 간 생산성의 차이를 반영한다고 설명한다. 이 논리를 적용한다면 여성의 경제적 능력이 개선되고 노동시장 참여가 늘면서 남성의 가사 노동 분담 비율이 증가하는 것이 합리적이다. 그러나 빠르게 진행된 여성의 변화에도 불구하고 가정 내 자원배분 변화는 느리기만 하다. 이러한 괴리를 어떻게 설명할 수 있을까?

  필자가 황지수 교수, 이에스더 박사와 함께 수행했던 연구 결과는 가사 노동 분담에 영향을 미치는 사회적·문화적 규범이 어린 시절 부모의 영향을 받아 형성되어 성인기의 여건 변화에도 쉽게 변하지 않을 가능성을 제기한다. 분석 결과는 남아선호가 강했던 지역에서 태어난 남성과 결혼한 여성이 상대적으로 더 오랜 시간을 가사 노동에 쓴다는 사실을 드러낸다. 이는 전통적인 성역할 규범 속에서 성장기를 보낸 경험이 성인이 된 후에도 가정 내에서의 선택과 결정에 영향을 미친다는 것을 시사한다.[19]

  왜 그럴까? 한 가지 설명은 개인의 선호가 어린 시절 부모의 영향과 본인의 경험이 누적되면서 형성된다는 것이다. 예컨대 매끼 정성껏 밥상을 차려주던 어머니에게 익숙한 아들은 세상이 바뀌었음을 머리로는 인지하지만 아침에 시리얼 대신 따뜻한 밥을 먹기를 심정적으로 바랄 것이다. 이런 가구의 가사 노동 시간은 늘어날 수밖에 없다. 다른 설명은 집안일의 생산성도 오랜 경험의 누적으로 결정된다는 것이다. 어린 시절 부엌 출입이 금지되었던 아들은 커서도 집안일을 잘하기 어렵다. 그의 아내는 앓느니 죽는 심정으로 '마이너스의 손'을 가진 남편을 부엌 밖으로 밀어낼 수밖에 없을 것이다.

여성이 일하기 시작하면 결혼 생활의 질이 가정 내 성평등 정도에 의해서만 결정되지 않는다. 노동시장에서 여성이 직면하는 불리함이 클수록 결혼과 출산의 기회비용은 커진다. 물론 여성의 노동시장 여건이 장기적으로 개선되어온 것은 사실이다. 여성 고용률이 높아지고, 경력 단절 여성이 감소하였으며, 성별 임금격차도 축소되었다. 공공기관 및 대기업 여성 관리자 비율도 높아졌다. 그러나 여성의 변화를 따라잡기에는 그 속도가 너무 느리고 현재 상황이 만족스럽지 않다. 2024년 여성 노동자의 시간당 임금은 남성 대비 70%에 머물렀다. 6세 이하 자녀가 있는 여성 3명 중 1명은 경력 단절을 경험하고 있다. 이러한 통계가 보여주는 현실을 어떤 여성이 쉽게 받아들일 수 있을까. 더디게나마 나아지고 있다는 사실도 위로가 되지는 못할 것이다.

여성에게 불리한 일자리 여건이 출산율을 낮춘다는 실증적 증거

지금까지 살펴본 바와 같이 일하는 생애에 대한 여성의 선호와 의지는 강화되었고, 이를 실현하기 위한 준비도 개선되었다. 그러나 가정, 사회, 노동시장의 변화는 빠르게 진행된 여성의 변화를 따라잡기에는 너무 느리다. 이러한 사정 때문에 오늘날 여성이 직면한 결혼과 출산의 페널티는 그 어느 때보다 크게 체감될 수밖에 없다.

이처럼 일과 가정이 강하게 충돌하는 현실에서 여성은 어떤 선택을 할까? 과거에는 일을 그만두고 가정을 선택하는 여성이 다수였다. 그렇지만 결혼 생활의 질에 대한 유보 수준이 높아진 지금, 점점 더 많은 여성이 가정 대신 일을 선택하고 있다. 결혼과 출산이 줄고 있는 중요한 이유 가운데 하나이다.

실증적 연구 결과도 이러한 결론을 뒷받침한다. 4장에서 소개한 필자와 이소영 박사의 연구는 지역의 청년 고용률이 높아질 때 합계출산율, 무배우 여성 혼인율, 유배우 여성 비율 등이 높아짐을 보인 바 있다. 그런데 이러한 결과는 전적으로 남성 고용률 증가의 효과를 반영한 것이다. 지역 여성 고용률 증가는 유배우 출산율과 합계출산율을 낮추는 요인으로 작용했다. 또한 여성의 평균 임금 증가는 무배우 여성 혼인율과 합계출산율을 낮추는 역할을 했다. 여성의 고용기회와 결혼·출산 사이에 음(-)의 관계가 발견되는 것이다.

이 결과를 어떻게 해석할 수 있을까? 일자리에서 여성이 경험하는 결혼과 출산의 불리함이 큰 상황에서, 고용기회 개선이 결혼과 출산의 기회비용을 높임으로써 결혼율과 출산율을 낮춘 것으로 풀이된다. 선진국의 국가별 데이터에 기초한 연구 결과는 여성 고용률과 합계출산율 간의 관계가 1990년경을 기점으로 음(-)에서 양(+)으로 전환되었음을 보여준다.[20] 그리고 문화적 변화와 제도적 개선으로 말미암은 출산 페널티의 감소가 주된 변화 요인으로 지적된다. 한국은 아직 이러한 변화를 충분히 이루어내지 못해서 일하기 위해 결혼과 자녀를 포기해야 하는 상황에 놓여 있다.

필자와 인천연구원 민규량 박사의 연구는 한국노동연구원 한국노동패널조사 자료를 이용하여 여성에게 불리한 직장 환경이 실제로 여성의 결혼과 출산에 어떤 영향을 미쳤는지 분석하였다.[21] 특정한 여성 취업자가 노동시장에서 직면하는 불리함을 보여주는 지표로는 그 여성이 고용된 산업의 30대 남성 취업자의 퇴직률 대비 여성 취업자의 퇴직률 비율을 이용하였다. 30대를 대상으로 이 지표를 추정한 것은 결혼 및 출산의 결정이 가장 빈번하게 이루어지는 나이대이기 때문이다. 비슷한 연차의 남성 직원보다 직장을 떠날 위험성이 큰 여성은 결혼과 출산을 꺼릴 가능성이 높다. 그렇지 않아도 버거운 남성과의 경쟁에서 더 큰 핸디캡을 떠안을 수 있기 때문이다.

예상했겠지만 여성으로서 겪는 불리함이 큰 직장의 여성 취업자는 결혼을 덜 하고, 결혼한 후에도 아이를 갖지 않을 확률이 높아지는 것으로 나타났다. 개인의 특성, 지역, 연도 등의 영향을 통제한 회귀분석 결과는 남성 대비 여성 퇴직률 비율이 1에서 2로 높아지는 경우, 여성 취업자의 유배우 비율이 1.7%p 감소함을 보여준다. 또한 유자녀 남성 대비 유자녀 여성 퇴직률이 같은 정도 높아질 때, 유배우 여성 취업자의 유자녀 비율이 2.7~3.3%p 감소하는 것으로 나타났다. 직업적 성취에 대한 여성의 욕구가 커지고 그럴 수 있는 능력이 향상된 상황에서, 아직도 여성이 직장에서 크게 불리한 현실이 여성의 결혼과 출산 유인을 낮추는 중요한 원인 가운데 하나임을 알 수 있다.

부모보다 못살지도 모른다는 미래 전망이 청년의 결혼과 출산에 미치는 영향

장기적인 출산율 변화를 설명하는 과정에서 가족의 경제학 앞에 놓였던 난제 가운데 하나는 베이비붐 현상이었다. 19세기 초반 혹은 중반부터 장기적인 하락 추이를 보이던 선진국의 출산율이 1940년대와 1950년대에 다시 높아지는 현상이 나타났다. 오랜 기간 하락 추세를 이어오던 미국의 합계출산율은 반등하여 1940년 2.2에서 1950년대 말 3.8로 높아졌다. 미국의 청년들이 전보다 일찍 결혼하고 더 많은 자녀를 낳아서 나타난 현상이다.

  2장에서 설명했듯이 가족의 경제학은 임금 상승, 여성 경제활동 참가율 증가, 교육 확대 등을 장기적 출산율 하락의 주된 요인으로 지적한다. 도시화와 산업화 역시 사회적·문화적 변화를 통해 출산율을 떨어뜨렸다고 알려져 있다. 그런데 이처럼 장기적인 출산율 감소를 초래한 변화는 베이비붐이 발생하던 기간에도 계속 이어지고 있었다. 사실 제2차 세계대전 이후 자본주의의 황금기가 도래하면서 소득은 전보다 빠르게 상승했고 여성 경제활동참가율 상승과 고등교육 확대도 한층 가파르게 진행되었다. 그러므로 통상적인 가족의 경제학 이론으로 이 시기 출산율이 오른 원인을 설명하기는 어렵다.

이 현상의 원인과 관련하여 처음 제시된 설득력 있는 설명은 경제학자 리처드 이스털린의 상대 소득(relative income) 가설이다. 이쯤 되면 독자들은 왜 자꾸 이스털린이라는 이름이 나오는지 궁금할 것 같다. 그렇다. 19세기 미국 농민의 출산율 감소 원인에 대해 목표 상속 가설을 제기하고, 소득이 높아져도 행복도가 변하지 않는 '이스털린의 역설'을 발견한 바로 그 이스털린이다. 여기서 베이비붐에 관한 그의 가설을 소개하는 것은 그것이 다른 연구와 마찬가지로 한국의 저출산 원인에 대한 중요한 통찰을 제공하기 때문이다.

이 가설에서 가장 중요한 가정은 한 사람의 결혼 시기와 자녀 수가 지금 가진 절대적 소득의 크기보다 그 사람이 기대하는 삶의 모습과 현재 실현할 수 있는 삶의 모습 사이의 차이에 의해 결정된다는 것이다. 또 다른 중요한 가정은 '적어도 이 정도 수준의 삶을 살아야 하지 않을까'라는 기대가 부모의 사회경제적 지위에 영향을 받는 아동·청소년기 경험을 통해 형성된다는 것이다.

이 이론은 1930년대부터 1970년대까지 미국의 출산율 변동을 설명하는 데 처음 적용되었다. 1930년대 대공황 시기에는 경제난으로 출산율이 크게 감소하였다. 그리고 1950년대에 대공황 시기에 태어나 유년기를 보낸 세대가 청년이 되어 노동시장에 진입한다. 이들은 대공황의 영향으로 물질적인 기대수준이 낮았으나, 실제로는 자본주의의 황금기라 불리는 1950년대의 호황과 노동시장에 진입하는 청년인구 감소 덕분에 매우 좋은 고용 여건을 누렸다. 이러한 낙관적인 상황으로 인해 이 세대가 결혼을 앞당기고 여러 명의 자녀를 낳아 베이비붐이 시작되었다는 설명이다.

그런데 1960년대부터 베이비붐세대가 노동시장에 진입하고 가족을 형성할 시기가 되자 정반대 현상이 나타났다. 호황기에 어린 시절을 보냈기에 기대수준이 높았던 이 세대는 불황기에 취업전선에 나서게 되었으며 청년인구 증가로 더 치열한 일자리 경쟁에 직면하였다. 이 가설에 따르면 이러한 사정 때문에 베이비붐세대는 늦게 결혼하고 자녀를 적게 낳았으며 1960년대부터 미국의 출산율이 급격하게 감소하였다.

이스털린은 부모 세대 평균 소득 대비 자녀 세대 평균 소득을 '상대 소득'의 지표로 이용하여 본인의 가설을 실증적으로 검증하였다. 분석 결과는 청년세대의 상대 소득 지표와 출산율 지표가 놀라우리만큼 비슷한 추이로 변동했음을 보여준다. 즉 부모 세대보다 상대적으로 부유해질 때 자녀 세대가 더 일찍 결혼하고 더 많은 자녀를 낳았다. 다른 인구 지표도 청년세대의 상대 소득과 밀접한 관계를 드러냈다. 청년세대의 상대 소득이 낮아질 때 이들의 이혼율과 자살률이 높아지는 현상이 발견되었다.[22]

역사적인 결혼과 출산의 변화를 설명하는 데 유용한 개념의 틀이 되는 '세대 간 비교'가 21세기 초 한국에도 적용될 수 있을까? 그럴 가능성이 크다. 한국의 경우, 서구보다 끈끈한 가족주의 전통 덕에 자녀 세대의 성장기 생활 여건과 장래에 대한 기대 형성에 부모가 미치는 영향이 강하리라 추측할 수 있다. 4장에서 살펴보았듯이, 근래의 교육 경쟁 격화와 사교육비 지출 증가의 배후에는 자녀에 대한 기대치가 높고 이를 실현하기 위한 교육비 지출 능력이 뛰어난 부모가 있었다. 부모는 자신들이 성취한 사회경제적 지위를 자녀에게 물려주기 위해 자녀에 대한 교육 투자에 열을 올리고, 자녀는 부모의 기대를 본인의 장래 희망에 투영하고 있다.

그렇지만 자식이 자신보다 더 나은 삶을 살면 좋겠다는 요즘 부모의 기대에도 불구하고 현재의 청년이 부모보다 가난해지는 첫 세대가 될 수 있다는 경고음이 들려온다. 무엇보다 경제성장률이 장기적으로 하락하면서 노동시장에서 기회가 줄어들고 장래에 대한 전망도 악화하고 있다. 현재 20대와 30대 청년의 부모 세대는 대체로 1980년대와 1990년대 초에 청년기를 보냈다. 한국 경제가 빠르게 성장하여 선진국의 문턱을 넘던 시기이다. 필자의 세대가 대학에 다니고 취업했던 1980년대에는 한국의 연평균 경제성장률이 7.5%에 달했다. 대학 성적표가 '시들시들'해도(성적표에 C와 D가 넘쳐나도) 번듯한 직장을 잡는 데 문제없었던 시절이다.

자녀 세대의 청년 시절은 이와 사뭇 다르다. 2010년대의 연평균 경제성장률은 2.3%로 부모 세대 청년기의 3분의 1에 불과하다. 경제성장률 저하는 새로이 사회에 진출하는 청년의 기회를 줄이고 선택의 폭을 좁힌다. 그나마 얻을 수 있는 일자리의 질은 나날이 나빠지고 있다. 청년이 선호하는 대기업들은 신입 공채를 줄이거나 없애고 경력직 채용으로 대체 중이다. 사회 초년생은 허드렛일이라도 하면서 경력을 쌓을 수밖에 없다. 20대 취업자의 비정규직 비율은 계속 높아져서 2024년 8월 기준 43%를 기록했다.[23] '그냥 쉬는' 15~29살 청년도 늘어나서 2024년 말 기준으로 약 41만 명에 이른다.[24] 2024년 20대 취업자 임금 상승률이 전체 연령층 가운데 가장 낮은 1.6%에 그쳤다.[25] 청년의 늦은 취업과 일자리 질 악화는 이들의 생애 총소득을 감소시킬 것으로 우려된다.

우려하는 바와 같이 지금 청년세대의 생애소득이 실제로 부모 세대의 생애소득을 밑도는 일은 발생하지 않을지도 모른다. 사실 경제성장률이 낮아졌다지만 지금 청년이 1980년대의 청년보다 절대적으로는 부유하다. 1985년의 1인당 국내총생산(GDP)은 2,309달러로 2024년 1인당 GDP 3만 6,624달러의 15분의 1에 불과하다. 부유한 나라의 가난한 사람이 가난한 나라의 부유한 사람보다 절대 소득에서는 앞설 수 있다.

그렇지만 이스털린의 상대 소득 가설을 받아들인다면 현재의 청년세대가 가진 생애에 대한 전망은 그리 밝지 않으리라 추측된다. 이들의 장래 기대의 준거가 되는 부모 세대의 생애는 어떠했던가? 한국의 산업화와 근대화가 궤도에 오른 시기에 태어나 보릿고개를 겪지 않으며 어린 시절을 보냈다. 대학 정원이 확대되던 시기에 지금 기준으로는 비교적 쉽게 대학에 진학했고, 성장하는 경제 덕에 높은 학점이나 '스펙' 없이도 안정된 직장을 잡을 수 있었다. 30대 초에 IMF 경제위기를 맞아 당시의 청년층이나 장년층보다는 충격을 덜 받았다. 자신들의 정년이 몇 년 앞으로 다가온 시점에는 국가의 법정 정년이 연장되었다. 자녀 세대가 따라잡기에는 지나치게 운이 좋았던 세대였다고 할 수 있다.

이게 전부가 아니다. 현 청년세대의 미래에는 부모 세대는 몰랐던 위험과 불확실성이 넘쳐난다. 점차 심각해지는 기후위기가 미래 세대의 생존을 위협한다. 이 책이 다루고 있는 인구문제도 청년들의 장래에 어두운 그림자를 드리운다. 청년들은 장래에 자신들이 인구 고령화로 인한 재정적 부담을 떠안을 걱정을 할 수밖에 없다. AI의 발달과 보급은 청년층 고용의 미래를 불확실하게 만든다. 근래 AI가 빠르게 대체한다고 알려진 초급 전문직 일자리 감소의 가장 큰 피해자는 청년층이다. 도널드 트럼프 대통령이 상징하는 미국과 국제 정세의 변화는 과거엔 상상하지 못했던 경제·외교·안보상 불확실성을 초래한다.

"옛날에는 난리를 겪으면서도 아이를 낳아 키웠다"라며 결혼하지 않고 자녀도 낳지 않는 요즘 젊은이를 이해하기 어려워하는 어른을 볼 때가 있다. 절대적인 물질적 생활수준을 따진다면 틀린 말은 아니다. 그렇지만 상대 소득 가설의 주장처럼 사람은 자신의 처지에 대한 '상대평가'에 기초하여 생애에 대한 전망을 형성할 가능성이 크다. 부모 세대의 삶이 그 기준점이라면 오늘날 청년의 전망을 밝지 않을 것이다. 생애 전체를 내다보며 내려야 하는 결혼과 출산 결정이 어려운 이유 가운데 하나이다.

오늘날 청년세대의 결혼과 출산 결정이 자신들의 절대적인 여건보다 부모 세대와 비교한 상대적인 여건에 더 강하게 영향을 받으리라는 가설은 현실과 부합할까? 이 질문에 엄밀하게 답할 수 있는 실증적 증거는 없지만 국가별 데이터를 이용한 분석 결과는 그럴 가능성이 높음을 보여준다.

그림 5-6은 2010년대와 1980년대 평균 경제성장률의 차이와 2010년대 평균 합계출산율 사이 관계를 보여준다. 앞서 설명했지

그림 5-6. '2010년대 평균 경제성장률-1980년대 평균 경제성장률'과 2010년대 평균 합계출산율 간 관계

* 출처: 이철희·노신애 (2025)

만 1980년대는 2010년대 청년층의 부모 세대가 청년기를 보낸 때이다. 부모 세대 청년기의 경제성장률보다 자녀 세대 청년기의 경제성장률이 낮아졌다면 이 변수는 음(-)의 값을 나타낸다.

그림에 나타난 결과는 부모 세대와 비교한 자녀 세대의 경제성장률이 낮아질수록 자녀 세대의 합계출산율이 감소함을 보인다. 이러한 상관관계는 매우 뚜렷하고 통계적으로 유의미하다. 부모 세대 경제성장률에 비해 자녀 세대의 경제성장률이 낮을수록 자녀 세대의 출산율이 낮아진 것이다.

반면 자녀 세대의 소득이나 경제성장률은 자녀 세대의 출산율에 영향을 미치지 못하는 것으로 나타났다. 즉 2010년대에 1인당 소득수준이 높거나 경제성장률이 높은 국가가 같은 기간 유의하게 높은 출산율을 기록하지는 않았다. 또한 부모 세대와 비교한 자녀 세대의 1인당 총소득이 높아질수록 자녀 세대의 합계출산율이 높아지기는 하지만, 그러한 양(+)의 관계는 비교적 약하고 통계적으로도 유의미하지 않았다.

국가별 자료를 이용한 분석 결과는 상대 소득 가설을 지지하는 정황증거로 해석될 수 있다. 오늘날 청년세대의 합계출산율은 현재의 1인당 국민소득, 현재의 경제성장률, 부모 세대의 소득과 비교한 현재의 절대 소득보다는 부모 세대의 경제성장률과 비교한 현재의 경제성장률에 더 강한 영향을 받는 것으로 나타난다.

이 결과는 요즘 청년이 부모의 청년기 삶을 준거 삼아 기대치를 형성하고, 현재 상황이 그 기대치를 얼마나 충족시키는지에 따라 결혼할지, 언제 결혼할지, 자녀를 낳을지, 낳는다면 몇 명이나 낳을지 결정한다는 가설과 부합한다. 절대 소득의 크기에서는 후진국에서 태어나 개발도상국에서 청년기를 보낸 부모 세대를 앞서지만, 성장 및 상향 이동의 가능성이 상대적으로 낮아진 오늘날 청년세대의 생애 전망은 그리 밝지 않으리라 추측할 수 있다.

결혼과 출산의 사회규범은 '전염'되는가?

연구자들은 어떤 사안이든 구조적·체계적으로 설명하는 것을 좋아한다. 출산율 변화 요인에 관한 설명도 마찬가지이다. 지금까지 살펴본 내용들은 대부분 개인의 합리적 결정에 영향을 미칠 수 있는 객관적인 사회경제적 조건들과 관련되어 있다. 그런데 꼭 그럴까? 사람들은 각자의 선호와 소득 여건, 결혼과 출산의 비용을 면밀하게 따져서 자신에게 최적인 선택을 하고, 그 결과 한 사회의 출산율이 결정되는 것일까? 혹시 그저 주위 사람들의 모습과 행동을 관찰하여 무엇이 다수의 일반적 선택인지를 파악한 후 그것을 따르는 게 아닐까? 마치 유행에 뒤처지지 않기 위해 남들이 어떻게 입는지 살펴서 자기 옷을 고르는 것처럼.

역사인구학 연구자들은 19세기 말 출산력 변천이 진행되던 시기, 아이를 적게 낳는 규범이 한 사회의 상위계층에서 하위계층으로 전파됨을 보였다. 결혼이나 출산과 관련된 문화적 혁신은 지역 간에 수평적으로 전파되기도 했다. 예컨대 인류학자 장-피에르 보케-아펠(Jean-Pierre Bocquet-Appel)과 뤼시엔 자코비(Lucienne Jakobi)의 연구는 1981~1901년 영국의 카운티별 자료를 이용하여 피임의 도입이 마치 전염병 확산처럼 인근 지역으로 전이되었음을 보였다.[26]

출산 행위 변화의 지역 간 개인 간 전파는 오늘날에도 발견된다. 사회학자 아그네스 비탈리(Agnese Vitali)와 프란체스코 빌라리(Francesco Billari)의 연구는 1999년부터 2010년까지의 이탈리아 주별 데이터를 분석하여, 지역의 출산율이 해당 지역의 경제·문화·제도적 특성뿐만 아니라 이웃 지역의 출산율 변화에 영향을 받는다는 결과를 얻었다.[27] 발보 니콜레타(Balbo Ncoletta)와 바반 니콜라(Barban Nicola)의 연구는 1990년대 중반부터 2000년대까지 미국 청소년을 추적 조사한 종단자료를 이용하여 친구의 출산이 본인이 자녀를 가질 확률을 높였음을 발견했다.[28]

'친구 따라 강남 간다'라는 말처럼 매우 중요한 결정을 다른 사람을 따라 내리는 일이 적지 않다. 자신이 원하는 바를 알기 어려울 때, 무엇이 적절한 선택인지 확실하지 않을 때, 가까운 사람이나 대다수의 일반적인 선택에 동조하는 편이 안전하다고 느낄 것이다. 모두가 검은 옷을 입고 가는 자리에 혼자서 밝은 옷을 입고 등장하면 위험하다. 결혼과 출산의 결정도 그러할 것이다. 주변 모두가 결혼할 때 혼자 싱글로 남겠다고 결정할 경우 대세를 거스르는 모험으로 여겨질 수 있다.

대세를 따르지 않는 선택에는 비용이 수반될 가능성이 존재한다. 가까운 친구들이 모두 결혼하고 나면 싱글로 남은 소수는 함께 놀아줄 사람을 잃는다. 어쩌다 만나더라도 가족이 있는 친구들의 관심사나 대화 주제에 공감하기 어려운 스스로를 발견한다. 반대로 대세를 따르면 얻는 것이 있다. 아이를 키우는 친구들이 있으면 출산을 결정하는 데 큰 도움이 된다. 육아에 관한 정보를 얻는 것은 기본이고 옷과 장난감을 물려받을 수도 있다.

한국인은 결혼과 출산을 결정할 때 주변 사람들의 행동에 얼마나 강하게 영향을 받을까? 결혼이나 출산과 관련된 사회규범의

'전염력'은 얼마나 강할까? 정황증거들은 그럴 가능성이 크다고 알려준다. 그 증거 가운데 하나는 나이, 소득수준, 학력, 지역과 무관하게 한국의 출산율 변화가 거의 비슷한 시간적 추이를 보인다는 사실이다. 나이 및 소득수준별 출산율 변화 추이는 이미 3장과 4장에서 살펴본 바 있다. 자녀 수에 따른 유배우 출산율의 변화 추이는 모든 연령층에서 유사하게 나타났다(109쪽 그림 3-6). 소득분위별 합계출산율 역시 수준의 차이만 보였을 뿐 시간적 추이는 다르지 않았다(129쪽 그림 4-1).

그림 5-7은 2000~2022년 서울, 기타 수도권(인천, 경기), 광역시, 중소도시 및 군 지역 등 네 권역의 합계출산율 변화를 보여준

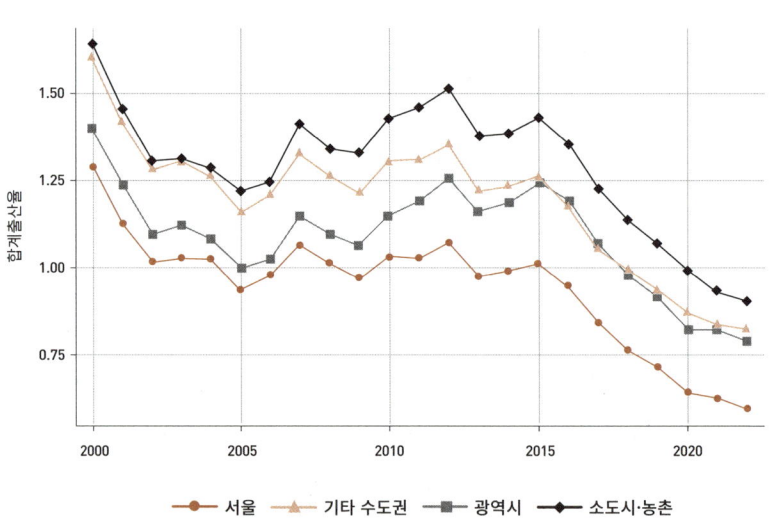

그림 5-7. 2000~2022년 권역별 합계출산율 변화

* 출처: 통계청, 인구동향조사

다. 소득분위별 합계출산율의 경우처럼 권역 간 합계출산율 차이는 큰 반면 시간적 추이는 네 권역에서 유사하게 나타난다. 물론 권역 간 출산율 추이에도 약간의 차이는 있다. 예컨대 2005년경까지는 기타 수도권과 소도시·농촌의 출산율이 비슷했지만, 이후 기타 수도권의 출산율이 상대적으로 더 낮아지면서 두 권역 사이 간격이 벌어지는 현상이 나타났다. 그러나 출산율 변동의 타이밍, 방향성, 규모는 매우 유사하다는 사실을 부정하기 어렵다.

그림 5-8은 2000년부터 2023년까지의 광역시도별로 합계출산율 변화를 비교한 결과를 보여준다. 지역을 더 세분화해도 출산율 변화의 추이는 유사하게 나타난다. 물론 세종과 제주에서 얻은 결과가 전반적인 추이와 다르고 시도마다 출산율의 수준도 같지는 않다. 하지만 2000~2005년의 가파른 감소세, 2005~2012년의 완만한 상승세, 2012~2023년의 가파른 감소세와 중간의 단기적 등락에 이르기까지 개별 시도의 출산율 변화 추이는 놀라우리만큼 전국 및 권역별 추이와 닮았다.

모든 계층, 모든 지역의 출산율이 거의 같은 변화 추이를 보이는 현상은 앞에서 다루었던 결혼과 출산의 사회경제적 요인들만으로 한국의 출산율 변동을 설명하기 어려움을 시사한다. 예컨대 일자리 질, 주택 가격, 사교육비 지출 부담이 변했다고 가정하자. 이러한 변화가 결혼이나 출산의 결정에 미치는 효과는 사회경제적 특성에 따라 차이가 있을 것이다. 일자리가 안정적이고 소득이 높은 사람의 출산 결정은 이러한 요인 변화에 영향을 덜 받을 가능성이 크다. 또한 노동시장, 주택시장, 교육여건은 지역에 따라

그림 5-8. 2000~2023년 시도별 합계출산율 변화

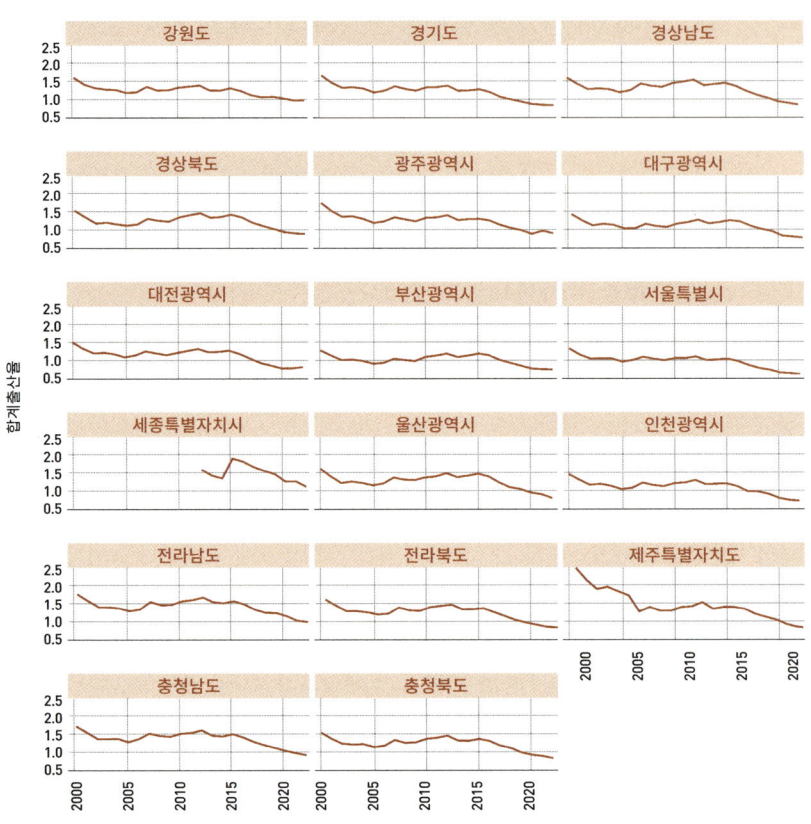

* 출처: 통계청, 인구동향조사

상당한 차이가 있다. 따라서 이 요인의 변화가 모든 지역에 똑같은 결과를 일으키기란 쉽지 않다.

그렇다면 이 현상을 어떻게 설명할 수 있을까? 두 가지 가능성을 생각해볼 수 있다. 첫 번째 가능성은 결혼과 출산에 영향을 미치는 요인의 영향이 빠르게 전파된다는 것이다. 이를테면 한 지역의 특정 집단에서 시작된 사교육 경쟁이 빠르게 모든 지역으로 확산하는 경우를 떠올릴 수 있다. 대치동에서 성공한 학원이 금방 전국 각지에 분원을 만들고 그 학원에 들어가기 위한 치열한 경쟁도 널리 '전염'되는 현상이 그 사례이다. 서울의 '노른자 지역' 집값이 뛸 때, 여기서 집을 살 수 없는 사람들의 매수세가 인근 지역으로 퍼지면서 주택 가격 상승이 번지는 사례도 있다.

두 번째 가능성은 결혼과 출산의 사회규범이 매우 빠르게 모든 사회경제적 계층과 지역으로 퍼져 나간다는 것이다. 어디선가 누군가에 의해 드러난 혼자 사는 삶 혹은 자녀가 없는 삶의 모델이 계층과 지역의 벽을 넘어 빠르게 확산하며 새로운 사회규범으로 정착되는 일이 벌어지고 있을 수 있다. 주지하듯이 사람들은 다수가 받아들이는 삶의 방식에 동조할 가능성이 있다. 주변에 결혼하지 않는 사람들, 자녀를 갖지 않는 사람들이 늘어나면 비혼 혹은 부부끼리 사는 선택이 점점 더 익숙하고 자연스러운 선택지가 될 수 있다.

실제로 자기와 유사한 주변 사람들 가운데 결혼하지 않은 경우가 늘어나면 내가 결혼하지 않을 가능성이 커질까? 또 주변에 결혼해서도 자녀를 갖지 않는 사람의 비중이 커지면 내가 결혼해서도 아이를 낳지 않을 확률이 높아질까? 필자와 황영지 박사가 진행하고 있는 연구의 결과는 '그럴 가능성이 있다'라는 잠정적인 결론을 제시한다.[29]

2000년부터 2023년까지의 시군구별 데이터를 이용한 분석 결과는 나와 나이 및 학력이 비슷한 주변 사람들 가운데 결혼하지 않은 사람의 비율이 높아지면 내가 결혼할 확률이 낮아지는 경향을 보여준다. 예컨대 그림 5-9에 제시된 결과는 25~29세 고학력 여성의 시군구별 무배우 여성 비율과 다음 해의 시군구별 무배우 여성 혼인율 사이에 매우 뚜렷한 음(-)의 관계가 존재함을 드러낸다. 이러한 결과는 다른 나이-학력의 조합을 가진 여성에 대해서도 유사하게 나타난다.

분석 결과는 또한 나이와 학력이 비슷한 유배우 여성 중 무자녀

그림 5-9. 시군구의 25~29세 고학력 무배우 여성 비율과 무배우 여성 혼인율 간 관계

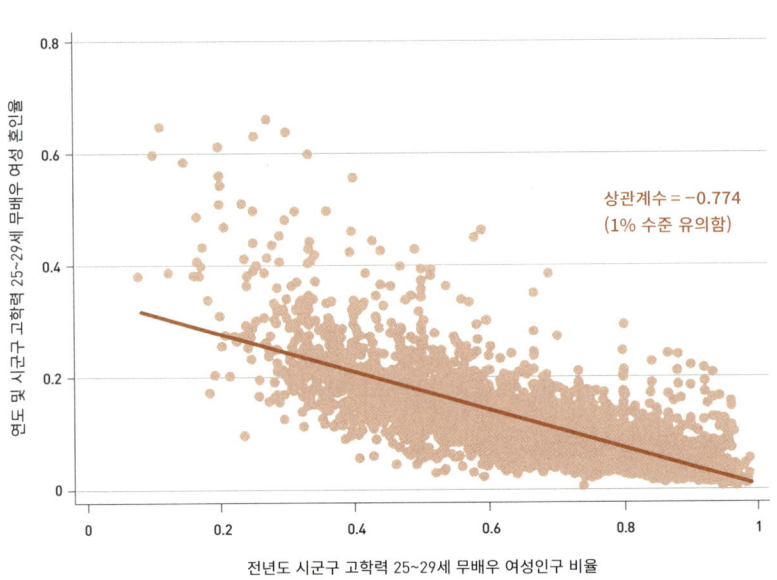

* 출처: 이철희·황영지 (2025)

비율이 높아지면 '나'의 첫째 출산율이 낮아지는 관계도 보여준다. 예를 들어 그림 5-10에 나타난 결과는 25~29세 고학력 유배우 여성의 시군구별 무자녀 여성 비율과 다음 해의 무자녀 유배우 여성의 첫째 출산율 사이에 강한 음(-)의 관계가 존재함을 보여준다. 다른 나이대와 학력의 유배우 여성에 대해서도 질적으로 비슷한 결과가 도출되었다.

그런데 이 결과는 정말 '이웃 효과'를 반영한 것일까? 이웃 효과가 없더라도 그림이 보여주는 관계가 나타날 수도 있다. 예를 들

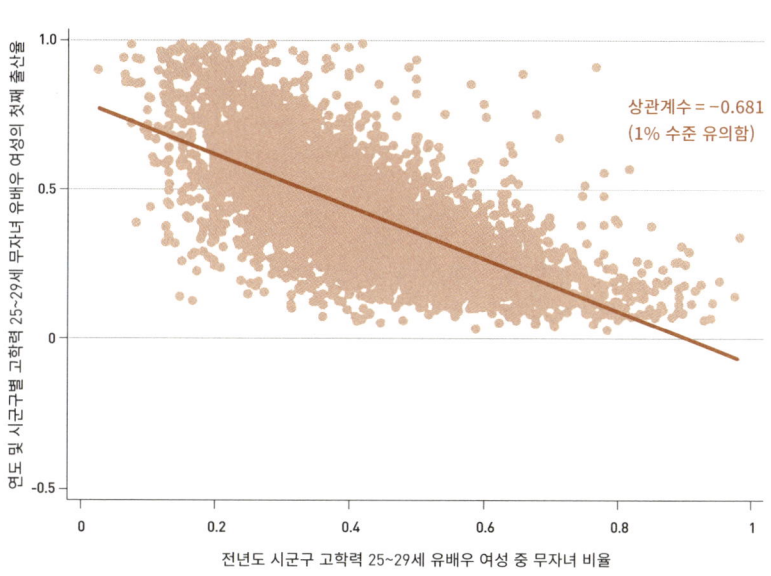

그림 5-10. 시군구의 25~29세 고학력 유배우 여성 중 무자녀 비율과 무자녀 유배우 여성의 첫째 출산율 간 관계

* 출처: 이철희·황영지 (2025)

어 어떤 지역이 혼자 살기 좋은 환경을 갖추면 독신으로 남을 의향이 강한 사람이 많이 이주하여 무배우 비율이 높아지고 동시에 무배우 혼인율이 낮아질 수 있다.

그러나 추가 분석 결과는 이웃 효과가 실제로 작용했을 가능성에 무게를 싣는다. 수많은 도표를 보느라 이미 충분히 골치가 아플 독자들을 위해 이 분석 결과와 관련된 더 자세한 논의는 5장 부록으로 미루고 여기서는 굵직한 결과만 요약하여 소개하려고 한다.

첫째, 결혼과 출산의 결정이 자신과 동질적인 사람들에게 더 강한 영향을 받는 것으로 나타났다. 나이나 학력이 다른 이웃의 영향력은 그보다 약했다. 둘째, 더 긴 시차를 고려하더라도 주변 사람의 특성이 결혼과 출산에 미치는 영향은 계속 유지되었다. 예컨대 시군구의 유배우 여성 비율은 5년 후의 무배우 혼인율에도 유의한 음(-)의 효과를 보였다. 이는 모두 실제 이웃 효과가 존재할 때 기대되는 결과들이다.

이 연구로 얻은 또 다른 흥미로운 결과는 시간이 지남에 따라 이웃 효과가 더 강해졌다는 것이다. 이를테면 시군구 무배우 여성 비율과 무배우 여성 혼인율 사이의 관계를 시기별로 나누어 살펴보면, 2000년에는 뚜렷한 연관성이 나타나지 않다가 2010년경 음(-)의 관계가 드러나기 시작하고 2023년에는 매우 강한 음(-)의 관계가 드러났다. 마찬가지로 시군구별 유배우 여성 중 무자녀 비율과 무자녀 유배우 여성의 첫째 출산율 간 음(-)의 관계는 2010년 이후가 되어서야 나타나기 시작했다.

왜 근래 들어서 이웃 효과에 의한 결혼과 출산 감소 현상이 강화되었는지는 확실하지 않다. 다만 한 가지 생각해볼 수 있는 설명은 소셜네트워크서비스(SNS)의 확산이다. 2010년은 현재 세계의 젊은이들이 가장 많이 이용하는 SNS인 인스타그램이 출시된 해이다. 이 SNS는 특히 다른 사람의 생활과 사회적 유행의 변화를 파악하게 해주는 기능이 뛰어나다고 알려져 있다. 지난 15년간 한국의 인스타그램 이용자는 급격하게 늘어서 2025년 2월 기준 월간 활성 이용자 수가 2,644만 명으로 집계되었다. 실제로 SNS 확산이 결혼이나 출산에 관한 사회규범의 공유와 확산에 어떤 영향을 미쳤는지는 알려지지 않았다. 그렇지만 어떤 생각이나 생활 방식이 주변 사람들에게 빠르게 확산하는 일을 가능하게 하는 매개체가 생겨난 것은 사실이다. 전반적으로 결혼과 출산이 줄어드는 시기에 이웃 효과는 이미 나타난 경향을 더 강화하는 역할을 하는 것으로 보인다.

압축적인 성장의 어두운 그림자

이번 장에서 살펴본 출산율 감소의 사회적·문화적 요인의 영향은 아마도 어떤 국가에서든 발견할 수 있을 것이다. 여성이 가정과 사회에서 마주하는 불리함이나 청년이 느끼는 상대적 박탈감은 많은 사회가 공통으로 겪는 문제이다. 그러나 한국은 특별해 보인다. 유독 세대 간, 남녀 간 대립과 갈등이 심하게 느껴진다. 성별 임금격차나 청년 고용률 같은 객관적인 지표에서도 한국의 '특별함'이 드러난다. 왜 그럴까? 이 어려운 문제에 쉽게 답하기는 어렵지만, 매우 짧은 기간에 최빈국 중 하나에서 선진국으로 도약한 압축성장의 경험을 가능한 요인 가운데 하나로 지적하고 싶다.

서구 선진국에서 100년이 넘는 기간에 걸쳐 진행된 근대화와 산업화의 과정이 한국에서는 불과 수십 년 사이에 완수되었다. 1953년 67달러에 불과하던 1인당 GDP는 1977년 1,000달러를 달성했고 1995년 1만 달러를 넘어섰으며 2007년에는 2만 달러를 기록했다. 경제성장만 빠르게 진행되지도 않았다. 사회와 문화도 숨 가쁘게 변했다. 교육수준이 높아졌고 여성의 사회적 역할에 관한 사회규범도 바뀌었다.

그렇다면 이와 같은 압축성장의 경험은 어떻게 결혼과 출산의 사회적·문화적 요인으로 작용했을까? 첫째, 빠른 경제적 변화는 부모와 자녀 세대의 경험을 극적으로 갈라놓는 역할을 했다. 《추락하는 것은 날개가 있다》라는 이문열 작가의 장편소설이 있다. 1988년에 출간되어 1990년에는 영화화되기도 했다. 소설 제목이 알려주듯이 추락하기 위해서는 높이 올라가야 한다. 지금의 청년 세대가 경험하는 경제성장률이 부모 세대가 누린 것보다 훨씬 낮은 이유는 근래의 경제적 성과가 나쁘기 때문이기도 하지만, 동시에 부모 세대가 예외적인 고도성장을 경험했기 때문이기도 하다.

한국보다 천천히 성장하고 완만하게 내리막길을 걸어온 국가에서는 부모 세대와 자녀 세대의 삶이 비교적 동질적이다. 따라서 부모 세대와의 비교가 자녀 세대의 전망에 미치는 효과가 크지 않을 것이다. 이스털린의 상대 소득 가설은 1930년대 대공황과 이어진 자본주의의 황금기와 같은 미국의 예외적 격변기를 배경으로 한다. 30년에 걸친 압축성장과 뒤이은 30년간의 가파른 내리막길을 경험한 한국 근대사는 부모 세대와의 비교가 청년의 생애 전망에 부정적인 영향을 미치는 조건을 제공했다고 하겠다.

둘째, 압축성장에 기인하는 빠른 사회적·문화적 변화는 같은 시대에 매우 다른 성역할 규범을 가진 사람들이 공존하는 상황을 만들었다. 사람들의 사회적·문화적 규범은 성장기에 부모의 영향을 받으면서 형성되기 때문에 성인이 된 후 경험하는 세상의 변화에 맞추어 바뀌지 않을 가능성이 크다. 주변을 둘러보면 19세기 조선 양반이 가졌을 법한 사회규범의 소유자들과 21세기의 가장 개방적이고 진보적인 사회규범을 가진 사람들이 같은 동네, 직장, 가정을 공유하는 사례가 적지 않다.

사회적·문화적 규범의 차이는 결혼과 출산의 결정에도 영향을 미친다. 넷플릭스 시리즈 〈폭싹 속았수다〉에서 금명은 남편 뒷바라지를 위해 일을 포기하는 전통적인 며느리상을 강요하는 예비 시어머니와 그런 어머니를 거역하지 못하는 약혼자에게 실망하여 결혼을 깬다. 이는 특정한 사람과 결혼하기 어려운 문제만이 아니다. 성역할 규범과 관련된 잠재적 갈등과 충돌의 가능성은 결혼과 출산의 불확실성을 높이는 요인 가운데 하나이다. 미리 예상치 못했던 결혼 생활과 자녀 양육의 부담이 부당하게 강요될 가능성은 결혼과 출산의 유인을 감소시킬 수 있다.

2장에서 한국에 버금가는 수준으로 출산율이 낮고 출생아 수가 빠르게 감소한 나라들이 있음을 지적한 바 있다. 거기에 속하는 홍콩, 싱가포르, 대만은 한국과 함께 아시아의 네 마리 용으로 불리며 1960년대 이후 세계적으로 높은 경제성장률을 달성했다. 중국은 이 국가들의 뒤를 이어 1980년부터 매우 빠른 속도로 성장하였다. 이렇듯 압축성장을 경험한 아시아 국가들이 성장 둔화와 함께 가파른 출산율 하락을 경험한 것은 결코 우연이 아닌 듯하다.

……

지난 30년간 한국에서 빠르게 진행된 결혼과 출산의 감소는 그야말로 온갖 근본적인 사회문제들이 총체적으로 발현한 결과라고 할 수 있다. 경제적·사회적 불평등 심화와 일자리 질의 저하는 노동시장과 교육에서 치열한 경쟁을 낳고 있다. 지역 간 불균형 심화는 집값을 높이는 요인으로 작용하고 있다. 자녀 교육 부담과 주거비가 높아지고 일자리와 소득 불안정성이 커지는 상황에서 자녀를 낳아 기를 수 있는 경제적 능력을 갖추기란 쉽지 않다.

성평등의 개선 속도가 여성의 변화를 따라가기에 너무 느린 바람에 여성이 가정과 직장에서 직면하는 결혼과 출산의 페널티는 더 커졌다. 청년이 당면한 한국 사회와 경제의 현실은 그들이 기대하던 삶에 미치지 못한다. 생애에 대한 전망이 밝지 않은 상황에서 결혼하고 아이 낳기를 결정하기는 어렵다. 혼자 살고 자녀를 갖지 않는 사회적·문화적 규범이 빠르게 확산하며 강화되고 있다.

이와 같은 한국의 저출산 문제가 수면 위로 올라오면서 국가적 관심사가 된 지는 제법 오래되었다. 20년 전에는 이에 대응하기 위한 정부의 노력이 본격적으로 시작되었다. 그리고 그간 많은 예산이 투입되며 여러 정책을 시행한 바 있다. 그런데 왜 사정은 나아지지 않았을까? 세간의 비판처럼 한국의 저출산 대책은 실패한 것일까? 그렇다면 왜 실패했을까? 향후 개선의 여지는 없을까? 3부에서는 이러한 질문에 대한 답을 모색한다.

저출산 대책의 빛과 그림자

3부

6장

한국의 저출산 대응 정책, 완전한 실패도 괄목할 성공도 아닌

미국 시인 로버트 프로스트가 쓴 〈가지 않은 길(The Road Not Taken)〉이라는 시가 있다. 필자가 학생이었던 시절, 교과서에 실릴 정도로 널리 알려진 시이다. 젊은이는 지금의 선택이 나를 어떤 길로 이끌 것인지 궁금해하며, 나이 든 사람은 과거에 혹시 다른 선택을 했더라면 어떤 삶을 살게 되었을지 상상하며, 이 시를 읽을 것 같다. 피천득 시인이 번역한 시는 다음과 같이 끝맺는다.

> 훗날에 훗날에 나는 어디선가
> 한숨을 쉬며 이야기할 것입니다.
> 숲속에 두 갈래 길이 있었다고,
> 나는 사람이 적게 간 길을 택하였다고,
> 그리고 그것 때문에 모든 것이 달라졌다고.

자신이 걷지 않은 길이 어땠을지 상상하는 일은 개인의 자유에 맡겨져 있다. 그렇지만 그 상상에 따라 각자가 내린 선택이 잘된 것인지 잘못된 것인지가 갈린다. 나는 왜 그때 그 사람의 말을 믿고 지금의 전공을 선택했을까? 다른 학과에 진학하고 다른 분야의 일을 했다면 내 삶은 더 행복해지지 않았을까? 아니, 그래도 꾸역꾸역 버티며 잘 맞지 않는다고 생각한 분야를 떠나지 않았기에 그나마 이만큼의 삶을 누리고 사는 것 아닐까? 일어나지도 않은 가상의 결과를 곱씹는 일은 부질없지만 떨쳐내기 어렵다.

그런데 발생하지 않은 가상의 현실을 꼼꼼하게 잘 따져야 제대로 된 결론을 얻을 수 있는 일도 있다. 정책에 대한 평가도 그 가운데 하나이다. 물론 어떤 정책은 그러지 않고도 그 효과를 검증할 수 있다. 예컨대 사람들을 무작위로 나누어 실험군에 속한 일부에게만 특정한 지원을 하는 경우, 그들에게 나타난 결과와 대조군에 속한 나머지 사람들에게 나타난 결과를 비교함으로써 정책이 어떤 변화를 불러일으켰는지 평가할 수 있을 것이다. 이때 대조군에 나타나는 결과는 정책이 없었을 경우 어떤 변화가 발생했을지를 추측하게 해준다. 가상의 결과를 따로 고민할 필요가 없는 셈이다.

그러나 이처럼 실험적인 설계를 하고 나서 시행되는 정책은 많지 않다. 많은 중앙정부의 정책은 전 국민을 대상으로 한다. 코로나19 대유행 시기의 재난지원금 지급이나 2025년 여름 민생회복 소비쿠폰 지급 등이 그 사례이다. 이 경우, 정책의 혜택을 받지 않은 적절한 대조군이 없으므로 정책을 시행하지 않았을 경우 어떤 결과가 나타났을지 직접 확인하기 어렵다.

　이런 사정 때문에 정책당국은 일반적으로 수혜자에게 어떤 변화가 있었는지 관찰함으로써 정책을 평가한다. 예를 들어 국가가 국민 건강 증진을 위해 영양제를 지급했다고 하자. 지급 이후 국민의 건강이 개선되었다면 정책당국은 이를 기초로 영양제 지급 정책이 효과가 있었다고 발표할 것이다.

　그런데 과연 적절한 평가일까? 이는 정책이 없었을 경우 사람들의 건강 상태에 변화가 없었을 것임을 암묵적으로 가정한다. 이렇게 가정한다면 무엇인가가 전보다 나아졌다는 사실은 정책 효과가 있었음을 의미한다. 하지만 실제로는 정책이 없었을 경우 어떤 결과가 나타났을지 정확하게 알기는 어렵다. 이를테면 같은 시기에 나트륨 섭취를 줄이는 운동이 온 국민에게 번져서 영양제 지급 효과 없이도 사람들의 건강이 개선되었을지도 모른다.

　만약 시행 이후에 사람들의 건강이 나아지지 않았거나 나빠졌다면 영양제 지급 정책은 효과가 없었거나 오히려 부작용이 컸다고 보아야 할까? 마찬가지 이유로 판단하기 어렵다. 정책이 시행되지 않았을 경우 어떤 결과가 나타났을지 모르기 때문이다. 같은 시기에 전국적인 무더위가 찾아오는 바람에 영양제 지급과 무관하게 국민 건강 상태가 나빠졌을 수 있다. 영양제를 복용하게 함으로써 아주 많이 나빠졌을 수 있는 국민 건강이 그나마 덜 나빠졌을 가능성도 있다. 이 경우, 국민 건강 악화에도 불구하고 영양제 지급 정책은 실제로 효과적이었다고 평가하는 편이 타당할 것이다.

근래 국가가 시행한 여러 정책 가운데 저출산 대응만큼 부정적인 평가를 받는 정책도 드물 듯하다. 2005년 저출산고령사회위원회가 구성되고 2006년부터 제1차 저출산·고령사회 기본계획이 시행되면서 본격적으로 시작된 지난 20년간의 정부 저출산 대책에 대한 평가에는 대부분 '실패'라는 꼬리표가 붙는다. 저출산 문제와 관련된 많은 언론보도에는 '수백조 원 예산을 쏟아부었지만 아무런 성과도 얻지 못했다'라는 첨언이 따르곤 한다. 이러한 평가는 타당할까? 정말 정부 정책은 아무런 효과를 거두지 못했을까?

저출산 대책을 시행하지 않았다면 벌어졌을 일들

한국의 저출산 대책이 '완벽한 실패'였다는 주장의 근거는 막대한 예산 투입과 수많은 정책 시행에도 불구하고 합계출산율이 높아지지 않았고 최근에는 오히려 큰 폭으로 떨어졌다는 사실이다. 그러나 정책 효과를 정확하게 평가하려면 합계출산율의 실제 변화를 관찰하는 것만으로 충분하지 않다. 몇 가지 추가 작업이 필요하다.

첫째, 영양제 지급의 예를 들면서 지적했듯이 정부 정책이 시행되지 않았을 경우 출산율이 어떻게 변했을지 알아야 적절한 평가가 가능하다. 저출산 대응 정책이 진공상태에서 시행되지 않으므로 그 효과가 다른 사회경제적 요인이나 정책적 요인에 의해 증폭

되거나 상쇄될 수 있다. 4장과 5장에서 교육, 주거, 노동, 성평등 등과 관련된 다양한 요인이 결혼과 출산의 결정에 영향을 미친다는 점을 지적한 바 있다.

그러므로 실제로는 저출산 대책이 효과가 있었더라도 다른 사회경제적·정책적 요인들이 이를 압도하여 출산율이 낮아졌을 가능성을 염두에 두어야 한다. 달리 표현하자면, 정책 시행이 없었을 경우 다른 요인들의 영향으로 실제보다 더 나쁜 성과가 나타났을 가능성을 고려해야 한다. 그러니까 정책을 평가할 때에는 다른 정책이나 사회경제적 환경의 영향을 최대한 통제하여 정책이 시행되지 않은 경우와 비교해 어떤 성과를 얻었는지를 따져야 한다.

둘째, 해당 정책의 영향을 받을 것으로 기대되는 인구집단 혹은 성과지표를 면밀하게 관찰할 필요가 있다. 예컨대 고령자의 인지 능력을 높일 수 있는 약품을 지급해놓고 청소년의 성장 정도를 성과로 살펴서는 곤란하다. 저출산 대응 정책도 그 성격에 따라 영향을 받을 수 있는 대상과 기대되는 결과가 다르므로 이에 맞게 적절한 성과지표를 선택해야 한다.

예를 들어보자. 아이가 태어나는 가구에 현금을 지급하는 정책이나 자녀 보육을 지원하는 정책은 주로 결혼한 사람이 자녀를 낳을 유인을 높이는 효과가 있다. 물론 결혼해서 무조건 아이를 낳아 키우겠다는 사람의 경우, 이러한 정책이 결혼 결정에도 어느 정도 영향을 미칠 수 있다. 그러나 가장 직접적인 수혜자는 결혼하여 아이를 낳을지 말지 고민하는 사람일 것이다. 따라서 이러한 정책의 효과를 평가하기 위해서는 유배우 출산율을 성과지표로 이용하는 편이 타당하다.

적절한 지표를 이용하고 정책이 시행되지 않았을 경우 나타났을 반사실적 결과를 고려하는 작업이 정책 평가를 어떻게 바꿀 수 있는지 보여주는 예를 들어보자. 제1차 및 제2차 저출산·고령사회 기본계획 시행 기간인 2006~2015년에 합계출산율은 1.13에서 1.24로 그다지 높아지지 않았으며 이미 이때부터 저출산 대책은 실패했다는 평가를 들었다. 그런데 이 시기의 저출산 대책은 보육 및 양육 지원 등 결혼한 사람이 자녀를 가질 유인을 높이는 데 집중되어 있었다. 2016년 저출산 대책에 편성된 약 21조 원의 정부 예산 가운데 약 16조 원이 육아 및 보육과 관련된 항목으로 구성되어 있었다. 이러한 사정을 고려할 때, 이 시기 저출산 대책의 평가 지표로는 유배우 출산율을 이용하는 편이 적절할 것이다.

그렇다면 이 기간 유배우 출산율은 어떻게 변했는가? 3장에서 살펴본 바와 같이 상당한 폭으로 높아졌다. 25~39세 유배우 여성 1,000명당 출생아 수는 2005년부터 2012년까지 약 90명에서 약 130명으로 늘어났다. 합계출산율은 오르지 않았지만 해당 정책으로 기대할 수 있는 효과는 나타난 것이다. 그런데 왜 합계출산율은 오르지 않았을까? 이 기간 결혼하지 않은 여성의 혼인율이 떨어지면서 유배우 여성 비율이 낮아졌기 때문이다.

만약 정책이 없었을 경우 결과는 어떠했을까? 이 또한 이해를 돕기 위해 예를 들어보자.[1] 먼저 2005년부터 2012년까지 나타난 유배우 출산율 증가가 전적으로 정책 효과에 기인한다고 가정하자. 이 시기 유배우 출산율 증가는 제1차 저출산·고령사회 기본계획 발표와 함께 시작되었다. 그리고 이 장의 나머지 부분에서 설명하겠지만 양육과 보육을 지원하는 정책은 유배우 출산율을 높였다. 따라서 정책 효과가 이 기간 유배우 출산율 증가의 중요한 요인 가운데 하나였을 가능성이 있다. 물론 정책 효과가 유배우 출산율 증가를 전부 설명한다는 가정은 비현실적이다. 하지만 선명한 예시를 드는 데에는 유용할 것으로 판단한다.

정책 효과를 판단하는 방법 중 하나는 그 정책 외의 요인이 변하지 않았을 경우 어떤 결과가 나타났는지 보는 것이다. 그림 6-1은

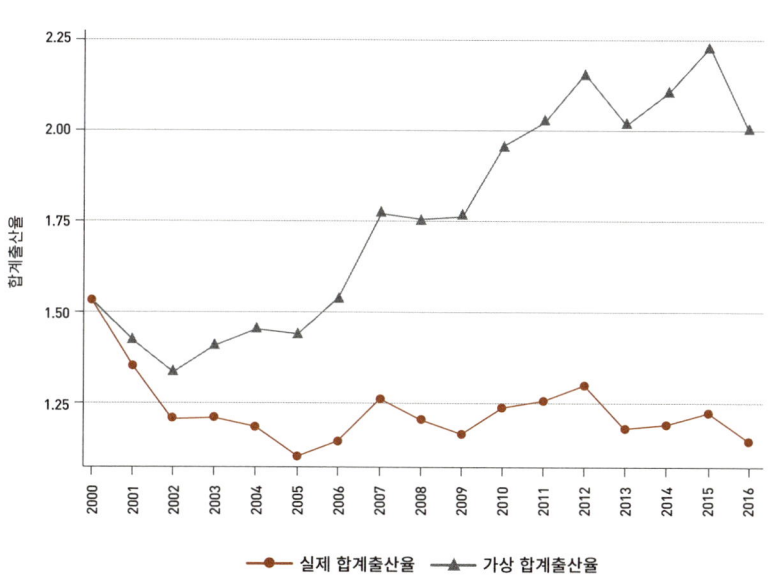

그림 6-1. 2000~2016년 실제 합계출산율과
2000년 기준 유배우 여성 비율 유지 시 가상 합계출산율

* 출처: 이철희 (2018)

이를 위해 2000년 이후 정책에 영향을 받았다고 가정한 유배우 출산율만 실제대로 변화하고, 다른 요인에 영향을 받았다고 가정한 유배우 여성 비율은 변화하지 않았을 경우 나타났을 가상의 합계출산율 변화를 실제 합계출산율 변화와 비교해준다. 만약 유배우 여성 비율이 감소하지 않고 유지되었다면, 유배우 출산율 증가에 힘입어 2005년 이후 합계출산율이 가파르게 상승하여 2015년에는 2.2 정도에 도달하고 2016년에는 2.0을 기록했으리라 추정된다. 2016년의 실제 합계출산율 1.17보다 한참 높은 수치이다. 즉 다른 요인의 '방해'가 없었다면 정부 정책은 '성공'으로 평가되었을지도 모른다.

정책 효과를 판단하는 다른 방법은 그 정책이 없었을 경우 어떤 결과가 나타났을지 살펴보는 것이다. 여기서 설정한 가정은 정책이 없었다면 유배우 출산율은 변하지 않았다는 것이다. 그림 6-2는 2000년 이후 유배우 출산율은 유지되고 다른 요인 때문에 유배우 여성 비율만 변화했을 경우 나타났을 가상의 합계출산율 변화를 보여준다. 2005년 이후 가상의 합계출산율은 가파르게 떨어져서 2016년 0.73까지 낮아졌으리라 추정된다. 실제치 1.17의 3분의 2에도 미치지 못하는 수준이다. 아무런 정책도 시행되지 않았다면 합계출산율이 역대 최저치 0.73으로 떨어지는 시점이 7년 앞당겨졌을 것이다. 이 결과 역시 정부 정책을 성공으로 보이게 한다. 더 많이 나빠질 수 있었던 상황을 덜 나빠지게 만든 것도 중요한 성과이기 때문이다.

이상의 예시는 물론 가상이다. 실제로 정책 효과가 이렇게까지

그림 6-2. 2000~2016년 실제 합계출산율과 2000년 기준 유배우 출산율 유지 시 가상 합계출산율

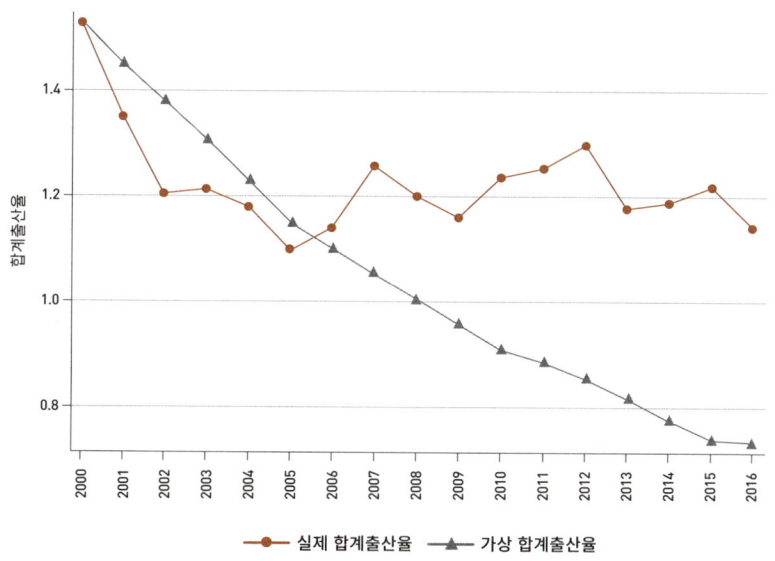

* 출처: 이철희 (2018)

강력하지는 않았을 것이다. 그렇지만 합계출산율 변화만 보고 정책의 성패를 판단하는 방식이 타당하지 않다는 사실은 명백해 보인다. 한국의 출산율은 너무 빨리 떨어지고 너무 낮아져서 늘 실제 나타난 현실이 가능한 최악으로 인식된다. 따라서 무언가를 하지 않았다면 혹은 무언가가 잘못되었다면 실제보다 더 나쁜 상황이 벌어졌으리라는 상상을 하기 어렵다.

그러나 출산율이 0에 이르지 않는 한 현재가 가능한 최저 수준이라고 판단할 근거는 별로 없다. 4장과 5장에서 살펴보았듯이 다양한 요인들이 한국 사회에서 아이를 낳아 키우기 어렵게 만들고 있다. 이러한 상황에서 저출산 대응 정책 시행은 언덕 위로 돌을 굴려 올리는 일과 같다. 더 가파를 수 있었던 출산율 감소 속도를 완화하는 일도 중요한 성과로 평가되어야 한다.

저출산 대책에 대한 평가는 우선 각각의 정책이 실제로 어떤 효과를 얻었는지 엄밀하게 파악하는 데에서 시작해야 한다. 쓸 수 있는 데이터를 잘 활용하고 적절한 성과지표와 분석 방법을 적용하여 그 정책이 없었을 경우와 비교했을 때 성과지표에 어떤 변화가 나타났는지 추정하는 일이 필요하다. 지금부터는 필자와 필자의 공동연구자들이 수행했던 연구를 토대로 근래 시행된 저출산 대책에서 가장 중요한 방안이라고 할 수 있는 현금 지원, 육아휴직 지원, 보육 지원 정책의 효과성을 따져본다.

출산지원금 효과가 전혀 없었다는 주장에 대한 데이터 기반 반박

2015년 이후 출생아 수가 가파르게 감소하면서 국가도 더 적극적으로 출산 지원 정책을 펴고 있다. 특히 중앙정부 차원의 현금 지원 정책이 강화되는 경향이 눈에 띈다. 2018년 9월부터는 만 6세 미만 아동이 있는 가정에 매월 10만 원의 아동수당을 지급하기 시작하였고 2019년 9월부터는 만 7세까지 지급 대상이 확대되었다. 2025년 5월 출범한 이재명 정부는 아동수당 지급을 만 13세까지 확대하기로 했다. 2022년부터는 자녀를 낳은 집에 200만 원 바우처를 지급하는 첫만남이용권 제도가 도입되었다. 2023년부터 지급되기 시작한 부모급여는 2024년 인상되어 만 0세 아동은 월 100만 원, 만 1세 아동은 월 50만 원을 받는다.

중앙정부 차원의 현금 지원 정책이 어떤 효과를 얻었는지는 아직 엄밀하게 분석된 적이 없다. 그런데 판단 근거가 충분하지 않음에도 저출산 대응 정책 방안으로서 현금 지원에 대한 일반 국민의 이미지는 그리 좋지 않다. 저출산을 초래하는 근본적·구조적 사회경제적 문제들이 개선되지 않는다면 현금 지원만으로 성과를 얻기 어려울 것이라는 비판이 제기된다. 자녀를 키우는 데 소요되는 다양한 유형의 비용을 고려할 때 현재의 지원 수준으로는 출산의 유인을 높이기 어렵다는 지적도 있다.

그러나 다른 국가의 사례를 분석한 연구의 상당수는 현금 지원이 출산율을 높이는 효과가 있었음을 발견한 바 있다. 예컨대 다수의 연구는 캐나다의 일부 주에서 도입된 아동수당이 출산율을 높였다는 결과를 얻었다.[2] 독일의 보편적 양육수당 지급과 스페인의 아동수당 지급도 출산율을 유의하게 높인 것으로 나타났다.[3] 이스라엘의 출산지원금 지급과 아르헨티나의 양육수당 지급 역시 출산율을 높이는 결과를 가져왔다.[4] 국가별 데이터를 이용한 분석 결과도 가족수당이 증가할 때 합계출산율이 높아졌음을 보여준다.[5]

그렇다면 한국의 현금 지원 정책은 실제로 출산율에 어떤 영향을 미쳤을까? 현재로서는 중앙정부 현금 지원 정책의 효과를 직접 검증하기란 어렵다. 해당 정책이 없었을 경우 나타났을 결과를 합리적으로 추측하기 위해서는 그 정책의 대상이 되지 않았던 사람들(대조군)에게서 나타난 변화를 관찰해야 한다. 그런데 모든 사람을 대상으로 한 중앙정부 정책의 경우 적절한 대조군을 설정하기 어렵다.

만약 갑자기 엄청나게 큰 액수의 현금 지원이 도입된 경우라면 정책 시행 직후 전국의 출산율이 단절적으로 높아졌는지를 분석하는 방법을 도입할 수 있을 것이다. 그러나 중앙정부 정책 가운데 그러한 사례는 찾기 어렵다.

이런 사정으로 현금 지원 효과에 관한 국내 연구들은 주로 지방자치단체들의 출산지원금 지급 사례를 분석하였다. 지역의 저출산 문제를 완화하기 위해 2000년대 중반부터 많은 지방자치단체가 출산지원금을 지급하기 시작했다. 그런데 지방자치단체마다 지급 여부, 시점, 액수 등이 달랐기 때문에 이를 이용하여 현금 지원의 인과적 효과를 어느 정도 분석할 수 있다. 즉 다른 조건이 같을 때, 출산지원금을 더 많이 지급할수록 출산율이 높아지는 경향이 발견된다면 현금 지원 효과가 있다고 판단할 수 있는 것이다.

이제 시군구별 데이터를 이용해서 이런 효과가 있었는지 살펴보자.[6] 이 작업을 위해서는 우선 적절한 지표를 만들어야 한다. 각 지방자치단체의 출산지원금은 어떤 경우에는 몇 번째 자녀인지에 따라 차등 지급된다. 또한 출생 직후에 일시금으로 지급되기도 하고 몇 년에 걸쳐서 분할 지급되기도 한다. 따라서 모든 시군구에 대해 똑같이 정의되는 통일된 지표를 만들 필요가 있다. 필자는 각 시군구 출생 순위에 따른 출산지원금에 해당 시군구 출생 순위별 출생아 수의 비중을 적용하여 가중평균으로 도출한 평균 지원금을 일시금으로 환산해 분석에 이용하였다.

적절한 출산율 지표도 필요하다. 대다수 연구는 출생아 수나 합계출산율을 출산율 지표로 이용한다. 그렇지만 출산지원금은 결혼한 사람들이 아이를 낳는 데 주로 영향을 미치리라 기대할 수 있다. 이를 반영하여 유배우 출산율 지표를 분석에 이용하였다. 여기에는 5장의 분석에서 이용된 바 있는 25~39세 유배우 여성 1,000명당 출생아 수와 함께 30세에 결혼하는 여성의 유배우 합계출산율을 이용하였다. 이는 서른에 결혼하는 여성이 낳으리라 기대할 수 있는 자녀 수를 나타낸다.

그림 6-3은 시군구의 평균 출산지원금과 다음 연도 30세에 결혼한 유배우 여성의 합계출산율 사이 관계를 보여준다. 뚜렷하게 나타나는 양(+)의 상관관계는 현금 지원이 유배우 출산율을 높일 가능성이 있음을 드러낸다. 그러나 여기서도 이러한 관계를 인과적 효과로 받아들이기는 어렵다. 출산율 결정요인을 분석할 때처럼, 지방자치단체 출산지원금과 출산율 모두에 영향을 미칠 수 있는 요인의 영향을 최대한 덜어내고 출산지원금의 효과만 떼어낼 필요가 있다.

이를 위해 다음과 같은 방법을 도입했다. 먼저 각 시군구의 고정된 특성이 미치는 효과를 제거하기 위해 앞서 소개한 바 있는 패널고정효과 모형을 이용하였다. 출산 결정에 영향을 미칠 수 있는 시군구 내 아동인구 대비 보육시설 수, 지방자치단체 예산에서 복지지출이 차지하는 비율, 경제적 여건을 나타내는 1인당 지방

그림 6-3. 2005~2021년 시군구의 평균 출산지원금과 다음 연도 30세에 결혼한 유배우 여성 합계출산율

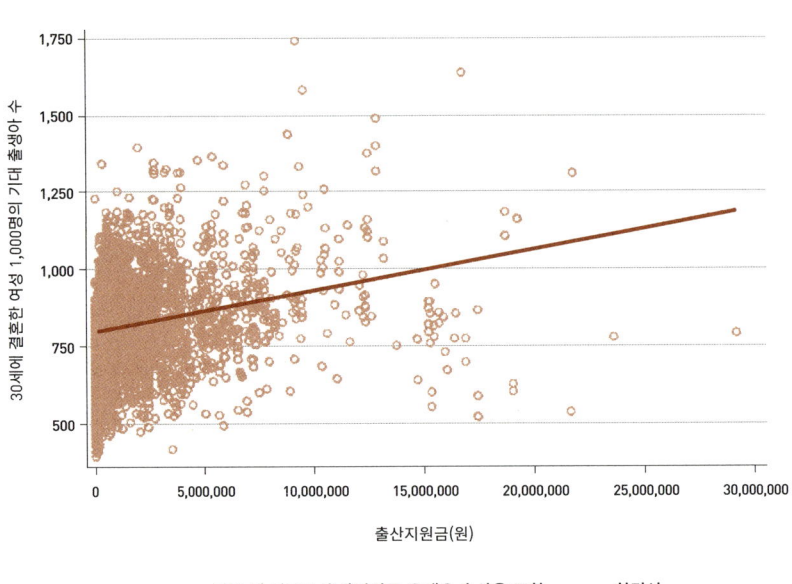

* 출처: 이철희 (2023c)

세, 각 연도 고정효과 등의 영향도 통제하였다. 또한 가임기 여성 인구의 순 유입률을 분석에 포함하여, 출산지원금을 받기 위해 해당 지방자치단체로 전입하여 아이를 낳는 효과를 최대한 배제하였다.

분석 결과는 지방자치단체 현금 지원이 유배우 출산율과 합계출산율을 유의미하게 높이는 효과가 있지만 그 규모는 그리 크지 않음을 보여준다. 지방자치단체 출산지원금 100만 원 지급은 합계출산율을 0.011(분석 기간 평균의 0.9%), 30세에 결혼한 유배우 여성 1,000명당 출생아 수를 9.35명(분석 기간 평균의 1.14%) 증가시켰다고 추정되었다.

이러한 결과는 다른 시기의 합계출산율이나 출생아 수를 이용하여, 지방자치단체 출산지원금이 출산율에 대해 작지만 유의미한 양(+)의 효과를 미쳤음을 발견한 선행 연구 결과와 대체로 부합한다.[7] 일부 연구는 2015년 이후부터 현금 지원 효과가 사라졌다고 보았다.[8] 그렇지만 이 기간 나타난 전국적인 출산율 감소의 영향을 적절하게 통제하면 2015~2021년에도 지방자치단체 출산지원금이 유배우 출산율과 합계출산율을 높이는 효과가 여전히 나타난다.

전반적으로 출산지원금 지급은 상대적으로 젊은 유배우 여성의 출산에 더 큰 양(+)의 효과를 미치는 것으로 나타났다. 이처럼 연령대에 따라 차이가 나타나는 원인은 확실하지 않지만, 젊은 유배우 여성의 잠재적 선택성(selectivity)을 반영한 현상일 수 있다. 즉 자녀를 낳을 의사가 강한 여성이 더 일찍 결혼했을 가능성이 있다.

또한 지방자치단체 출산지원금은 특히 무자녀 여성의 첫째 출산에 강한 양(+)의 효과를 미치는 것으로 나타났다. 현금 지원이 첫째 출산에 미치는 효과가 상대적으로 강한 것은 다수의 결혼한 부부가 적어도 자녀를 1명은 가질 의사가 있는 상황을 반영할 가능성이 있다. 다시 말해 출산 의사가 강한 사람은 비교적 소액의 현금 지원에도 민감하게 반응하여 자녀를 가질 결정을 내리거나 출산 시기를 앞당기는 것으로 풀이된다.

지방자치단체 출산지원금의 효과에 관한 연구는 중앙정부 현금 지원 정책의 효과성을 판단하는 데 어느 정도 유용하지만, 효과의 정확한 규모를 추정하는 데에는 상당한 한계를 보인다. 지원금의 평균 규모가 작기 때문이다. 고액의 지원금을 지급하는 지방자치단체도 있지만, 앞서 소개한 연구의 분석 기간인 2005년부터 최근까지 광역지방자치단체 출산지원금을 포함한 기초지방자치단체 출산지원금 평균은 100만 원에 미치지 못한다. 그런데 현재 중앙정부의 현금 지원 규모는 일시금으로 환산할 때 1,000만 원이 넘는다.[9]

비교적 많은 액수를 지급할 때 현금 지원은 출산율에 어떤 영향을 미칠까? 강원도의 육아기본수당은 중앙정부의 현금 지원이 본격화되기 전에 일시금 환산 1,000만 원 이상의 출산지원금이 지급된 독특한 사례이다. 강원도는 출산을 지원하고 아동 양육에 대한 경제적 부담을 줄이기 위해 2019년 1월 1일 이후 강원도에 1년 이상 거주하는 출생아의 보호자를 대상으로 월 30만 원을 4년간 지원하는 육아기본수당을 도입하였다. 지원액을 일시금으로 환산하면 총 1,440만 원에 달한다. 강원도는 이 지급액을 2021년 월 40만 원으로, 2023년에는 다시 월 50만 원으로 증액하였다.

강원도의 현금 수당 지급은 지역의 출산율에 어떤 영향을 미쳤을까? 필자와 이소영 박사는 강원도의 의뢰를 받아 이 질문에 답하기 위한 연구를 수행하였다.[10] 여기서는 경제학 실증연구에서 널리 이용되는 이중차분법을 이용하여 수당 지급의 수량적 효과를 추정하는 작업을 하였다. 이 작업을 수행하려면 먼저 현금 지급

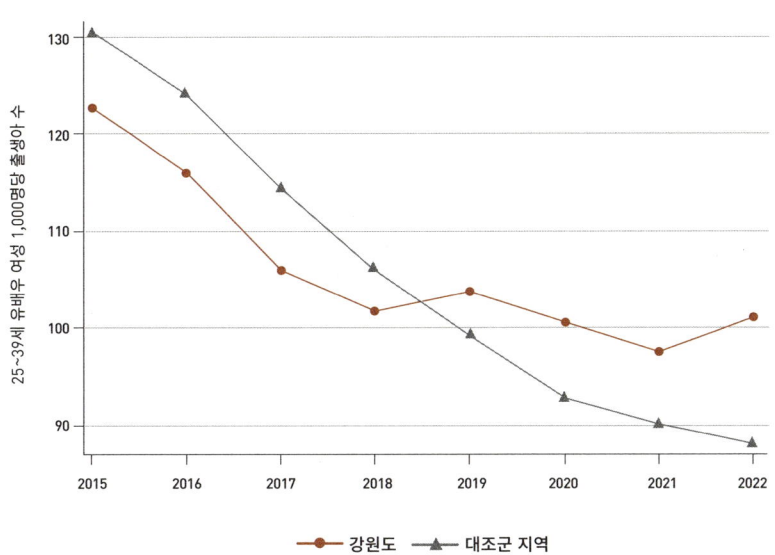

그림 6-4. 2015~2022년 강원도와 대조군 지역의 25~39세 유배우 여성 1,000명당 출생아 수

* 출처: 이철희 (2023d)

외에 출산 결정과 관련된 조건이 강원도와 유사한 대조군 지역을 선정해야 한다. 그리고 강원도와 대조군 지역의 출산율 격차가 강원도의 현금 수당 지급 이후 어떻게 변했는지 분석한다. 만약 현금 지급 효과가 있었다면 대조군 지역에 비해 강원도의 출산율이 상대적으로 더 높아졌을 것으로 기대할 수 있다.

그림 6-4는 충청북도, 경상남도, 전라북도 등을 포함하는 대조군 지역과 강원도의 유배우 출산율 지표 변화를 보여준다. 대조군 지역은 2018년 이후 광역시도 차원의 출산지원금 변동이 없었고 수도

권이나 광역시가 아닌 지역을 포함한다. 그림 6-4에 나타난 결과는 육아기본수당 지급 이전까지는 강원도와 대조군 지역의 유배우 출산율이 일정한 차이를 유지하면서 유사한 추이로 감소하다가 수당 지급 이후부터 강원도의 유배우 출산율이 대조군 지역보다 상대적으로 높아졌음을 뚜렷하게 보여준다.

대조군 지역의 25~39세 유배우 여성 1,000명당 출생아 수는 2018년 106.1명에서 2022년 88.2명으로 가파르게 감소했던 반면, 강원도의 해당 나이 유배우 여성 1,000명당 출생아 수는 2018년 101.7명에서 2022년 101.1명으로 유지되었다. 합계출산율 변화를 보더라도 유사한 결론을 얻을 수 있다. 강원도와 대조군 지역의 합계출산율은 수당 지급 시점까지 평행하게 감소해왔지만, 이후에는 강원도의 감소 추이가 훨씬 완만해지면서 대조군 지역에 비해 상대적으로 높아졌다.

그림 6-4에 나타난 결과는 육아기본수당을 지급한 덕분에 수당이 없었을 때보다 강원도의 출산율이 높아졌을 가능성이 크다는 점을 알려준다. 그러한 효과의 규모는 어느 정도일까? 이중차분 회귀분석을 수행한 결과는 육아기본수당 지급으로 강원도의 합계출산율이 0.14 더 높아졌음을 보여준다. 이는 2022년 강원도 합계출산율의 17.3%에 해당하는 규모이다. 수당 지급은 또한 강원도의 25~39세 유배우 여성 1,000명당 출생아 수를 11.2명 증가시킨 것으로 추정되었다. 이는 2022년 강원도 유배우 출산율의 10.2%에 해당하는 크기이다. 결코 작지 않다.

강원도의 육아기본수당 지급 효과는 '합성 대조군 방법(Synthetic

Control Method)'이라는 더 정치한 방법을 도입하더라도 비슷하게 나타난다. 육아기본수당의 효과를 정확하게 추정하려면 수당 지급 외의 특성이 강원도와 똑같은 대조군을 설정해야 한다. 그런데 실제로 존재하는 다른 시도 가운데 강원도와 똑같은 곳을 발견하기는 어렵다. 합성 대조군 방법은 여러 시도에 적절한 가중치를 부여하여 강원도와 가장 닮은 대조군을 '합성'함으로써 이러한 문제를 완화할 수 있다.

필자와 경희대 김태훈, 서울대 이서정 교수는 이 방법을 적용하여 강원도의 육아기본수당 지급 효과를 분석하였다.[11] 그림 6-5는

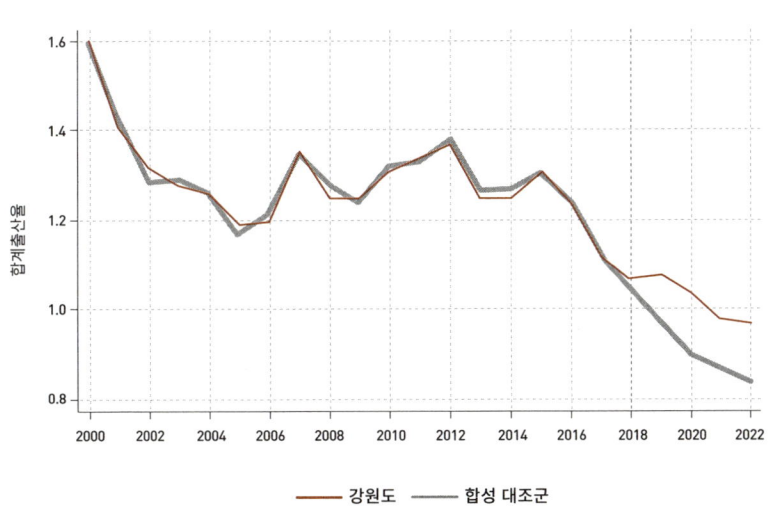

그림 6-5. 합성 대조군 방식을 이용하여 생성한
대조군과 강원도의 합계출산율 추이

* 출처: Kim, Lee, and Lee (2025)

2000년 이후 강원도의 실제 합계출산율과 합성 대조군의 합계출산율 변화를 비교한 결과를 보여준다. 육아기본수당이 지급되기 전까지 실제와 합성 대조군 합계출산율은 매우 비슷한 변화를 보인다. 이는 합성 대조군이 수당 지급을 제외하고는 강원도와 닮았다는 뜻이다. 그런데 수당 지급 이후에는 강원도의 합계출산율이 합성 대조군의 합계출산율보다 높아지며 둘 사이에 차이가 발생한다. 이 차이는 육아기본수당 지급 효과를 나타낸다고 볼 수 있다. 추정 결과는 수당 지급으로 강원도의 합계출산율이 0.12 높아졌음을 보여준다. 앞서 소개한 이중차분 회귀분석에서 얻은 0.14와 거의 비슷한 규모이다.

이상에서 살펴본 바와 같이 많은 사람의 반감과 의구심에도 불구하고 현금 지원은 출산율을 높이는 효과가 있는 것으로 판단된다. 이는 국외 연구에서 발견된 결과와 부합한다. 그러나 여전히 의문은 남는다. 왜 사람들은 자녀 양육 비용을 충당하기엔 턱없이 모자란 액수의 현금 지원에 반응하여 자녀를 낳는 선택을 하는 것일까?

그것은 출산의 '경계(margin)'에 있는 사람들이 있기 때문으로 풀이된다. 사실 모든 정책의 효과는 경계에서 나타난다. 맛나 보이는 떡볶이에 끌려 이미 반쯤은 먹을 준비가 되어 있는 사람은 10% 마감 할인에 즉각 반응하여 가게 안으로 들어갈 것이다. 현금 지원도 마찬가지이다. 정부의 지원 없이도 자녀 갖기를 심각하게 고려할 만큼 출산 의향이 강하고 그럴 준비가 된 사람은 현금 지원이 아주 크지 않아도 선택을 바꿀 수 있다. 경계에 서 있는 사람들은 등을 살짝 떠밀면 선을 넘을 수 있는 것이다.

육아휴직급여 인상이 여성의 고용 유지에 도움이 되었을까?

육아휴직 지원은 저출산 대응과 관련된 정부의 중요한 정책 방안 가운데 하나이다. 5장에서 설명했지만 일-가정 양립의 어려움으로 인한 경력 단절은 출산의 페널티가 발생하는 주된 원인이다. 특히 영유아기 자녀가 있는 부모는 자녀 돌봄과 직장 일을 병행하는 데 어려움을 겪는 경우가 많다. 자녀 양육 때문에 일하기 힘들어지거나 일을 포기해야 하는 여건은 아이 낳기를 꺼리게 만드는 요인으로 작용한다. 육아휴직 지원 제도는 직장을 유지하면서 필요할 때 양육에 집중하는 선택을 가능하게 함으로써 출산의 페널티를 줄여줄 수 있다.

한국은 1988년 육아휴직 제도가 처음 도입된 후 단계적으로 지원 대상과 급여가 확대되었다. 처음에는 자녀 양육을 위해 1년간 무급휴직을 쓸 수 있는 권리를 부여하였고, 2001년 이후에는 휴직 중 급여를 지급해오고 있다. 2006년 시행된 제1차 저출산·고령사회 기본계획부터 제4차 저출산·고령사회 기본계획에 이르기까지 육아휴직 대상 확대와 급여 인상은 저출산 대응 분야의 주요 정책 가운데 하나였다.

제도 도입 초기에는 생후 1년 미만 자녀를 가진 직장인만 육아휴직을 쓸 수 있었지만, 현재는 만 8세 이하 또는 초등학교 2학년 이하 자녀를 가진 일하는 부모로 대상이 확대되었다. 육아휴직 월 급여는 2001년 20만 원에서 2007년 50만 원으로 점차 인상되었고, 2011년부터는 정액제에서 정률제로 변경되어 통상임금의 40%(상한 100만 원, 하한 50만 원)를 지급하게 되었다.

　이후 육아휴직급여는 몇 차례에 걸쳐 인상되어 2025년 현재는 통상임금의 80~100%(육아휴직 기간에 따라 지급, 상한 160만~250만 원)를 지급하고 있다. 또한 맞벌이 부모가 함께 육아휴직을 사용하도록 장려하기 위해 자녀 생후 18개월 이내에 부모가 동시 혹은 순차적으로 육아휴직을 사용하는 경우 첫 6개월 급여를 인상하여 지급한다(250~450만 원).

　이와 같은 한국의 육아휴직급여 인상은 어떤 성과를 얻었을까? 육아휴직과 관련된 국내외 연구는 주로 육아휴직 지원이 여성 고용에 미친 영향을 살펴보았다. 즉 육아휴직급여가 높아졌을 때 여성의 원래 직장 혹은 노동시장 복귀율에 어떤 변화가 나타났는지 분석한 것이다. 국외 사례를 이용한 연구의 결과들은 서로 엇갈리지만 대체로 육아휴직급여 인상이 여성 고용에 별다른 영향을 미치지 못했거나 부정적인 영향을 미쳤음을 보여준다.[12] 예컨대 일본에서 2001년 육아휴직급여소득 대체율을 25%에서 40%로 높인 정책적 변화는 여성의 고용 유지율에 유의미한 영향을 미치지 못한 것으로 나타났다.[13]

　한국에서 얻은 결과도 마찬가지이다. 아주대 김정호 교수의 연구는 2001년부터 2007년까지 육아휴직 소득 대체율이 14%에서 36%로 높아진 변화가 여성 근로자의 출산 후 노동시장 복귀율에 부정적인 영향을 미쳤음을 발견했다.[14] 충남대 윤자영 교수와 홍민기 박사의 연구는 2011년 육아휴직급여가 월 50만 원 정액제에서 통상임금 40% 정률제로 인상되면서 육아휴직 이용률은 높아졌지만 여성의 동일 직장 복귀율에는 별다른 영향을 미치지 못했다는 결과를 얻었다.[15]

그렇다면 육아휴직급여 인상이 출산율에는 어떤 영향을 미쳤을까? 결론이 완전하게 일치하지는 않지만, 국내외 연구들은 대체로 급여 인상이 출산율을 높이는 효과가 있음을 보여준다. 벨기에 사례를 분석한 연구는 하루당 1유로의 급여 인상이 여성이 둘째 아이를 가질 확률을 0.6% 높였다는 결과를 얻었다.[16] 반면 유급휴직 기간을 24개월에서 12개월로 축소하는 대신 급여 수준을 인상했던 2007년 독일 사례를 분석한 연구 결과는 서로 엇갈린다. 한 연구는 이 개혁으로 출산 2~3년 후 추가 출산 확률이 하락했음을 발견했고[17] 다른 연구는 중간 이상 소득 여성의 출산율이 높아졌음을 보고하였다.[18]

한국의 사례는 어떠할까? 육아휴직급여가 출산에 긍정적인 영향을 미쳤음을 보여주는 두 갈래의 연구를 소개하고자 한다. 먼저 소개할 연구는 필자가 연구책임자를 맡았던 보고서의 공동연구자인 아주대 김정호 교수가 수행한 연구이다.[19] 이 연구는 2010년부터 2023년까지의 고용보험 데이터를 이용하여 육아휴직급여 인상이 육아휴직을 사용한 여성의 추가 출산에 미친 효과를 추정하였다. 실제 급여 인상의 대상이 된 사람들은 이미 아이를 낳아 육아휴직을 쓴 경우이므로 이들의 성과지표는 추가 출산이 될 수밖에 없다.

분석 결과는 육아휴직급여 인상이 출산 후 추가 출산 가능성을 높였음을 보여준다. 기대 육아휴직급여가 월 10만 원 인상되면 여성 근로자가 출산 1년 이내에 추가로 출산할 확률은 변하지 않지만 출산 2년, 3년, 4년 이내 추가로 출산할 확률은 각각 0.2%p, 0.4%p, 0.5%p 상승한다고 추정되었다. 통계적으로 유의미한 효과이지만 그 크기가 크다고 보기는 어렵다. 이는 분석 기간에 태어난 출생아의 절반 이상이 첫째이고 일하는 여성 가운데 둘째를 낳지 않는 경우가 늘어난 상황을 반영할 수 있다.

다음으로 소개할 연구는 한국노동연구원 곽은혜 박사의 연구로, 한국노동패널조사 자료를 이용하여 2011년 육아휴직급여의 정률제 전환이 출산율에 미친 영향을 분석하였다.[20] 이 연구는 실제로 육아휴직급여 인상의 대상이 된 사람들이 아닌 그 대상이 될 가능성이 있는 사람들에게 나타난 변화를 분석했다는 점에서 김정호 교수의 연구와 차이를 보인다. 정책의 실제 대상이 된 사람을 정확하게 식별하기 어렵다는 단점이 있지만, 육아휴직급여 인상으로 아직 아이를 낳지 않은 사람들의 첫아이 출산 유인이 높아지는 효과를 밝힐 수 있다는 장점이 있다.

이중차분 회귀분석 결과는 정책 변화로 더 높은 육아휴직급여를 받게 된 사람들이 그렇지 않은 사람들보다 정률제 전환 이후 출산율이 높아졌음을 보인다. 추정 결과에 따르면 육아휴직급여 인상 덕분에 여성 근로자의 임신 가능성이 2.5% 높아졌다. 출생 순위별 분석 결과는 육아휴직급여 확대 개편이 첫째 임신 가능성을 3.5% 높인 반면 둘째나 셋째 임신 가능성에는 유의한 영향을 미치지 못했음을 보여준다. 이는 육아휴직급여 인상이 기수혜자의 추가 출산보다는 자녀가 없는 잠재적 수혜자의 첫째 출산 유인을 높이는 효과가 더 크다는 것을 알려준다.

아무리 보육료를 지원해도 내가 사는 곳에 보육시설이 없다면

육아휴직을 끝내고 직장으로 복귀하는 부모는 일하면서 자녀를 돌보는 길로 들어선다. 가족 가운데 누군가가 아이를 돌봐주는 행운을 누리는 사람들도 있지만 대부분은 어린 자녀를 어린이집 같은 보육시설에 맡긴다. 떨어지기 싫어 우는 아이를 교사에게 맡기는 일도, 직장 상사의 눈치를 보며 아이를 데려오려고 퇴근을 서두르는 일도 녹록지 않다. 그러나 보육비 지출로 인한 경제적 부담 역시 만만치 않다. 버는 돈에 비해 아이 돌봄 비용이 지나치게 클 경우, 일을 계속하는 것이 좋을지 고민될 수밖에 없다.

영유아기 자녀 보육비 지원은 부모의 이러한 고민을 덜어주는 중요한 저출산 대응 정책 가운데 하나이다. 이 정책은 영유아 부모가 계속 일하는 데에도 도움이 될뿐더러 자녀 양육 비용을 줄이고 경력 단절 위험성을 낮춤으로써 아이 낳기 좋은 여건을 조성하는 데에도 긍정적이다. 이러한 이유로 많은 국가가 영유아 보육비를 지원하는 정책을 시행하고 있다.

한국은 2012년과 2013년에 전체 영유아를 대상으로 한 무상보육 제도가 도입되었다. 그 전까지는 소득수준과 나이에 따라 보육비가 지원되지 않거나 차등 지급되었으나 2013년부터는 5세 이하 모든 아동이 지원 대상이 되었다. 무상보육 시행 이후 보육비 지원 예산은 정부의 저출산 대응 관련 예산에서 가장 큰 부분을 차지하고 있다.

그렇다면 보육비 지원은 출산율에 어떤 영향을 미쳤을까? 국가별 데이터를 이용한 연구들은 대체로 보육비 지원이 출산율을 높였음을 보여준다. 예컨대 OECD 18개 회원국 자료를 이용한 연구는 3세 미만 아동을 대상으로 한 보육 서비스 지원액이 높아질수록 출산율이 높아진다는 결과를 제시한 바 있다.[21] OECD 국가의 데이터를 분석한 다른 연구는 여러 종류의 가족 친화 정책 방안 가운데 영유아 보육 및 교육에 대한 지출만 합계출산율을 유의미하게 높이는 역할을 했음을 보이기도 했다.[22]

국내 자료를 이용하여 수행한 연구들은 그 결과가 엇갈린다. 예를 들어 2009년과 2012년 보육실태조사를 이용하여 연구한 서민희·이혜민의 연구는 보육료와 교육비 지원 여부가 추가 출산 의사에 긍정적 영향을 미치지 못한다는 결과를 얻었다.[23] 같은 자료를 이용한 김정호·홍석철의 연구도 보육료 지원 정책이 다자녀 출산 의사에 유의한 영향을 미치지는 못했음을 보였다.[24] 반면 홍정림의 연구는 보육료 지원이 자녀 수와 무관하게 추가 출산에 미친 긍정적인 효과를 발견했다.[25]

왜 이렇게 결과가 엇갈릴까? 한 가지 가능성은 보육료 지원이 모든 지역, 모든 특성의 사람들에게 실질적인 혜택을 주지 못할 수 있다는 것이다. 사실 보육료 지원은 영유아를 키우는 모든 사람을 대상으로 하지만 실제로는 자녀를 보육시설에 보내는 사람들만 그 혜택을 볼 수 있다. 그런데 거주지에 보육시설 공급이 충분하지 못하다면 아이 맡길 곳을 찾기 어렵고 보육료 지원 혜택을 받을 수 없을 것이다.

실제로 이런 사례는 적지 않다. 2018년 보육실태조사 결과에 따르면 어린이집이나 유치원에 입학하기 전 대기 경험이 있다는 응답이 전체의 33.5%로 집계되었으며 이들의 평균 입소 대기 기간은 7.6개월로 나타났다. 특정한 지역은 보육시설 자리 찾기가 더 힘들다. 대도시의 대기 경험 비율이나 평균 대기 기간은 읍면 지역의 두 배가 넘는 것으로 나타났다. 개인 간 차이도 크다. 어린이집 입소 대기 신청 시에는 영유아보육법에 따라 맞벌이 부부, 기초생활보장 수급자, 한부모 가족, 두 자녀 이상 가구 등의 자녀가 높은 우선순위를 적용받는다. 따라서 이러한 자격요건을 여러 개 갖추지 못한 가구의 경우 대기 기간이 더 길어질 수밖에 없다.

이번 장의 앞머리에서 어떤 정책을 정확하게 평가하기 위해서는 그 정책으로 기대되는 효과에 맞는 성과지표를 선정해야 한다는 지적을 한 바 있다. 보육료 지원 정책을 평가할 때에도 마찬가지이다. 모든 지역, 모든 사람에게 정책 효과가 나타나리라 기대하기는 어렵다. 자신이 사는 동네에 자녀를 쉽게 맡길 수 있는 보육시설이 존재해야 보육비 지원의 실질적인 혜택을 누릴 수 있고 이러한 기대가 있어야 자신의 행위를 바꿀 수 있다.

필자와 민규량 박사는 이러한 문제의식을 지니고 실제로 보육시설 공급이 충분한 곳에서 보육료 지원 효과가 더 뚜렷하게 나타낯는지 분석하였다.[26] 이를 위해 각 시군구에 대해 5세 이하 아동 수 대비 보육시설 정원으로 정의되는 보육시설 공급률과 5세 이하 아동 수 대비 국공립 어린이집 정원으로 정의되는 국공립 어린이집 공급률을 계산했다. 그리고 보육료 지원 확대로 인한 출산율 증가 효과가 보육시설 공급률이나 국공립 어린이집 공급률이 높은 곳에서만 나타났는지 살펴보았다.

분석 결과는 거주 시군구의 보육시설 공급률이 높아질수록 보육료 지원의 출산율 제고 효과가 커짐을 보여준다. 보육시설 공급률이 일정 수준 이상인 곳에서만 출산율에 대한 양(+)의 보육료 지원 효과를 관찰할 수 있었다. 그리고 이러한 효과는 주로 첫째 출산의 결정에서 나타난다.

왜 그럴까? 이는 어린이집 입소 우선순위의 차이를 반영한다고 추측된다. 즉 둘째 이상의 자녀는 어린이집 입소에서 우선순위가 높다. 따라서 사는 동네의 보육시설 공급률에 따라 보육비 지원 효과가 크게 달라지지 않으리라 예상할 수 있다. 그러나 우선순위가 낮은 첫째는 보육시설 공급률이 높은 곳에 살아야만 어렵지 않게 아이를 보낼 시설을 찾을 수 있다. 따라서 첫째 출산율은 보육비 지원과 보육시설 공급이 모두 충족되는 경우 높아지는 것이다.

또한 분석 결과는 시군구의 국공립 어린이집 공급률이 높은 경우 보육료 지원 확대 이후 첫째는 물론 둘째 출산율도 유의하게 높아졌음을 보여준다. 거주지의 국공립 어린이집 입소 확률 증가는 그 자체로도 첫째와 둘째 출산율을 높이는 것으로 나타났다. 일반적으로 국공립 어린이집은 일반 어린이집보다 보육의 질이 높다고 알려져서 부모들이 선호하는 경향이 있다. 이 분석 결과는 보육료 지원 효과를 높이는 데 보육시설의 양적 공급뿐만 아니라 질적 개선도 중요함을 알려준다.

여기서 살펴본 보육비 지원의 효과성에 관한 실증적 증거는 다른 저출산 대책 성과 평가에 대해서도 시사하는 바가 크다. 일반적으로 개별 정책의 효과를 평가할 때 다른 정책과의 연관성을 고려하는 경우는 많지 않다. 그렇지만 어떤 정책이 성공하기 위해서는 특정한 조건이 갖추어져야 할 수 있다. 앞선 예에서 보았듯이 보육료 지원 정책은 믿고 맡길 수 있는 보육시설이 충분히 공급되어야 기대하는 성과를 낼 수 있다. 보육비 지원 정책과 보육시설 공급 및 개선 정책 사이에 보완관계가 존재하는 것이다. 이러한 관계를 잘 파악하여 서로 연관된 여러 정책을 잘 조율해야만 각각의 정책이 잘 작동할 수 있다.

······

이번 장에서 제시한 실증적 증거들은 한국의 저출산 대책이 아무런 효과를 내지 못했고 그렇기에 완전한 실패로 평가받아야 한다는 주장이 전적으로 타당하지 않음을 보여준다. 결혼과 출산에 영향을 줄 수 있는 수많은 요인이 매 순간 숨 가쁘게 변화하는 상황에서 특정한 정책의 순수한 효과를 찾아내는 일은 쉽지 않다. 다른 요인의 영향을 치밀하게 따지고 심지어 다른 정책과의 상호작용까지 고려해야 한다. 이렇게 면밀하게 들여다보면 출산율 추락을 완화하기 위한 국가의 노력이 전적으로 무의미했다고 보기는 어렵다. 이 노력조차 없었다면 근래의 출산율 하락 속도는 더 빨랐을 수 있다.

한국의 저출산 대책을 위한 변명은 여기까지이다. 주요 정책의 효과가 양(+)의 부호를 나타낸다는 사실이 그다지 큰 위로가 될 수는 없다. 더 많이 나빠질 수 있었던 상황을 조금이라도 덜 나쁘게 만들었다는 주장은 그리 설득력 있는 변명으로 들리지 않는다. 여러 정황을 보건대 주어진 조건에서 더 나은 성과를 얻었을 가능성이 커 보인다. 더 잘할 수는 없었을까? 무엇이 문제였을까? 개선의 여지는 있을까? 이 무거운 질문에 대한 답을 7장에서 찾아본다.

7장

더 잘할 수 있었으나 잘하지 못한 것들에 대한 성찰

"제발 행위로써가 아니라 그 지향을 보아 제 생애를 심판하소서."

스코틀랜드의 의사이자 소설가인 A. J. 크로닌이 1941년 출간한 소설 《천국의 열쇠》에서 주인공 프랜시스 치점 신부가 드린 기도의 내용이다. 그의 생을 따라온 독자나 그를 아는 신의 눈에는 타인에 대한 사랑과 헌신으로 살아온, 한 아름다운 사람의 충만한 삶이 보일 것이다. 그러나 '성공하지 못한' 사제로 일생을 살아오며 이룬 공이 없다고 생각하는 초라한 노신부는 곧 뵙게 될 하느님 앞에 빈손인 자신이 부끄럽다. 그저 이타적인 동기와 선한 의지를 알아주기만을 간청할 뿐이다.

치점 신부가 살았던 세상이나 지금이나 사람들은 대체로 눈에 보이지 않는 동기나 의지보다 손에 잡히는 결과와 성취를 더 중요하게 여기는 듯하다. 2020년 초에 방영된 드라마 〈하이에나〉에서

로펌 대표 송필중은 "과정이 어떻든 송앤김 변호사는 결과로 말합니다"라고 입버릇처럼 내뱉는다. 어찌 변호사뿐이랴. 직장인은 실적으로, 학생은 성적으로, 스포츠팀 감독은 승리로 말할 뿐이다.

최선을 다하면 된다고? 스티븐 헤릭(Stephen Herek) 감독의 1995년 영화 〈홀랜드 오퍼스(Mr. Holland's Opus)〉는 고등학생들에게 음악에 대한 사랑을 심어주는 데 일생을 바친 글렌 홀랜드 선생의 생애를 담고 있다. 예산 부족을 이유로 학교의 음악 프로그램을 중지하면서 "우리가 할 수 있는 최선을 다했다"라고 말하는 교육위원회 위원에게 그는 "너의 최선은 충분하지 않아!"라고 일갈한다. 윈스턴 처칠은 "때로 당신의 최선은 충분하지 않다. 당신에게 요구되는 바를 반드시 해내야 한다"라고 말했다.

충분한 성과를 내지 못한 정책 책임자는 무슨 말을 할 수 있을까? 국가적 위기를 걱정하는 마음과 문제를 해결하겠다는 결의로 정책을 추진했으니 동기와 의지만큼은 알아달라고? 비록 만족스럽지는 않지만 주어진 여건에서 최선을 다한 결과로 받아들여달라고? 물론 의지를 지니고 최선을 다해도 결과가 늘 좋을 수는 없다. 따라서 결과만으로 의지와 노력을 정확하게 판단하기는 어렵다. 그렇지만 의지가 없거나 최선을 다하지 않았음에도 좋은 결과를 얻기 어려운 것도 사실이다.

저출산 대응 정책 시행 과정에서 한국 정부는 과연 할 수 있는 최선을 다했을까? 혹시 좀 더 잘할 수 있었지만 그렇게 하지 못했던 부분은 없었을까? 만약 그랬다면 그렇게 된 이유가 무엇일까? 어떻게 하는 것이 좋을지 잘 몰라서였을까? 아니면 국가의 미래를 걱정하는 진정성과 문제 해결의 의지가 부족했을까? 6장에서 저출산 대책을 위한 변명은 충분히 피력했다. 이제 냉정하게 성찰하고 혹독하게 비판할 차례이다.

저출산 대책에서 비켜나 있는 사람이 너무 많다

그간 저출산 대응을 위한 정책적 노력은 없지 않았고 각각의 방안은 어느 정도 긍정적인 효과를 보였다. 그런데 왜 전반적으로는 눈에 보이는 성과가 나타나지 않는 것일까? 왜 여전히 아이를 낳아 키우기 어려운 여건이 크게 바뀌지 않고 있는 것일까? 필자는 먼저 저출산 대응 정책의 실질적인 대상에서 제외된 사람, 다시 말해 정책의 영향권 밖에 있는 사람이 많다는 점을 그 중요한 이유 중 하나로 꼽고 싶다.

정책당국의 의도는 아니겠지만, 이제까지 시행되어온 저출산 대응 정책은 실질적으로 '소득 중상위계층'에 속하는 '결혼한 가구'를 주된 대상으로 삼는 경향을 보였다. 지난 20년간 정부가 중점을 두고 추진해온 저출산 대응 정책의 핵심 사업인 아동에 대한 현금 지원, 아이 돌봄 서비스 확대, 보육시설의 양적 확대와 질적 개선, 육아휴직급여 기간 및 급여 확대 등은 모두 이미 결혼해 있는 부부의 출산과 양육을 지원하는 것이다. 근래 들어 비교적 큰 규모의 예산이 투입되고 있는 주택구입자금 지원 정책도 자녀를 출산한 가구를 대상으로 한다.

　이러한 지원 사업은 출산과 양육의 부담을 줄임으로써 저출산 완화에 기여할 수 있는 유용한 정책이다. 적어도 시행되지 않았을 경우보다는 출산율을 높이는 성과를 얻었을 가능성이 크다. 현금 지원, 육아휴직 지원, 보육 지원 등의 정책이 유배우 출산율을 높였음은 이미 6장에서 살펴본 바 있다. 주거 지원은 아직 마땅한 자료나 연구 결과가 없어서 그 효과성을 판단할 근거가 없지만 분명 적잖은 청년과 신혼부부에게 도움을 주었을 것이다.

　문제는 이러한 정책들이 놓치고 있는 사람이 지나치게 많다는 것이다. 정책으로부터의 소외는 두 가지로 나누어볼 수 있다. 하나는 특정한 사람을 대상으로 하는 정책이 없거나 적은 경우이다. 즉 눈에 분명히 보이는 명시적 배제이다. 다른 하나는 정책 대상에서 제외되어 있지는 않지만 지원 규모나 성격 때문에 실제 혜택을 받기 어려운 경우이다. 즉 실질적 배제이다. 지금부터 이를 차례로 살펴보자.

　한국의 저출산 대응 정책에서 비켜나 있는 가장 중요한 집단은 결혼하지 않은 청년이다. 결혼을 하면 아이를 낳는 것이 자연스러운 수순이었을 때에는 출산 지원이 결혼 결정에 도움을 주었을 수 있다. 그렇지만 이제는 더 이상 그렇지 않다. 3장에서 살펴보았듯이 현재는 4분의 1이 넘는 25~39세 유배우 여성이 자녀 없이 결혼 생활을 하고 있다. 언젠가 아이를 가질 생각이 있더라도, 그 의향 실현의 출발점이라고 할 수 있는 결혼의 문턱조차 넘기 어려운 사람에게는 아이 낳은 후의 지원이 너무 멀게 느껴질 수 있다.

역시 3장에서 설명했지만 한국처럼 결혼이 출산의 전제 조건이 되는 사회에서는 결혼 감소가 출생아 수를 줄이는 중요한 원인이다. 지난 30년 동안 발생한 출생아 수 감소의 4분의 3은 결혼의 감소로 인한 것이었다. 5장에서 분석한 바와 같이 결혼의 결정은 고용, 일자리 질, 주거비 같은 구조적인 사회경제적 요인에 영향을 받는다. 혼인과 출산이 별개의 선택으로 갈라지고 결혼한 인구의 비율이 낮아진 상황에서, 결혼한 가구만을 대상으로 한 정책은 성공하더라도 그 효과가 제한적일 수밖에 없다.

그렇다면 결혼한 사람은 어떨까? 모두 저출산 대응 정책의 수혜자일까? 얼핏 그렇게 보인다. 현금성 지원, 일-가정 양립 지원, 보육 지원 정책은 아이를 낳는 거의 모든 사람을 대상으로 한다. '거의'라고 한 것은 예컨대 육아휴직 지원이 고용보험 가입자만을 대상으로 하는 등의 사례를 제외해야 하기 때문이다. 어쨌든 대상에 속하는 사람은 모두 정책의 영향권 안에 있을까? 그렇지 않다. 명목상으로는 대상에 포함되지만 실질적으로는 정책의 영향에서 벗어나 있는 사람이 많다.

예를 들어보자. 2024년 6월 발표된 정부의 '저출생 추세 반전을 위한 대책'은 육아휴직 지원 확대, 0~5세 아동에 대한 단계적 무상 교육·보육 실현, 초등 대상 늘봄학교 확대, 출산 가구 대상 주택 공급 확대 및 대출 기준 완화 등을 주요 정책 방안으로 포함하였다. 이는 모두 아이를 낳아 키우는 데 소요되는 금전적 비용과 기회비용을 덜어주는 방안이다. 여기에 소득수준과 관련된 별도의 자격 조건은 없었다.

그러나 필자가 판단하건대 이러한 방안은 대체로 안정된 일자리를 가진 소득 중상위 커플에게만 유효할 것으로 추측된다. 이를테면 육아휴직 지원금 상한액 250만 원 인상은 고임금 근로자가 임금 손실 때문에 육아휴직을 쓰기 어려웠던 사정을 바꿀 수 있을 것이다. 하지만 저임금 근로자에게 추가 혜택을 주지는 못한다. 주택 공급 확대와 대출 기준 완화는 안정된 소득 기반이 있지만 집을 마련할 목돈이 없어서 자녀 갖기를 주저하던 부부에게는 도움이 될 것이다. 그렇지만 모아둔 돈이 없고 대출금을 상환할 능력이 없는 청년에게는 그림의 떡일 뿐이다.

소득 중상위계층에만 집중된 저출산 대응 정책의 효과

정말 현재의 저출산 대책은 소득 하위계층보다 중상위계층의 출산 결정에 더 큰 영향을 주었을까? 이론적으로는 그럴 가능성이 있다. 앞에서 저출산 대응 정책의 효과가 주로 출산의 '경계'에 있는 사람들, 즉 자녀를 키울 수 있는 여건을 어느 정도 갖추어서 정부의 지원이 없더라도 출산을 고려했을 사람들에게서 가장 크게 나타나리라고 지적한 바 있다. 그런데 아무래도 소득 중상위계층이 출산의 경계에 가까이 있을 가능성이 크다. 현행 정책이 소득이 낮은 사람들에게 영향을 줄 수 있을 정도로 충분하지 못하기 때문이다.

이제 이러한 이론적 예상이 실제로 나타났는지 실증적으로 검증해볼 차례이다. 이를 보기 위해 필자는 국민건강보험 전수자료를 이용하여 각 시군구 출산지원금 지급이 합계출산율에 미치는 효과가 건강보험 가입 자격과 소득분위에 따라 어떤 차이를 보이는지 분석하였다.[1] 5장에서 지방자치단체의 출산지원금이 합계출산율, 유배우 출산율 등에 미친 효과를 분석한 결과를 소개했는데, 여기서는 그와 유사한 분석을 각각의 소득분위별로 실시했다고 이해하면 되겠다.

그림 7-1은 직장 및 지역 가입자에 대한 소득분위별 회귀분석 결과를 보여준다. 각각의 점은 지방자치단체 출산지원금 100만 원 지급이 합계출산율에 미친 효과의 크기를 보여주며, 점 위와 아래로 그어진 선은 95% 신뢰구간을 나타낸다. 각 분위에 대해 제시된 3개의 점은 세 가지 모형으로 얻은 추정계수의 크기를 나타낸다. 지방자치단체 출산지원금만 분석에 포함된 모형, 여기에 지역의 아동 대비 보육시설 수, 복지예산 비율, 1인당 지방세 액수, 가임기 여성인구 순 유입률 등 변수를 추가한 모형, 마지막으로 전체 변수에 연도의 고정효과까지 통제한 모형 등에서 얻은 추정계수를 나타낸다.

그 결과는 출산지원금이 직장가입자의 합계출산율을 높이는 효과가 소득 4분위, 즉 소득 상위 60~80% 가구에서만 나타났음을 보여준다. 다른 소득분위에서는 출산지원금이 합계출산율에 아무런 영향을 미치지 못했다. 같은 분석을 지역가입자를 대상으로 한 결과는 출산지원금이 소득 3분위, 즉 소득 중위계층에서만 합계출산율을 올리는 효과가 있었음을 보여준다.

그림 7-1. 출산지원금 지급이 소득분위별 합계출산율에 미친 효과

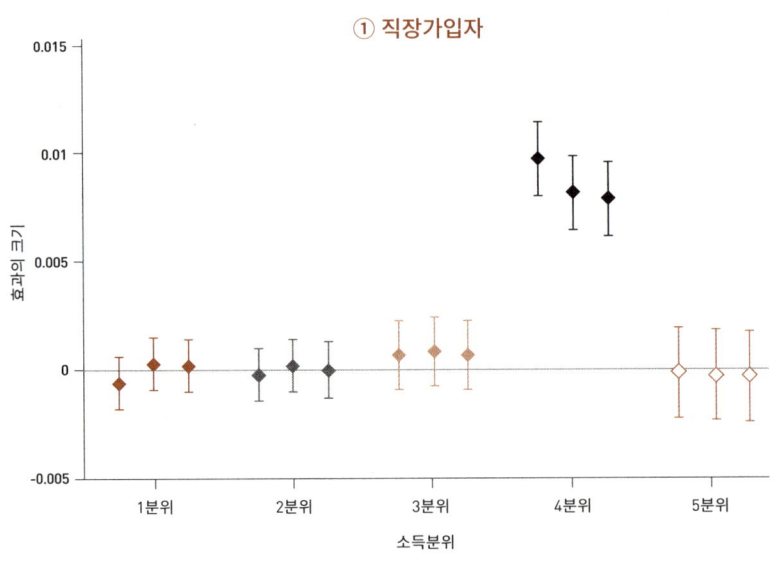

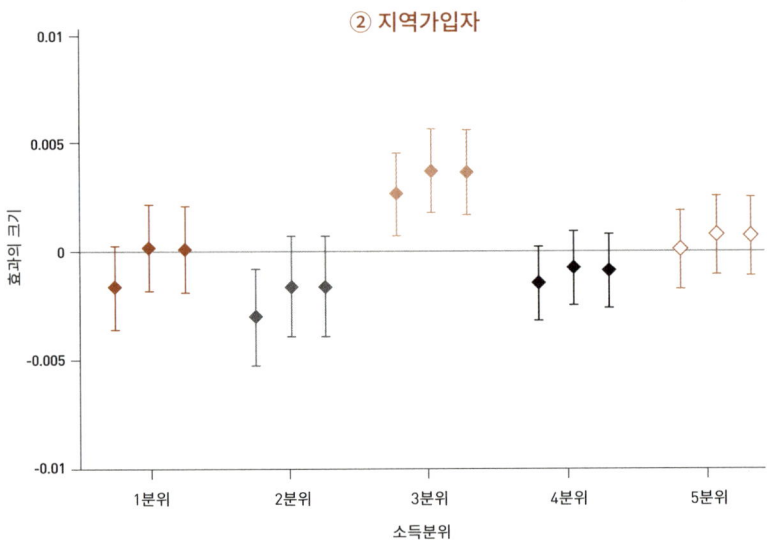

* 출처: 이철희·김정호·이소영·민규량 (2023)

건강보험 가입 자격을 직장 및 지역 가입자 본인과 피부양자 등 네 그룹으로 나누어 수행한 결과도 크게 다르지는 않다. 직장가입자 본인과 피부양자 그리고 지역가입자 본인의 경우 소득 4분위에서, 지역가입자 피부양자의 경우 소득 3분위에서 출산지원금의 출산율 증가 효과가 발견되었다. 즉 오직 소득 중상위계층만 현금 지원에 반응하여 아이를 더 낳는 결정을 하였다.

왜 그럴까? 이는 소득 중상위계층이 주로 출산의 경계에 있어서 나타나는 현상으로 풀이된다. 다시 말해 이 정도 수준의 경제적 지위를 가진 가구가 대체로 자녀를 키울 경제적 조건을 갖추고 출산을 심각하게 고려한다고 할 수 있다. 이러한 사람에게 현금 지원이 주어지는 경우, 거의 다 먹은 마음을 확고하게 하거나 어차피 낳으려고 했던 아이를 더 일찍 갖게 만드는 효과가 나타날 수 있다. 출산의 경계에 서 있는 사람의 등을 살짝 떠밀어서 선을 넘을 수 있게 하는 것이다.

반면 소득 하위계층의 경우 어느 정도의 현금 지원이 제공되어도 여전히 아이를 낳아 키울 만한 경제적 조건을 충족하기 어렵다. 즉 출산의 경계에서 너무 멀리 떨어져 있어서 살짝 등을 떠미는 정도의 정책으로는 그 경계에 다가가 선을 넘기 어렵다. 한편 정부의 지원 없이도 아이를 키울 경제적 여건이 갖추어진 소득 최상위 가구는 정책에 민감하게 반응하여 행동을 바꾸지 않는 것으로 풀이된다.

다음으로 육아휴직급여 인상이 추가 자녀 출산율에 미친 효과가 소득계층별로 어떤 차이를 보이는지 살펴보자. 6장에서 육아휴직급여 10만 원 인상이 2년, 3년, 4년 후까지 추가 자녀를 출산할 확률을 높였다는 결과를 소개한 바 있다. 여기서는 유사한 분석을 근로자의 임금수준에 따라 나누어 수행하였다.

그림 7-2는 육아휴직급여 10만 원 인상이 임금 구간별로 육아휴직 이용률과 출산 후 36개월 이내 추가 출산 확률에 미친 효과를 보여준다. 앞서 보인 출산지원금 효과에 관한 결과처럼 각각의 점은 급여 지급 효과의 크기를 보여주고 점 옆으로 그어진 선은 95% 신뢰구간을 나타낸다.

결과는 중상위 임금 구간에서 육아휴직급여 인상이 육아휴직 이용률과 추가 출산에 미치는 효과가 더 컸음을 보여준다. 육아휴직 이용률에 미친 효과는 임금이 높아질수록 점점 커져서 월 급여 235만~260만 원 구간에서 최대치에 이르고 그보다 더 높은 임금 구간에서는 약간 감소하는 것으로 나타났다.

추가 출산에 미치는 효과는 월 급여 110만 원 미만 구간에서 매우 크게 추정되었다. 그러나 이 구간을 제외한다면, 이용률에 미친 효과와 마찬가지로 임금이 높아질수록 점점 커지다가 월 급여 235만~260만 원 미만 구간에서 가장 커지는 것으로 나타났다. 현금 지원의 경우와 유사하게 육아휴직급여 인상도 대체로 월 급여 중상위 근로자의 육아휴직 이용과 추가 출산에 상대적으로 강한 영향을 미치는 것이다.

이러한 급여 수준별 차이는 부분적으로 기업의 규모와 업종별로 육아휴직 이용률이 다른 상황을 반영하는 것으로 보인다. 원칙적으로는 육아휴직을 신청할 수 있어도 실질적으로는 그러기 어

그림 7-2. 육아휴직급여 10만 원 인상이 이용률과 36개월 이내 추가 출산에 미친 효과

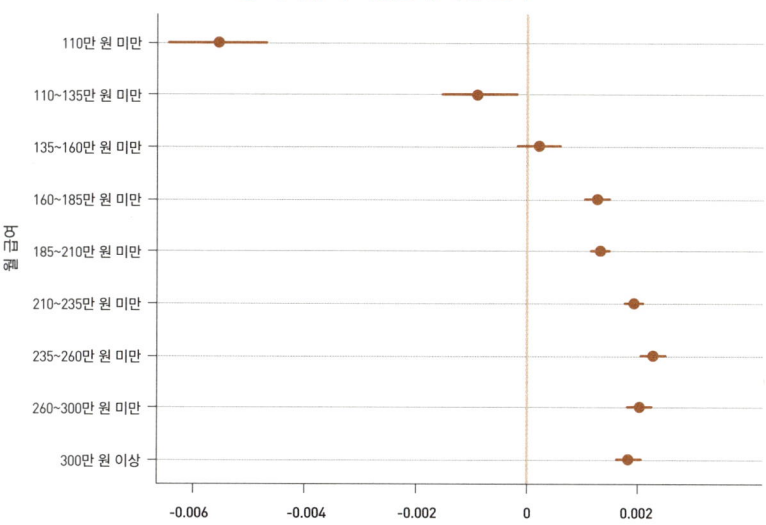

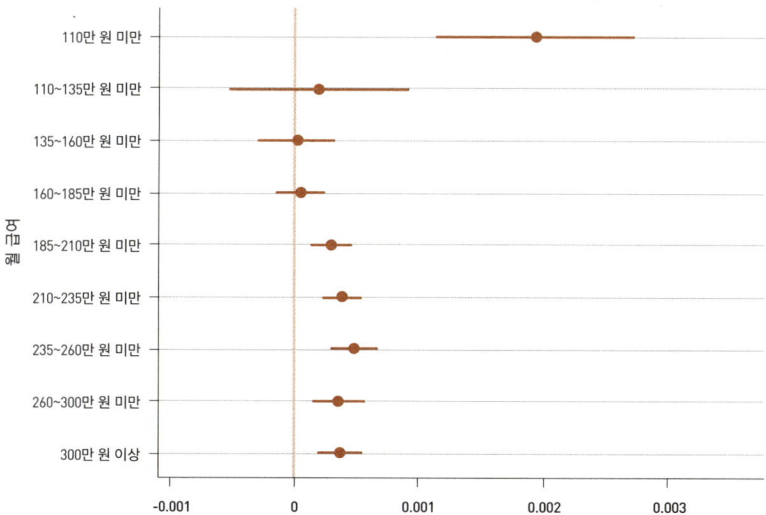

* 출처: 이철희·김정호·이소영·민규량 (2023)

려운 직장인이 많다는 사실은 널리 알려져 있다. 상사의 눈치가 보여서, 자신의 업무를 떠맡아야 하는 동료들에게 미안해서, 마음 놓고 육아휴직을 쓰기 어려운 사람이 아직도 많다.

이러한 사정은 특히 중소기업과 일부 업종에서 특히 심각하다. 중소기업의 경우 직원 수가 적어서 동료가 자신의 업무를 대신 맡아줄 여력이 없고, 작은 회사의 사정상 대체인력을 채용하기도 어렵다. 어떤 일터에는 다른 사람이 도저히 대신하기 어려운 일을 맡은 직원도 있다. 거래처의 시시콜콜한 사정과 그곳 담당자의 특성을 꿰뚫고 있는 중견 직원을 대체할 사람은 높은 급여를 주고도 구하기 어렵다. 정부가 대체인력 채용을 위한 지원금을 제공해도 이러한 문제는 잘 해결되지 않는다.

사업체의 규모 및 업종 사이 여건 차이는 육아휴직 이용률 격차로 드러난다. 그림 7-3은 2010년부터 2021년까지 육아휴직 대상 여성과 남성의 육아휴직 이용률 변화를 사업체 규모별로 보여준다. 이 기간 육아휴직 이용률의 증가는 대규모 사업체에서 두드러지게 나타났다. 그 결과 300인 이상 기업과 4인 이하 기업 사이의 육아휴직 이용률 격차가 크게 벌어졌다. 여성의 경우 300인 이상 기업의 육아휴직 이용률은 거의 80%에 육박하지만 4인 이하 기업은 30%에도 미치지 못하는 실정이다.

그림 7-4에 제시된 업종별 육아휴직 이용률은 일부 업종에서 여전히 육아휴직을 쓰기 힘든 사람이 많다는 사실을 보여준다. 모든 산업에서 2010년 이후 육아휴직 이용률이 높아졌지만 산업 간 차이는 매우 컸다. 여성의 경우 공공 행정, 국방 및 사회보장 행정

그림 7-3. 사업장 규모별 육아휴직 대상 여성과 남성의 이용률(%)

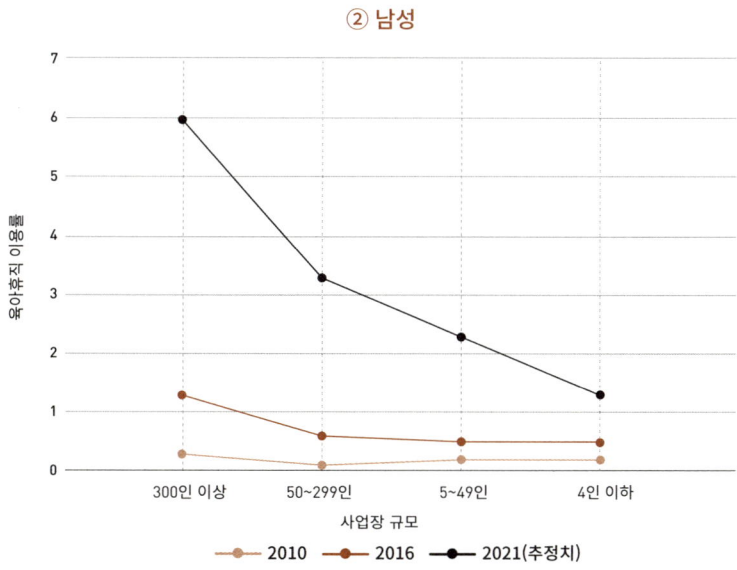

* 출처: 이철희·김정호·이소영·민규량 (2023)

그림 7-4. 산업별 육아휴직 대상 여성과 남성의 이용률(%)

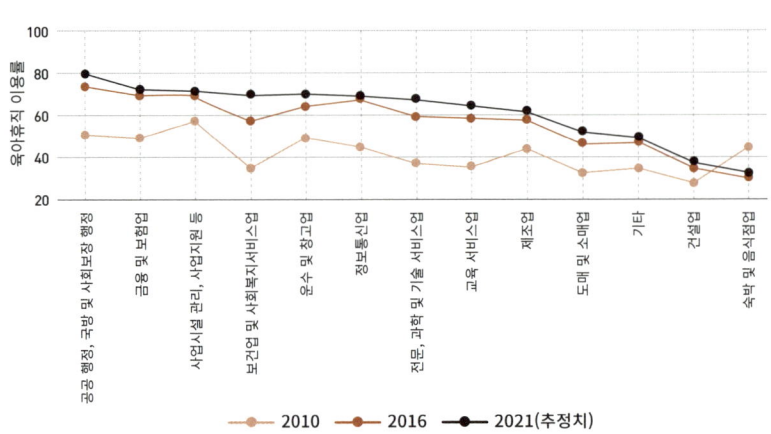

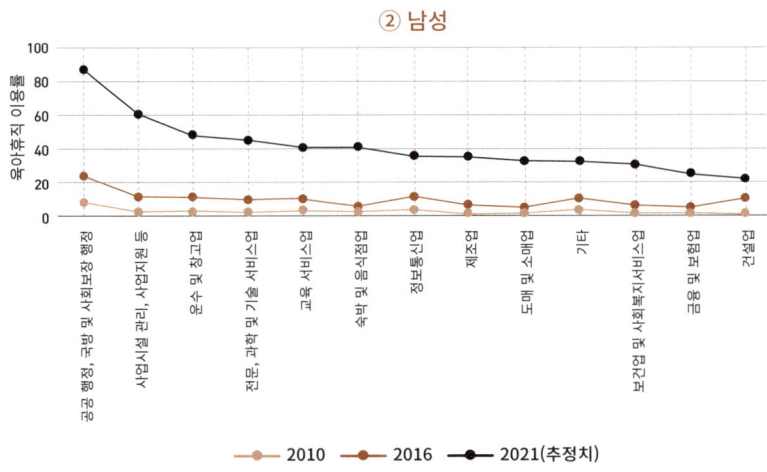

* 출처: 이철희·김정호·이소영·민규량 (2023)

그리고 금융 및 보험업의 육아휴직 이용률은 70%를 넘지만 숙박 및 음식점업이나 건설업에서는 40%를 밑돈다. 이는 업종 간 사업체 규모와 경영 여건이 달라서 나타난 현상으로 풀이된다.

이처럼 육아휴직 이용률이 낮은 유형의 사업체는 임금수준이 상대적으로 낮은 일자리로 파악된다. 앞에서 살펴본 바와 같이 임금이 낮을 때 육아휴직급여 인상이 이용률이나 추가 출산에 미치는 효과가 감소하는 현상은, 임금이 낮은 일자리를 가진 근로자의 다수가 육아휴직의 사각지대에 있음을 알려준다. 이들은 개선된 정책의 효과에서 비켜나 있는 셈이다.

이제 보육 지원의 효과에도 소득계층 간 차이가 나타났는지 살펴볼 차례이다. 6장에서 보육비 지원이 보육시설의 양적·질적 공급이 충분한 지역에서만 출산율을 높였음을 보인 바 있다. 여기서는 보육시설 공급이 질적으로 나은 곳에서 보육비 지원이 출산율을 더 많이 높이는 효과(보육시설 공급과 보육비 지원의 교호 효과)가 소득분위별로 어떤 차이를 보였는지 분석해보았다.

그림 7-5는 직장가입자와 지역가입자에 대한 소득분위별 회귀분석 결과를 보여준다. 각각의 점은 보육비 지원과 거주 시군구 국공립 보육시설 공급률이 합계출산율에 미친 교호 효과의 크기를 보여주며, 점 위와 아래로 그어진 선은 95% 신뢰구간을 나타낸다. 이 경우도 각 분위에 대해 제시된 3개의 점은 세 가지 모형으로 얻은 추정계수의 크기를 나타낸다. 여기서 이용된 모형도 앞서 설명한 현금 지원 효과 분석에 이용된 것과 같다.

그 결과는 보육시설 공급과 보육비 지원이 직장가입자와 지역

그림 7-5. 보육비 지원과 시군구 국공립 보육시설 공급률이 소득분위별 합계출산율에 미친 교호 효과

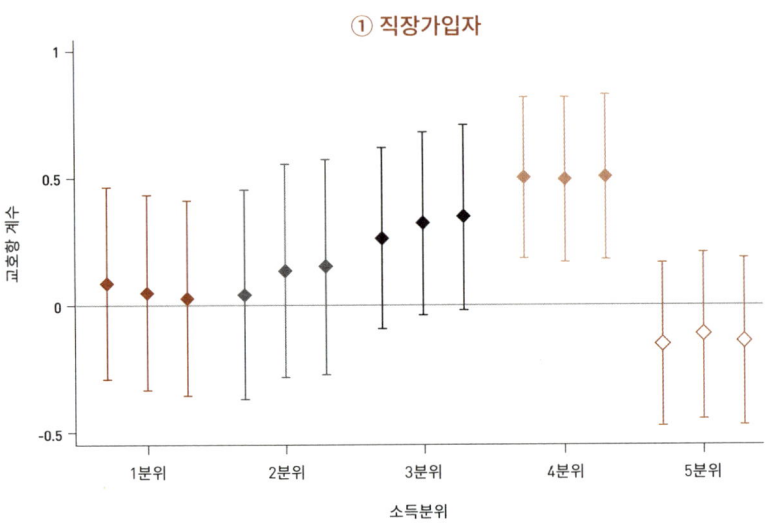

① 직장가입자

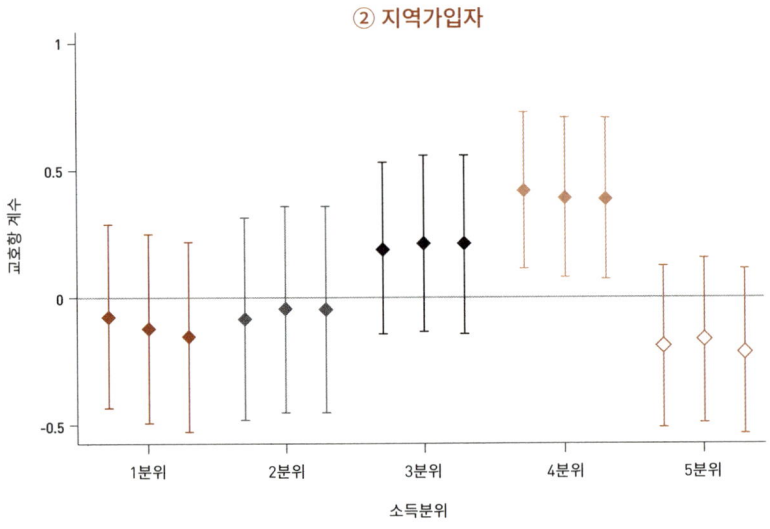

② 지역가입자

* 출처: 이철희 (2022)

가입자의 합계출산율을 높이는 교호 효과가 모두 소득 4분위, 즉 소득 상위 60~80% 가구에서 가장 강하게 나타났음을 보여준다. 소득 3분위에서는 비교적 작은 규모의 유의미한 양(+)의 효과가 드러났다. 그렇지만 나머지 다른 소득분위에서는 보육비 지원과 국공립 보육시설 공급률 증가가 합계출산율에 유의미한 영향을 미치지 못한 것으로 나타났다.

이상의 분석 결과는 현금 지원, 육아휴직 지원, 보육 지원 정책이 주로 중상위 소득 가구의 출산율만 높였음을 보여준다. 이는 대다수의 중간 이하 소득 가구가 출산의 경계에서 멀리 떨어져 있어서, 현재의 정책이 주는 혜택만으로는 자녀를 낳을 수 있는 형편에 도달하기 어렵기 때문으로 풀이된다. 이를 통해 지금처럼 충분하지 않은 지원을 소득수준과 무관하게 제공하는 정책이 저소득층에게 실질적인 도움이 되기 어렵다는 사실을 알 수 있다. 저소득 가구의 출산율이 중상위 소득 가구 출산율의 절반에 불과하다는 결과는 이러한 사정을 반영한 것이다.

비혼 출산 지원은 바람직하지만 저출산 대책은 아니다

앞에서 결혼 감소가 출생아 수 감소의 중요한 원인임에도 결혼할 수 있는 여건을 개선하는 정책적 노력이 별로 없었음을 지적했다. 그런데 일각에서는 굳이 청년이 결혼할 수 있게 하기보다 결혼하지 않고도 아이를 낳을 수 있는 환경을 조성해야 한다는 주장이 제기된다. 즉 비혼 출산을 제도적으로 지원해야 한다는 것이다. 서구 국가들의 사례처럼 '등록동반자' 제도를 도입하여 '비혼 부부'와 이들이 키우는 아이가 법적·제도적으로 불이익을 받지 않도록 하는 구체적인 방안도 제시된다.

이러한 주장의 배경과 근거는 대체로 다음과 같다. 첫째, 비혼의 확산은 한국 출산율 하락의 중요한 요인이다. 25~39세 여성 중 결혼한 여성의 비율은 지난 30년간 85%에서 45%로 줄었다. 둘째, 한국은 다른 나라와 비교할 때 비혼 출산 비율이 매우 낮은 편이다. 결혼하지 않은 커플에게서 태어나는 아이의 비율을 살펴보면 OECD 국가 평균은 40%가 넘는데 한국은 2023년 기준 약 4%에 불과하다.[2] 이러한 여건에서 비혼 출산이 늘면 출산율을 높이는 데 도움이 될 수 있다는 생각이다.

필자는 이 정책 방안에 기본적으로 찬성한다. 각 개인이 지향하는 삶의 방식을 선택할 수 있는 자유를 확대하는 것은 바람직하기 때문이다. 가족의 형태와 관계없이 그 구성원이 법적·제도적·사회적으로 불이익을 받지 않도록 하는 노력은 저출산 대책을 떠나서 기본적인 인권의 문제이고 특히 모든 아동을 보호해야 한다는 관점에서 꼭 필요하다. 이는 청년을 비롯한 국민의 인식 변화를 적절하게 반영하는 길이기도 하다. 2020년 가족실태조사 결과에 따르면 결혼하지 않고 함께 사는 데 20대 인구의 46%가 동의하는 것으로 나타났다.[3]

그러나 필자는 비혼 동거 지원이 한국의 여건에서 실효성 있는 저출산 대책이 되기 어렵다고 생각한다. 우선 정책의 의도대로 비혼 동거의 불이익이 사라져서 비혼 청년인구의 상당수가 '생활동반자'로 전환된다고 하더라도, 결혼한 부부도 아이를 낳기 어려운 한국 사회에서 비혼 부부가 아이를 낳을 수 있을지 의문이다. 3장에서 지적했듯이 결혼한 부부의 출산율은 2010년 이후 급락하고 있고 결혼해서 자녀를 갖지 않는 부부의 비중도 빠르게 늘고 있다.

사실 비혼 부부는 결혼한 부부에 비해 아이를 낳아 기르기 더욱 어렵다. 서구 사회에서 동거가 늘어난 중요한 이유는 결혼에 비해 해체가 쉽기 때문이다. 따라서 비혼 출산은 어머니나 아버지 혼자 아이를 키우는 상황으로 이어질 가능성이 크다. 비혼 출산 비율이 약 40%인 미국의 경우, 결혼하지 않고 아이를 가진 저학력 여성의 약 3분의 1이 파트너가 없는 상태에서 출산하는 것으로 나타났다.[4]

이렇게 볼 때 비혼 부부가 직면하는 미래에 대한 불확실성이나 잠재적인 경제적 어려움은 결혼한 부부보다 훨씬 클 것이다. 그러므로 비혼 부부가 아이를 낳을 수 있으려면 혼자서도 아이를 키울 수 있는 여건이 갖추어져야 한다. 그런데 현재의 한국은 저소득 한 부모 가정에 월 최대 20만 원을 지원하고 있을 뿐이다.

동거혼 등록 제도 도입 같은 제도적 변화만으로 결혼하기 어려운 젊은이의 다수가 동거혼을 선택할 수 있을지도 의문이다. 서구 국가들의 등록 파트너십 도입은 대체로 1990년대 말과 2000년대 초에 이루어졌다. 그런데 이들 국가에서 동거와 비혼 출산 증가는 대부분 그 전에 발생했다. 프랑스의 경우 1999년 시민연대협약(Pacte civil de solidarité, PACS) 법률 제정 직전에 이미 비혼 출산의 비중이 40%를 넘어섰다. 즉 제도 도입으로 동거와 비혼 출산이 늘어난 것이 아니라 이미 진행된 가족의 변화를 반영하여 법과 제도를 고쳤다고 보는 편이 타당하다. 따라서 비혼 동거의 사회경제적·문화적 여건이 갖추어지지 않은 상황에서 제도만 도입하는 정책은 실효성이 크지 않을 것이다. 청년의 경제적 여건이 개선되지 않은 상태에서는 결혼할 수 있었던 커플들이 주로 비혼 동거로 전환할 가능성이 크다.

이미 밝혔지만, 비혼 파트너십과 비혼 출산을 법적·제도적으로 보호하는 정책은 바람직하고 필요하다. 그러나 출산율 제고를 위해서가 아니라 인권 신장과 선택의 자유 확대 측면에서 그러하다. 빠른 출생아 수 감소가 초래하는 인구위기의 심각성은 충분히 이해하지만, 그 자체로서 중요하고 가치 있는 정책을 굳이 저출산 대책의 하나로 자리매김하는 태도는 다소 씁쓸하게 느껴진다. 이는 해당 정책을 올바른 방향으로 추진하는 데에도, 합리적이고 실효성 있는 저출산 대응 정책을 마련하는 데에도 그리 도움이 되지 않을 것이다.

한국은 지난 20년간 중증질환 환자에게 진통제만 처방해왔다

결혼한 사람의 출산과 양육의 비용을 줄여주는 데 중점을 둔 기존 정책은 잘못된 것일까? 꼭 그렇지만은 않다. 필자는 이러한 방안이 단기적인 저출산 대응 정책으로는 유용하다고 생각한다. 무엇보다 적은 비용을 들여서 빠른 효과를 얻을 수 있으리라 기대되기 때문이다. 이미 아이를 낳아 기를 수 있는 여건과 의지가 갖추어진 사람들의 등을 살짝 떠미는 정책은 가장 쉽고 빠르게 효과를 얻을 수 있으며, 우선 이 목표에 집중하는 전략은 나쁘지 않다.

문제는 오랜 기간 거기에만 머물러서 더 근본적인 변화를 이룰 수 있는 노력을 시작하지 않았다는 데 있다. 4장과 5장에서 지적했듯이 한국에서 아이 낳고 키우기를 어렵게 만드는 요인은 다층적이다. 기존 정책이 초점을 두었던 현금 지원, 육아휴직 지원, 보육 지원 등의 방안은 한국 저출산 문제의 '표피'를 건드리는 정책이라고 할 수 있다. 문제의 뿌리로 여겨지는 한국 사회의 구조적 문제를 해결하지 않고는 근본적인 개선을 기대하기 어렵다.

현재의 정책 기조는 중증질환을 앓고 있는 환자에게 진통제와 해열제만 처방하는 대증요법에 비유할 수 있다. 물론 일시적으로나마 통증을 줄이고 열을 내리게 하는 조치는 필요하다. 당장 할 수 있는 일이기도 하고 환자의 고통을 덜고 증세 악화를 막는 데에도 도움이 된다. 마찬가지로 높아지는 출산과 양육 비용을 국가가 부분적으로나마 지원하여 일부라도 자녀를 낳고 키울 수 있게 돕는 노력 또한 필요하고 유용하다.

그러나 근본적인 치료가 이루어지지 않는다면 이는 일시적·표면적 완화에 그칠 가능성이 크다. 거듭 지적했듯이 한국 저출산 현상의 뿌리로 여겨지는 사회경제적 문제들이 나아지고 있는 조짐은 보이지 않는다. 사교육비와 주거비는 증가하고, 청년의 노동시장 전망은 악화하고 있다. 여성이 노동시장에서 당면하는 불리함은 여전히 존재하며 변화 속도는 너무 더디다. 이러한 사정 때문에 지금도 아이를 낳고 키우는 금전적·시간적·심리적 비용이 계속 커지고 있다. 정부가 자녀 양육 비용 경감을 위한 지원을 늘려도 그 비용 자체가 더 빠른 속도로 증가한다면 아이를 낳고 키우는 일은 더 어려워질 것이다.

저출산 문제의 뿌리를 건드리는 일은 무척 어렵고 위험하기조차 하다. 많은 구조개혁이 그러하듯이 어느 하나 짧은 시간 내에 쉽게 처리할 수 있는 일이 없다. 막대한 비용이 들 수 있고 심각한 저항이나 사회적 갈등에 직면할 수 있다. 지금 당장 착수하더라도 눈에 보이는 성과를 얻기까지 앞으로 10년이 걸릴지 20년이 걸릴지 알 수 없다. 그러니 어느 정부도, 어떤 정치지도자도 이 일을 하겠다고 나서기 어려울 수밖에 없다.

2021년 발표된 제4차 저출산·고령사회 기본계획은 적어도 이러한 방향성을 토대로 삶의 질 개선과 성평등 강화를 저출산 대응 정책의 핵심 비전으로 제시했다. 그렇지만 이러한 비전을 실현하기 위한 구체적인 청사진을 제시하거나 전략적으로 중요한 일에 먼저 착수하는 데 이르지 못했다. 정부가 바뀐 후 이러한 비전은 폐기되었고, 저출산 대응은 다시 빠른 효과를 얻을 수 있는 단기적 정책에 치중하는 방향으로 전환하였다.

어렵고, 성과가 금방 나타나지 않고, 성공하기 어려운 일을 누군들 피하고 싶지 않겠는가? 임기가 정해져 있는 공직자나 정치인은 그런 일을 피하고 싶은 유인이 더욱 클 것이다. 그러한 일을 추진하면서 직면하는 충돌과 갈등 속에 자신의 정치적 자산이 낭비될 수 있고, 또 먼 훗날 그 일이 성공하더라도 자신의 성과나 업적으로 남지 않을 것이기 때문이다. 이러한 딜레마는 그 누구라도 쉽게 떨쳐내기 어려울 것이다.

그럼에도 정치지도자와 정부가 저출산의 구조적 문제를 더 이상 회피하지 말고 정면으로 맞서야 한다고 거듭 주장하는 이유는 간단하다. 당면한 문제를 근원적으로 해결할 다른 방법이 없기 때문이다. 한국의 저출산 현상의 원인으로 지목한 극심한 불평등과 경쟁은 국민의 삶을 힘겹고 불행하게 만들 뿐만 아니라 사회와 경제가 지속 가능하고 균형 잡힌 성장을 이루는 데 걸림돌이 되고 있다. 살기 어렵고 미래가 불안한 사회가 저출산 현상을 낳고 출생아의 빠른 감소가 더욱 살기 어려운 사회를 만드는 악순환을 막으려면 문제의 뿌리를 도려낼 수밖에 없다.

지난 20년간 적어도 이러한 근본적·구조적 문제를 정확하게 파악하고 이를 국민과 공유하는 작업은 했어야 했다. 그리고 한국 사회의 뿌리 깊은 문제들을 장기적으로 차근차근 해결해나가기 위한 청사진을 마련하여 제시했어야 했다. 어려운 일인 만큼 당장 눈에 보이는 성과를 얻기는 어려웠겠지만, 이러한 청사진이 실현될 수 있다는 믿음을 줄 수 있는 상징적인 주춧돌 정도는 놓았어야 했다. 그랬어야 청년들이 자신의 미래와 다음 세대의 미래가 조금씩 달라질 수 있으리라 기대할 수 있었을 것이다. 그런데 그러지 못했다. 그간의 저출산 대응 정책이 성공적이었다고 평가하기 어려운 이유 가운데 하나이다.

저출산 대응에 예산을 쏟아부어왔다는 착각

왜 많은 사람이 저출산 대응 정책에서 비켜나 있을까? 왜 더 넓은 사회경제적 계층에 실질적인 영향을 줄 수 있을 만큼 충분한 지원을 하지 못했을까? 왜 저출산 문제를 근원적으로 초래하는 노동·주거·교육 문제 해결에 적극적으로 나서지 못했을까?

아마도 가장 근본적인 원인 가운데 하나는 재원의 부족일 것이다. 설사 정책당국이 결혼하지 않은 청년과 저소득층에 대한 지원 강화나 사회구조적 문제 완화가 필요하다는 사실을 정확하게 인지했더라도, 현재 가용한 재원으로 실제 그 일을 할 수 있었을지는 의문이다.

재원이 부족했다고? 많은 독자는 이 진단을 이해하기 어려울 수 있다. 저출산 대응 정책에 그간 '천문학적인 예산'을 쏟아붓지 않았던가? 그런데 어떻게 재원이 부족할 수 있단 말인가?

많은 국민이 생각하듯이 저출산 대응 예산 규모가 작지는 않다. 그림 7-6이 보여주듯이 정부의 저출산 대응 예산은 꾸준히 증가하여 근래 몇 년간 50조 원 내외 수준을 기록했다. 2015년 대비 약 세 배가 커진 규모이다. 2024년에는 계속사업을 제외한 신규사업 예산으로만 15조 원이 투입되었다.

그러나 이 숫자를 하나하나 세밀하게 따져보면 과연 충분한 재원이 투입되었는지 의문이 생겨난다. 우선 허수가 커 보인다. 정부의 저출산 대응 예산은 각 부처가 저출산 대응 사업으로 제출한 예산을 저출산고령사회위원회가 취합한 결과를 반영한다. 그런데

그림 7-6. 정부의 저출산 대응 예산액 변화

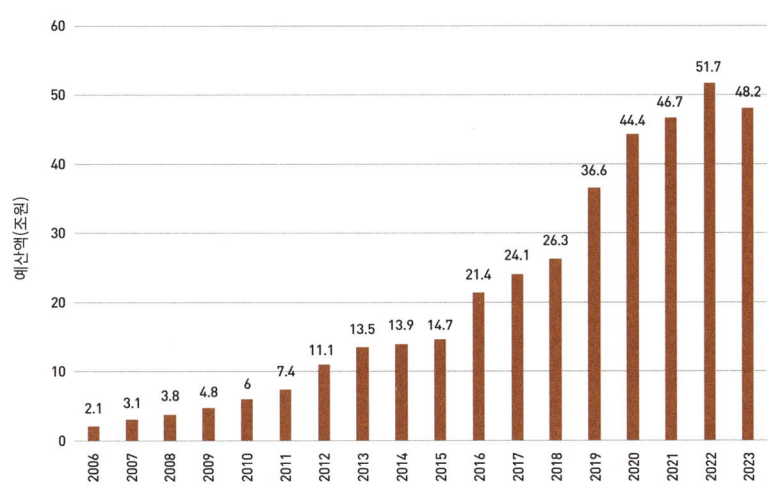

* 출처: 저출산·고령사회위원회 각 연도 시행계획

특정 사업을 저출산 정책과 그 외의 정책으로 나누기란 쉽지 않다. 넓은 시각에서 본다면 많은 정책이 직간접적으로 인구문제와 관련되기 때문이다.

각 부처는 조금이라도 인구문제와 연관되어 있다고 여겨지는 사업을 저출산 대응 예산에 포함할 유인을 갖는다. 저출산 대응으로 분류된 사업은 아무래도 다른 사업에 비해 예산을 얻기 수월하다는 인식이 있기 때문이다. 저출산 대응 예산이 구조적으로 부풀려질 가능성이 있는 상황이다.

이러한 사정 때문에 관련성이 낮아 보이는 사업의 예산이 저출산 대응 예산에 포함되는 사례가 적지 않다. 예컨대 2021년 저출산 예산에 포함된 사업 가운데에는 관광 활성화 기반 구축(126억), 국내 관광 역량 강화(110억), 게임산업 육성(78억), 만화산업 육성(40억), AI 융합형 기술 인력 역량 강화(50억) 등이 포함되어 있다.[5]

어느 정도 관련성이 있지만 효과성이 떨어지는 정책이 포함된 사례는 더욱 많다. 최근 이러한 '허수'를 발라내기 위한 노력이 진행되었지만 저출산 예산 전체가 애초 목적에 100% 부합하지 않는 사정은 여전해 보인다.

저출산 대응과 가장 밀접하게 연관되어 있으면서 다른 국가들과 직접적인 비교가 가능한 예산 항목으로 '공공 가족 지출(public family expenditure)'을 꼽을 수 있다. 이 항목을 기준으로 볼 때 한국의 저출산 예산은 상대적으로 매우 적은 편에 속한다. 2019년 한국의 GDP 대비 가족정책 지출액은 1.6%로 OECD 회원국 평균(2.29%)을 크게 밑돌며 38개 회원국 가운데 33위를 기록했다. 특히 현금 지출 비중이 0.3%로 OECD 평균(0.82%)보다 훨씬 낮았다.[6] 저출산 대응을 위해 충분한 재원이 투입되고 있다는 일반적인 믿음과 괴리되는 통계이다.

공공 가족 지출 항목을 비롯하여 저출산 대응과 밀접한 관계가 있는 항목은 저출산 문제가 없었어도 각 부처가 수행했어야 하는 사업들을 포함하고 있다. 어떤 국가든 기본적으로 아동 보호, 보육 지원, 일-생활 균형 강화 등의 정책을 통해 태어나는 아이를 잘 키워내고, 여성의 경제활동을 촉진하며, 국민 삶의 질을 개선하기 위해 노력한다. 이 모든 정책에 '저출산 대응'이라는 꼬리표를 붙이는 건 타당하지 않다. 따라서 적절하게 분류된 저출산 예산 중에서도 '순수한' 저출산 대응 목적의 예산 규모는 더 작을 수 있다.

일부 중요한 저출산 대응 정책의 경우 재원의 제약으로 광범위한 사각지대가 발생하기도 한다. 예컨대 육아휴직 지원은 국비가 아닌 고용보험기금을 재원으로 한다. 그리하여 고용보험에 가입하지 않은 배달 기사, 택배 기사, 보험설계사, 프리랜서 등 특수형태근로종사자는 육아휴직 제도의 혜택을 받을 수 없다. 자영업자 역시 아이를 낳아도 육아를 위해 일을 그만둘 수 없는 형편이다. 다른 재원이 확보되지 않는 한 이러한 정책의 사각지대는 해소되기 어렵다.

얼핏 엄청난 예산이 투입된 것으로 보이지만 대상자가 체감하는 실질적 혜택이 크지 않은 사례도 있다. 예컨대 주거 지원 정책은 근래 저출산 예산에서 가장 큰 부분을 차지한다. 2022년에는 23.4조 원으로 전체 저출산 대응 예산의 46%에 달했다. 그런데 이 예산의 대부분은 주택 매입 및 전세자금 융자, 주택 건설 및 임대에 쓰이고 있다. 따라서 청년과 신혼부부에게 돌아가는 실질적인 혜택은 시장금리와의 차이 등을 고려했을 때 전체 예산의 극히 일부에 불과하다. 또한 주거 지원 규모도 수요에 비해서 매우 부족한 실정이다.

이처럼 상당수 국민의 생각과 달리 한국의 저출산 대응 예산은 그다지 충분하지 않다. 결혼한 가구의 양육비를 덜어주는 비교적 '가성비'가 높은 정책을 저소득층이 체감할 수 있도록 확대하는 일도, 정책의 사각지대에 놓여 있는 사람들에게 혜택의 범위를 넓히는 일도 돈이 없어서 하기 어렵다. 청년의 고용 여건과 일자리 질을 개선하고 청년이 선호하는 지역에 충분한 양질의 임대주택을 공급하는 데 쓸 예산도 턱없이 부족하다.

그간 정부는 여러 차례 한국의 저출산 문제를 해결하겠다는 의지를 표명하였다. 하지만 이 의지를 실행에 옮길 수 있는 가장 중요한 기초인 재원 확보 방안에 관해서는 모호한 태도를 보여왔다. 신약성서에도 돈이 있는 곳에 네 마음이 있다는 구절이 나온다. 정부의 의지는 어디에 있는가? 결국 어떤 말을 했는지보다 얼마의 예산을 편성했는지를 보고 판단할 수밖에 없다. 앞에서 언급했듯이 현재의 저출산 예산 규모가 절대적으로는 커 보일지 모른다. 그러나 사안의 심각성에 비해서, 또한 정부가 표명한 관심이나 의지에 비해서는 작아 보인다.

세상에 공짜는 없으며 인구문제 대응도 예외가 아니다. 국가의 중요한 문제를 완화하고 해결하는 데에는 상당한 재원이 필요하고 이는 누군가가 부담해야 한다. 재원 문제를 모호하게 덮어두기보다 인구문제 대응을 위한 지출이 미래를 위한 투자이며 그 편익이 모든 국민과 다음 세대에 공유된다는 사실을 납세자에게 설득하는 편이 바람직하다. 이 역시 지난 20년간 성공적으로 하지 못했던 일이다.

정책 수행 과정에서 우리는 무엇을 놓쳤는가

〈냉장고를 부탁해〉라는 TV 예능프로그램이 있다. 정상급 셰프들이 유명인의 냉장고에 있는 재료로 주인이 좋아하는 음식을 만들어내는 내용이다. 냉장고 속 한정된 재료가 셰프의 역량에 따라 개성 넘치고 맛있는 요리로 탄생하는 과정이 보는 이의 감탄을 자아낸다. 2025년 방영된 〈폭군의 셰프〉라는 드라마에는 매우 질긴 고기밖에 찾을 수 없었던 셰프 연지영이 프랑스 조리 방법인 '수비드'를 활용하여 입에서 녹을 정도로 부드러운 스테이크를 만들어내는 장면이 나오기도 했다. 실력 있는 요리사는 재료를 탓하지 않고 주어진 여건 안에서 최고의 음식을 만든다.

앞에서 살펴보았듯이 재원이 충분치 않으면 정책의 규모, 범위, 내용 등이 제약될 수밖에 없다. 이러한 기본적인 제약은 저출산 대응 정책이 충분히 성공적이지 못했던 이유 가운데 하나일 것이다. 그렇지만 예능과 드라마에 등장하는 능력 있는 셰프들의 모습은 다음의 질문을 던지게 한다.

주어진 제약 조건 속에서 정책당국은 할 수 있는 최선을 다했는가? 주어진 자원을 최대한 합리적으로 배분하고 정책 집행의 효율성을 높이려는 노력은 충분했는가? 실제로 했던 것보다 더 잘할 수 있는 여지는 없었을까? 필자는 다음과 같은 이유로, 그럴 수 있는 여지가 있었다고 판단한다.

첫째, 정책을 좀 더 합리적으로 설계하고 집행할 수 있었지만 그렇게 하지 못했다. 즉 정책 방안의 결정, 정책 대상의 선택, 여러 정책에 대한 예산 배분 등을 과학적 근거에 기초하여 더 합리적으로 결정할 여지가 있었다. 또한 엄밀한 평가 결과에 기초하여 기존 정책을 더 효율적으로 개선하는 일도 가능했을 것이다. 그러기 위한 노력이 없지는 않았지만 매우 미흡했다. 특정한 정책이 왜 그렇게 설계되었는지, 정책 대상자가 어떤 방식으로 선정되었는지, 왜 어떤 정책에 상대적으로 많은 예산이 투입되었는지 합리적인 근거를 발견하기 어려운 경우가 많다.

예컨대 한정된 예산을 여러 사업에 어떻게 배분하는 방안이 가장 적절할지 생각해보자. 이론적으로는 각 정책에 대한 지출의 '한계 효과'가 같아지도록 예산을 배분하는 방안이 바람직할 것이다. 즉 현금 지원과 육아휴직 지원 등 두 가지 선택지가 있다고 할 때 각 정책에 1원이라도 더 투입함으로써 추가로 얻을 수 있는 효과(한계 효과)가 같아지도록 하는 것이다. 만약 현금 지원의 한계 효과가 육아휴직 지원의 한계 효과보다 크다면 육아휴직에 쓰이는 예산을 현금 지원으로 옮김으로써 정책의 효율성을 개선할 수 있을 것이다.

이번 장의 앞부분에서 현금 지원이나 육아휴직 지원 같은 특정 정책이 결혼과 출산에 어떤 영향을 미쳤는지 분석한 결과를 제시했다. 이 결과는 현금을 100만 원 더 지급하거나 육아휴직급여를 10만 원 더 지급할 때 유배우 출산율이나 3년 후 추가 출산 확률 같은 성과지표가 '평균적으로' 얼마나 높아졌는지 보여준다. 그런데 두 정책 중 어디에 예산을 더 투입하는 방안이 합리적인지를 따지려면 투입 예산 액수의 변화에 따라 각 정책의 한계 효과가 어떻게 달라지는지 알아야 한다. 그래야 두 정책에 투입되는 예산이 어느 정도 수준일 때 각각의 한계 효과가 같아지는지를 알 수 있다.

그런데 현재로서는 이런 조건을 충족하는 합리적인 예산 배분이 이루어졌는지를 평가하기 어렵다. 이를 판단하기 위해서는 각 정책이 중요한 성과지표에 어떤 영향을 미쳤는지를 엄밀하게 평가하는 연구가 이루어져야 한다. 6장에서 제시한 각 사업의 '평균적인' 효과를 아는 것만으로는 충분하지 않다. 각 정책에 대한 투입 규모가 달라짐에 따라 한계 효과가 어떻게 변하는지도 추정해야 한다. 그런데 이러한 필요성에도 불구하고 중요한 정책조차 엄밀한 성과 평가를 하지 못했다.

막대한 재정이 투입되었으나 그 효과성을 짐작하기 어려운 사업도 있다. 2023년 저출산 예산의 46%를 차지한 주거 지원 사업의 경우, 대상자로 선정된 사람에게 어떤 변화가 나타났는지 제대로 알려주는 연구가 없다. 다른 국가의 사례를 보면, 주거 지원 정책의 대상자들과 근소한 차이로 탈락한 사람들을 추적 조사하여 정책이 수혜자의 사회경제적 지위와 인구학적 특성에 미친 영향을 분석한 연구들이 많다. 그러나 국내에서는 아직 그런 연구에 이용될 수 있는 데이터조차 없는 실정이다.

이처럼 인구문제의 중요성이나 저출산 대응에 투입되는 재정 규모를 고려할 때, 관련 조사나 연구가 양적·질적으로 크게 부족한 형편이다. 또한 국가 예산이 투입되는 인구 정책 관련 연구가 충분히 체계적·효율적으로 이루어지지 않아서 꼭 필요하고 시급한 연구에 공백이 생기는 한편 비슷하거나 중복되는 연구가 진행되는 문제가 발생한다. 미국, 프랑스, 일본 등 국가에서는 일찍이 국가인구연구기관이 설립되어 인구 연구의 허브 역할을 맡고 있다. 한국은 이러한 연구기관 설립이 논의된 바 있지만 아직 추진되지는 않았다. 이러한 연구 환경이 낳는 과학적·실증적 근거의 부족은 합리적인 인구 정책 수립을 어렵게 만드는 요인이 되고 있다.

둘째, 인구 정책을 더 일관성 있게 추진했어야 했다. 하지만 그렇게 하지 못함으로써 정책의 장기적 효율성이 저하되었다. 어떤 정책이든 제대로 작동하여 사람들에게 체감될 때까지 시간이 필요하다. 또한 정책의 기본 방향성이 오랜 기간 유지되어야 사람들은 체감한 변화가 지속될 것임을 믿고 미래에 대한 기대를 바꿀 수 있다. 그런데 한국의 인구 정책은 그러한 일관성과 안정성을 보이지 못했다.

가장 먼저 제시할 사례는 정부가 교체되거나 책임자가 바뀔 때 세부 정책은 물론 기본적인 인구 정책의 비전과 전략이 바뀌어서 혼선과 비효율이 초래되곤 했던 문제이다. 물론 이것이 인구 정책만의 문제는 아니다. 한국은 새로운 대통령이 취임하고 장관이 교체되면 기존 정책을 원점으로 돌리고 새롭게 시작하는 경우가 적지 않다. 그렇지만 인구 정책의 일관성 부족 문제는 다음과 같은 사정 때문에 더 심각하다.

우선 인구 정책을 전담하는 부처가 없어서 발생하는 어려움이다. 인구 정책의 조정과 조율을 담당한 저출산고령사회위원회는 대통령이 위원장을 맡는 대통령 직속 자문위원회이다. 그런데 이 위원회에는 붙박이 공무원이 없다. 잠시 머무는 직원들만 있을 뿐이다. 부위원장과 상임위원은 2년 임기를 마치면 떠나고, 다른 공무원들은 파견직으로 1년가량의 근무 기간이 끝나면 원래 소속되었던 부처로 돌아간다. 이는 자문위원회의 성격상 어쩔 수 없는 인사 원칙이다.

이러한 인사 규정 때문에 위원회 조직의 안정성과 업무의 연속성이 저하될 수밖에 없다. 일반 부처의 경우, 새로운 정부가 들어서고 장관이 바뀌더라도 부처의 업무와 현안을 꿰고 있는 공무원들이 그 조직의 정체성과 수행하던 정책이 단절되지 않게 하는 역할을 한다. 그러나 저출산고령사회위원회는 그렇지 못하다. 계속 모든 인력이 단기간에 바뀌면서 진행하던 정책에 단절이 발생할 뿐만 아니라 무형의 지식, 네트워크, 조직문화 등도 사라져버린다. 조직의 정책 역량이 축적되기도, 정책의 일관성이 유지되기도 어려운 상황이다.

정부가 바뀌고 책임자가 교체되면서 정책의 기본적인 비전과 방향성이 흔들리는 것도 문제이다. 5년에 한 번씩 발표되는 저출산·고령사회 기본계획은 5년간 정부 인구 정책의 청사진을 제시한다. 그런데 각 기본계획 시행 기간에 정부가 바뀌면 '재구조화'라는 이름으로 기본계획을 다시 만들어서 발표하는 일이 반복되고 있다. 대체로 2년에 한 번씩 정책을 갈아엎는 일이 되풀이되는 것이다.

정책 수립 작업이 반복되면서 발생하는 인력과 예산의 낭비도 아깝지만, 정책의 일관성과 지속성에 대한 신뢰 훼손은 더 큰 문제이다. 몇 년 후 바뀔 수도 있는 정책이 생애 전체를 내다보며 내려야 하는 결혼과 출산 결정에 영향을 미치기는 어렵다. 따라서 계속 바뀌는 정부의 국정 비전이나 전략과 무관하게, 대다수 국민과 전문가가 동의하는 인구 정책의 기본적인 비전과 방향성을 일관되게 유지하는 편이 바람직하다. 그것이 어렵다면 기본계획 수립 시점을 정권 교체 주기에 맞추어 새 정부가 출범하면서 인구 정책의 기본 틀을 다시 짜고 이를 적어도 5년간 유지하는 방안이라도 마련할 필요가 있다.

셋째, 다양한 경로를 통해 발굴되고 제안된 좋은 정책 방안들을 수용하고 보완적으로 결합함으로써 인구 정책을 점차 고도화했어야 했다. 그랬다면 현재의 인구 정책은 더 균형 잡히고, 촘촘하고, 나은 성과를 낼 수 있게 되었을 것이다. 그렇지만 그러지 못했다. 계속 더해나가도 부족할 상황에서 오히려 '뺄셈'의 정책 결정이 더 많이 이루어졌다. 그리하여 시간이 지나면서 정책 수단이 축적되고 풍부해지는 긍정적인 변화가 어려워졌다.

이러한 사정의 이면에는 개인과 조직의 이해를 반영한 과도한 경쟁이 자리한다. 인구문제가 중요한 국가적 이슈로 떠오르며 여기에서 성과를 얻어 공을 쌓고자 하는 정당 간, 부처 간, 기관 간 경쟁이 치열해졌다. 여기에는 긍정적인 면도 있다. 선의의 경쟁은 효과적인 방안에 관한 새로운 아이디어와 과감한 정책 실험의 원동력이 되기도 한다. 특정한 지방자치단체에서 개발하여 시행한 정책이 성공하면 다른 지역 혹은 중앙정부 정책을 개선하는 데 유용하게 적용될 수 있다.

그러나 이러한 경쟁의 부작용이 긍정적인 효과보다 더 커 보인다. 어떤 방안의 타당성이나 효과성보다 그것이 '누구 것'인지, 어떤 이념적 정체성에 기초한 것인지 따지는 비생산적인 경쟁이 벌어지는 모습이 빈번하게 나타난다. 기존의 좋은 정책과 상대방의

참신한 아이디어를 받아들이는 대신 자신의 브랜드로 내세울 정책을 급하게 만들어내려는 노력이 한층 뚜렷하게 드러난다. 정부 내의 각 부처, 지방자치단체, 공공기관, 연구기관은 인구문제 해결을 위해 서로 협력하고 정보와 자원을 공유하기보다 각 조직과 그 수장의 '영광'을 위해 '각개전투'에 나서는 경향을 보인다.

이러한 모습이 두드러지게 나타나는 사례가 새 정부 출범 후 나타나는 '이전 정부 지우기' 관행이다. 새 정부의 비전과 정책 기조에 맞는 인구 정책 수립 자체를 탓할 수는 없지만, 유지가 필요한 효과적인 정책까지 '내 것'이 아니라는 이유로 폐지하는 조치는 정당화되기 어렵다. 정당 간 경쟁도 생산적이지 못한 경우가 많다. 선거 때 제시되는 각 당의 인구 관련 공약은 서로 보완적인 경우가 많지만, 다른 당이 제안한 정책을 수용하여 더 개선된 방안을 만드는 사례는 드물다.

인구문제 해결의 '주역'이 되기 위한 여러 기관 사이의 과도한 경쟁은 오히려 문제 해결을 어렵게 만드는 측면이 있다. 빛나는 조역 없이 좋은 영화나 드라마가 탄생하기 어려운 것처럼 촘촘하고 효과적인 정책 수립을 위해서는 눈에 드러나지 않는 많은 사람의 크고 작은 역할이 필요하다. 인구 정책에서 흔히 발견되는 다부처 과제의 경우, 주무 부처의 일을 다른 부처가 잘 보조하고 지원해야만 그 정책이 성공할 수 있다. 빈틈이 있는 세부적인 문제들을 꼼꼼하게 조사하고 연구해야 정책을 세밀하게 개선할 수 있다. 문제 해결의 주역이 되기 위해 모두가 '큰 문제'에 관한 '총론'만 작성한다면 인구 관련 연구도, 인구 정책도 개선되기 어렵다.

뺄셈이 아닌 덧셈의 인구 정책으로 전환하려면 정치권의 상호 협력이 필요하다. 적어도 인구문제 해결을 위해서는 초당적으로 협력할 수 있는 제도적 기반을 마련해야 한다. 이미 국회에서는 여야를 망라하는 '인구위기특별위원회'가 조직되어 활동하고 있다. 그렇지만 실질적인 정당 간 협력으로 발전하여 정책적인 성과를 내기 위한 더 큰 노력이 요구된다. 여러 기관 사이의 경쟁이 각개전투로 끝나지 않고 '상호 보완적인 분업'의 순기능을 발휘하게 하려면 인구 정책과 연구의 조정·조율 기능이 강화될 필요가 있다. 앞서 언급한 인구 전담 부처와 국가인구연구기관 설립은 이에 도움이 될 것이다.

……

바람직한 저출산 대응 정책이란 무엇일까? 사람마다 생각이 다를 것이다. 필자는 이를 청년의 현실을 바꾸고 마음을 얻는 일이라고 정의하고 싶다. 즉 청년의 현재를 힘들게 하고 미래를 불안하게 만드는 여건들을 바꿈으로써 생애에 대한 전망과 기대를 개선하는 일이다. 그렇게 함으로써 이들이 원하는 삶의 방식을 선택할 자유를 확대하는 작업이다. 쉽지 않은 과업이다. 한 청년이 바라보는 미래의 모습을 바꾸기란 얼마나 어려운가?

지난 20년간 저출산 대응 정책은 대다수 청년이 내다보는 생애의 모습을 바꾸는 데 성공했을까? 그러지 못했던 것처럼 보인다. 실질적인 정책의 대상과 범위는 너무 좁았고, 청년의 삶을 어렵게 만드는 한국 사회의 구조적 문제는 외면되었으며, 변화를 향한 의지나 일관된 방향성에 대한 신뢰도 얻지 못했다. 그보다 더 잘할 수 있었을까? 국가의 미래를 걱정하는 진정성과 문제 해결의 의지가 더 강했더라면, 개인이나 조직의 이해를 뒤로하고 합리적인 정책 수립과 효과적인 집행에 더 힘썼더라면 아마 그럴 수 있었을 것이다. 프랜시스 치점 신부가 기도했던 대로 '행위'가 아닌 '지향'으로 판단하더라도 그간의 저출산 대응 정책을 그리 좋게 평가하기는 어렵다.

지금까지 왜 지난 30년간 한국의 출산율이 가파르게 떨어졌는지, 왜 국가의 정책적 노력이 이 추이를 막거나 반전시키지 못했는지 살펴보았다. 이 기간 매년 태어나는 아이의 수는 급격하게 감소해왔다. 30년 전 약 70만 명이었던 출생아 수는 2024년에는 약 24만 명으로 줄었다. 출생아 수 감소는 돌이 던져진 연못에 이는 파문처럼 아동의 수, 청소년의 수, 청년의 수 감소로 이어지고 있다. 미래는 아직 알 수 없고 정책적 노력으로 어느 정도 달라질 수도 있지만, 장기적으로 출생아 수는 더 줄어들 가능성이 크다.

이렇게 아이의 수가 빠르게 줄어들면서 한국 사회는 어떻게 변모할까? 희소한 존재가 된 아동이 지금보다 귀한 존재로 대접받을까? 아동을 위한 병원, 보육시설, 학교 등 각종 사회서비스 시설에 여유가 생기면서 지금보다 더 나은 치료·돌봄·교육 서비스를 누릴 수 있을까? 아동이 주 소비자인 기업들은 아동인구 감소로 어떤 영향을 받을까? 4부에서는 아이가 사라지는 사회의 미래를 전망해본다.

아이가 사라지는 나라의 미래

4부

8장

아이들이 태어나지 않는 나라에서 살아가는 아이들의 삶

아이들이 사라진 세상의 모습은 어떠할까? P. D. 제임스의 소설 《사람의 아이들》에는 알 수 없는 이유로 불임이 확산하여 더 이상 아기가 태어나지 않게 된 사회의 모습이 이렇게 묘사되어 있다.

> 자식을 잃은 부모처럼 우리도 보편적인 애도의 분위기 속에서 상실감을 일깨우는 고통스러운 물건들을 모조리 치워버렸다. 먼저 공원의 어린이 놀이터가 철거되었다. (중략) 그네는 모두 단단히 줄로 묶어 고정되었고, 미끄럼틀과 정글짐은 더 이상 새로 페인트칠을 하지 않은 채 방치되었다. 그러다 종내는 없어졌다. 아스팔트를 깐 놀이터도 작은 공동묘지처럼 잔디로 덮거나 꽃을 심어버렸다. 장난감은 전부 불태웠다. 다만, 반쯤 넋이 나간 여자들이 어린아이의 대용품으로 삼은 인형만은 예외였다. 학교도 문을 닫은 지 오래되었는데, 판자를

둘러쳐 막아버리거나 성인 교육센터로 쓰고 있다. 아동 도서도 도서관에서 체계적으로 폐기되었다.

— P. D. 제임스, 이주혜 옮김, 《사람의 아이들》(아작, 2019), 22쪽

이 대목을 읽으며 문득 궁금해진다. 만약 아이들이 사라지는 사회에 극소수의 아이들만 남는다면 그들의 삶은 어떻게 될까? 그들은 어디서 놀고 어디서 배우며 무엇을 읽을까? 이 아이들이라도 남았다면 그 사회는 달라졌을까? 이들을 위해 놀이터를 단장하고 학교와 교사를 유지하고 아동 도서를 펴내어 도서관에 비치했을까? 혹시 또 태어날지 모르는 아기를 받기 위해 분만실을 운영하고 대학병원은 산부인과 전문의를 길러냈을까? 아이가 없는 대다수 국민은 몇 명 남지 않은 아이들을 위해 이러한 비용을 기꺼이 부담했을까?

이 책이 출판된 1992년 영국의 합계출산율은 1.8이었다. 작가는 아마도 필자가 떠올린 질문을 생각할 필요가 없었을 것이다. 작가는 그저 SF소설을 쓰고 있었고 먼 미래에 일어날 수 있는 가상의 디스토피아를 그려보는 수준에 만족했으리라. 그러나 2024년 합계출산율이 0.75를 기록하고 1992년 이후 출생아 수가 3분의 1로 줄어든 한국의 현실은 '논픽션'에 더 가깝다. 어떤 사람은 '국가 소멸'을 이야기하지만, 실제로는 아이들이 사라지는 나라에도 여전히 누군가는 태어날 것이다. 이 아이들은 어떤 삶을 살게 될까? 한국 사회는 이들을 지켜낼 수 있을까?

......

　매년 태어나는 아이들이 급격하게 줄어들면 어떤 문제가 발생할까? 아마도 많은 사람이 인구감소와 그것이 가져올 사회경제적 충격을 우려할 것이다. 통계청 전망에 따르면 한국의 총인구는 출생아 수 감소로 앞으로 50년 안에 30%가량 줄어들 것이다. 인구감소 때문에 일할 사람이 줄어들고 경제력과 국방력이 약해지리라는 걱정이 크다. 그렇지만 한국의 총인구와 노동인구가 본격적으로 감소하기 시작하는 시점은 대체로 25년 뒤이다. 경제활동참가율의 증가, 생산성 개선, 이민 유입, 기술 진보 등으로 그 충격의 일부가 완화될 가능성도 있다.[1]

　더 일찍 닥쳐올 한층 심각한 문제는 한국 사회가 그간 구축해온 시스템과 인프라에 발생할 심각한 불균형이다. 한 사회의 근간이 되는 각종 제도와 시설은 대체로 매년 태어나는 인구, 즉 출생 코호트 수에 맞추어져 있다. 분만실과 산부인과 의사 수, 소아청소년과 병원과 그 전문의 수, 보육시설 및 초중등 학교와 교사의 수, 대학 입학정원, 군의 징병 인원 등은 대상이 되는 인구 규모를 고려하여 결정된다. 그런데 출생아 수가 줄면 시차를 두고 각 나이 인구 규모가 감소한다. 이에 따라 애초의 인구 규모에 맞추어진 각종 제도와 인프라에 균열이 발생한다.

　출생아 수 감소가 천천히 진행되면 큰 무리 없이 인구와 사회 시스템 사이 불균형을 조정해갈 수 있다. 은퇴하는 사람의 일부만 대체하고 새로운 건물을 덜 짓는 등의 방식으로 대응하는 방안이 가능하다. 일찍이 학교에서 그랬던 것처럼 학급당 학생 수를 줄이고 학생당 교사 수를 늘림으로써 교육여건을 개선하는 기회로 활용할 수도 있다. 그렇지만 출생아 수 감소가 너무 빠르게 진행되면 무리하지 않는 점진적 적응이 어려워진다.

1971년 약 101만에서 정점에 도달한 한국의 출생아 수는 이후 25년 동안 비교적 서서히 감소하여 1990년대 중반 70만 수준에 도달했다. 94쪽 그림 3-1에서 보여주었듯이 이후 두 기간에 걸쳐 한국의 출생아 수는 급격하게 줄었다. 먼저 1995년 약 71만이었던 출생아 수가 2005년까지 약 43만으로 감소했다. 10년 사이에 5분의 3으로 줄어든 것이다. 다음으로 2012년 약 48만이었던 출생아 수가 2023년 약 23만으로 줄었다. 11년 사이 절반 넘게 감소한 것이다.

2000년대 초에 갑작스럽게 축소된 출생 코호트는 영유아기, 학령기, 군복무 시기 등을 보내고 이제 노동시장에 진입하고 있다. 이로 말미암아 앞으로 20여 년이 지나면 35세 미만 경제활동인구가 현재의 절반 이하로 줄어들 것이다. 그러면 청년에게 크게 의존하는 기업은 일할 사람을 구하는 데 어려움을 겪을 것이다. 또한 최신 지식과 숙련을 보유하고 이동성, 적응력, 학습 능력이 상대적으로 뛰어난 '젊은 피'가 사라지면서 노동시장의 활력이 떨어질 가능성이 있다.

이제 2012년 이후 발생한 출생아 수 감소가 여러 분야에 미치는 충격이 파도처럼 밀려오는 중이다. 가장 먼저 영유아와 아동을 대상으로 하는 의료, 사회서비스, 교육, 소비시장 등이 이 파도에 휩

쏠릴 것이다. 이로 인한 사회경제적 불균형은 이미 체감되고 있으며 앞으로 더 확대될 것이다. 이 장의 나머지는 다음의 질문을 중심으로 아이가 사라지는 사회의 미래를 진단해본다.

2023년 분만실을 찾은 산모는 10년 전의 절반으로 줄었다. 남아도는 분만실은 어떻게 되었을까? 분만실이 사라지자 어떤 일이 생겼을까? 2023년에 태어난 아이들은 대부분 2029년 초등학교에 입학한다. 2029년 초등학교 입학생 수는 2012년생이 초등학교에 들어갔던 2018년의 절반으로 줄 것이다. 학교는 어떻게 될까? 아이들의 학교생활은 어떻게 바뀔까? 아동을 주 고객층으로 하는 업종의 수요는 급감할 것이다. 기업은 어떻게 대응할까? 아이들의 소비시장은 어떻게 바뀔까? 정치와 정책은 소수자가 된 아이들을 지킬 수 있을까?

내가 사는 지역에서 산부인과와 어린이집이 사라지면 생기는 일들

2018년 말 언론에 한 병원의 폐원 위기를 알리는 기사가 실렸다.[2] 국내 첫 산부인과 전문병원으로 알려진 서울 제일병원이 입원실과 분만실을 폐쇄한 데 이어 모든 진료와 검사를 중단한다는 문자를 환자들에게 발송했다는 내용이었다. 1963년 설립되어 1987년 국내 처음으로 시험관아기를 분만하는 데 성공했던 대표적인 산부인과 병원도 출생아 수 감소로 인한 경영난을 견디지 못한 것이다. 한때 이곳에서 쌍둥이를 낳은 인연이 있는 배우 이영애가 폐원 위기의 병원을 인수한다는 설이 돌기도 했지만, 인수는 무산되었고 병원은 2021년 문을 닫았다.

민간 병원과 의원은 수익을 내야만 시설을 유지하고 의사와 간호사의 급여를 지급할 수 있다. 그러기 위해서는 '최소한의 수요'가 존재해야 한다. 분만 건수가 이 최소치를 밑돌면 의료서비스 제공을 지속하기 어렵다. 적자만 쌓일 뿐이기 때문이다. 따라서 100만 명 또는 70만 명 출생에 맞추어 만들어진 분만실들은 태어나는 아이 수가 줄면서 하나하나 문을 닫을 수밖에 없다.

이러한 사정 때문에 출생아 수가 급격하게 감소한 지난 10여 년 동안 수많은 분만실이 폐쇄되었다. 그림 8-1의 막대그래프는 분만이 가능한 전국의 산부인과 의원 수가 2011년 777곳에서 2023년 463곳으로 40% 넘게 감소했음을 보여준다. 50%가 넘는 출생아 수 감소율보다는 약간 더디지만 매우 빠른 감소 추이이다. 가까운 곳의 산부인과가 문을 닫으면서 임신부는 산전 진료와 분만을 위해 더 먼 곳을 방문해야 하는 불편을 겪게 되었을 것이다.

그런데 이러한 불편함의 크기는 지역에 따라 차이를 보인다. 서울 같은 대도시의 경우, 출생아 수가 감소해도 근처에 적어도 하나 이상의 분만실을 유지할 정도의 분만 수요가 남아 있는 경우가 많다. 그렇지만 지방에서는 출생아 수가 이 '최소치' 아래로 낮아지는 시군구가 늘고 있다. 거주하는 시군구 내에 분만실을 단 하나도 유지할 수 없는 상황인 셈이다. 그림 8-1의 선그래프는 분만실이 하나도 없는 시군구의 수가 2013년 19.8%에서 2023년

그림 8-1. 분만 시설 수와 분만실이 없는 시군구 비율 변화

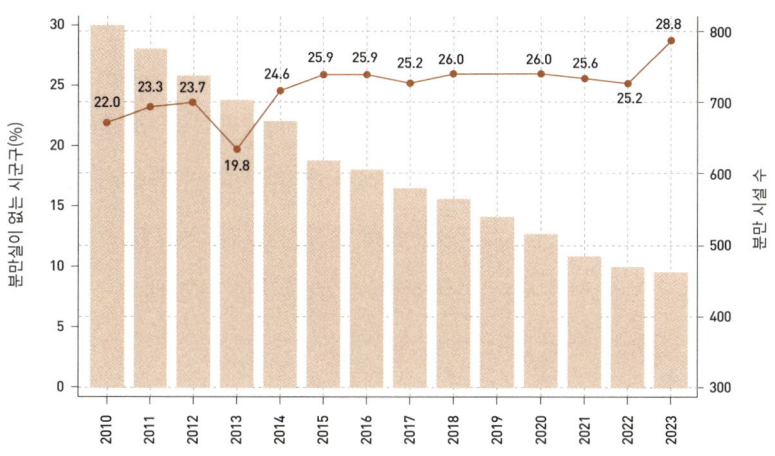

* 출처: Kim and Lee (2025)

28.8%로 늘었음을 보여준다. 현재는 75곳에 달하는 시군구에 분만 시설이 하나도 없다.

사는 지역에 분만실이 사라지면 어떤 일이 발생할까? 현재 텍사스대 오스틴캠퍼스 경제학과 박사과정에 있는 김한나와 필자의 최근 연구는 국민건강보험 데이터베이스와 다른 시군구별 데이터를 이용하여, 분만실이 하나라도 있다가 어느 시점에 모두 폐쇄된 시군구 주민에게 발생한 변화를 분석하였다. 보다 구체적으로, 사건사(event history) 방법을 도입하여 분만실이 사라진 시군구의 분만 방식, 건강 성과, 출산율 등이 분만실이 유지된 유사한 시군구와 비교하여 어떻게 변화했는지 살펴보았다.

우선 기대할 수 있는 분만실 폐쇄의 효과는 임신한 여성이 더 멀리 있는 산부인과에 다니는 일이 벌어지는 것이다. 그림 8-2는 분만실 폐쇄 전후 해당 시군구(실험군)와 분만실이 유지된 시군구(대조군) 임신부의 분만실까지 이동 거리 변화를 보여준다. 가로축은 분만실 폐쇄 시점(0으로 표시) 기준의 시간 변화를, 세로축은 킬로미터 단위의 거리를 나타낸다. 각각의 점은 대조군과 비교한 분만실 폐쇄 시군구 임신부가 분만실까지 이동한 거리를 보여주고, 상하로 그어진 선은 추정치의 95% 신뢰구간을 나타낸다.

추정 결과는 분만실이 폐쇄되자마자 이 지역 임신부들이 더 멀리 있는 산부인과에 가서 아이를 낳게 되었음을 보여준다. 회귀분석 결과에 따르면 분만실이 폐쇄된 탓에 임신부들이 산부인과까지 이동하는 거리가 평균 22킬로미터 늘어났다. 분만실 폐쇄 이전

그림 8-2. 분만실 폐쇄가 산부인과까지의 이동 거리에 미친 효과

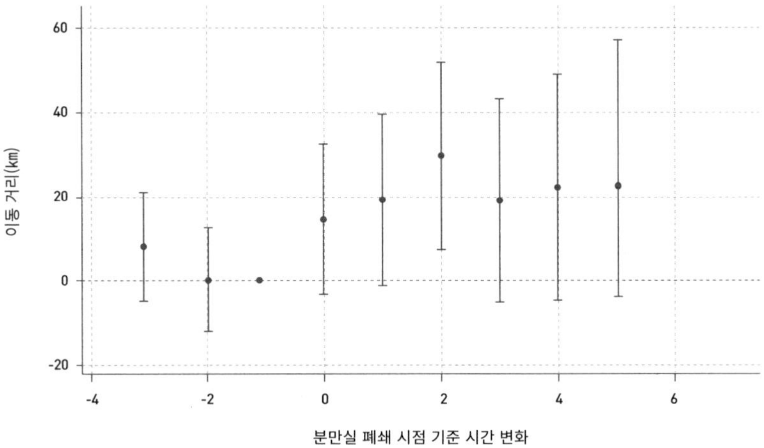

* 출처: Kim and Lee (2025)

에도 모든 임신부가 거주 시군구 내의 산부인과에 다녔던 것은 아니다. 그렇지만 원래 있던 분만실이 문을 닫으면서 거주지 내 산부인과에 다니던 사람들이 어쩔 수 없이 다른 지역 병원으로 옮김에 따라 이동 거리가 길어진 것으로 풀이된다.

거주 시군구 분만실 폐쇄 때문에 분만 방법도 변했다. 제왕절개를 통한 분만이 늘어난 것이다. 그림 8-3은 분만실이 사라진 시군구 여성의 분만 가운데 제왕절개가 차지하는 비중이 폐쇄 이후 대조군에 비해 유의하게 높아졌음을 보여준다. 회귀분석 결과에 따르면 분만실 폐쇄로 인해 제왕절개분만 비율이 약 5.4%p 증가하였다. 반면 유도분만 비중은 높아지지 않은 것으로 나타났다.

왜 지역에서 분만실이 사라진 후 제왕절개가 늘었을까? 이는 가까운 산부인과에 갈 수 없어진 임신부들이 예상치 못한 긴급 상황

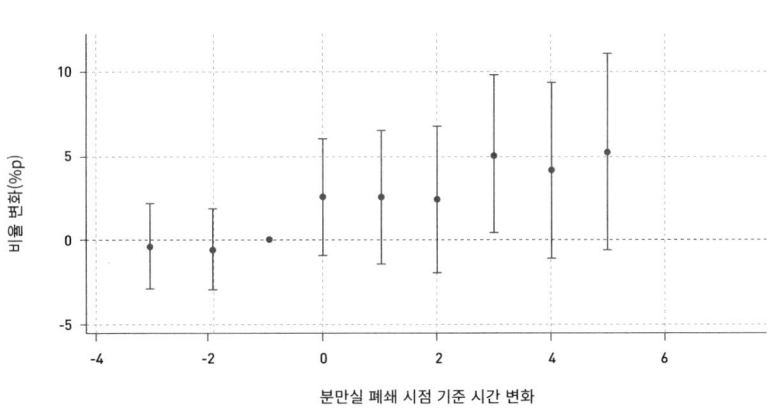

그림 8-3. 분만실 폐쇄가 제왕절개분만 비율 변화에 미친 효과

* 출처: Kim and Lee (2025)

을 피하고자 내린 선택을 반영한다. 그 근거는 다음과 같다. 첫째, 분만실 폐쇄로 분만 중 위급한 상황이 생겼을 때 시행하는 응급 제왕절개분만은 늘지 않았다. 이와 대조적으로 사전에 계획하여 정해진 날짜에 시행하는 선택적 제왕절개만 분만실 폐쇄 이후 증가한 것으로 나타났다.

둘째, 분만실까지의 거리가 많이 멀어진 경우에만 분만실 폐쇄 이후 제왕절개 비율이 높아지는 효과가 발견되었다. 다시 말해 분만실이 사라진 이후 제왕절개 비중이 증가하는 효과가 분만실까지 거리가 10킬로미터 이상 늘어나는 경우에만 유의미하게 나타나고 20킬로미터를 넘으면서 더 커지는 것으로 나타났다. 이는 산통이 시작되었을 때 멀리 떨어진 산부인과로 가야 하는 부담이 제왕절개 선택의 주된 요인으로 작용했을 가능성을 드러낸다.

분만실 폐쇄로 더 먼 곳에서 아이를 낳고 더 빈번하게 제왕절개를 선택하게 된 변화는 산모와 출생아의 건강에 어떤 영향을 미쳤을까? 분만실 폐쇄 이후 해당 지역 산모들의 건강 상태가 나빠진 것으로 나타났다. 회귀분석 결과에 따르면 산욕기 감염과 산후 합병증 발생률이 각각 3.3%p와 2.6%p 증가하였다. 이는 적어도 부분적으로는 제왕절개분만 증가에 기인했다고 파악된다. 그러나 분만실 폐쇄가 산모 사망률이나 유산 증가와 같은 심각한 결과는 초래하지 않은 것으로 나타났다.

지역 분만실 폐쇄가 신생아의 건강에 미친 영향은 그리 크지 않았다. 우선 신생아 때나 영아기의 사망률 증가처럼 심각한 부정적 효과는 나타나지 않았다. 조산(早產)의 위험이나 저체중 출생(2.5킬로그램 미만인 경우) 비율에 미친 영향도 없었다. 다만 지역 분만실 폐쇄 이후 1킬로그램 미만의 초저체중 출생아 비율이 미세하게 높아진 것으로 나타났다.

마지막으로 살펴볼 결과는 분만실 폐쇄 지역의 출산율 변화이다. 산부인과에 대한 접근성은 마음 놓고 아이를 낳을 수 있는 중요한 조건 가운데 하나이다. 사는 지역에 분만실이 사라지면 아이 낳을 계획이 있는 사람은 의료서비스를 더 편리하게 누릴 수 있는 지역으로 이주할 유인을 가질 것이다. 분만실 폐쇄는 지역 주민의 출산 의향에도 부정적인 영향을 미칠 수 있다.

그림 8-4에 제시된 분석 결과는 이러한 추측이 실현되었음을 확인해준다. 분만실이 폐쇄된 이후 해당 시군구의 합계출산율은

그림 8-4. 분만실 폐쇄가 합계출산율에 미친 효과

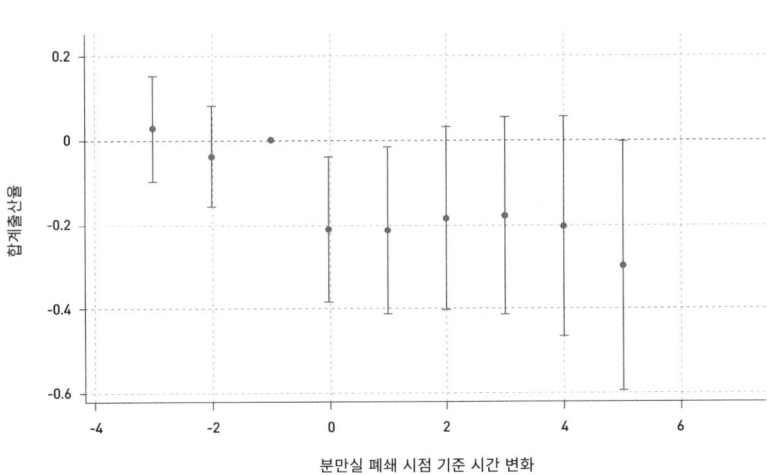

* 출처: Kim and Lee (2025)

분만실이 유지된 시군구와 비교해 유의하게 감소한 것으로 나타났다. 회귀분석 결과는 분만실 폐쇄 직후 합계출산율이 약 0.2 감소하여 4년간 유지되다가 5년 후에는 약 0.3으로 감소 폭이 커졌음을 보여준다.

이러한 출산율 감소의 이면에는 자녀를 가질 가능성이 있는 유배우 여성이 분만실이 폐쇄된 시군구를 떠나는 현상이 존재했다. 분만실 폐쇄 직후 30대 초반을 제외한 전 연령대 유배우 여성인구가 감소한 것으로 나타났다. 출생아 수 감소로 초래된 지역 분만실 폐쇄가 다시 기혼 여성 유출과 출산율 감소의 요인이 된 것이다. 이 결과는 출생아를 포함한 지역 인구감소가 지역 서비스 인프라 공급을 어렵게 만들고, 나빠진 거주환경이 다시 인구 유출과 출산율 감소로 이어지는 악순환이 발생할 수 있음을 실증적으로 확인해준다.

······

산부인과에서 태어난 아이는 아동기를 보내며 아플 때 소아청소년과에 가서 치료받는다. 영유아는 동네 어린이집이나 유치원에서 돌봄을 받으며 놀고 배운다. 이 기관들 역시 최소한의 수요가 존재해야 서비스 공급을 유지할 수 있다. 그런데 수요자는 너무 멀리 떨어진 기관을 이용하려면 불편하다. 따라서 분만실에 가해졌던 출생아 수 급감의 충격은 시차를 두고 소아청소년과와 보육시설에도 전이될 것으로 예상할 수 있다.

현실은 예상과 다르지 않다. 2023년 3월, 대한소아청소년과의사회는 소아청소년과 폐과를 선언했다. 환자 수 급감과 낮은 수가를 견디기 어려워 일반의로서 다른 과목의 진료를 맡겠다는 것이었다. 다른 과목 의원급 의료기관 수가 증가세를 보이는 것과 대조적으로 소아청소년과 의원 수는 완만한 감소세를 나타내고 있다. 분만실의 경우와 마찬가지로 이러한 추세의 지역 간 편차는 상당하다. 최근 공개된 자료를 보면 소아청소년과 의원이 전혀 없는 기초지방자치단체가 58곳에 달한다.[3] 아픈 아이를 치료하기 어려운 곳에서 아이를 낳아 기르기는 어렵다.

　보육시설의 사정도 다르지 않다. 영유아 수가 감소하며 보육시설 수도 빠르게 줄고 있다. 2018년 약 3만 9,000곳이었던 전국의 어린이집은 2023년 약 2만 9,000곳으로 줄었다.[4] 5년간 매년 2,000곳의 어린이집이 사라진 셈이다. 아동인구가 많이 감소한 일부 지역의 경우 보육시설 폐원 문제는 더욱 심각하다. 집 근처 어린이집이 갑자기 문을 닫으면 아이는 멀리 떨어진 낯선 곳에서 새로운 환경에 적응하느라 애를 먹는다. 자녀 등원에 걸리는 시간이 길어지면서 그렇지 않아도 쉽지 않은 일과 자녀 돌봄 사이의 균형 맞추기는 더욱 어려워진다.

학생이 급격히 줄어들면 학교는 어떻게 될까

　요즘 들어 언론을 통해 폐교되는 학교의 '부고'가 심심치 않게 올라온다. 2025년 7월에는 이재명 대통령의 모교인 안동 삼계초등학교가 문을 닫는다는 소식이 전해졌다.[5] 어린 시절 매일 6킬로미터를 걸어 등교하며 겪었던 일들을 담은 대통령의 과거 추억담과 함께 말이다. 이재명 대통령 재학 당시 6학년만 70명이었던 이 학교는 현재 6학년 여학생 1명만 남아 있고 다음 해 입학 예정자는 없다. 학교는 이 여학생을 9월에 전학 보낸 후 폐교하기로 했다.

분만실이나 어린이집과 마찬가지로, 출생아 수가 급감하여 학령인구가 줄면서 문을 닫는 학교가 늘고 있다. 2020년부터 2024년까지 전국에서 137곳의 초중고교가 폐교했다. 초등학교가 101곳으로 전체의 약 4분의 1을 차지했다.[6] 이는 지방의 문제만은 아니다. 서울에서도 홍일초등학교(2015년), 염강초등학교(2020년), 화양초등학교(2023년) 등이 문을 닫았다. 남아 있는 학교들 가운데에도 학생 수가 크게 줄면서 학급 수와 학급당 학생 수를 축소하는 곳이 늘고 있다.

출생아 수가 감소하면 6년의 시차를 두고 초등학교 입학생 수가 줄고 해가 가면서 전체 초등학생 수도 축소된다. 그림 8-5는 2000년부터 2072년까지의 초등학생 수 변화를 보여준다. 2024년까지는 실제치이고 이후는 통계청 장래인구추계에 기초한 추계치이다. 초등학생 수는 2003년 417만 명을 정점으로 줄곧 감소하여 2024년에는 약 250만 명을 기록했다. 앞으로의 감소 추세는 더 가팔라질 것이다. 10년 후인 2030년대 중반에는 현재의 절반 수준인 약 130만 명으로 축소될 전망이다. 이러한 인구변화 때문에 학생이 없어 폐교하는 학교가 늘어날 것이다.

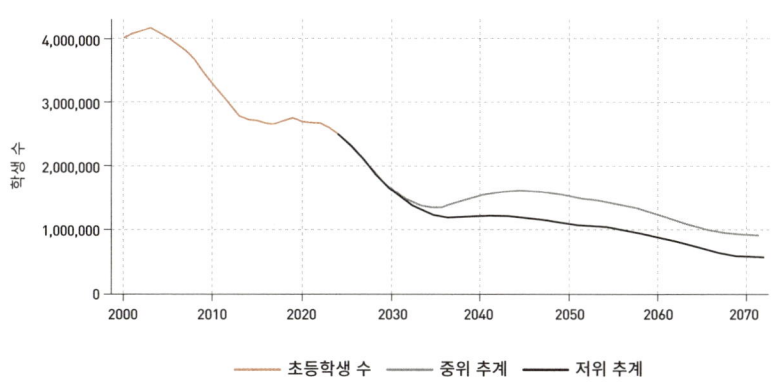

그림 8-5. 2000~2072년 초등학교 학생 수 실제치 및 추계치

* 출처: 이철희·권정현·김태훈 (2025)

    여기까지 살펴본 내용은 분만실이나 보육시설과 크게 달라 보이지 않는다. 그러나 출생아 수 감소가 초중등학교에 미치는 영향은 사뭇 다르다. 앞으로 전개될 상황과 문제의 성격도 같지 않다. 무엇이 다르고 왜 그럴까? 필자가 연구책임을 맡았던 보고서에서 경희대 김태훈 교수가 수행했던 최근 연구 결과를 토대로 이를 살펴보자.[7]

    앞에서 제시한 사례가 보여주듯이 학령인구가 빠르게 줄면서 폐교 사례가 생겨났다. 그렇지만 분만실이나 보육시설의 경우와 달리 전체 학교 수나 교원 수는 감소하지 않았다. 닫는 학교보다 새로 문을 연 학교가 더 많았기 때문이다. 그림 8-6은 2000년부터 2024년까지 초등학교 수 변화를 보여준다. 2000년 약 5,300곳이었던 초등학교 수는 2024년 약 6,200곳으로 늘어났다. 같은 기

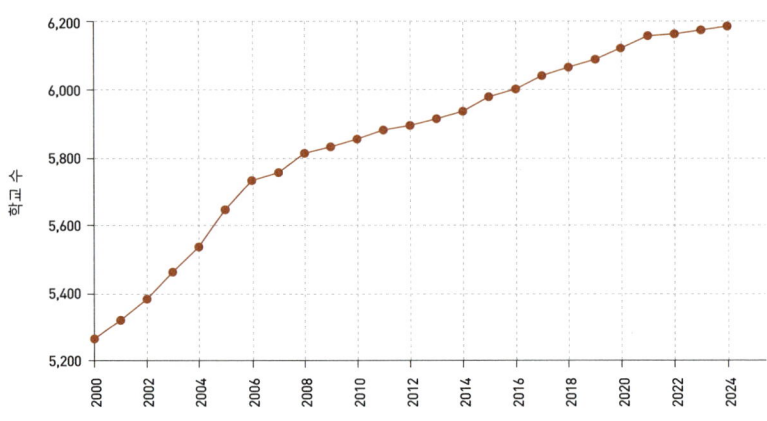

그림 8-6. 2000~2024년 연도별 초등학교 수

* 출처: 이철희·권정현·김태훈 (2025)

간, 초등학교 교원 수는 약 14만 명에서 20만 명으로 증가했다.

산부인과, 소아청소년과, 어린이집과 달리 아이가 줄었음에도 초등학교 수와 교원 수가 오히려 늘어날 수 있었던 이유는 무엇일까? 직원의 급여를 지급하고 시설을 유지하는 데 필요한 재원이 다른 데에서 오기 때문이다. 의료 및 보육 기관 대부분을 차지하는 민간 병원 및 의원과 어린이집은 자체 수입에 의존하기 때문에 환자와 원생이 줄면 유지되기 어렵다. 하지만 초중고교의 운영은 국민의 세금으로 지원한다. 교육예산 규모는 학생 수와 무관하게 전체 국가예산 규모에 비례하여 결정된다. 학령인구가 줄어도 재원이 충분히 확보되기 때문에 학교도 교사도 늘릴 수 있는 것이다.

학생 수가 줄어드는 가운데 시설과 인력 투입은 늘면서 교육여건은 나아졌다. 그림 8-7은 2000년부터 2024년까지 초등학교 학급당 학생 수의 실제 변화 추이를 보여준다. 그리고 2024년의 초등학교 학급 수가 유지되고, 통계청 장래인구추계의 중위 전망과 저위 전망이 실현되는 경우 나타날 장래 추계 결과도 함께 보여준다.

초등학교 학급당 학생 수는 2000년 35.8명에서 2024년 20명으로 줄었다. 장차 학령인구가 더 축소되면서 학급당 학생 수는 2030년 13.2~13.3명, 2035년 9.9~10.9명이 될 것으로 예상된다. 현재 한국의 학급당 학생 수는 2022년 OECD 국가 평균인 20.6명과 비슷하다. 2030년경에는 2022년 기준 OECD 국가 가운데 학급당 학생 수가 가장 적은 룩셈부르크의 15명보다 낮아질 것이다. 학급당 학생 수가 80명에 이르던 50년 전 상황은 이제 만화 〈검정 고무신〉에 나오는 과거 세대의 '전설'이 되었다.

그림 8-7. 2000~2072년 초등학교 학급당 학생 수 실제치 및 추계치

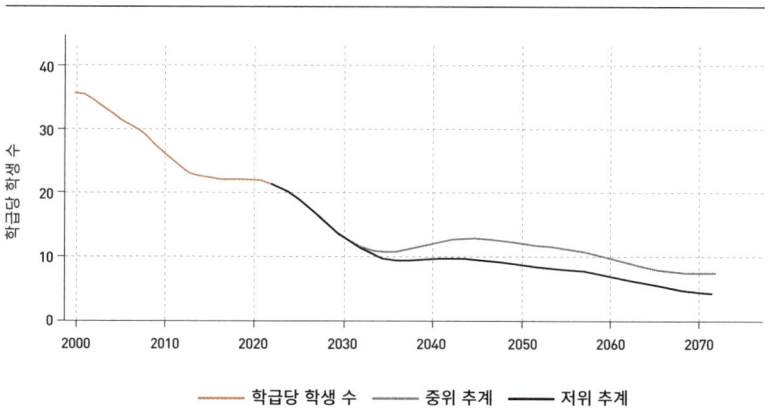

* 출처: 이철희·권정현·김태훈 (2025)

같은 기간, 교원 1인당 학생 수는 28.7명에서 12.7명으로 감소했다. 현재의 교원 수가 유지된다면 이 수치는 2030년 8.4~8.5명, 2035년 6.3~6.9명으로 떨어지리라 예상된다. OECD 기준을 적용하여 교장, 교감, 상담, 사서, 보건, 영양 교사와 강사를 제외한 수업 교사만을 고려하면 한국의 교원 1인당 학생 수는 2024년 14.9명에서 2030년 9.9명, 2035년 7.3~8.1명으로 낮아질 것으로 예측된다. 이미 OECD 국가의 평균에 근접했고 조만간 그보다 훨씬 낮은 수준이 되는 것이다.

이처럼 초등교육과 중등교육 현장에서 학령인구의 급감에도 불구하고 인프라와 인력 공급이 늘면서 학급당 학생 수나 교원 1인당 학생 수로 측정한 교육 환경은 개선되었다. 일부 학교들이 문을 닫으면서 더 먼 곳까지 통학해야 하는 학생들이 생겨났지만 인구변화의 충격이 각 지역 교육 인프라의 심각한 감소나 붕괴로 이어지지는 않았다. 정부 재정이 투입되는 초중등교육의 특수성에 힘입은 결과이다.

이제까지 살펴본 내용만 보면 출생아 수 감소에도 불구하고 초중등교육에는 큰 문제가 없는 것처럼 보인다. 실제로는 그렇지 않다. 점차 커지는 학령인구 감소와 교육 인프라 사이의 불균형을 국민의 세금으로 계속 메꾸는 일이 가능하지도, 바람직하지도 않기 때문이다. 특히 앞으로 10년간 진행될 가파른 학령인구 감소의 충격파를 과거 20여 년 동안의 대응 방법으로는 견디기 어려울 것으로 보인다.

세상에 공짜가 없다는 말은 대부분 사실이다. 학생이 줄어드는 가운데 학교와 교사를 늘리는 데에는 비용이 든다. 그림 8-8에 제시된 초중고교 학생 1인당 공교육비 지출액 증가 추이는 이를 잘 보여준다. 2000년 이후 20여 년 동안 초등학교 1인당 공교육비는 약 세 배 증가했고 중학교 1인당 공교육비는 거의 네 배 늘었다. 현재의 1인당 공교육비는 OECD 평균보다 높은 수준이다.

 이러한 공교육비 증가가 교육의 질 개선을 통해 미래세대의 인적자본을 개선하는 역할을 했다면 바람직한 투자로 평가받을 수 있을 것이다. 그렇지만 안타깝게도 교육비 상승에 상응하는 교육성과의 개선이 있었다고 보기는 어렵다. 매년 시행되는 중학생과 고등학생 대상 국가 수준 학업성취도 평가 결과를 보면 2012년부터 2022년까지 주요 과목 기초학력 미달 비율이 크게 높아진 것

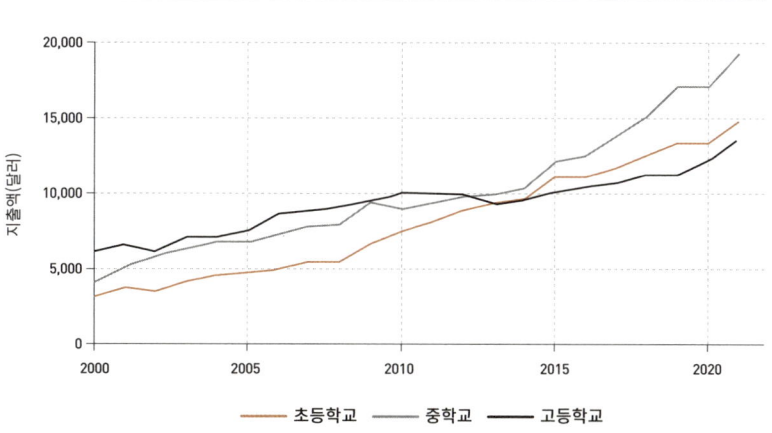

그림 8-8. 2000~2020년 초중고교 학생 1인당 공교육비 지출액

* 출처: 이철희·권정현·김태훈 (2025)

을 확인할 수 있다. 이 지표만으로 교육성과를 종합적으로 평가하기는 어렵지만, 교육의 질이 획기적으로 개선되었다고 믿을 근거는 발견하기 어려워 보인다.

지난 20여 년 동안 학생 1인당 공교육비를 높인 중요한 원인 가운데 하나는 학령인구 감소에도 학교 수를 늘리면서 발생한 소규모 학교의 증가이다. 그림 8-9는 학생 수가 60명 이하인 초소형 초등학교의 수와 그것이 전체 초등학교에서 차지하는 비율이 2010년부터 2024년까지 어떻게 변했는지 보여준다. 전교생이 60명 이하인 초등학교는 빠르게 증가하여 2024년에는 1,500곳까지 늘었는데, 전체 초등학교의 거의 4분의 1에 육박한다. 2010년에는 거의 없었던 학생 수 30명 이하의 학교도 2024년까지 전체 초등학교의 15%

그림 8-9. 2010~2024년 학생 수 60명 이하인 초등학교 수와 비율 변화

* 출처: 이철희·권정현·김태훈 (2025)

인 633곳으로 늘어났다.

소규모 학교의 비중은 지역 간 편차가 크다. 대도시와 수도권에 비해 인구감소 문제가 심각한 지방에서 학교 규모가 더 큰 폭으로 줄었다. 그림 8-10은 2024년 광역시도별 국공립 초등학교 학생 수 비율의 분포를 보여준다. 서울은 240명을 넘는 초등학교가 아직도 전체의 거의 90%를 차지한다. 광역시와 경기도 역시 절반 이상의 학교가 학생 수 240명을 넘고 60명 이하 소규모 학교는 10% 이하이다. 그렇지만 도 지역의 경우, 절반 이상의 학교가 학생 수 240명 이하이고 학생 수 60명 이하인 학교가 절반을 넘는 지역도 적지 않다.

그렇다면 이와 같은 초소형 학교의 증가가 문제가 되는 이유는

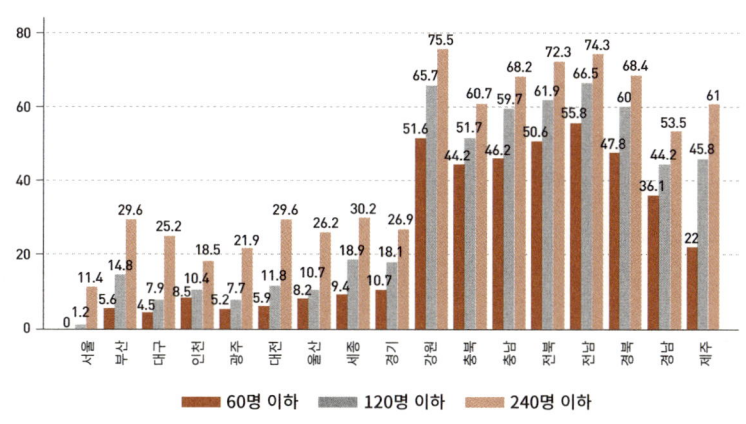

그림 8-10. 2024년 광역시도별 국공립 초등학교 학생 수 비율(%) 분포

* 출처: 이철희·권정현·김태훈 (2025)

무엇일까? 재정적으로 비효율적이기 때문이다. 학생 수가 많든 적든 교실과 교구는 갖추어져야 하고 일정한 수의 교사도 있어야 한다. 따라서 학생 수가 지나치게 적은 학교에서는 학생 1인당 교육비가 커질 수밖에 없다. 그림 8-11에 제시된 최근 초등학교 규모별 1인당 교육비 통계가 이를 잘 보여준다. 학생 수가 240명을 넘는 학교의 1인당 교육비는 약 7,600만 원인 데 비해 학생 수 30명 이하 학교의 1인당 교육비는 그 아홉 배에 가까운 6억 6,000만 원에 달한다.

앞으로 예상되는 학령인구의 가파른 감소 때문에 초소형 학교의 비중은 더 늘어나리라 전망된다. 얼마나 더 늘어날까? 이를 살펴보기 위해 현재의 학교 수가 유지되고, 장래인구추계 중위 전망

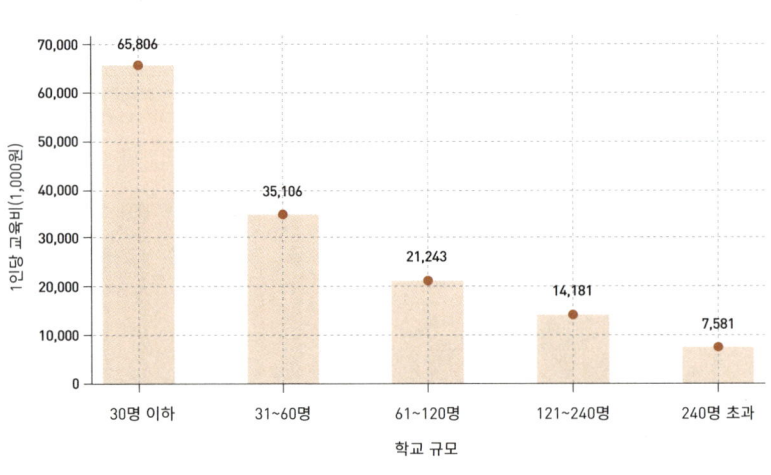

그림 8-11. 2024년 국공립 초등학교의 규모별 학생 1인당 교육비

* 출처: 이철희·권정현·김태훈 (2025)

이 실현되며, 모든 학교의 학생 수가 전체 학생 수 감소에 비례하여 줄어든다는 가정하에 장래의 규모별 학교 분포를 추정하였다. 그림 8-12는 이렇게 얻은 2024년과 2034년의 초등학교 학생 수 분포를 비교해준다. 결과는 2034년까지 학생 수 30명 이하 초소형 학교의 비율이 20%를 넘어서고 학생 수 60명 이하 소규모 학교의 비율이 30%를 넘어서리라는 전망을 제공한다.

앞으로 국가와 국민은 매우 어려운 딜레마에 직면할 것이다. 과거보다 더 큰 재원을 투입하지 않는다면 아이들이 줄어드는 지역에서 학교가 사라지고, 학생들이 먼 거리를 통학해야 하며, 부모의 시간적·심리적 부담이 커지는 상황이 벌어질 것이다. 반면 각 동

그림 8-12. 2024년과 2034년의 초등학교 전체 학생 수 분포 비율

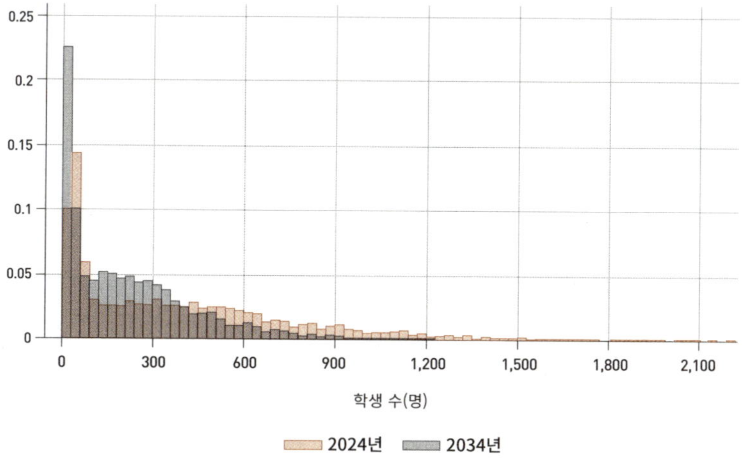

* 출처: 이철희·권정현·김태훈 (2025)

네에 있는 학교를 계속 유지하기 위해서는 엄청난 재정 투입이 불가피하다. 학교의 학생 수가 0에 가까워지면 1인당 교육비는 기하급수적으로 늘어난다. 늘어나는 비용은 결국 국민의 세금 부담으로 전가될 것이다.

동네의 학교를 지키는 일은 학생과 주민에게 좋은 선택이다. 하지만 그것은 그 지역 분만실과 보육시설이 사라지면서 발생하는 어려움을 완화할 재원을 줄일 수 있는 선택이기도 하다. 또한 뒤에서 살펴볼 지방대 폐교와 그로 인한 지역 경제의 어려움을 막을 재원 마련의 가능성을 지우는 선택이기도 하다.

……

출생아 수 감소가 약 6년 후 초등학교에 불러일으킬 변화는 각각 3년씩의 시차를 두고 중학교와 고등학교로 이어진다. 앞서 살펴본 초등학교의 규모별 분포 변화와 이에 따른 1인당 교육비 증가 현상은 연이어 중학교와 고등학교에서도 나타날 것이다. 장차 늘어나는 교육비를 감당하지 못해 학령인구 감소가 심한 지역부터 학교가 사라질 때, 지역 학생과 학부모에게 미치는 영향도 비슷할 것이다. 다만 중학생과 고등학생은 어느 정도 먼 거리 통학이 가능한 만큼 초등학생보다는 그 부정적 충격의 정도가 작을 것으로 예상할 수 있다.

그렇다면 학령인구 감소가 대학에 미치는 영향은 어떨까? 교육 인프라와 학령인구 사이 불균형 심화 현상은 초중고교의 연장선에 있다. 그림 8-13은 현재의 대학 입학정원이 유지되는 경우 학령인구 감소 때문에 장차 발생할 것으로 예상되는 대학 입학정원 미달 규모를 추정한 결과를 보여준다. 2020년 이후 이미 대학 진학자 수는 입학정원을 밑돌고 있다. 지난 10년간 태어난 세대가 대학에 진학하기 시작하는 2030년경이 되면 이 격차는 빠르게 벌어지기 시작하여 2040년 약 14만 명, 2045년 17~18만 명의 입학자원이 부족해질 것이다. 20년 안에 대학 정원의 절반 이상이 비게 되는 셈이다.

대학도 초중고교처럼 학생 수를 줄이며 유지될 수 있을까? 그렇지 않다. 한국의 대다수 대학은 학생들의 등록금 수입에 거의 전적으로 의존하는 사립대이기 때문이다. 이미 많은 지방 사립대가

그림 8-13. 장래 대학 진학자 수와 2024년 입학정원 간 차이 추계

* 출처: 이철희·권정현·김태훈 (2025)

학생 감소로 재정적 어려움을 겪고 있다. 여기에 앞서 살펴본 대학 진학자의 본격적인 감소가 시작되면 여러 대학이 문을 닫는 처지로 몰릴 것이다. 비수도권 대학의 2024년 기준 평균 입학정원이 1,500명 수준임을 고려할 때, 학생 충원이 상위권 대학부터 순차적으로 이루어질 경우 2035년 30곳, 2040년 90곳, 2045년 110곳 이상의 대학이 신입생을 거의 충원하지 못하게 될 것이다.

대학의 폐교가 지역에 미치는 영향도 초중고교 폐교의 영향과는 다를 것이다. 대학은 전국적으로 학생을 모집하기 때문에, 해당 지역의 대학이 없어졌다고 해서 그 지역 학생들이 고등교육을 이수하는 데 큰 어려움을 겪지는 않는다. 폐교가 지역 교육 환경 악화를 매개로 아이를 낳고 키우는 여건에 부정적인 영향을 미칠 수 있는 초중고교 폐교의 경우와는 다른 셈이다.

대학 폐교로 직격탄을 맞는 사람들은 지역의 교육 수요자가 아니라 소상공인과 임대업자 등 지역 주민이다. 교직원과 학생이 빠져나간 도시는 경제적 쇠락을 겪을 것이다. 그 지역에서 나고 자란 젊은이가 살던 지역의 대학을 졸업하고 지역 인재로 활약할 수 있는 선순환 구조도 깨진다. 학령인구 감소로 많은 지방대가 위기를 맞을 경우 지금도 심각한 지역 불균형 문제는 더욱 악화할 것으로 우려된다.

아이들이 소수집단이 되는 사회에서
외면당하는 것들

어떤 집단에서든 소수자가 되는 일은 양날의 검과 같다. 5장에서도 살짝 밝혔듯이 필자가 입학하던 무렵 서울대 경제학과에는 여학생이 극히 드물었다. 동급생 220명 중 5명뿐이었다. 당연하게도 동기 여학생들은 학과 안에서 늘 귀한 존재였다. 대학 시절 내내 말을 붙여보기도 어려웠던 교수님들에게 종종 점심 초대를 받는 그들이 부럽기도 했다.

하지만 돌이켜 보건대 소수자로서 겪어야 했던 불편함도 있었으리라 짐작된다. 왜 그 여학생들은 아무도 수학여행이나 졸업여행에 참여하지 않았을까? 기억을 더듬어보니 장소도 일정도 그들을 수용하기 어려운 면이 있었다. 전교생의 80%가 남학생이어서 그랬을까. 교내에 이발관은 있었어도 미용실은 없었다. 여학생 휴게실이 있었던 것 같지도 않다. 학교 주변의 놀이시설도 남학생의 일반적인 취향과 선호를 반영한 것이었다. 필자의 편견일 수 있지만 그 당시 공강 시간에 당구나 탁구를 즐긴 여학생은 많지 않았으리라 생각한다.

지금 한국에서 아이들은 점점 소수집단이 되어가고 있다. 1960년 14세 이하 유소년인구는 전체의 42.3%를 차지하는 압도적 다수집단이었다. 이 연령층의 비중은 2000년 21.1%로 낮아졌고 2024년 10.6%로 축소되었다. 통계청 장래인구추계 중위 전망에 따르면 장차 유소년인구 비율은 2040년 7.7%, 2072년 6.6%로 내려갈 것이다. 1980년대 초 서울대 경제학과의 여학생 비율보다는 높지만, 그래도 소수자의 지위를 면하기는 어렵다.

출생아, 영유아, 학령인구가 줄어들면서 이들을 대상으로 한 의료, 돌봄, 교육 서비스 공급이 어려워지는 문제는 앞에서 이미 설명한 바 있다. 그런데 문제는 여기서 끝나지 않는다. 아동인구의 감소는 이들과 어린 자녀를 둔 가구가 일반 소비시장에서 차지하는 비중을 떨어뜨리고 있다. 기업으로서는 '작은 손'이 된 고객을 겨냥하여 신제품을 개발하고 서비스 질을 개선할 유인이 작을 수밖에 없다. 그러므로 장차 아동과 자녀를 가진 가구를 위한 제품과 서비스의 질과 다양성이 떨어질 가능성이 있다.

이러한 조짐은 이미 나타나는 중이다. 2024년 여름 한 일간지는 아동도서 발행부수가 전년에 비해 19% 감소하여 10년 이래 최저치를 기록했다는 기사를 보도했다.[8] 2020년 대비로는 4분의 1이 줄어든 수치이다. 아동도서의 다양성도 줄어서 종수가 전년 대비 9.3%, 2021년과 비교해서는 24% 감소했다고 한다. 업계 전문가들은 출산율 저하로 인한 독자 감소를 가장 큰 원인으로 지적했다. 아동도서의 주축은 유아용 그림책과 초등학교 저학년 대상 창작 동화로 꼽히는데, 이 분야 수요 독자층이 빠르게 줄었다는 것이다.

아동이 주된 수요층인 다른 업종의 사정도 마찬가지이다. 국내 인형·장난감 관련 제조업체 생산액은 2003년 3,750억 원에서 마지막으로 통계가 작성된 2019년 2,806억 원으로 감소했고 사업체는 219곳에서 69곳으로 줄었다.[9] 10곳 중 7곳이 사라진 셈이다. 분유, 악기, 학습지, 학생복 시장도 쪼그라들고 있다. 영아용 및 성장기용 조제분유 생산량은 2017년부터 2023년까지 67%나 감소했다.[10] 국내의 대표 악기업체인 삼익악기의 악기 사업 매출액은 2021년 2,069억 원에서 2023년 1,229억 원으로 급감했다.[11]

아동 수요 감소로 위기에 직면하자 전통적인 아동 관련 업종은 다른 수요층으로 눈을 돌리고 있다. 완구업계는 '키덜트족'으로 불리는 20~30대를 겨냥한 제품 개발과 마케팅으로 사업의 중심을 옮기고 있다.[12] 분유를 생산하던 업체들은 주력 소비층을 영유아에서 성인으로 변경하여, 단백질 건강기능식품, 시니어 특화 영양식 등의 제품 개발에 박차를 가하는 중이다.[13] 학습지 같은 교육사업을 주력으로 하던 기업들은 오랜 수요층 감소에 대응하여 취업 준비생 교육, 노인 돌봄 사업 등으로 진출하고 있다. 이러한 움직임은 인구변화의 충격에 대응한 기업의 합리적 결정이라고 할 수 있다. 이 과정에서 아동은 소비시장에서 소외되는 소수 고객이 되어가고 있다.

아이들 가운데에서도 특히 가난한 아이들은 더 소외된 소비층으로 전락할 우려가 있다. 3장과 4장에서 한국에서 '출생의 선택성'이 강화되고 있음을 드러냈다. 과거에는 모든 유형의 사람이 가정을 꾸리고 자녀를 낳았지만, 이제는 결혼과 출산이 점점 더 소수의 선택이 되어가고 있다. 더 자세히 살펴보면, 시간이 지날수록 부유하고 교육수준이 높은 부모의 첫째로 태어나서 궁극적으로 외동으로 남는 아이가 늘어나는 경향이 관찰된다. 129쪽 그림 4-1이 보여주듯이 소득 중상위계층의 출산율은 저소득층 출산율의 두 배에 달한다. 134쪽 그림 4-3에 나타나듯이 학부모의 소득·교육수준은 빠르게 높아지고 있다. 4장에서 이러한 학부모 특성의 변화가 사교육비 지출의 중요한 원인이었음을 지적한 바 있다.

　이러한 상황에서 기업은 어떤 소비층을 주된 대상으로 삼는 전략을 채택할까? 전체 아동에서 차지하는 비중이 더 크고 구매력이 더 높은 고소득층 아동을 핵심 수요층으로 설정할 가능성이 크다. 아동 수 감소에 대응하여 양적 공급은 줄이는 대신 제품과 서비스를 고급화하여 매출과 수익성을 높이는 전략이 기업의 합리적 선택으로 보인다.

　이러한 경향 역시 이미 나타나고 있다. 아동복을 예로 들어보자. 출생아 수 감소에도 불구하고 국내 유아동복 시장 규모는 2020년부터 2024년까지 약 38% 커졌다. 그리고 이러한 성장을 이끈 것은 '명품'으로 불리는 고급 브랜드 제품이다. 유명한 해외 명품 브랜드가 아동복 시장에서 빠른 성장세를 기록하고 있다. 백화점을 비롯한 유통업체들은 앞다투어 '프리미엄 아동 라인'을 강화하고 있다.[14] 이와 대조적으로 중저가 아동복 브랜드는 설 자리를 잃는 중이다. 중저가 아동복 브랜드를 도입했던 기업들이 손실을 버티지 못하고 사업을 접었다는 소식이 잇달아 들린다. 영유아 전문업체 제로투세븐은 2022년 중저가 아동복 패션 사업을 접었다. 같은 해 코오롱FnC도 중저가 아동복 시장에서 철수했다.[15]

　이처럼 태어나는 아이가 줄어드는 와중에 '골드키즈'와 'VIB(Very Important Baby, 매우 소중한 아이)'라는 신조어가 등장할 정도로 이들을 위한 부모의 소비는 고급화되고 있다. 반면 아동 대상 중저가 시장은 위축되고 있다. 이러한 가운데 소득이 낮은 부모와 아이는 소비시장에서 소외된다. 선택의 폭이 줄어서 소득수준에 맞는 적절한 소비생활을 하기 어려워졌다. 소비시장 양극화로 저소득층이 위화감과 박탈감을 경험할 가능성도 커졌다. 지금도 돈 없는 사람은 아이를 낳기 어렵고, 이러한 사정은 저소득층의 낮은 출산율로 나타난다. 가난한 아이들의 '소수화'가 진행되면서 이러한 경향이 한층 강화될 수 있다.

소수자가 된 아이들이 사회서비스와 소비시장에서 소외되는 문제를 국가가 완화할 수 있을까? 사실 소수자와 사회적 약자를 보호하는 일은 국가의 책무 가운데 하나이다. 그러므로 아동을 대상으로 한 의료·돌봄·교육 서비스가 적절하게 유지되고 모든 아이의 기본적인 필요가 충족되도록 하는 일은 국가정책의 중요한 목표가 될 수밖에 없다. 그러나 현실은 녹록지 않다. 소수집단은 정치와 정책에서 소외되기 쉽기 때문이다.

드높은 이상을 품은 훌륭한 정치인도 선거에서 표를 얻어야 하는 부담에서 자유롭기는 어렵다. 따라서 정치인이라면 누구든 유권자의 선호에 민감하게 반응할 수밖에 없다. 이들의 처지에서 다수를 차지하는 특정 유권자의 뜻에 반하는 정책을 만들거나 지지하기는 쉽지 않다. 그러므로 어떤 동질적인 집단의 규모는 그들의 이해를 정치적으로 실현하는 데 상당한 영향을 미칠 수 있다.

근래 들어 여러 국가에서 가장 빠르게 늘어나는 유권자는 고령 인구이다. 이에 따라 고령자의 정치적인 영향력이 점차 커지는 것으로 파악된다. 경제학자 케이시 멀리건(Casey Mulligan)과 하비에르 살라이마틴(Xavier Sala-i-Martin)의 연구는 이러한 현상을 이론적·실증적으로 논증한 바 있다.[16] 이들에 따르면, 고령인구가 증가할 때 이들이 발휘하는 정치적인 영향력은 비례 이상으로 커질 수 있다.

한 가지 이유는 시간의 기회비용이 상대적으로 낮은 고령층이 더 적극적으로 정치적인 로비 활동을 펼치기 때문이다. 다른 이유는 고령자가 다른 집단과 정치적 연대를 형성하기 유리하기 때문이다. 누구든 언젠가 고령자가 되고 고령자 가족이 있는 경우도 많아서 고령자에게 호의적인 정책을 받아들일 가능성이 크다는 것이다. 국가별 데이터를 이용한 이들의 실증분석 결과는 전체 인구에서 고령자가 차지하는 비율이 높아질 때 연금제도가 고령자에게 더 유리해짐을 보여준다.

아동과 청소년, 더 나아가 아직 태어나지 않은 세대는 늘 정치적으로 불리한 집단으로 여겨진다. 아직 정치인에게 압력을 행사할 수 있는 유권자가 아니기 때문이다. 이들의 이해는 아이가 있거나 앞으로 낳을 계획이 있는 성인에 의해 대변될 수밖에 없다. 그런데 이들의 수가 빠르게 줄고 있다. 3장에서 설명했듯이 이제는 25~39세 여성 가운데 결혼한 사람의 비율은 40%에도 미치지 못한다. 같은 나이의 결혼한 여성 가운데 4분의 1은 자녀가 없다. 결혼하지 않거나 결혼해도 자녀가 없는 사람의 비율은 향후 더 높아질 가능성이 크다.

고령자 가운데에도 손자녀가 없는 사람이 늘고 있다. 또한 자녀가 결혼할지, 손자녀가 생길지 확실하지 않은 사람도 많아지고 있을 것이다. 아이들의 이해와 직접적으로 맞닿아 있는 사람이 줄어드는 것이다. 모든 사람은 언젠가 고령자가 되고 누구든 자기를 낳아준 부모가 있다. 그렇지만 나이 든 사람이 다시 아동으로 돌아가지는 않으며 모두가 자녀나 손자녀가 있는 것도 아니다. 점차 늘어나는 고령인구와 비교할 때 나날이 줄어드는 아동과 청년이 처한 정치적 지형이 한참 불리해 보이는 것이 사실이다.

아동과 청년이 국가의 미래임을 부정할 국민은 아무도 없을 것이다. 정치인은 국가의 미래인 아동과 청년을 위한 정책을 펴겠다고 말할 것이다. 하지만 본인의 구체적이고 현실적인 이해와 충돌하는 사안이 생겼을 때 아동과 청년을 먼저 고려할 수 있을까? 아동과 청년의 미래를 개선하는 데 꼭 필요하다면 본인의 안정된 노후를 불안하게 만들 수 있는 정책이라도 찬성할 수 있을까? 본인이나 가족이 혜택을 받을 가능성이 없는 정책의 재원을 마련하기 위해 세금을 더 낼 용의가 있을까? 정치인은 본인에게 많은 표를 줄 수 없는 아이들과 그 부모들이 행복해지는 사회를 만들기 위해 정치적 자산을 걸고 다수의 유권자를 설득하고자 애쓸까?

......

앞에서 필자는 어떤 집단의 소수자가 되는 일을 양날의 검에 비유했다. 아이가 사라지는 사회의 미래가 어떻게 될지는 어느 쪽 날을 사용하는지에 달려 있다. 희소한 존재가 된 아이들의 가치가 올라가서 더 귀하게 대접받는 사회가 될 것인가? 아니면 이들이 존재감과 목소리를 잃은 소수집단이 되어 사회의 가장자리로 밀려나는 사회가 될 것인가? 어느 쪽 날을 사용할지에 대한 우리의 선택과 행동이 장래의 아이들과 그 부모들뿐만 아니라 사회 구성원 전체의 미래를 바꾸어놓을 것이다.

9장

사라질지도 모를 미래를 지켜내기 위하여

캐나다 작가 마거릿 애트우드의 1985년 소설 《시녀 이야기》는 출생아 수 감소 문제에 대한 극단적인 대응이 어떻게 한 사회를 끔찍한 디스토피아로 바꾸어놓을 수 있는지를 잘 보여준다. 이 작품은 1990년 폴커 슐뢴도르프(Volker Schlöndorff) 감독의 영화로 제작되었고 2017년부터 2025년까지 6개 시즌에 걸쳐 방영된 TV 시리즈로도 널리 알려져 있다.

소설의 배경은 21세기 중반 미국이다. 전 세계에서 발생한 환경오염과 전쟁의 영향으로 출생아 수가 급격하게 감소하면서 미국은 극심한 혼란에 빠진다. 이때를 틈타 극단적인 종교 집단이 미국 정부를 전복하고, 전체주의국가 '길리어드'을 세운 후 국민을 폭력으로 억압한다. 이들은 여성의 모든 권리를 박탈하여 이들이 더 이상 배우거나 일하지 못하게 하고, '가장'인 남성에게 순종하며 아이를 낳아 키우는 의무를 다하도록 통제하고 착취한다.

　남편과 함께 딸을 키우며 자유롭게 살아가던 주인공 준(June)의 평화로운 일상은 산산조각이 난다. 가족을 잃고 '시녀'를 길러내는 곳에 수용된 후 종교적 교리와 권위에 순응할 때까지 가혹한 정신적·육체적 폭력에 시달린다. 그 후에는 길리어드 사령관의 집에 배정되어 삼엄한 감시 속에 불임인 아내를 대신하여 그의 아이를 수태하도록 강요받는다. 시녀를 상징하는 붉은 옷을 입고 그 집의 가장 프레드(Fred)의 소유물을 뜻하는 '오브 프레드(of Fred)'로 불리면서 하루하루를 견딘다.

　한국 작가 손원평이 2025년 8월 출간한 소설 《젊음의 나라》는 출생아 수의 급격한 감소와 이로 인한 인구 고령화로 도래할 수 있는 가상의 한국 사회를 배경으로 한다. 청년인구의 감소와 일하지 않는 노인인구의 증가로 생겨난 노동력 부족은 AI를 탑재한 로봇과 이민노동자로 채워진다. 인구의 다수를 차지하게 된 노인은 소득수준에 따라 등급이 나뉘어 최고급 리조트 같은 유닛 A에서 빈민 아파트 같은 유닛 F까지 다양한 시설에 수용된다.

　젊은이는 소수자가 되어 정치적인 목소리를 잃고 사회의 가장자리로 밀려난다. 일자리를 놓고 AI와 경쟁하며 늘어난 노인을 부양하기 위해 고율의 사회복지세를 부담해야 한다. 주인공인 스물아홉 유나라는 호텔 청소부로 일하다가 1통의 문자메시지로 해고된다. 운 좋게 얻은 새 일자리는 노인 복지 시설 '유카시엘'에서 고령자를 돌보는 일이다. 배우가 되고 싶지만 이룰 수 없는 꿈일 뿐이다. 부족한 복지 코인을 탈탈 털어서 가상현실(VR)을 체험하는 것이 유일한 일상의 낙이다.

어느 날 유나라가 VR을 통해 자기가 좋아하는 극단 사람들을 가까이서 보려고 걸음을 뗀 순간, 잔여 코인이 바닥나고 다시 결제할 돈도 떨어진다. 순식간에 접속이 끊기고 좁고 깜깜한 방에 혼자 남은 유나라는 일기에 이렇게 적는다. "이게 나다. 이것이 내 현실이다. 나는 아마 이렇게 늙어갈 거다. 방 안에서, 혼자, 외롭게. 쪼그라드는 꿈을 펼치지 못한 채. 잿빛 표정으로 남루하게."(31쪽) 인구변화의 충격에 대응하여 사회를 바꾸는 노력을 제대로 하지 못하고, 그 결과로 발생하는 부담과 고통을 청년들의 어깨에 올려놓은 결과 역시 다른 모습의 디스토피아이다.

……

두 소설 모두 SF로 분류된 작품으로, 거기에 묘사된 암울한 미래상은 문학적 상상력의 산물이다. 그러나 경계하지 않고 대비하지 않는다면, 그만큼은 아니더라도 지금 상상하는 것보다 어렵고 어두운 현실이 전개될 가능성을 배제하기 어렵다. 그동안 누려왔던 삶을 더 이상 유지하지 못할 때, 가진 것을 내려놓기에 이기심의 부피가 너무 클 때, 당면한 문제와 감내해야 할 고통을 쉽사리 떠넘길 희생양이 존재할 때, 어떤 일이 벌어질지 쉽게 예단하기란 어렵다. 인간의 문명이 충분히 발달해 있고 인류의 보편적인 가치가 널리 공유되고 있다고 믿었던 순간, 역사의 흐름을 뒤로 돌리는 믿기 어려운 일들이 벌어지곤 했음을 우리는 알고 있다.

우리를 섬찟하게 만드는 소설 속 디스토피아가 실현되는 일을 막으려면 어떻게 해야 할까? 25년간 빠르게 출생아 수가 감소해 온 한국 사회가 가파른 절벽 같은 미래를 피하고, 오르막길은 아닐지언정 완만한 내리막길을 맞이할 방법은 없을까? 인구문제를 바라보는 우리의 시각은 어떻게 바뀌어야 할까? 국가의 인구정책은 어떻게 개선할 수 있을까? 한국 사회는 어떻게 변모해야 할까? 쉽게 답하기 어려운 질문들이지만, 이제까지 책에서 살펴본 내용을 토대로 잠정적이나마 해답을 찾아보자.

태어난 사람을 보호하는 일이 우선이다

아이가 더 많이 태어나도록 하여 급격한 인구감소를 막아야 한다는 주장의 기저에는 '노동인구 절벽'이나 '국가 소멸' 같은 재앙적 미래에 대한 공포심이 자리한 경우가 많다. 그런데 출생아 수만 늘어나면 그런 우려가 정말 해소될 수 있을까? 그렇지는 않다. 태어난 아이가 건강하고 생산적인 사람으로 자라나서 각자 역량을 충분히 발휘하게 되어야 그럴 수 있다. 한국의 사정은 어떨까? 그저 아이만 더 태어나면 문제가 사라질까? 그렇게 보이지는 않는다. 태어난 사람이 사라지거나 제대로 역량을 발휘하지 못하는 일이 빈번하게 벌어지고 있다.

한국이 선진국에 진입했다는 사실이 무색할 만큼 매년 많은 아동, 청소년, 청년이 인생의 꽃을 활짝 피우지 못한 채 세상을 뜨고 있다. 보건복지부의 아동 안전사고 사망통계에 따르면 2018~2022년 5년간 각종 안전사고로 1,041명이 사망했다. 2023년에는 44명의 어린이가 학대로 목숨을 잃었다. 통계청 사망원인통계에 따르면 2023년 한 해 동안 스스로 목숨을 끊은 사람은 총 1만 3,978명이었는데, 이 가운데 10대 청소년은 370명, 20대와 30대 청년은 각각 1,396명과 1,735명이었다. 20대와 30대에서 자살이 가장 중요한 사망 원인인 실정이다.

일터에서 목숨을 잃는 사람도 여전히 많다. 고용노동부가 발표한 2024년 산업재해 현황에 따르면 이해에 14만이 넘는 노동자가 산업재해를 당했고 이 가운데 2,098명이 사망했다. 산업재해 사망자의 다수는 50대 이상이지만 젊은 사망자도 적지 않다. 2018년 한국서부발전 태안화력발전소 사고로 숨진 김용균은 사망 당시 24살이었다. '구의역 김 군'으로 알려진 김태규는 19살이던 2016년 서울 지하철 2호선 구의역 정비 작업 중 사망했다. 고등학교 3학년생이었던 홍정운은 2021년 여수의 요트 계류장에서 현장실습을 하다가 사고로 숨졌다.

사고, 재해, 트라우마 등으로 몸과 마음을 다치는 사람도 많다. 때로 그 상흔은 일생 지워지지 않기도 한다. 질병관리청이 2025년에 발표한 제14차 국가손상종합통계에 따르면 어린이 1,000명 중 4명은 아동학대를 경험하는 것으로 나타났다. 이승은 박사의 서울대 경제학부 학위논문은 어린 시절 학대 경험이 학업 성적과 대학 입시 결과는 물론, 성인이 된 후의 취업과 소득에도 부정적인 영향을 미친다는 사실을 보여준다.[1] 학교폭력과 왕따(집단따돌림)를 경험하는 아동은 1,000명당 각각 4.3명과 3.9명으로 조사되었다. 이러한 경험이 남긴 트라우마는 오래도록 심각하게 피해자의 삶을 힘들게 하고 심지어 망가뜨리기도 한다.

외국 이주를 통해 '사라지는' 사람들도 있다. 살기가 힘들어서 혹은 더 나은 기회를 찾아서 많은 청년이 태어나고 자란 나라를 '탈출'하고 있다. 특히 '고급 두뇌'의 국외 유출 문제는 심각하다. 2024년 고급 인력 취업 이민 비자(EB-1, EB-2)를 받아 미국으로 이주한 한국인은 5,847명으로 집계되었다. 한국의 인구 10만 명당 이 유형 비자 발급 인원은 11.3명으로, 일본(0.66명), 중국(0.96명), 인도(0.88명)에 비해 압도적으로 많았다.[2] 2021년 기준 전체 전문 인력 유출입 수지는 약 8만 4,000명 적자를 기록했고 과학자의 순 유출입 순위는 분석 대상 국가 43개국 가운데 33위로 하위권에 속했다.[3]

'한국 탈출' 현상은 광범위한 분야에서 나타난다. 60년 전 독일에 파견되어 일했던 한국 간호사들이 다시 국외 이직에 나서고 있다. 2020년부터 2024년까지 영문 의료인 자격증명서 발급 건수는 871건에서 7,232건으로, 미국 간호사 면허 시험 한국인 응시자 수는 198명에서 2,600명으로 늘어났다.[4] 원양어선에서 일하던 선장과 기관장 인력의 해외 유출도 증가하고 있으며, 이들과 함께 오랜 시간 공들여 양성한 갑판장, 항해사, 통신사, 기관사까지 팀을 이루어 이탈하고 있다.[5]

물론 국내 인력의 해외 진출을 나쁘게만 볼 필요는 없다. 개인으로서는 더 좋은 여건에서 가진 능력을 충분히 발휘하고 그에 합당한 보상을 받을 기회를 얻는 일이다. 국가로서도 '경제적 영토'를 확장하는 의미가 있다. 그렇지만 인구변화로 사람이 부족해지리라는 걱정이 커지는 가운데 있는 사람마저 잃어가는 상황을 반기기란 어렵다. 당장 한국 산업계에서 꼭 필요로 하는 인재의 대량 유출은 뼈아픈 일이다. 이렇게 떠난 인재는 돌아오지 않을 가능성이 크다. 미국 박사학위를 취득한 한국인의 71%가 현지에 잔류할 의사를 밝힌 것으로 조사된 바 있다.[6]

잘 키워낸 인재가 한국을 떠나는 일은 경제적인 면에서 큰 손실이다. 갓 태어난 아이가 사회에 공헌할 수 있는 인재로 성장하기까지 오랜 시간, 노력, 돈이 든다. 대부분은 부모의 부담이지만 국가의 투자도 큰 몫을 차지한다. 2022년 기준 한국 학생 1인당 공교육비 지출액은 초등교육 1만 9,749달러, 중등교육 2만 5,267달러, 고등교육 1만 4,695달러로 집계되었다.[7] 이를 단순 적용한다면 한 사람이 16년간 초중고 및 대학 교육을 받는 데 30만 달러(약 4억 원) 이상의 공교육비가 투입되는 셈이다. 그러므로 대학 졸업자가 보유한 인적자본에는 수억 원에 달하는 국민의 세금이 투자되어 있다고 할 수 있다. 국가 입장에서는 사람이 떠나면서 투자의 결실을 얻을 가능성도 함께 사라진다.

이미 태어난 사람 하나를 지키는 일은 한 사람이 새로 태어날 수 있게 돕는 일만큼이나 중요하다. 사실 경제적 가치만 따진다면 순 편익이 더 큰 투자라고 할 수 있다. 이미 태어난 사람을 지켜내지 못하는 상황에서 국가를 유지하기 위해 출산을 장려하는 일은 밑 빠진 독에 물 붓기와 같다. 이는 단순히 사람의 수를 더하고 빼는 문제만이 아니다. 태어난 사람을 지키지 못하는 사회는 사람이 태어나기 어려운 사회이기도 하다. 사람이 죽고 상하고 떠날 수밖에 없는 나라에서는 아이가 걱정되어 아이를 낳기 어렵다.

이렇게 볼 때, 태어난 사람을 지키기 위한 노력이 인구문제 대응의 중요한 일부로 자리매김해야 한다. 아동을 학대·방임·사고 등으로부터 보호하는 일, 청소년의 정신 건강을 돌보고 이들에게 살 만한 환경을 제공하는 일, 일터의 안전을 강화하고 일자리 질을 개선하는 일, 청년이 충분한 기회를 얻고 노력과 능력에 합당한 처우를 받도록 하는 일 등은 그 자체로서도 꼭 필요한 정책이지만, 인구정책으로서도 높은 우선순위를 부여받을 필요가 있다.

선택의 자유를 확대하고 삶의 질을 유지하는 인구정책

어떤 이의 말과 행동은 대체로 그 사람의 성격과 가치관을 반영한다. 정부의 정책도 다르지 않아서 많은 경우 그 정부가 설정한 '국정 비전'을 따라 만들어진다. 여러 정부에서 국정 비전을 만드는 작업에 참여한 바 있는 한 교수님에게 "국정 비전은 시대정신을 잘 반영해야 한다"라는 말씀을 인상 깊게 들은 적이 있다. 특정한 분야와 관련된 정책도 기본적인 목표와 방향성이 정해져야 그에 맞는 방안을 마련할 수 있다.

인구정책도 다르지 않다. 새 정부가 출범하거나 5년마다 저출산·고령사회 기본계획을 세울 때, 인구정책의 비전과 목표가 설정되고 이에 부합하는 정책을 수립한다. 예컨대 가장 최근 수립된 제4차 저출산·고령사회 기본계획의 비전은 '모든 세대가 함께 행복한 지속 가능 사회'였고, 목표는 '개인의 삶의 질 향상', '성평등하고 공정한 사회,' '인구변화 대응 사회 혁신' 등이었다. 정부가 바뀐 후 2023년 다시 설정된 저출산 정책의 목표는 '결혼 출산 양육이 행복한 선택이 될 수 있는 사회 환경 조성'이었다.

과거 인구정책의 방향성과 목표는 정부에 따라 변했지만, 제4차 저출산·고령사회 기본계획을 제외하고는 명시적으로나 암묵적으로 출산율을 높여서 인구감소의 속도를 늦추는 데 무게중심을 두는 경향을 보였다. 이러한 목표의 배경에는 인구의 급격한 감소가 국가 유지와 존립의 위기 요인이므로, 이 추세를 저지하고 더 나아가 반등시켜야 한다는 주장이 있다. 이와 같은 목표를 반영한 탓일까. 그간의 인구정책은 출산율을 빨리 높이는 데 지나치게 매몰되었다는 인상을 준다.

실제로 여러 정부는 특정한 수준의 합계출산율 달성을 정책 목표로 설정하곤 했다. 제1차 저출산·고령사회 기본계획은 특별한 수치를 지정하지는 않았지만 '2011년 이후 출산율 회복'을 목표로 두었고, 제2차 저출산·고령사회 기본계획은 OECD 평균 수준의 출산율 회복을 목표로 했으며, 제3차 저출산·고령사회 기본계획은 2020년까지 합계출산율을 1.5로 올리는 목표치를 제시했다. 지난 윤석열 정부는 2024년에 2030년까지 합계출산율 1.0 회복을 목표로 내세웠다.

합계출산율 제고가 정책 목표로 설정되면 정책 담당자는 아무래도 단기 성과에 매달릴 수밖에 없다. 그래서였을까. 합계출산율 통계가 발표될 때마다 그 등락 여부에 언론의 관심이 집중되고, 정책당국자들은 기말시험 성적을 통보받은 학생처럼 일희일비하는 광경이 연출되곤 했다. 2024년에 선포되었던 '인구 국가비상사태'는 이를 상징적으로 보여준다. 인구문제를 천재, 사변, 폭동처럼 국가가 빠르게 진정시키거나 해결해야 할 급박하고 심각한 상황으로 본 것인데, 실제 발표된 방안은 대부분 짧은 기간 안에 출산율을 높이는 내용이었다.

필자는 이러한 인구정책의 기본 방향성이 바뀌어야 한다고 생각한다. 그 자체가 나쁘거나 잘못되었다는 규범적인 판단 때문은 아니다. 책에서 소개한 출생아 수 감소의 원인이나 저출산 대응 정책의 효과성 등을 고려할 때, 기존 정책의 방향성이 장기적으로 한국의 인구문제를 완화하고 더 나아가 해소하는 변화를 이끌기 어려울 것이라는 현실적인 판단 때문이다.

4장과 5장에서 설명했듯이 저출산 현상의 심층에는 노동시장 불평등 심화와 일자리 질 악화, 교육 경쟁 격화와 사교육비 부담 증가, 지역 불균형 확대와 주거비 상승, 여성이 체감하는 결혼과 출산의 페널티 증가, 세대 간 격차 확대와 같은 구조적 문제들이 자리하고 있다. 자녀 양육비 경감 같은 비교적 단기적인 대책으로 근본적인 변화를 만들어내기는 어렵다. 정책으로 쉽게 바꾸기 어려운 문화적 요인들도 강력하게 작용하고 있다. 이러한 상황에서 정부가 단기적인 출산율 제고 자체를 정책 목표로 설정하는 것은 무의미하게 보인다. 정부가 정책을 통해 마음대로 통제하거나 조절할 수 있는 변수가 아니기 때문이다.

6장에서는 기존 정책의 효과가 아예 없지는 않았음을 보여주었다. 그러나 7장에서 지적했듯이 정책에서 실질적으로 소외된 사람이 너무 많았고, 지원 규모도 충분하지 않았으며, 정책의 일관성이 부족하여 눈에 보이는 성과를 내지 못했다. 이러한 문제는 상당 부분 기존 정책의 목표가 가진 한계 때문이라고 할 수 있다. 8장에서는 빠른 출생아 수 감소로 여러 가지 사회경제적 불균형이 초래됨을 보였다. 그런데 기존 정책은 이에 대한 대응 방안을 마련하는 데 소홀했다. 단기적인 출산율 제고에 지나치게 매몰되었던 탓이다.

그렇다면 현재의 '시대정신'이 요구하는 인구정책의 비전과 목표는 무엇일까? 필자는 '선택의 자유 확대'와 '삶의 질 유지'라고 생각한다. 출산율을 높이기에만 매달리기보다 어떤 사람이라도 원하면 자유롭게 자녀를 낳는 선택을 할 수 있는 사회를 만드는 것이다. 또한 출생아 수 감소로 나타날 수 있는 사회경제적 충격을 최대한 완화함으로써 국민 삶의 질이 유지될 수 있도록 준비하는 것이다.

왜 그러한가? 우선 출생아 수를 늘려서 인구를 유지하는 일 '자체'를 국가정책의 절대적·궁극적 목표로 보기 어렵다는 사실을 지적하고 싶다. 이 목표를 인구정책의 전면에 내세운 사람들조차도 대부분 출산율 제고 자체를 '미덕'으로 생각했다고 보지는 않는다. 그보다는 출생아 수 감소로 인한 국가와 국민의 어려움을 완화하는 '수단'으로 중요하게 여겼다고 판단한다. 그렇다면 출생아 수 감소와 관련된 국가와 국민의 어려움을 해소하는 일을 궁극의 목표로 삼는 것이 더 합리적일 것이다.

그 어려움 가운데 하나가 자녀를 낳고 키우기 어려운 한국 사회의 현실이다. 저출산 현상은 이러한 문제들의 증상이자 결과라고 할 수 있다. 그러므로 이 어려움을 해소하여 원하는 모든 사람이 자녀를 낳고 키울 수 있는 사회적 환경을 만드는 노력이 필요하다. 이는 기존의 단기적인 저출산 대응 정책을 보완하는 일을 넘어서서, 장기적으로 결혼과 출산 결정의 장애가 되는 노동·주거·교육·성평등 문제를 풀어가고, 그러한 문제의 뿌리가 되는 사회경제적 불평등과 지역 간 불균형 문제를 완화하는 정책을 요구한다.

다른 어려움은 출생아 수가 빠르게 감소하며 사회경제적 불균형이 심화되는 과정에서 국민의 삶이 점점 팍팍해지는 현상이다. 즉 인구변화로 한국 사회의 여러 인프라와 제도에 균열이 생기고, 이로 말미암아 사회경제적 비용이 발생하며, 국민 삶의 질이 낮아지는 것이다. 저출산 대응 정책이 성공을 거두어 출생아 수가 반등해도 인구구조 변화의 기본 방향성은 크게 달라지지 않을 것이다. 그러므로 축소사회가 도래해도 국민의 삶을 지켜낼 수 있도록 제도를 재정비하고 필요한 정책을 시행해야 한다.

요컨대 필자가 생각하는 바람직한 인구정책의 방향성은 원하는 누구라도 자녀를 낳고 키우는 선택의 자유를 누릴 수 있는 사회,

인구변화의 충격에서 국민의 삶을 지켜내는 나라를 만드는 것이다. 정치 지도자와 정책 담당자가 담대한 비전을 세우고 이를 실현하기 위해 합리적이고 효과적인 정책을 수립하여 꾸준히 일관되게 추진하는 것이다. 지나치게 이상적으로 들릴 수 있다. 그러나 한국이 처한 엄중한 인구위기의 상황에서 미래의 잠재적 디스토피아로부터 최대한 멀어지는 정책을 펴기 위해서는 우선 방향부터 올바르게 잡아야 한다.

저출산 대응 정책, 어떻게 개선할 것인가?

7장에서 필자는 저출산 대응을 위해 정부가 무엇을 어떻게 더 잘할 수 있었을지를 설명하였다. 따라서 독자들은 어떠한 방향의 개선이 필요한지 이미 알아챘을 것이다. 좀 더 명확한 정책적 제안을 위해 지금부터 몇 가지 중요한 내용을 정리해본다.

첫째, 저출산 대응 정책의 성과지표를 새로 정해야 한다. 이제까지 정책당국을 포함한 대다수 국민이 가장 널리 이용해온 지표는 단연 합계출산율이다. 이 지표가 유용하기는 하지만 인구정책의 성과지표로서는 심각한 한계를 지닌다. 정책적으로 '통제' 혹은 '조절'하기 어려운 지표이며, 따라서 정책의 효과나 성과를 정확하게 보여주지 못하는 문제가 있다.

이미 설명했듯이 결혼이나 출산은 매우 다양한 사회경제적·문화적 요인의 영향을 받는 개인의 선택을 반영한다. 어떤 정책의 효과는 다른 사회경제적 변화의 영향으로 상쇄되기도 하고, 오랜 시간이 지난 후에야 정책의 긍정적 효과가 드러나기도 한다. 이러한 사정 때문에 실제로 좋은 정책이 효과적으로 시행되더라도 출산율이 낮아질 수 있고, 정책의 성공 없이 출산율이 높아질 수도 있다.

따라서 합계출산율이라는 하나의 지표에 과도하게 집중하고 이를 높이는 데 집착하는 태도는 합리적인 정책을 수립하고 효과적으로 시행하는 데 바람직하지 않다. 특히 가정을 꾸리고 자녀를 갖기 어렵게 만드는 근본적·구조적 문제를 완화하는 정책적 노력은 오랜 시간에 걸쳐 다양한 경로로 효과가 나타나기 때문에, 그 성과가 단기적인 출산율 변화에 반영되기 어렵다. 게다가 출산율 지표에 과도하게 매달리는 경우 자칫 빠르게 성과를 낼 수 있는 정책에 매몰될 우려가 있다.

그렇다면 어떠한 성과지표가 필요할까? 중장기적으로 결혼과 출산에 영향을 미치면서 동시에 정책에 의해 변화할 수 있는 사회적·경제적 여건을 반영하는 지표가 바람직하다고 생각한다. 예컨대 이 책과 다른 연구들이 출산의 중요한 결정요인으로 지적하는 양육과 교육의 경제적·시간적 부담, 일-생활 균형, 주거비, 일자리의 질과 노동조건, 사회경제적 격차 등을 잘 반영하는 지표들을 정책 평가의 기초로 삼는다면, 먼 미래를 내다보면서 꾸준히 일관된 정책을 시행하는 데 도움이 될 것이다.

둘째, 정책의 범위를 확대해야 한다. 출산과 양육 비용을 줄여주는 좁은 범위의 정책을 넘어 그 비용 자체를 빠르게 높이는 사회구조적 문제를 완화하는 정책을 인구정책과 연계해야 한다. 이를테면 육아휴직 지원이나 일-가정 양립 강화와 같은 전통적인 노동 관련 인구정책에서 한 걸음 더 나아가 청년의 고용과 일자리 질 개선, 정규직과 비정규직 격차 축소, 노동시장에서의 차별 금지처럼 간접적·장기적으로 결혼과 출산의 여건에 영향을 미치는 정책들을 인구문제 대응의 관점에서 설계하고 추진할 필요가 있다.

마찬가지로 저출산의 중요한 원인임에도 늘 관련 논의에서 빠지곤 하는 교육 관련 이슈들도 인구정책에 반영되어야 한다. 방과 후 돌봄 확대처럼 보육과 직접 연관된 정책만 다룰 것이 아니라, 대학 입시제도 개혁, 영유아 사교육 규제 등 교육 경쟁을 완화할 수 있는 정책을 더 적극적으로 추진해야 한다. 주택정책의 경우 청년과 신혼부부 대상 주택 매입 및 임대를 지원하는 차원을 넘어, 생애주기 전체에 걸쳐서 저소득계층도 주거 안정을 실현할 수 있는 정책을 고민할 필요가 있다. 결혼과 출산은 전 생애를 내다보는 결정이기 때문이다.

셋째, 정책의 대상을 확대해야 한다. 출산의 경계에 있는 소득 중상위계층 부부에게 실질적인 혜택이 집중되고 있는 현재 상황을 개선하여 정책에서 소외된 사람을 줄여야 한다. 이를 위해 결혼하지 않은 청년의 취업과 주거를 지원하는 정책이 확대될 필요가 있다. 주거 지원의 경우 기존의 '대출 지원'은 안정된 일자리와 모아둔 돈이 있는 청년만 실질적인 혜택을 받는 만큼, 양질의 청년임대주택 공급과 같은 확장된 대책이 요구된다.

출산과 양육에 대한 현금 지원이나 육아휴직 지원의 효과가 주로 중상위계층에만 나타나는 현실을 개선하려면 다른 국가의 사례처럼 저소득계층에 대한 지원을 차등적으로 상향하는 방안을 마련할 필요가 있다. 중소기업 피고용자, 자영업자, 특수고용 노동자처럼 현행 육아휴직 지원이나 일-가정 양립 강화 정책의 사각지대에 놓인 사람을 위한 지원방안 마련도 필요하다. 예컨대 중소기업에 직접 대체인력을 알선하여 파견하는 방안이나 자영업자 대상 돌봄 지원을 강화하는 방안 등을 생각해볼 수 있다.

넷째, 인구정책 추진체계를 강화해야 한다. 중장기적으로 인구정책을 전담하는 부처를 설립하는 방안이 바람직하다. 이는 조직과 인력의 안정성을 높임으로써 인구정책의 효율성과 일관성을 한층 높일 것으로 기대된다. 또한 인구정책 전담 부처가 다른 정부 부처의 인구 관련 정책을 조정·조율하는 기능을 강화할 필요가 있다. 이는 앞에서 언급한 인구정책 범위 확대를 가능하게 하고 다양한 분야의 정책들이 서로 충돌하지 않고 보완적으로 작동하게 함으로써 전반적인 정책의 효과성을 높여줄 것이다.

이와 더불어 중장기적으로는 국가 인구연구기관을 설립하여 합리적인 인구정책 수립과 체계적인 정책 평가를 뒷받침할 필요가 있다. 이러한 연구기관 설립 추진은 점진적으로 진행하는 편이 바람직할 것이다. 현재는 인구문제 연구인력 자원이 그리 풍부하지 않은 상황이어서 예산과 의지가 있어도 충분한 우수 연구진을 갖춘 연구기관을 설립하기 쉽지 않다. 따라서 당분간은 타 연구기관 및 외부 연구진과의 네트워킹을 통해 초기의 연구진 부족 문제를 보완하고, 점진적으로 연구원의 규모와 기능을 확대하는 방안이 현실적일 것이라고 판단된다.

마지막으로 충분한 재원 확보 방안을 마련해야 한다. 인구정책의 범위와 규모를 제약하는 근본적인 요인은 재원 부족이다. 꼭 필요한 일이 예산 부족으로 추진되지 못하거나 축소된 사례가 많았다. 또한 정부가 발표한 저출산 대응 예산의 재원이 모호하게 남겨지는 경우도 적지 않다. 예산 확보 방안으로 빈번하게 거론되는 '예산 재구조화'만으로는 충분한 재원을 마련하기 어렵다. 인구문제가 매우 다양한 정부 정책과 연관된 상황에서 이는 자칫 아랫돌을 빼서 윗돌로 올리는 결과를 초래할 수 있다.

현재와 같은 여건에서 인구정책에 쓰일 재정을 과감하게 확대하기란 쉽지 않다. 경제 사정이 좋지 않아서 세수는 줄었지만 긴급한 일로 쓸 곳은 늘면서 재정적자가 늘고 있다. 세금을 더 걷는 방안은 정치적으로 어려운 선택이다. 힘들여 번 돈으로 흔쾌히 더 많은 세금을 내겠다고 할 사람은 그리 많지 않을 것이다. 재정건전성을 중요하게 여기는 전문가들은 빠르게 늘고 있는 국가부채를 우려하고 있으며, 장차 저출산·고령화로 장래의 재정 여건이 나빠질 것이므로 지금부터 허리띠를 졸라매야 한다고 주장한다.

가계든 국가든 돈을 아끼는 것은 중요하다. 특히 국민에게서 걷은 세금을 허투루 써서는 안 된다. 그러나 돈을 써서 무엇을 얻을 수 있는지를 따져보는 것도 중요하다. 지금 돈을 잘 쓰면 미래의 세수를 늘리고 재정지출을 줄일 수 있다. 무엇보다 국민 삶의 질과 미래에 대한 전망을 바꿀 수 있다. 저출산·고령화로 장래 재정 여건이 나빠지리라는 우려에 일리가 있지만, 저출산·고령화의 미래는 현재 젊은이의 삶이 어떻게 변하는지에 따라 달라질 수 있음을 기억할 필요가 있다.

역사적으로 유례를 찾기 어려운 급격한 인구변화의 충격에 정면으로 대응하는 데에는 큰 비용이 들며 누군가는 이를 부담해야 한다. 이 비용을 지금 내지 않는다면 미래의 납세자가 짊어져야 할 부담이 더 불어날 수 있다. 재원 문제를 덮어두어 정책 의지를 의심받기보다, 인구문제 대응을 위한 지출이 미래를 위한 투자이며 그 편익이 다수 국민과 다음 세대에 공유된다는 사실을 납세자에게 설득하는 편이 나을 것이다.

출생아 수 급감이 초래하는 사회경제적 불균형, 어떻게 대응할 것인가?

인구구조 변화가 가져오는 사회경제적 충격에 대응하여 그 비용을 줄이는 일은 저출산 대응과 함께 인구정책의 중요한 목표로 꼽힌다. 예를 들어 인구변화가 초래하는 노동 수급 불균형 완화를 위한 교육·노동·외국인 정책, 인구 고령화에 따른 돌봄 및 의료 서비스 수요 급증에 대응한 보건·복지 정책, 늘어나는 고령인구에 친화적인 거주환경을 조성하는 주택정책 등은 인구구조 변화 대응 정책으로 분류된다.

그런데 인구구조 변화라고 하면 많은 사람이 '인구 고령화'를 떠올릴 것이다. 실제로 고령화는 저출산과 더불어 한국 인구변화의 양상을 나타내는 양대 키워드이다. 그렇기에 인구정책을 담당하는 위원회의 명칭도 '저출산·고령사회'로 정해졌다고 할 수 있다. 인구구조 변화의 영향을 전망하고 대응책을 마련하는 일 역시 주로 고령인구의 상대적·절대적 증가 문제에 집중되는 경향을 보였다.

그러나 8장에서 보였듯이 '인구 고령화'만이 다양한 사회경제적 불균형을 초래하는 인구구조 변화는 아니다. 출생아 수가 급감하면, 줄어든 세대가 나이 들기 전에도 각종 사회서비스 수급에 심각한 불균형이 발생한다. 사실 점진적인 고령화가 인구문제의 핵심인 다수의 서구 선진국과 달리 한국은 출생아 수의 **빠른 감소**가 더 두드러진 인구문제라고 할 수 있다.

아이들이 빠르게 줄면서 이들이 이용하는 각종 서비스 인프라를 유지하는 데 필요한 최소한의 수요가 충족되지 않는 문제가 발생하고 있다. 이에 따라 각 지역의 분만실, 소아청소년과 의원, 어린이집, 학교가 문을 닫는 중이다. 머지않은 장래에는 고등학교를 졸업하는 학생이 크게 줄면서 수많은 대학이 입학정원을 채우지 못하게 될 것이다. 아동을 대상으로 하는 서비스 인프라가 줄거나 사라지면 아이를 낳고 키우는 일도 더 어려워진다. 지역의 인구감소와 인프라 붕괴의 악순환이 본격화되는 경우 이를 막아내기는 쉽지 않다.

그동안 추진된 인구정책의 내용을 보면, 한편으로 어떻게든 출산율을 높이고자 노력하고 다른 한편으로는 인구 고령화의 파급효과에 어떻게 대응할지 모색했음을 알 수 있다. 그 과정에서 출생아 수 감소가 '당장' 초래하는 문제들을 해결할 구체적인 방안은 충분히 마련되지 않았다. 지금 눈앞에서 벌어지고 있는 일인데도 이 문제에 관한 조사와 연구도 크게 부족한 실정이다. 이 시급하고 중요한 문제를 해결하기 위한 정책적 노력이 빨리 본격화되기를 바라며, 여기서는 그 기본 방향성에 대한 의견을 제시하고자 한다.

첫째로 제시할 방향성은 공공성의 강화이다. 각 지역에서 아이를 낳고 키우는 데 필요한 최소한의 사회서비스 공급을 유지하려면 이 분야의 공공성 강화가 불가피하다. 8장에서 출생아 수 감소로 인한 '수요'의 하락으로 분만실과 어린이집은 큰 폭으로 줄어든 반면 초중등학교는 그렇지 않았음을 보였다. 이는 국가 재정의 지원을 받는 '공공성' 때문이다. 수익성 감소로 병원과 어린이집이 문을 닫는 일을 줄이려면 공공보건의료기관과 국공립 어린이집을 늘리거나 정부가 세금으로 민간기관을 지원할 수밖에 없다.

보육시설의 경우 이미 이러한 정책적 노력이 나타나고 있다. 보육의 질을 개선하기 위해 정부와 지방자치단체는 국공립 어린이집 공급을 늘려왔다. 최근에는 민간 어린이집 대량 폐원으로 생겨나는 영유아 보육시설 부족을 막는 목적으로 국공립 어린이집을 확충하고 있다. 예컨대 보건복지부는 2024년 한 해 동안 국공립 어린이집을 540곳 늘리는 계획을 추진하였다.[8]

또한 민간·가정 어린이집 가운데 영아반을 추가하거나 새로 설치하는 곳에 국가 예산을 들여 추가 기관보육료를 주겠다는 방침도 세웠다. 0~2세 아동 수가 어린이집 정원의 50% 이상일 경우,

부족한 인원만큼 기관보육료를 지원하는 방식이다.[9] 영유아 수가 큰 폭으로 줄어드는 곳이 늘어나고 보육시설이 매년 2,000곳씩 줄고 있는 상황을 고려할 때, 이러한 정책이 더 강화되어야 가까운 어린이집에 아이를 맡기기 어려운 지역이 속출하는 사태를 막을 수 있을 것이다.

의료는 상황이 더 어려워 보인다. 의대 증원 문제로 촉발된 의정 갈등이 봉합되면서 전공의들이 복귀하고 있지만 필수 의료의 공백은 여전히 크다. 2025년 하반기 전공의 모집 결과, 피부과, 영상의학과 등 인기 과목은 90% 넘는 충원율을 보였지만 소아청소년과(13.4%)나 산부인과(48.4%)는 심각한 미달을 기록했다. 지역 간 불균형도 심하다. 소아청소년과는 수도권 16.6%, 비수도권 8.0%, 산부인과는 수도권 53.8%, 비수도권 27.6%를 기록하는 등 비수도권의 필수 과목 기피 현상이 매우 심각하다.[10]

최소한의 수요가 충족되지 않는 지역·과목에 많은 의사가 진입하기를 기대하기는 어렵다. 인구감소 지역의 필수 과목을 유지하기 위해서 공공의료 강화가 필요한 이유이다. 지역 필수 의료 공백을 막는 방안으로 정부는 2028년 지역의사제 시행을 추진하고 있다. 지방 의대 정원 일부를 지역 의사 전형으로 선발하여 교육비를 전액 지원하고 의사 면허 취득 후 일정 기간을 지역에서 근무하도록 하는 제도이다. 또한 2025년 7월부터 지역필수의사제 시범사업을 시작했다. 이는 필수 의료 전문의를 계약제로 채용하여 5년간 지방 의료기관에 근무하도록 하고 정부가 지역근무수당을 지원하는 제도이다.

이러한 제도 시행에는 난관이 적지 않다. 지역필수의사제 시범사업에는 모집 인원의 65%만 지원하였고 이 가운데 산부인과 지원자는 1명도 없었다.[11] 의료계는 의무복무가 헌법상 기본권을 침해할 소지가 있다며 지역의사제에 반대하고 있다. 그러나 헌법은 국민의 생명권과 건강권을 국가가 보장해야 함도 명시하고 있다. 법을 모르는 일반인의 눈으로 볼 때 생명권과 건강권이 자발적인 계약에 의한 직업 선택 제약보다는 더 중요해 보인다. 현재 정부가 추진하는 정책이 지역 필수 의료 붕괴를 막을 수 있을지 확실하지 않지만, 우선 이것만이라도 성공적으로 시행되기를 희망한다.

둘째로 제시할 방향성은 편의와 비용 사이의 합리적인 균형 달성이다. 인구감소 지역 주민을 비롯한 국민의 편의 증진과 과도한 재정지출 억제라는 두 가지 목표 사이에서 합리적인 균형점을 찾아야 한다. 국가에 돈이 넘쳐난다면 인구감소 지역에 공공서비스 인프라를 충분히 공급하여 누구나 편리하게 이용하도록 하는 편이 바람직할 것이다. 그러나 국가 예산에는 제약이 있다. 따라서 공공성 강화는 납세자를 설득할 수 있을 만큼 합리적인 방식으로 이루어져야 한다.

8장에서 학교의 전체 학생 수가 줄어들수록 1인당 교육비가 늘어남을 보인 바 있다. 학생 수가 30명 이하인 국공립 초등학교의 1인당 교육비는 약 6억 6,000만 원으로, 240명을 초과하는 학교의 1인당 교육비의 거의 아홉 배에 달했다(312쪽 그림 8-11). 다른 사회 서비스 인프라도 마찬가지이다. 더 촘촘하게 유지할수록 각 시설

이용자 수는 줄고 이용자 1인당 비용은 커질 것이다. 인구가 줄어드는 지역에도 지금 같은 수준의 서비스 공급을 유지하려면 거기 들어가는 비용을 감당하기 어려워질 수 있다.

그렇다면 공공성 강화를 통한 주민 편의 증진과 재정지출 억제 사이에서 어떻게 균형점을 찾을 수 있을까? 우선 과학적·실증적 근거에 기초하여 가장 합리적인 사회서비스 인프라의 공간적 배치 방안을 찾아야 할 것이다. 예를 들어보자. 8장에 제시된 연구 결과는 분만실 폐쇄가 제왕절개나 산모 건강에 미치는 부정적 영향이 분만실까지의 거리가 20킬로미터 이상 멀어지는 경우 강하게 나타남을 보여준다. 사는 동네에서 분만실이 사라져도 20킬로미터 이내 거리에 갈 곳이 있으면 심각한 불편함이 나타나지 않을 수 있다는 뜻이다.

소아청소년과 의원, 보육시설, 학교 등도 다르지 않을 것이다. 집 근처에 이런 시설이 있기를 바라지 않는 사람이 있겠는가? 그렇지만 예컨대 대중교통으로 30분 이동하여 필요한 사회서비스에 접근할 수 있다면 그 지역에서 누리는 삶의 질이 많이 훼손되지 않을 수 있다. 따라서 유형별 서비스 수요자의 거주 분포와 서비스의 특성을 면밀하게 고려하여 적절한 곳에 서비스 '허브'를 구축하고 유지한다면, 과도한 재정지출을 억제하면서도 지역사회 붕괴를 막을 수 있을 것이다.

다음으로, 기존 서비스 인프라를 대체할 수 있는 기술적·제도적 혁신 방안을 모색해야 한다. 〈나는 자연인이다〉 같은 TV 프로그램을 보면 자발적으로 한적한 산골에 들어가 사는 사람들이 나온다. 가까운 거리에 사회서비스 허브가 위치하기 어려울 정도로 주민이 줄어도 그 지역에 계속 살고 싶은 사람도 있을 것이다. 이들에게는 기존 방식을 대체하는 대안적 사회서비스를 제공하는 방식이 유용할 것이다.

몇 가지 예를 들어보자. 다른 선진국에서는 일반화된 조산원과 조산사(midwife)를 널리 활용하면 분만실이 사라진 지역 주민에게 도움을 줄 수 있다. 이미 코로나19 대유행 기간 제한적으로 이용된 적이 있는 비대면 원격진료를 확대하여 도입하는 방안도 의료시설에서 멀리 떨어진 지역 주민의 의료 접근성을 개선하는 데 유용할 것이다. 지나치게 먼 거리를 통학해야 하는 학생을 위해 '홈스쿨링(home schooling)'을 결합한 교육 방식을 개발하는 방안도 고려해볼 수 있다. 현재 미국에서 홈스쿨링을 받는 학생은 전체 K-12(초중고) 과정 학생의 약 6.4%로 추산된다.[12] AI 기술을 활용한 새로운 사회서비스 제공 방식 개발도 기대할 만하다.

'완벽한' 기업, '완벽한' 상사가 필요한 시대

국가가 '완벽한' 정책을 만들어 시행하면 아이를 낳고 키우기 좋은 사회가 될까? 꼭 그렇지는 않을 것이다. 각종 규정과 제도는 듬성듬성 세워진 골조와 같다. 그 틈을 잘 채워야 사람이 살 만한 집이 완성된다.

기업은 정부 정책이 실제로 잘 작동하여 사람들에게 영향을 미칠 수 있도록 규정과 제도의 틈을 채우는 데 특히 중요한 역할을 한다. 상당수 정부 정책의 효과는 기업의 협조에 달려 있다. 기업의 사내 제도와 정책은 직원뿐만 아니라 그 가족의 삶에 직간접적으로 큰 영향을 미치기도 한다. 결혼과 출산의 결정 역시 예외가 아니다.

2025년 초에 방영된 드라마 〈나의 완벽한 비서〉는 국가가 만든 좋은 제도도 기업의 변화 없이는 제대로 작동하기 어렵다는 사례를 보여준다. 주인공 유은호는 완벽한 비서일 뿐만 아니라 모든 면에서 흠잡을 데 없는 사람이다. 이혼 후 혼자서 딸을 키우는 그는 업무 능력, 요리 솜씨, 육아 실력 어느 하나 모자람이 없고, 말 없이 공감하고 조용히 소통하는 법을 알며, 동료와 이웃을 살뜰하게 챙기는 인간미를 지녔다. 현실에 존재한다면 배우 이준혁 같은 조각 미남이 아니었어도 많은 사람이 그를 좋아할 것이다.

드라마의 시작은 촉망받던 대기업 인사팀 과장 유은호가 직장에서 해고되는 과정을 보여준다. 그처럼 '완벽한' 직장인이 왜 일자리를 잃었을까? 육아휴직이 그 발단이었다. 상사와 함께 제안한 프로젝트가 선정되지만 집중 돌봄이 필요한 딸을 위해 유은호는 육아휴직을 결정한다. 유은호 없이 혼자 프로젝트를 진행할 수 없었던 상사는 "이번에 떠나면 돌아올 자리가 없을 것"이라며 남기를 종용한다. "네 아이만 그렇게 특별해?"라는 상사의 비아냥에 "네, 특별해요"라며 돌아선 그는 복귀 후 보복성 따돌림과 해고의 희생양이 된다.

6장과 7장에서 살펴보았듯이 육아휴직 대상과 지원은 지난 20여

년 동안 크게 확대되었다. 하지만 이 드라마 속 에피소드가 보여주듯이 그나마 사정이 나은 대기업 정규직 직원조차 권리로 보장된 육아휴직을 마음 편히 사용하기 어려운 형편이다. 드라마는 또한 불이익의 두려움 없이 육아휴직을 사용하려면 '좋은 상사'를 만들 수 있는 유연하고 합리적인 기업의 업무 시스템이 필요함도 알려준다. 한 개인이 빠져도 상사의 리더십 아래 다른 직원들이 프로젝트를 진행할 수 있는 직장이었다면 유은호의 상사는 부하 직원의 절박한 사정을 외면할 필요가 없었을 것이고 유능한 인재를 내보낼 일도 없었을 것이다.

육아휴직 사용뿐만 아니라 전반적인 일-생활 균형 개선에서 유연하고 합리적인 업무 시스템의 역할은 매우 중요하다. 목표 달성에 꼭 필요한 작업을 적절하게 배분하고 구체적인 지시 사항이 명료하게 전달되는 직장은 직원의 시간과 노력을 줄여줄 수 있다. 개인의 불가피한 사정으로 발생하는 공백도 적절한 조정을 통해 원활하게 해소할 수 있다. 반면 경직적이고 비합리적인 조직의 구성원은 상시 대기를 강요당하며 구체적인 지점을 알지 못한 채 무조건 아무 땅이나 파는 식의 업무를 해야 할 것이다. 이러한 여건에서 일-생활 균형이 가능할 리 없다.

인구구조 변화 대응에서도 기업의 역할은 중요하다. 사람이 줄어드는 사회에서는 모든 이의 역량이 낭비되지 않고 최대한 활용되어야 한다. 그런데 유은호처럼 완벽한 직장인도 일하기 힘든 시기를 맞이할 수 있다. 본인이나 가족의 사정 때문에 특정한 근무 조건이 충족되어야 일할 수 있는 사람도 있다. 한국의 노동시장은 잠시 기다려주거나 조금만 배려해주면 빛을 발할 수 있는 사람에게 충분한 기회를 줄 만큼 너그럽지 못하다. 청년인력이 급격하게 줄어드는 미래를 내다볼 때, 너그럽지 못한 노동시장이 초래하는 인적자원 낭비를 없애는 일은 한국 사회의 중요한 과제이다.

기업의 유연하고 합리적인 업무 시스템 구축은 많은 다양한 사람의 역량이 낭비되지 않고 충분히 활용되는 데 도움을 줄 수 있다. 자신의 조건과 능력에 맞게 일할 기회를 얻을 수 있기 때문이다. 현재 진행되는 사람과 사회의 변화는 이 역할을 점점 더 중요하게 만들고 있다. 우선 일에서의 성공보다 삶의 질에 더 큰 가치를 두는 사람이 늘어가는 경향이 감지된다. 여성 고용이 확대되고 일-생활 균형의 요구가 커지면서 일하는 시간과 형태에 대한 선호도 다양해지고 있다.

이러한 사회적·문화적 변화에 발맞추어 기업 인사 시스템도 바뀔 필요가 있다. 상사 개인에 대한 충성도나 직장을 위해 희생하는 태도 같은 비공식적 요소가 고려되는 관행은 이제 너무 낡아 보인다. 직원의 개인적인 생활과 성취를 존중하고 다양한 선호와 필요를 수용하는 가운데, 이들의 역량을 최대한 끌어낼 수 있는 유능하고 합리적인 리더가 '상사'가 되는 인사는 기업 경쟁력을 높일 수 있다.

젊은 직원이 선호하고 정부 정책이 요구하는, 일과 개인 생활의 균형이 충족되는 일터를 만드는 일이 기업으로서는 크게 부담스러울지도 모른다. 시간과 노력과 비용이 들 수밖에 없기 때문이다. 그렇지만 인구변화의 미래를 내다볼 때 꼭 필요한 좋은 투자라고 판단한다. 이러한 일자리는 점차 더 중요한 인적자원이 되어가는 여성과 청년 인재를 끌어들이고 이들의 역량을 최대한 활용하는 데 도움이 될 것이다. 유연하고 합리적인 작업환경을 만들고도 성과를 낼 수 있는 시스템을 구축한 기업은 높은 경쟁력을 갖추게 될 것이다.

더 발전하기 위해서는 기업의 리더도 변모해야 한다. 사실 '완벽한 상사' 되기는 '완벽한 비서' 되기보다 어려울 것이다. 나이 들어도 끊임없이 배우고 새로운 변화를 따라잡는 한편 이질적인 사람들과 공감하고 소통하는 능력을 유지해야 한다. 하급 직원 시절, 직장과 상사의 지시에 말없이 따르며 젊음을 갈아 넣었던 세대는 이러한 요구를 받는 상황이 억울할 수 있다. 그러나 드라마 속 유은호처럼 딸이 웃는 모습을 다시 보려고 자신의 커리어를 위태롭게 할 육아휴직을 결정하는 남성이 대세가 되어가는 세상의 변화를 탓해서 무엇 하겠는가?

다시 만날 새로운 세상

1980년대에 필자가 다니던 대학 도서관은 학생 수에 비해 무척 협소했다. 시험기간이 되면 자리 잡기가 무척 어려웠다. 모든 자리가 채워지는 시각이 점점 당겨졌고 도서관에 일찍 도착하기 위한 경쟁도 치열해졌다. 경쟁이 심해지리라는 예상이 행동을 바꾸고, 그 결과 예상이 실현되는 악순환이 전개된 것이다. 남의 자리까지 대신 맡는 얌체족 때문에 경쟁의 심리적 스트레스가 배가되었던 기억이 생생하다.

저출산 문제의 뿌리로 지목한 한국 사회의 불평등과 경쟁에도 사람들의 상호작용을 통해 점점 강화되는 악순환이 존재하는 듯하다. 물론 한국 사회의 불평등도는 외부에서 주어진 여건의 영향도 받았을 것이다. 식민지 지배, 분단, 전쟁, 개발독재, 불균등 성장 정책 등 평범한 개인이 결정하지 않았던 역사적 경험에 뿌리를 두고 있을 수 있다. 그러나 그것이 전부는 아니다. 사람들의 가치와 태도야말로 격차가 벌어지고 경쟁이 치열해지는 변화의 촉매제 역할을 해온 것으로 파악된다.

4장에서 사교육 문제를 다루면서 노동시장의 불평등 증가와 일자리 양극화가 자녀의 미래에 대한 부모의 두려움을 자극하고, 이것이 치열한 사교육 경쟁으로 이어졌음을 지적한 바 있다. 이러한 경쟁은 교육 투자와 성과의 사회경제적 격차를 낳고 이는 다시 노동시장 불평등 악화를 초래한다. 한국 사회의 다른 여러 분야에서도 유사한 일이 벌어지고 있다. 승자와 패자 사이 격차가 벌어지면서 실패와 낙오의 두려움이 커지고, 사람들은 이기기 위해 혹은 뒤처지지 않기 위해 더 이를 악물고 싸운다.

이 경쟁이 지금의 삶을 조금 더 개선하기 위한 노력이라면 그나마 나을 것이다. 불행하게도 그렇지 않다. 이는 다분히 '지위'를 차지하려는 경쟁이다. 사회적인 무시와 모멸감을 피하기 위한 경쟁이다. 최상위 1%, 아니 0.1% 안에 들어야 진정한 승자가 되는 경쟁이다. 코인이나 주식이 '대박'을 터뜨려야 겨우 이긴 쪽에 설 수 있는 경쟁이다. 설사 위험한 투자에 실패해서 수천만 원을 날리더라도 어차피 '흙수저'로서의 지위는 달라지지 않는, 그래서 잃을 것이 없는, 그런 경쟁이다.

자칫하면 2등, 3등 시민으로 추락할 수 있는 위험한 사회에서 자녀의 앞날에 대한 부모의 걱정이 커지는 것은 당연하다. 공포심에 사로잡힌 모든 부모가 자기 자녀의 앞길만은 터주기 위해 무리하게 경쟁하면서, 결과적으로 자녀 세대 전체가 점점 더 '헬조선'으로 떠밀리는 역설이 나타나고 있다. 이 제로섬게임에서는 극히 소수의 사람만 상처뿐인 승자로 남는다. 포기하고 희생해서 얻은 '지위'에 대한 강한 집착과 보상 심리가 따른다. 나보다 시험 성적이 나쁜 사람이 나와 같은 처우를 받는 일은 공정하지 못하며 결코 받아들일 수 없는 일로 여겨진다. 이러한 정서가 유연하고 포용적인 사회로 나아가는 데 걸림돌이 되고 있다.

이와 같은 한국 사회의 모습이 변하지 않는다면, 대다수 사람이 공유하는 가치와 삶의 태도가 이대로 유지된다면 국가정책으로 이루어낼 수 있는 변화는 제약될 수밖에 없다. 외면적(外面的) 성과를 낸다고 해도 삶의 질이 근본적으로 나아지리라 기대할 수 없다. 무엇보다 아이의 수가 급격하게 줄면서 발생하리라 기대할 수 있는 '사회적 조정'이 나타나기 어렵다.

다른 조건이 같을 때, 전보다 희소해진 상품은 귀해지고 비싸진다. 이는 사람에게도 적용된다. 인구가 줄면 사람의 가치가 올라간다. 14세기 유럽에 흑사병이 돌아 인구의 3분의 1이 사망했을 때 서유럽 농노제는 폐지되었고 노동자의 임금은 두 배 이상 올랐다. 노동이 희소한 생산요소가 되었기 때문이다. 코로나19 대유행으로 일하는 사람이 줄어들자 미국에서는 임금이 큰 폭으로 높아졌다. 특히 저숙련 노동자의 임금이 많이 오르며 임금 불평등도가 낮아졌다. 사람이 귀해진 것이다.

그러나 사람이 줄어든다고 해서 늘 이들의 가치가 높아지지는 않는다. 시장이 잘 작동하는 사회에서만 희소성의 원리가 작용한다. 14세기 흑사병 유행 이후 인구감소에도 불구하고 동유럽에서는 봉건제가 강화되고 일하는 사람에 대한 처우가 나빠졌다. 왜 그랬을까? 동유럽 농민은 시장에서 격리되어 있었고 더 나은 조건을 찾아 이동할 수도 없었다. 영주들은 담합하여 농민에 대한 수탈을 강화할 수 있었다. 시장이 제대로 작동하지 않자 소수자로서의 이점이 사라지고 불리함만 남은 것이다.

태어나는 아이의 수는 지난 35년간 3분의 1로 줄었다. 앞으로는 어떻게 될까? 미래를 점치기는 어렵지만 장기적으로는 감소할 가능성이 크다. 비교적 낙관적이라 평가되는 통계청 장래인구추계 중위 전망을 따르더라도 출생아 수는 2072년까지 16만 명으로 감소하리라 예상된다. 이는 2024년 출생아 수의 3분의 2이고, 가장 많은 아기가 태어났던 1971년 출생아 수의 6분의 1에 미치지 못한다.

이렇게 아이들이 줄면 이들의 가치가 올라가고 더 귀한 대접을 받게 될까? 장담할 수 없다. 지금처럼 상위 1%에 들기 위한 경쟁이 치열하게 벌어진다면, 부모의 두려움과 사교육 시장의 탐욕이 결합하여 서로를 강화한다면, 학교가 사람을 키워내는 일보다 골라내는 작업에 더 골몰한다면 줄어든 아이들은 여전히 무의미한 교육 경쟁의 희생양으로 남을 것이다. 동맥경화 환자와 같은 현재의 경직된 노동시장이 유지된다면 청년으로 성장한 아이들은 자신들이 가진 희소성에 걸맞은 기회를 얻지도, 그에 합당한 처우를 받지도 못할 것이다.

이러한 한국 사회의 모습이 장차 바뀔 수는 없을까? 사람들이 각자도생의 정글에서 벗어나 수십조의 사교육비 중 일부라도 모든 청년세대의 고용 여건과 일자리 질 개선에 쓰게 하는 방법은 없을까? 직업, 직위, 소득으로 사람의 등급이 나뉘고 인격이 결정되는 야만적인 행태를 버릴 길은 없을까? 고도성장 시대에 형성된 성공의 눈높이를 좀 낮출 수는 없을까? 평생 내 집을 장만할 가능성이 없어도, 의사나 대기업 정규직이 아니어도, 코인이나 주식이 '대박'을 터뜨리지 않아도 오늘을 살 만하고 내일이 두렵지 않은 세상으로 바꾸기는 어려울까?

좋은 정치와 정책의 조건은 '사람의 변화'를 성공의 필수 조건으로 두지 않는다는 것이다. 사람을 변하게 만들기란 어렵다. 사람들이 모두 자신의 이익을 위해 행동하더라도 사회적으로 바람직한 결과가 나타나도록 디자인된 정치와 정책이 성공할 가능성이 크다. 하지만 좋은 정치와 정책이 꾸준히 추진되어 그 영향이 오래 쌓이면 사람 자체를 바꾸는 데에도 도움을 줄 수 있으리라 생각한다. 애초 계획했던 양적 성과에 도달할 뿐만 아니라 개인의 삶과 사회의 모습을 질적으로 바꾸는 역할도 할 수 있으리라 믿는다.

한국은 인구위기의 거센 파고를 무사히 넘을 수 있을까? 이 책에서 필자가 명시적으로나 암묵적으로 희망했던 일들이 실현된다면 분명 그 가능성은 커질 것이다. 정치 지도자가 진정성과 의지를 품고 국가와 국민의 미래를 위해 멀리 내다보는 좋은 정책을 일관되게 추진한다면 지금보다 아이 낳고 키우기 좋은 나라가 될 것이다. 저출산 문제의 표피를 건드리는 정책을 넘어 한국 사회의 뿌리 깊은 불평등과 경쟁을 완화하기 위한 본격적인 노력을 기울인다면 생애에 대한 청년의 기대가 개선될 수 있을 것이다. 인구구조 변화의 충격에 합리적으로 대응한다면 축소사회가 도래해도 국민 삶의 질을 지켜낼 수 있을 것이다.

필자는 더 나아가 인구위기의 도전이 한국 사회가 질적으로 변모하는 기회가 되기를 희망한다. 인구변화에 현명하게 대응하여 극단의 디스토피아를 피하고 우리의 미래를 지켜낼 뿐 아니라 지금보다 더 유연하고 개방적이고 포용적인 사회로 탈바꿈하게 만들기를 희망한다. 아이들의 수는 아마도 지금보다 줄겠지만, 이들의 가치가 올라가고 한 사람 한 사람이 귀하게 대접받는 세상이 오기를 바란다.

……

인구변화의 미래는 짙은 안개 속에 가리어진 불확실성의 영역이다. 사람이 줄어든 세상은 분명 지금과는 다를 것이다. 누구든 내리막길의 시작에 서면 막연한 불안감을 느낄 수밖에 없다. 하지만 그 길의 끝에, 인구 속 숫자로 묻혀 있던 존재들이 마침내 각자의 빛깔과 목소리를 내는 인간으로 살아나는 세상이 펼쳐지기를 꿈꿔본다.

• **부록**

3장

출생아 수 변화 분해 방법

3장에서 출생아 수의 변화를 ① 나이별 가임기 여성인구 변화 ② 나이별 유배우 비율 변화 ③ 나이별 유배우 출산율 변화 ④ 나이별 무배우 출산율 변화 등의 요인으로 분해한 결과를 제시했다. 여기에서는 그 구체적인 방법을 설명하기로 한다.

특정한 연도의 출생아 수는 여성의 나이별 출생아 수(B^a)를 전체 나이에 대해 더한 것이고, 이는 식 A3-1이 보여주는 바와 같이 나이별 출산율(B^a/P^a)과 나이별 여성인구(P^a)의 곱을 합산한 식으로 바꿀 수 있다.

$$(A3-1) \quad TB_t = \sum_{a=15}^{49} \left(\frac{B_t^a}{P_t^a}\right) P_t^a$$

그리고 각 나이 여성의 출산율은 해당 나이 유배우 여성 출산율과 무배우 여성 출산율의 가중평균으로 나타낼 수 있다. 이를 적용하면 특정한 연도(t)의 출생아 수(TB)는 다음 페이지의 식 A3-2와 같이 표현할 수 있다.

(A3-2) $$TB_t = \sum_{a=15}^{49}[(\frac{M_t^a}{P_t^a})(\frac{B_{M,t}^a}{M_t^a}) + (1-\frac{M_t^a}{P_t^a})(\frac{B_{N,t}^a}{P_t^a-M_t^a})]P_t^a$$
$$= \sum_{a=15}^{49}[m_t^a f_{m,t}^a + (1-m_t^a)f_{n,t}^a]P_t^a$$

이 식에서 t는 연도, a는 나이, P는 여성인구, M은 유배우 여성인구, B_M는 유배우 여성 출산아 수, B_N은 무배우 여성 출산아 수, m은 유배우 여성인구 비율, f_m은 유배우 출산율, f_n은 무배우 출산율을 나타낸다.

각 나이 여성의 유배우 출산율은 출생 순위별 유배우 출산율의 가중평균으로 나타낼 수 있다. 보다 구체적으로 식 A3-3이 보여주는 바와 같이 특정 나이 여성의 유배우 출산율 변화는 해당 나이 무자녀 유배우 여성의 첫째 출산율, 한 자녀 유배우 여성의 둘째 출산율, 두 자녀 이상 유배우 여성의 셋째 이상 자녀 출산율과 자녀 수별 유배우 여성의 가중치(유배우 여성 중 무자녀 여성, 한 자녀 여성, 둘 이상 자녀를 가진 여성의 비중) 등으로 분해할 수 있다.

(A3-3) $$TB_t = \sum_{a=15}^{49}[m_t^a(\omega_{0,t}^a f_{m0,t}^a + \omega_{1,t}^a f_{m1,t}^a + \omega_{2,t}^a f_{m2,t}^a) + (1-m_t^a)f_{n,t}^a]P_t^a$$

이 식에서 ω_0는 무자녀 유배우 여성 가중치, ω_1는 한 자녀 유배우 여성 가중치, ω_2는 두 자녀 이상 유배우 여성 가중치, $f_{m,0}$는 무자녀 유배우 여성의 첫째 출산율, $f_{m,1}$는 한 자녀 유배우 여성의 두 번째 자녀 출산율, $f_{m,2}$는 둘 이상 자녀 유배우 여성의 셋째 이상 자녀 출산율, f_n는 무배우 여성 출산율을 나타낸다.

출생아 수 변화에 대한 각 요인 기여도 추정 방법

출생아 수 변화 분해는 특정한 인구학적 요인이 기준 시점으로부터 변화하지 않았을 경우 나타났을 가상의 출생아 수 변화와 실제의 출생아 수 변화를 비교함으로써 수행할 수 있다. 예컨대 나이별 여성인구의 변화가 출생아 수 변화에 미친 효과는 다음과 같이 분석할 수 있다. 편의상 기준 시점을 t=0, 비교 시점을 t=T라고 하자. T기의 실제 출생아 수는 다음과 같이 계산할 수 있다.

$$(A3\text{-}4) \quad TB_T = \sum_{a=15}^{49} [m_T^a f_{m,T}^a + (1-m_T^a) f_{n,T}^a] P_T^a$$

그리고 기준 시점(t=0)의 나이별 여성인구(P_0^a)가 T기까지 변화하지 않고 유지되었을 경우의 가상적 출생아 수는 다음과 같이 계산될 수 있다.

$$(A3\text{-}5) \quad TB_T(P) = \sum_{a=15}^{49} [m_T^a f_{m,T}^a + (1-m_T^a) f_{n,T}^a] P_0^a$$

나이별 여성인구의 변화가 출생아 수 변화에 기여한 몫은 다음과 같이 계산될 수 있다.

$$(A3\text{-}6) \quad \triangle TB(P) = TB_T - TB_T(P)$$

그리고 나이별 여성인구의 변화가 출생아 수 변화의 몇 퍼센트를 설명하는지는 다음 페이지의 수식을 이용하여 계산될 수 있다.

(A3-7) $\quad \triangle TB(P_0)/\triangle TB = [TB_T - TB_T(P_0)] \times 100/[TB_T - TB_0]$

이와 같은 분해는 나이별 유배우 여성 비율의 변화나 유배우 출산율의 변화가 미친 효과를 분석하는 데에도 마찬가지로 적용될 수 있다. 예컨대 유배우 여성 비율이 기준 시점 이후 변화하지 않았을 경우 비교 시점의 출생아 수는 식 A3-8을 이용하여 계산할 수 있다.

(A3-8) $\quad TB_T(m) = \sum_{a=15}^{49} [m_0^a f_{m,T}^a + (1-m_0^a) f_{n,T}^a] P_T^a$

그리고 식 A3-7과 A3-8을 변형하여 특정한 나이 유배우 여성 비율의 변화가 출생아 수 변화를 얼마나 설명할 수 있는지도 추정할 수 있다.

이상의 분해 방법은 특정한 나이 인구, 유배우 비율, 유배우 출산율, 자녀 수별 유배우 출산율 변화가 출생아 수 변화에 기여한 정도를 추정하는 데에도 적용될 수 있다. 예를 들어 기준 시점의 30대 초반 여성 유배우 출산율이 변화하지 않았을 경우 비교 시점의 가상적 출생아 수를 계산하고, 이를 이용하여 30~34세 여성의 유배우 출산율 변화가 출생아 수 변화에 기여한 정도를 추정할 수 있다.

출생아 수 변화 요인 자료 구축과 변수 생성

3장에 소개된 출생아 수 분해의 각 요소를 구성하는 변수들은 각 연도의 나이별 여성인구, 나이별·자녀 수별 유배우 여성 비율, 나이별·자녀 수별 유배우 여성 출산율, 나이별 무배우 여성 출산율 등이다. 이 가운데 나이별 여성인구는 통계청의 성별·나이별 추계인구 자료에서 얻었고, 나머지 변수들은 통계청 데이터들을 결합하여 다음과 같은 방식으로 추정하였다.

먼저 1990년부터 2020년까지의 인구주택총조사 2% 표본과 연령별 추계인구를 이용하여 조사 연도에 대해 필요한 변수들을 추정하였다. 이를 위해 총조사 표본으로부터 각 연도의 나이별·자녀 수별 유배우 여성 비율을 추정하고 여기에 나이별 여성인구를 적용하여 나이별·자녀 수별 유배우 여성인구를 추정하였다. 다음으로, 각 연도 여성인구의 나이별 혼인 건수, 이혼 건수, 출생 순위별 출산 수 등을 이용하여 총조사 연도 사이 기간의 나이별·자녀 수별 유배우 여성 비율을 추정하였다.

예컨대 t+1기의 나이 a+1인 무자녀 유배우 여성인구는 t기의 나이 a인 무자녀 유배우 여성인구에 t기부터 t+1기까지의 해당 나이 여성 혼인 건수를 더하고, 이혼 건수와 첫째 출산 수를 빼서 계산하였다. 이와 같은 방법을 이용한 내삽(interpolation) 시행에는 오차가 발생할 수 있고 그 크기는 기준 시점인 총조사 연도에서 멀어질수록 커질 가능성이 있다. 이 문제는 다음과 같은 방법으로 완화하고자 시도하였다. 즉 T기를 총조사 연도라고 할 때, 앞서 설명한 내삽 방식으로 추정한 T+5기의 나이별·자녀 수별 유배우 여성인구와 T+5기 인구주택총조사 2% 표본에서 얻은 나이별·자녀 수별 유배우 여성인구의 비율로 정의되는 보정계수를 산출하고 이를 이용하여 결과를 보정하였다.

자녀 수별 유배우 출산율과 무배우 출산율은 다음과 같이 추정하였다. 먼저 통계청 인구동향조사 출생 편 마이크로자료에서 나이별·자녀 수별 유배우 여성 출생아 수와 나이별 무배우 여성 출생아 수를 얻었다. 그리고 이 추정치들을 앞서 설명한 방법에 따라 추정한 나이별·자녀 수별 유배우 여성인구와 나이별 무배우 여성인구에 적용하여 나이별·자녀 수별 여성 유배우 출산율과 무배우 출산율을 추정하였다. 예컨대 2015년 25~29세 무자녀 유배우 여성의 첫째 출산율은 2015년 인구동향조사 원시자료에서 계산한 25~29세의 유배우 여성에게서 태어난 첫째 출생 수를 같은 연도에 대해 추정한 25~29세 무자녀 유배우 여성인구로 나누어 계산하였다.

출생아 수 변화 요인 분해 나이별 결과

부표 3-1. 1992~2023년 20~49세 여성 출생아 수 변화 요인 분해

	1992~2023 (출생아 수 변화: -494,277)	
	기여분(명)	기여도(%)
① 전체 가임기 여성인구	-39,577	8.01
20~24세 여성인구	-3,041	0.62
25~29세 여성인구	-7,744	1.57
30~34세 여성인구	-30,411	6.15
35~39세 여성인구	-4,114	0.83
40~44세 여성인구	5,564	-1.13
45~49세 여성인구	168	-0.03
② 전체 유배우 비율	-367,036	74.26
20~24세 유배우 비율	-53,431	10.81

25~29세 유배우 비율	-186,876	37.81
30~34세 유배우 비율	-106,000	21.45
35~39세 유배우 비율	-18,661	3.78
40~44세 유배우 비율	-2,038	0.41
45~49세 유배우 비율	-31	0.01
③ 전체 유배우 출산율	4,348	-0.88
20~24세 유배우 출산율	-3,050	0.62
25~29세 유배우 출산율	-54,508	11.03
30~34세 유배우 출산율	5,978	-1.21
35~39세 유배우 출산율	45,037	-9.11
40~44세 유배우 출산율	11,682	-2.36
45~49세 유배우 출산율	-791	0.16
④ 무배우 출산율	-13,493	2.73
⑤ 오차항	-78,519	15.89

부표 3-2. 1992~2023년 20~49세 유배우 출산율 변화의 기여분 분해

	1992~2023 (유배우 출산율 기여: 4,348)	
	기여분(명)	기여도(%)
① 자녀 수별 유배우 여성 비중	117,728	-23.82
20~24세 자녀 수별 여성 비중	243	-0.05
25~29세 자녀 수별 여성 비중	9,896	-2.00
30~34세 자녀 수별 여성 비중	59,176	-11.97
35~39세 자녀 수별 여성 비중	39,735	-8.04
40~44세 자녀 수별 여성 비중	8,495	-1.72
45~49세 자녀 수별 여성 비중	184	-0.04
② 자녀 수별 유배우 출산율 합 (A+B+C)	-113,379	22.94

20~24세 유배우 출산율	-3,293	0.67
25~29세 유배우 출산율	-64,404	13.03
30~34세 유배우 출산율	-53,197	10.76
35~39세 유배우 출산율	5,302	-1.07
40~44세 유배우 출산율	3,187	-0.64
45~49세 유배우 출산율	-974	0.20
②-A 무자녀 유배우 여성 출산율	-92,184	18.65
20~24세 무자녀 여성 출산율	-3,147	0.64
25~29세 무자녀 여성 출산율	-60,611	12.26
30~34세 무자녀 여성 출산율	-25,359	5.13
35~39세 무자녀 여성 출산율	-2,203	0.45
40~44세 무자녀 여성 출산율	-281	0.06
45~49세 무자녀 여성 출산율	-583	0.12
②-B 한 자녀 유배우 여성 출산율	-28,263	5.72
20~24세 한 자녀 여성 출산율	-228	0.05
25~29세 한 자녀 여성 출산율	-4,391	0.89
30~34세 한 자녀 여성 출산율	-29,295	5.93
35~39세 한 자녀 여성 출산율	4,081	-0.83
40~44세 한 자녀 여성 출산율	1,869	-0.38
45~49세 한 자녀 여성 출산율	-299	0.06
②-C 두 자녀 이상 유배우 여성 출산율	7,068	-1.43
20~24세 두 자녀+여성 출산율	83	-0.02
25~29세 두 자녀+여성 출산율	598	-0.12
30~34세 두 자녀+여성 출산율	1,456	-0.29
35~39세 두 자녀+여성 출산율	3,424	-0.69
40~44세 두 자녀+여성 출산율	1,599	-0.32
45~49세 두 자녀+여성 출산율	-92	0.02

부표 3-3. 1992~2023년 기간별 20~49세 여성 출산 신생아 수 변화 요인 분해

	1992~2005 (출생아 수 변화: -292,014)		2005~2012 (출생아 수 변화: 48,403)		2012~2023 (출생아 수 변화: -250,666)	
	기여분(명)	기여도(%)	기여분(명)	기여도(%)	기여분(명)	기여도(%)
① 전체 가임기 여성인구	-13,886	4.76	-42,545	-87.90	-38,733	15.45
20~24세 여성인구	-6,482	2.21	-4,536	-9.37	-572	0.23
25~29세 여성인구	-17,780	6.09	-15,795	-32.63	464	-0.19
30~34세 여성인구	611	-0.21	-19,040	-39.34	-20,770	8.29
35~39세 여성인구	7,501	-2.57	-3,800	-7.85	-16,108	6.43
40~44세 여성인구	2,082	-0.71	609	1.26	-1,725	0.69
45~49세 여성인구	183	-0.06	17	0.04	-23	0.01
② 전체 유배우 비율	-240,214	82.26	-103,583	-214.00	-120,801	48.19
20~24세 유배우 비율	-65,430	22.41	-5,483	-11.33	-10,525	4.20
25~29세 유배우 비율	-141,987	48.62	-46,758	-96.60	-54,588	21.78
30~34세 유배우 비율	-30,673	10.50	-45,636	-94.28	-46,032	18.36
35~39세 유배우 비율	-2,052	0.70	-5.314	-10.98	-8,773	3.50
40~44세 유배우 비율	-71	0.02	-389	-0.80	-867	0.35
45~49세 유배우 비율	-3	0.00	-4	-0.00	-17	0.01
③ 전체 유배우 출산율	-38,622	13.23	167,701	346.47	-110,625	44.13
20~24세 유배우 출산율	-8,017	2.75	1,050	2.17	-2,395	0.96
25~29세 유배우 출산율	-74,151	25.39	11,833	24.44	-24,352	9.71
30~34세 유배우 출산율	33,513	-11.48	102,198	211.14	-90,193	35.98
35~39세 유배우 출산율	10,049	3.44	46,746	96.58	1,495	-0.60
40~44세 유배우 출산율	267	-0.09	5,904	12.20	5,289	-2.10
45~49세 유배우 출산율	-284	0.09	-30	-0.6	-439	0.18
④ 무배우 여성 출산율	-8,856	3.03	475	10.98	19	-0.01
⑤ 오차항	9,564	3.19	26,355	54.45	19,473	-7.77

부표 3-4. 1992~2023년 기간별 20~49세 유배우 출산율 변화의 기여분 분해

	1992~2005 (출생아 수 변화: -38,622)		2005~2012 (출생아 수 변화: 167,701)		2012~2023 (출생아 수 변화: -110,625)	
	기여분(명)	기여도(%)	기여분(명)	기여도(%)	기여분(명)	기여도(%)
① 자녀 수별 유배우 여성 비중	116,900	-40.03	59,325	122.57	65,591	-26.17
20~24세 자녀 수별 여성 비중	784	-0.29	2,832	-5.85	497	-0.20
25~29세 자녀 수별 여성 비중	48,577	-17.93	745	1.54	3,931	-1.57
30~34세 자녀 수별 여성 비중	56,159	-20.73	41,409	85.55	32,120	-12.81
35~39세 자녀 수별 여성 비중	10,045	-3.71	18,497	38.24	23,475	-9.37
40~44세 자녀 수별 여성 비중	1,240	-4.58	1,480	3.06	5,442	-2.17
45~49세 자녀 수별 여성 비중	94	-0.03	26	0.05	125	-0.05
② 자녀 수별 유배우 출산율 합 (A+B+C)	-155,522	53.25	108,375	223.90	-176,216	70.30
20~24세 유배우 출산율	-8,801	3.25	3,881	8.02	-2,893	1.15
25~29세 유배우 출산율	-122,728	45.29	11,088	22.91	-28,283	11.28
30~34세 유배우 출산율	-22,646	8.36	60,788	125.59	-122,313	48.80
35~39세 유배우 출산율	4	-0.00	28,249	58.36	-21,980	8.77
40~44세 유배우 출산율	-973	0.36	4,424	9.14	-183	0.07
45~49세 유배우 출산율	-378	0.14	-55	-0.11	-564	0.23

②-A 무자녀 유배우 여성 출산율	-112,369	38.48	72,066	148.89	-146,015	58.25
20~24세 무자녀 여성 출산율	-7,927	2.93	3,587	7.41	-2,830	1.13
25~29세 무자녀 여성 출산율	-107,353	39.62	13,547	27.99	-27,558	10.99
30~34세 무자녀 여성 출산율	5,395	-2.00	45,341	93.67	-100,544	40.11
35~39세 무자녀 여성 출산율	-1,989	0.73	8,633	17.84	-13,119	5.23
40~44세 무자녀 여성 출산율	-411	0.15	1,034	2.14	-1,438	0.57
45~49세 무자녀 여성 출산율	-84	0.03	-75	-0.16	-527	0.21
②-B 한 자녀 유배우 여성 출산율	-49,236	16.86	21,493	44.40	-26,181	10.45
20~24세 한 자녀 여성 출산율	-997	0.37	246	0.51	-112	0.04
25~29세 한 자녀 여성 출산율	-16,809	6.20	-4,011	-8.29	-516	0.21
30~34세 한 자녀 여성 출산율	-30,259	11.17	11,374	23.50	-19,211	7.66
35~39세 한 자녀 여성 출산율	-190	0.07	12,098	25.00	-7,248	2.89
40~44세 한 자녀 여성 출산율	-781	0.29	1,773	3.67	925	-0.37
45~49세 한 자녀 여성 출산율	-200	0.07	12	0.03	-19	0.01
②-C 두 자녀 이상 유배우 여성 출산율	6,083	-2.08	14,816	30.61	-4,020	1.60
20~24세 두 자녀 + 여성 출산율	123	-0.05	48	0.10	50	-0.02
25~29세 두 자녀 +여성 출산율	1,434	-0.53	1,552	3.21	-210	0.08

30~34세 두 자녀 +여성 출산율	2,218	-0.82	4,074	8.42	-2,557	1.02
35~39세 두 자녀 +여성 출산율	2,183	-0.81	7,518	15.53	-1,613	0.64
40~44세 두 자녀 +여성 출산율	219	-0.08	1,617	3.34	330	-0.13
45~49세 두 자녀 +여성 출산율	-94	0.03	8	0.02	-19	0.01

4장

사교육비 지출이 출산율에 미친 영향 분석

이 내용은 2025년 2월 서울대 국가미래전략원 인구 클러스터와 한국보건사회연구원이 공동 주최한 인구포럼에서 이루어진 김태훈 교수의 발표 결과를 기초로 한다. 이 연구는 2009년부터 2023년까지 사교육 및 출산 데이터를 이용하여 사교육비 지출과 합계출산율 사이 관계를 분석하였다.

분석에는 다음과 같은 추정 모형이 이용되었다.

(A4-1) $$\log TFR_{i,t+1} = \alpha + \beta \log E_{i,t} + \gamma X_{i,t} + \delta_i + \lambda_t + \epsilon_{i,t}$$

여기서 $\log TFR_{i,t+1}$는 t+1년도의 광역시도 i에서의 로그 합계출산율, $\log E_{i,t}$는 t년도의 광역시도 i에서의 로그 평균 사교육비 지출, $X_{i,t}$는 다른 통제 변수, δ_i는 광역시도 고정효과, λ_t는 연도 고정효과, $\epsilon_{i,t}$는 오차항을 나타낸다.

사교육비 지출을 결정하는 학생 자녀의 부모와 자녀 출산을 고려하는 예비 부모는 일반적으로 다른 주체이다. 그러나 광역시도의 사교육비 지출과 출산율에 모두 영향을 미치는 혼동 요인이 존재할 수 있다. 이 연구에서는 이러한 잠재적인 내생성 문제를 해결하기 위해 다음의 도구변수를 이용하였다. ① 학생 자녀가 있는 가구 중 월 소득이 800만 원을 초과하는 가구의 비율 ② 학생 자녀가 있는 가구 중 맞벌이 가구의 비율 ③ 학생 자녀가 있는 아버지 중 석사학위 이상을 소지한 사람의 비율 ④ 학생 자녀가 있는 어머니 중 석사학위 이상을 소지한 어머니 비율.

시군구별 무배우 여성 혼인율, 유배우 여성 비율, 유배우 여성 출산율 추정

4장과 이 책의 여러 장에서 수행한 분석에는 시군구 수준의 합계출산율과 함께, 합계출산율을 구성하는 세부적인 인구학적 요인들을 나타내는 변수들이 이용되었다. 시군구 무배우 여성 혼인율, 유배우 비율, 유배우 여성 출산율 등이다. 이 변수들은 통계청에서 제공하지 않기 때문에 필자가 직접 추정하여 이용하였다.

추정 방법을 간략하게 소개하면 다음과 같다. 우선 인구주택총조사 2% 표본과 주민등록인구 자료를 이용하여 각 시군구 출산율과 혼인율의 분모에 해당하는 각 나이 혼인 상태별 여성인구(무배우 인구 및 유배우 인구)를 추정하였다. 인구주택총조사 2% 표본을 이용하여 각 총조사 연도 기준으로 각 시군구의 성별·나이별 여성인구에 대해 유배우 비율을 계산한 다음, 이것을 주민등록 자료에서 얻은 성별·나이별 인구에 적용하여 각 시군구의 성별·나이별 유배우 여성인구를 추계하였다. 총조사 연도가 아닌 기간의 시군구 성별·나이별 여성인구 유배우 비율은 선형보간(linear interpolation) 기법을 이용하여 추정하였다. 각 시군구의 나이별 여성 유배우 비율은 이 과정에서 도출되어 분석에 이용되었다.

다음으로 출산, 혼인 등 인구변동 요인이 되는 특정한 사건을 경험한 개인 혹은 가구를 모집단으로 하는 인구동태조사를 이용하여, 각 시군구 출산율과 혼인율의 분자에 해당하는 여성의 특성별 출산 수와 혼인 건수를 계산하였다. 그리고 혼인율과 출산율의 분자와 분모를 여성인구의 인구학적 특성 및 지역을 매개로 하여 연결하였다. 예컨대 2015년 특정 시군구의 30~34세 무배우 여성 혼인율은 2015년 인구동향조사 원시자료에서 계산한 해당 시군구 30~34세 여성의 혼인 건수를 같은 연도의 30~34세 무배우 여성인구로 나누어 계산하였다.

무배우 혼인율과 유배우 출산율은 각 5세별로 추정하였지만, 분석에는 종합적인 지표를 생성하여 이용하였다. 분석 기간 한국 출생아 수의 대부분은 25~39세 여성에게서 태어났다. 또한 이 나이 여성의 결혼은 한국 초혼 건수의 대부분을 차지한다. 이러한 사정을 고려하여 무배우 여성 혼인율 지표로는 각 시군구 25~39세 무배우 여성 1,000명당 혼인 건수를 이용하였다. 마찬가지로 유배우 여성 출산율 지표로 25~39세 유배우 여성 1,000명당 출생아 수를 계산하여 분석에 이용하였다. 여성인구 유배우 비율의 지표 역시

25~39세 여성 중 결혼해 있는 여성의 비율로 정의하였다.

주거비가 결혼과 출산에 미친 효과 분석

이 내용은 필자가 서울대 경제학부 석사과정 신지원과 수행 중인 연구를 기초로 한다. 이 연구를 위해 2005년부터 2023년까지 시군구별 결혼 및 출산 지표에 관한 자료와 주택 매매가 및 전세가에 관한 데이터를 구축하여 이용하였다. 유배우 출산율과 무배우 혼인율 등의 변수는 3장 부록에 소개된 전국 데이터 구축과 유사한 방법을 시군구별 데이터에 적용하여 생성하였고, 매매가와 전세가 관련 자료는 한국부동산원 데이터에서 얻었다. 또한 인구주택총조사 2% 표본으로부터 각 시군구 나이별 여성인구의 자가 소유 비율을 추정하여 이용하였다.

시군구 주택 매매가와 전세가 변화가 그 지역 주택 보유자와 무주택자의 결혼과 출산에 미친 영향을 분석하기 위해 다음의 회귀식을 이용하였다.

(A4-2)
$$\log Y_{r,g,t} = \beta_0 + \beta_1 \log H_{r,t-1} + \beta_2 \log H_{r,t-1} \times P_{r,g} + \beta_3 X_{r,t-1} + \beta_4 Z_{r,t-1,g} + \gamma_{r,g} + \delta_r + \theta_t + \delta_r \times t + \epsilon_{r,g,t}$$

이 식에서 하첨자 r, g, t는 각각 시군구, 나이, 연도를 의미한다. 그리고 H는 주택 매매가 혹은 전세가 지수, P는 주택 보유 비율, X는 지역 수준의 통제 변수, Z는 지역 및 나이 수준의 통제 변수, γ는 지역 및 나이 고정효과, δ는 지역 고정효과, θ는 연도 고정효과, ϵ는 통상적인 오차항을 나타낸다. 여기서 추정 계수 β_1은 주택 매매가 혹은 전세가가 무주택자의 결혼과 출산에 미친 효과를 보여주고, $\beta_1+\beta_2$는 주택 보유자의 결혼과 출산에 미친 효과를 나타내는 것으로 해석할 수 있다.

이 연구에서는 본문에서 설명한 잠재적인 내생성 문제를 완화하기 위하여 도구변수 추정 방법을 도입하였다. 유사한 주제에 관한 선행 연구들은 특정 지역의 주택 공급에는 영향을 미치지만 결혼이나 출산 결정에 직접 영향을 미치지 않는 변수를 도구변수로 이용한 바 있다. 이 연구도 이러한 방법을 따라서 국토교통부가 제공하는 시군구별 주택 공급 제한 지수를 도구변수로 이용하였다. 이는 시군구 총면적에서 임야와 하천 면적이 차지하는 비율로 정의된다.

지역 고용률이 결혼과 출산에 미친 효과 분석

시군구별 20~44세 고용률과 결혼 및 출산 지표 간의 관계를 살펴보기 위해 회귀식 A4-3을 이용한 시군구 패널고정효과 모형 분석을 수행하였다.

$$(\text{A4-3}) \quad Y_{i,t} = \beta_0 + \beta_1 E_{i,t-1} + \beta_2 X_{i,t-1} + \delta_t + \theta_i + \epsilon_{i,t}$$

이 식에서 하첨자 i는 시군구, t는 연도를 나타낸다. 그리고 Y는 시군구별 혼인과 출산의 지표, E은 시군구별 20~44세 인구 고용률을 나타낸다. X는 결혼과 출산에 영향을 미칠 수 있는 시군구별 특성을 나타내며, 기본적인 분석에는 기초지방자치단체 출산지원금, 아동 1,000명당 보육시설 수, 복지예산 비율, 1인당 지방세 규모 등을 포함하였다. 강건성 검증을 위해 시군구별 20~44세 취업자 평균임금을 추가한 분석도 수행하였다. δ는 연도 고정효과, θ는 시군구 고정효과를 나타내는데, 결혼과 출산에 영향을 미치는 전국적인 요인의 시간적인 변화와 각 시군구의 고정적인 특성을 고려하기 위해 포함하였다. ϵ은 통상적인 오차항을 나타낸다.

보육 여건을 나타내는 자료로는 영유아(0~4세) 1,000명당 보육시설 수를 이용하였다. 보육시설 수는 보건복지부 보육 통계를 활용하였다. 다음으로 지역의 경제 여건을 분석 모형에 고려하기 위해 지방세 자료를 이용하였는데, 이 자료는 행정자치부에서 매년 제공하는 시군구별 지방세 통계를 이용하였다. 출산 지원 정책을 대리하는 변수로는 지방자치단체별 사회복지예산 자료와 출산지원금 자료를 활용하였다. 사회복지예산은 행정안전부의 지방재정연감에서 자료를 구하였으며, 출산지원금의 경우 각 연도 지방자체단체 출산장려정책 사례집을 이용하여 데이터를 구축하였다.

지역 고용률 지표로는 2008년 이후 지역별 고용조사로부터 시군별 20~44세 인구 전체, 남성, 여성 고용률을 계산한 후 분석에 이용하였다. 광역시와 다수의 구로 나뉜 대도시의 경우 다음과 같은 이유로 시 전체의 고용률을 해당 시 내 시군구 고용률로 이용하였다. 첫째, 가장 현실적인 이유는 지역별 고용조사가 각 시군에 대한 정보를 제공할 뿐, 대도시 지역 내의 각 구에 대한 정보를 제공하지 않기 때문이다. 둘째, 대도시 지역은 인구에 비해 지리적인 영역이 좁은 편이고 교통과 통신이 비교적 잘 발달해서 광역시 혹은 대도시 전체가 단일한 노동시장에 속해 있을 가능성이 크다.

지역 일자리 질이 결혼과 출산에 미친 효과 분석

시군구별 제조업 고용 비율이 결혼 및 출산에 미친 효과를 분석하는 데에는 회귀식 A4-4가 이용되었다.

$$(A4\text{-}4) \quad Y_{i,t} = \beta_0 + \beta_1 M_{i,t-1} + \beta_2 X_{i,t-1} + \delta_t + \theta_i + \epsilon_{i,t}$$

이 식에서 하첨자 i는 시군구, t는 연도를 나타낸다. 그리고 Y는 시군구별 혼인과 출산의 지표, M은 시군구별 20~44세 인구 제조업 고용 비율을 나타내며, 나머지 변수들의 정의는 식 A4-2와 같다. 강건성 검증에서는 평균임금 및 고용률 같은 지역 노동시장의 추가 특성들의 영향도 반영한 모형을 추정하였다.

본문에서 설명한 잠재적인 내생성 문제를 완화하기 위해 도구변수를 도입한 2단계 추정 방법을 이용하였다. 도구변수로는 분석 기간 이전 각 지역의 산업단지 설립 여부, 시기, 규모 등과 관련된 변수들을 활용하였다. 초기 산업단지 건설은 해당 지역의 제조업 고용을 즉각적으로 확대했을 뿐만 아니라, 산업단지 조성과 함께 이루어진 각종 인프라 투자로 인한 유리함에 힘입어 이후 추가로 사업체를 유인하고 제조업 고용이 늘어나는 결과를 가져왔다. 그런데 산업단지 입지 결정은 결혼이나 출산의 요인과는 관련이 적은 요인들에 의해 영향을 받았을 것으로 추정된다.

도구변수 추정에 이용된 산업단지에 관한 데이터는 한국산업단지공단이 펴낸 연보(Yearbook of Industrial Complexes in Korea)로부터 생성된 것이다. 이 자료는 한국 내 모든 산업단지의 지리적 위치, 지정일, 착공일, 완공일, 입주 공장 수, 고용인력 수, 단지 규모 등에 관한 정보를 제공한다. 애초에 각각의 산업단지를 단위로 하여 생성된 데이터를 연구의 목적에 맞도록 시군구별 데이터로 재구성하여 분석에 이용하였다.

지역의 소득불평등도가 결혼과 출산에 미친 효과 분석

이 내용은 부산대 주예진 박사와 필자의 공동연구 내용에 기초한 것이다. 이 연구는 2016년부터 2021년까지의 시군구별 자료를 이용하여 다음과 같은 패널고정효과 모형을 추정하였다.

$$(A4\text{-}5) \quad F_{i,t} = \alpha + \beta W_{i,t-1} + \gamma X_{i,t-1} + \delta_t + \mu_i + \epsilon_{i,t}$$

이 식에서 i와 t는 각각 시군구와 연도를 의미한다. 그리고 F는 합계출산율, 유배우 출산율, 무배우 혼인율 등의 종속변수, W는 지니계수로 측정한 시군구 소득불평등도와 평균 소득, X는 결혼과 출산에 영향을 미칠 수 있는 시군구 특성들, δ는 연도 고정효과, μ는 관찰할 수 없는 시군구의 고정적인 특성, ϵ는 통상적인 오차항을 나타낸다.

각 시군구의 평균 소득은 국세청 자료를 활용하여 계산하였다. 시군구별 소득불평등도는 현재로서는 개인별 소득 데이터를 이용하여 추정할 수 없다. 이를 해결하기 위해 소득과 비례 관계에 있는 분위별 건강보험료 데이터를 이용하여 평균 소득으로 조정된 구간 적분 지니계수(Mean-Constrained Integration over Brackets Gini Coefficient, MCIB Gini Coefficient)를 구하여 소득불평등도 지표로 이용하였다. 회귀분석에는 지역별 도시화 정도, 고용구조, 산업구조의 영향을 반영하기 위해 인구밀도, 남성과 여성의 취업률, 제조업 비중 등의 변수를 통제하였다.

5장

노동시장 여건이 여성의 결혼과 출산에 미치는 영향 분석

직장에서 여성이 직면하는 불리함이 결혼과 출산에 미친 영향에 관한 논의는 필자와 인천연구원 민규량 박사의 연구 결과에 기초한 것이다. 이 연구는 한국노동패널조사 자료를 이용하여 퇴직 결정에 영향을 미칠 수 있는 개인별 특성을 통제하고 산업별 남성 대비 여성 퇴직률 지표가 여성의 결혼 및 출산 확률에 미친 효과를 추정하기 위해 회귀식 A5-1을 선형확률 모형과 로짓(logit) 모형을 이용하여 추정하였다.

$$(\text{A5-1}) \quad Y_{ijt} = \alpha + \beta Index_{jt} + \gamma X_{it} + \epsilon_{ijt}$$

이 식에서 i, j, t는 각각 여성 개인, 그 개인이 취업한 산업, 연도를 나타내는 첨자이며, Y는 결혼 여부(유배우자이면 1, 아니면 0) 또는 유자녀 여부(유자녀이면 1, 아니면 0), $Index$는 남성 대비 여성의 퇴직률 지표를 나타낸다. X는 여성의 결혼 및 출산에 영향을 미칠 수 있는 관찰 가능한 특성으로서 이 연구에서는 연령과 교육수준(고졸 이하이면 0, 고졸 초과이면 1), 거주 시도, 관측 연도 등을 포함하였다. 마지막으로 ϵ은 통상적인 오차항을 나타낸다.

앞서 언급한 지표 추정을 위해 한국노동패널조사의 직업력 데이터를 이용하여 ① 전체 남성과 여성 ② 유배우 남성과 유배우 여성 ③ 유자녀 남성과 유자녀 여성 등에 대한 산업별 취업자 대비 퇴직자 비율을 계산하였다. 유배우 여부와 유자녀 여부에 따른 추정을 위해서는 가구별 데이터와 개인별 데이터를 직업력 데이터와 병합하여 이용하였다. 이 과정에서는 해당 가구에 미성년 자녀가 있고 그 미성년 자녀와의 관계가 부 또는 모인 개인을 선택하여 직업력 자료와 매칭하는 방법을 적용하였다.

산업 분류는 한국노동패널조사의 2007년 직종 코드를 기준으로 했으며, 취업자와 퇴직자 수가 너무 적은 산업의 경우 유사한 직종들을 통합하여 사용하였다. 이 과정을 통해 원래 90개로 구분된 한국노동패널조사 자료 산업들을 20개의 산업군으로 통합하였다. 이 20개 산업군에 대해 25~39세 남성과 여성의 퇴직률을 추정하고 그 비율을 계산하였다. 데이터 생성 과정에서 남성의 퇴직률만 0%인 경우는 분석에서 제외하였으며, 여성과 남성의 퇴직률이 모두 0%인 경우는 두 성별의 퇴직률이 같다고 간주하여 퇴직률의 비율을 1로 처리하였다.

노동시장에서 여성이 경험하는 불리함의 정도를 더 정확하게 측정하기 위해, 단순한 퇴직률 대신 특정 직장 여건 때문에 발생하는 비자발적 사유로 인한 퇴직률을 분석에 이용하였다. 노동패널 데이터에서는 퇴직 사유를 22개 항목으로 구분하여 보고하고 있다. 이중 남녀에게 모두에게 공통으로 적용될 수 있는 다음과 같은 비자발적 사유로 퇴직한 사례를 '비자발적 퇴직'으로 정의하였다. ① 직장의 파산, 폐업, 휴업 등으로 인해 ② 정리해고로 인해 ③ 권고사직 ④ 명예퇴직 ⑤ 계약기간이 끝나서 ⑥ 소득 또는 보수가 적어서 ⑦ 일거리가 없거나 적어서 ⑧ 일이 임시적이거나 장래성이 없어서 ⑨ 적성, 지식, 기능 등이 맞지 않아서 ⑩ 근무시간 또는 근무 환경이 나빠서 ⑪ 회사 내 인간관계 때문에.

결혼과 출산의 이웃 효과 분석

시군구 내 동질적인 집단의 특성이 시군구 내 다른 사람들의 결혼과 출산에 미치는 영향에 관한 논의는 현재 진행 중인 필자와 서울대 국가미래전략원 황영지 박사의 연구에 기초한 것이다. 이 연구는 2000년부터 2023년까지의 시군구별 데이터를 이용하여 회귀식 A5-2를 추정함으로써, 이전 시기 시군구 인구 특성별 유배우 여성 비율이 무배우 혼인율에 미친 영향, 유배우 여성 중 무자녀 비율이 무자녀 유배우 여성의 첫째 출산율에 미친 효과를 분석하였다.

$$\text{(A5-2)} \quad y_{act} = \alpha + \sum_{k=0}^{5} \beta_k \Delta \ln x_{ac,t-k} + \delta_t + \gamma_c + \eta_a + \epsilon_{act}$$

여기서 y_{act}는 연령대(5세 단위), 시군구, 연도별 유배우 무자녀 여성의 첫째 출산율 혹은 무배우 여성 혼인율, $\Delta \ln x_{act}$는 연령대(5세 단위), 시군구, 연도별 전년도 대비 유배우 무자녀 비율 변화율(%) 혹은 여성 무배우 인구 변화율(%), δ_t는 연도 고정효과, γ_c는 시군구 고정효과, η_a는 25~39세 5세 단위 연령대 고정효과를 나타낸다.

본문에서 간략하게 설명한 것처럼 5장에 제시된 결과는 이웃 효과를 반영하지 않을 수 있다. 여기서는 다음과 같은 두 가지 간접적인 방법을 통해 나타난 결과가 이웃 효과를 반영할 가능성이 큰지를 확인하였다. 첫째, 이질적인 집단의 영향을 살펴보는 것이다. 일반적으로 사람들은 주변 사람 가운데 특히 동질적인 집단의 영향을 받을 가능성이 크다. 따라서 만약 이웃 효과가 실제로 작용했다면, 나와 이질적인 사람에게서 나타난 변화보다는 동질적인 사람에게서 나타난 변화가 내 행동에 더 강한 영향을 미친 것으로 기대할 수 있다.

여기서는 20대 후반 고학력 여성 중 결혼하지 않은 여성의 비율이 같은 특성을 가진 무배우 여성의 혼인율에 미친 효과와 다른 나이 혹은 학력을 가진 무배우 여성의 혼인율에 미친 효과를 비교하였다. 동질적 집단 내에서는 무배우 비율과 무배우 출산율 사이에 강한 음(-)의 관계가 나타났다. 그렇지만 나이나 학력의 이질성이 높아질수록 두 변수 사이의 관계는 뚜렷하게 약화하는 경향이 드러났다. 유배우 무자녀 비율과 유배우 출산율 간 상관관계에 관한 분석 결과 역시 이질적 집단 간 관계가 동질적 집단 내 관계에 비해 뚜렷하게 약하다는 것을 보여준다. 분석 결과가 이웃 효과를 반영한다는 가설에 부합하는 것이다.

두 번째 방법은 좀 더 긴 시차를 고려하는 것이다. 결혼하는 사람이 늘어나면 그 지역 여성 중 결혼해 있는 사람의 비율이 줄어든다. 그런데 작년 혼인율이 높으면 올해 혼인율도 높을 가능성이 있다. 따라서 1년 전의 시군구 무배우 여성 비율과 올해의 무배우 출산율 사이에는 역인과관계가 나타날 수 있다.

이러한 문제를 완화하기 위해 더 긴 시차를 고려한 회귀분석을 수행하였다. 결과는 2년, 3년, 4년, 5년 전의 무배우 여성 비율도 올해의 무배우 여성 출산율을 유의하게 낮춤을 보여준다. 유배우 여성 중 무자녀 비율이 무자녀 유배우 출산율에 미치는 효과 역시 5년의 시차를 두어도 크게 줄어들지 않았다. 이 역시 나타난 결과가 이웃 효과를 보여줄 가능성에 무게를 더해준다.

5장에서 시간이 지남에 따라 이웃 효과의 강도가 커졌다는 주장을 언급하였다. 내용을 조금 더 자세히 살펴보자. 2000년, 2010년, 2023년에 대해 이전 연도의 시군구 25~39세 여성 중 결혼하지 않은 여성 비율과 해당 연도의 25~39세 무배우 여성 혼인율 사이의 관계를 살펴보면 이웃 효과가 시간이 지나면서 점차 강화되었을 가능성을 제기한다. 즉 2000년에는 두 변수 사이에 뚜렷한 관계가 발견되지 않지만, 2010년에는 음(-)의 관계가 나타나고, 2023년에는 매우 강한 음(-)의 관계가 드러났다.

마찬가지로 2000년, 2010년, 2023년에 대해 이전 연도의 시군구별 25~39세 유배우 여성 가운데 자녀가 없는 여성 비율과 해당 연도의 25~39세 무자녀 유배우 여성의 첫째 출산율 사이의 관계 역시 시간에 따른 변화를 확연하게 드러낸다. 2000년에는 두 변수 사이에 뚜렷한 양(+)의 관계가 있었지만, 2010년에는 약한 양(+)의 관계가 나타났고, 2023년에는 이 관계가 음(-)으로 전환하였다. 이러한 결과는 최근에 와서야 결혼한 여성의 출산과 관련한 이웃 효과가 나타났을 가능성을 제기한다.

6장

지방자치단체 출산지원금의 효과 분석

각 지방자치단체 출산지원금이 출산율 지표에 미친 효과를 추정하기 위해 다음과 같은 시군구 패널고정효과 모형을 이용한 회귀분석을 수행하였다.

(A6-1) $$F_{i,t} = \alpha + \beta B_{i,t-1} + \gamma X_{i,t-1} + \delta M_{i,t-1} + \theta_t + \mu_i + \epsilon_{i,t}$$

　이 식에서 i와 t는 각각 시군구와 연도를 나타내는 첨자이며 F는 합계출산율 혹은 유배우 출산율, B는 출산지원금, X는 출산에 영향을 미칠 수 있는 각 시군구의 특성들, M은 가임기 여성 순 유입률, θ는 연도 고정효과, μ는 관찰할 수 없는 시군구의 고정적인 특성, ϵ는 고전적인 선형회귀 모형의 통상적인 오차항을 나타낸다.

출산에 영향을 미칠 수 있는 시군구별 특성 변수로는 아동 1,000명당 보육시설 수, 지방자치단체의 복지예산 비율, 주민 1인당 지방세 납부액 등을 포함하였다. 이는 각 지방자치단체의 영유아 보육 환경, 출산지원금을 제외한 다른 복지 수혜, 경제적 여건 등을 대리하기 위한 변수들이다. 가임기 여성 순 유입률은 지리적 이동을 매개로 한 출산지원금의 간접적인 효과를 최대한 제거하기 위해 포함하였다. 분석 기간, 출산율의 시간적인 변화 추이는 전국적으로 유사했으며, 이는 모든 지역에 공통된 시기적 요인이 영향을 미치는 현상을 반영하는 것으로 판단된다. 이 요인을 고려하기 위하여 연도 고정효과를 회귀식에 포함하였다.

강원도 육아기본수당 지급 효과 분석

2019년 강원도 육아기본수당 지급이 강원도의 출산율과 유배우 출산율에 미친 인과적 효과를 추정하기 위해 2015~2022년 기초지방자치단체별 데이터를 이용하여 다음과 같은 방법의 분석을 수행하였다. 먼저 정책이 시행된 다음의 기간이 4년(2019~2022년)이므로 시행 이전 기간과 이후 기간의 균형을 맞추기 위해 전체 분석 기간을 2015~2022년(8개년)으로 설정하였다. 강원도의 대조군으로는 ① 2018년 이후 광역지방자치단체 출산지원금이 변화하지 않은 모든 타 광역시도 ② 출산지원금 불변 조건을 충족하는 시도에서 수도권 및 광역시를 제외한 지역 등 두 유형의 지역을 이용하였다.

2019년부터 시작된 강원도 육아기본수당의 중장기적 효과를 분석하기 위해 다음과 같은 이중차분 모형을 추정하였다.

$$(A6\text{-}2) \quad F_{i,t} = \beta_0 + \beta_1 D_{i,t}^{강원도} + \beta_2 D_{i,t}^{2019년 이후} + \beta_3 (D_{i,t}^{강원도} \times D_{i,t}^{2019년 이후}) \\ + \beta_4 X_{i,t-1} + \beta_5 B_{i,t-1} + \epsilon_{i,t}$$

이 식에서 i와 t는 각각 시군구와 연도를 나타내는 첨자이며 F는 출산율 지표, β는 기초지방자치단체 출산지원금, X는 출산율에 영향을 미칠 수 있는 각 시군구의 특성들, μ는 관찰할 수 없는 시군구의 고정적인 특성, ϵ는 고전적인 선형회귀 모형의 통상적인 오차항을 나타낸다. 그리고 $D^{강원도}$는 강원도 더미변수, $D^{2019년 이후}$는 2019년 이후 기간을 나타내는 더미변수를 의미한다.

분석에는 출산에 영향을 미칠 수 있는 아동 1,000명당 보육시설 수, 지방자치단체의 복지예산 비율 등 지방자치단체의 영유아 보육 환경, 출산지원금을 제외한 다른 복지 수혜, 경제적 여건 등에 관한 변수를 통제하였다. 기초지방자치단체 출산지원금(단위 100만 원)은 각 출생 순위에 따른 기초지방자치단체의 일시금 환산 출산지원금을 각 기초지방자치단체 출생 순위별 출생아 수를 가중치로 평균하여 계산하였다. 이 분석에서 추정한 교호항의 계수 β_3는 강원도 육아기본수당 지급 이후 강원도의 출산율 지표가 대조군에 비해 얼마나 상대적으로 높아졌는지를 보여준다.

다음으로는 회귀식 A6-2를 회귀식 A6-3으로 확장하여 2019년 육아기본수당 30만 원 지급 효과와 2021년 40만 원 지급 효과를 구분한 분석을 수행하였다. 여기에서는 육아기본수당 지급 이후의 시기를 두 기간(2019~2020년과 2021~2022년)으로 구분하고, 각각에 기간을 나타내는 더미변수와 강원도 더미변수의 교호항을 포함하였다. 다른 변수들은 회귀식 A6-2와 동일하다.

$$(A6-3) \quad F_{i,t} = \gamma_0 + \gamma_1 D_{i,t}^{강원도} + \gamma_2 D_{i,t}^{2019-2010} + \gamma_3 (D_{i,t}^{강원도} \times D_{i,t}^{2019-2020}) + \gamma_4 D_{i,t}^{2021-2022} + \gamma_5 (D_{i,t}^{강원도} \times D_{i,t}^{2021-2022}) + \beta_4 X_{i,t-1} + \beta_5 B_{i,t-1} + \epsilon_{i,t}$$

만약 육아기본수당을 증액한 효과가 컸다면 그 효과가 나타나기 시작했을 2021년 이후 강원도 출산율 지표가 상대적으로 더 큰 폭으로 높아졌을 것으로 기대할 수 있다. 이 경우, 2021~2022년에 대한 교호항(γ_5) 추정치가 2019~2020년에 대한 교호항(γ_3)에 비해 큰 규모로 추정될 것이다.

육아휴직급여 인상의 효과 분석

육아휴직급여가 출산한 근로자의 일정 기간 이내 추가 출산 여부에 미친 영향에 관한 논의는 필자가 책임을 맡았던 연구(이철희 외, 2023)에서 아주대 김정호 교수가 수행한 분석 내용에 기초한다. 이 분석에는 아래와 같은 선형확률 모형이 도입되었다.

$$(A6-4) \quad \Pr(Y_{jt+a} = 1) = \alpha + \lambda B_{jt} + X_{jt}'\gamma + \mu_t + \varepsilon_{jt}$$

종속변수는 근로자 j의 t 기간 출산 후 a 기간 이내 추가 출산 여부(Y_{jt+a})이다. 여기서 출산 여부는 고용보험상의 출산 전후 휴가 급여를 받았는지를 기준으로 판단하였다. 따라서 추가 출산은 임금 근로를 유지하면서 출산한 경우를 의미한다.

육아휴직급여의 효과가 근로자와 사업장 특성에 따라 다를 것으로 기대되므로 육아휴직 이용 수준과 출산 후 고용에 미치는 영향을 평균적인 효과뿐만 아니라 근로자의 임금수준별, 사업체 규모별 그리고 산업별 효과를 구분하여 추정하였다.

분석에서는 고용보험 DB를 활용하였다. 고용보험 DB는 고용보험을 운영하기 위해 수집하는 행정 자료로, 모성보호 수급자 자료, 피보험자 자료, 사업장 자료 등으로 구성된다. 이 분석을 위해 2010년부터 2023년 2월까지의 모성보호 수급자 자료와 수급자의 근로 이력 자료 그리고 수급자의 사업장 정보를 추출하였다. 이 자료를 이용하여 생성한 출산 전후 휴가 급여 수급자 표본을 생성하였고, 육아휴직 이용 여부와 근로 이력을 구축하여 분석에 이용하였다.

보육 지원의 효과 분석

보육료 지원 정책이 출산율에 미친 효과가 거주 시군구의 전체 보육시설 및 국공립 보육시설의 공급 정도에 따라 달랐는지에 관한 논의는 필자와 인천연구원 민규량 박사의 연구 결과(민규량·이철희, 2020)를 기초로 한다. 이 연구는 보육료 지원이 2012년 전후로 크게 확대된 점을 고려하여 2009~2011년을 정책 이전, 2013~2016년을 정책 이후로 정의하고 보육료 지원 확대 이후 변수와 보육시설의 양적·질적 공급 정도를 보여주는 변수의 교호항을 포함하여 이중차분 회귀분석을 실시하였으며, 분석 모형으로는 시군구별 패널 고정효과 모형을 사용하였다. 모형은 다음과 같다.

(A6-5)

$$(Y_{jt} - \overline{Y_j}) = \alpha + \theta_1 (D_{Year} S_{jt} - \overline{D_{Year} S_{jt}}) + \theta_2 (D_{Year} PS_{jt} - \overline{D_{Year} PS_{jt}}) + \theta_3 (D_{Year} - \overline{D_{Year}}) + \theta_4 (S_{jt} - \overline{S_j}) + \theta_5 (PS_{jt} - \overline{PS_j}) + (\epsilon_{it} - \overline{\epsilon_t})$$

구체적으로 D_{year}는 보육료 지원 정책 확대 전인 2009~2012년에는 0의 값을, 확대 후인 2013~2016년에는 1의 값을 가지는 더미변수이며 S_{jt}는 t기에 j시군구의 보육시설 공급률을 의미한다. PS_{jt}는 t기에 j시군구의 국공립 어린이집 공급률을 뜻하는 변수이다. 이 분석은 각각의 공급률을 구분하여 삽입함으로써 일반적인 보육시설의 공급률이 미치는 영향과 함께 국공립 어린이집 공급률이 미치는 추가적 영향을 나누어서 살펴보았다. 이는 국공립 어린이집의 공급률이 높다는 것은 단순하게 보육의 시설 공급이 높다는 것 외에도 보육의 질이 높다는 뜻을 추가로 내포하기 때문이다. 이 분석에서는 출산에 영향을 미치는 시군구별 고정 특성을 통제하기 위해 시군구 패널고정효과 모형을 추정하였고, 시군구 단위의 출산지원금, 세수액, 1인당 세금 징수액 및 복지지출액, 주택 매매가 및 전세가와 시도 단위 경제활동참가율, 사업체 수, 실업률 등을 추가로 통제함으로써 출산율에 영향을 줄 것으로 예상되는 지역별 특성의 효과를 최대한 통제하고자 노력하였다.

7장

현금 및 보육 지원 정책의 소득분위별 효과 추정

지방자치단체 출산지원금 지급과 보육 지원이 소득분위별 출산율에 미친 효과를 분석하기 위하여 건강보험 데이터 전수 맞춤형 자료를 이용하였다. 일부 마이크로자료를 이용하면 소득수준별 출산율을 추정할 수 있지만 시군구별, 나이별로 소득수준에 따른 출산율을 추정할 수 있게 해주는 자료는 현재로서는 건강보험 자료가 유일하다. 이 자료는 거의 전 인구를 포괄하는 건강보험 가입자와 피부양자에 대한 소득분위 정보와 의료 이용에 관한 정보를 제공해준다. 이 연구에서는 건강보험 자료의 가입 자격 및 소득분위에 관한 정보를 이용하여 전체 가입자를 직장가입자 소득 5분위, 지역가입자 소득 5분위 등 모두 10개의 가입 자격·소득분위 집단으로 구분하였다. 또한 건강보험 청구 데이터를 이용하여 분만(청구 코드 O80-O84)을 위해 병원을 찾은 여성을 식별하였다.

분석 대상인 2002년부터 2021년에 대부분의 출산이 병원에서 이루어졌고, 이는 건강보험 청구 데이터에 기록된다. 특정 연도에 분만과 관련된 코드로 건강보험 청구가 이루어진 여성은 그 연도에 출산한 것으로 간주하여 각 시군구 모의 나이·소득분위별 출생아 수를 추정하였고, 이를 해당 인구집단의 규모로 나누어 연령별 출산율을 계산하였다. 기본 분석에서는 주상병(치료나 검사에 대한 환자의 요구가 가장 컸던 질환) 혹은 부상병(진료받는 동안 주상병과 함께 있었거나 발생한 다른 질환이나 증상)이 분만과 관련되었을 때 이를 출산으로 간주하였고, 이와 별도로 주상병 분만과 관련된 경우만 출산으로 정의한 강건성 검증도 수행하였다.

다음으로, 각 시군구의 직장가입자 및 피부양자와 지역가입자 및 피부양자 각각의 소득 1분위부터 5분위까지에 대한 합계출산율을 추정하여 이용하였다. 일반적으로 지역 및 소득분위에 따라 나이의 분포가 다르고 이는 출생아 수에 영향을 미칠 수 있다. 그렇지만 이 연구에서는 합계출산율 지표를 이용했기 때문에 지역 및 소득분위 간 연령분포 차이의 효과는 제거된다.

이렇게 구축한 시군구 건강보험 가입 자격 및 소득분위별 합계출산율 자료와 6장에 제시된 시군구 자료 분석에 이용된 다른 시군구별 데이터를 이용하여 식 A6-1과 식 A6-5에 제시된 회귀식을 각각의 가입 자격 및 소득분위에 대해 추정하여, 현금 및 보육 지원 정책이 합계출산율에 미친 효과가 가입 자격 및 소득분위에 따라 어떤 차이를 보였는지 분석하였다.

8장

분만실 폐쇄의 효과 분석

이 부분은 필자와 미국 텍사스대 오스틴캠퍼스 박사과정 김한나의 공동연구(Kim and Lee, 2025) 내용을 기초로 한다. 이 연구는 회귀식 A8-1을 추정하여 특정 시군구 분만실 폐쇄가 여러 가지 결과 지표에 미친 효과를 분석하였다.

(A8-1) $Y_{c,t} = \beta Treat_c \times Closed_{c,t} + \delta X_{c,t} + \gamma_c + \gamma_t + \gamma_c t + \epsilon_{c,t}$

이 식에서 하첨자 c와 t는 각각 시군구와 연도를 나타낸다. Y는 분만실까지의 거리, 분만 방식, 산모와 신생아 건강, 출산율 등의 결과를 나타낸다. $Treat$는 분만실이 폐쇄된 시군구는 1의 값을, 그렇지 않은 시군구는 0의 값을 가지는 더미변수, $Closed$는 마지막 남은 분만실이 폐쇄된 다음 연도부터 1의 값을, 그 이전에 대해서는 0의 값을 가지는 더미변수를 나타낸다. X는 남성과 여성 고용률, 인구밀도, 성비, 출산 전 여성의 건강 지표 등 시간에 따라 변하는 시군구 특성을 보여주는 변수들이다. $\gamma_c, \gamma_t, \gamma_c t, \epsilon_{c,t}$는 각각 시군구 고정효과, 연도 고정효과, 시군구별 시간 추세, 통상적인 오차항을 나타낸다.

이 분석에 이용된 변수 가운데 병원의 위치와 특성, 분만의 유형, 산모와 출생아의 건강 상태 같은 지표는 건강보험 맞춤형 DB에서 추정하였고, 합계출산율과 인구이동에 관한 변수는 각각 통계청 인구동향조사와 인구이동통계를 이용하여 생성하였다. 건강보험 DB를 이용한 분석의 경우, 자녀를 낳은 여성 표본과 이들이 낳은 자녀들의 기록과 연결한 데이터를 이용하였다. 분만실이 모두 폐쇄된 시군구를 특정하기 위해 2012년부터 2024년까지 보건복지부 연차 보고서에 기록된 산부인과 및 분만실이 없는 시군구 목록을 이용하였다. 그리고 건강보험 DB를 이용하여 이러한 시군구에서 실제로 분만이 없었는지를 확인한 후 변수를 생성하였다.

감사의 말

이 책을 쓰기까지 많은 사람의 도움을 받았다. 이 지면을 빌려 도움을 주신 분들에게 감사의 뜻을 표하고자 한다.

책 내용의 기초가 된 연구의 일부는 공동으로 수행된 것이다. 공동연구자인 컬럼비아대 레나 에드룬드 교수, 미시간대 박사과정 강민구 씨, 한국개발연구원(KDI) 권정현 박사, 위스콘신대 박사과정 김규연 씨, 경희대 김태훈 교수, 아주대 김정호 교수, 텍사스대 오스틴캠퍼스 박사과정 김한나 씨, 코넬대 박사과정 김혜원 씨, 서울대 박사과정 노신애 씨, 인천연구원 민규량 박사, 서울대 석사과정 신지원 씨, 노스캐롤라이나대 오서정 교수, 서울대 이서정 교수, 한국보건사회연구원 이소영 박사, 보스턴컨설팅그룹 이에스더 박사, 한국보건사회연구원 이지혜 박사, 부산대 주예진 교수, 서울대 국가미래전략원 황영지 박사, 서울대 황지수 교수께 감사한다.

이 가운데 김규연 씨, 김태훈 교수, 김한나 씨, 김혜원 씨, 노신애 씨, 민규량 박사, 오서정 교수, 이에스더 박사, 이지혜 박사, 주예진 교수, 황영지 박사는 필자의 연구조교로 다른 연구를 수행하는 데에도 많은 도움을 주었다.

이 책에 소개된 필자의 연구에 대학원생 조교로 참여했던 로체스터대 고은미 교수, 세종대 김경배 교수, 부경대 김혜진 교수, 오하이오주립대 박사과정 손원근 씨, 위스콘신대 박사과정 옥윤우 씨, 인천연구원 유근식 박사, 오하이오주립대 박사과정 이수진 씨, 한국은행 정종우 박사, 한국노동연구원 홍정림 박사의 도움에 감사한다. 그리고 현재 서울대 경제학부 대학원에 재학 중인 김상범, 김형석, 노신애, 문주호, 손효원, 한혜성 조교의 연구 보조에 고마움을 표한다.

서울대 경제학부의 동료 교수들, 특히 함께 세미나를 운영하는 응용미시경제학 분야 교수들의 도움과 조언에 감사한다. 필자가 인구 클러스터장으로 활동하면서 이 책이 다루는 주제에 관해 연구하도록 독려하고 지원해준 서울대 국가미래전략원의 김병연, 김준기 전 원장, 강원택 원장, 인구 클러스터 연구진께도 사의를 표한다.

책의 몇 부분에는 필자가 과거에 〈한국일보〉〈동아일보〉〈한겨레〉에 썼던 칼럼 내용의 일부가 녹아 있다. 인구문제에 관한 생각을 정리하고 나눌 수 있도록 지면을 내준 각 언론사에 감사하다. 첫 번째 책에 이어 필자의 두 번째 대중서가 독자를 만날 수 있도록 세심하게 애써준 남은경 편집자를 비롯한 위즈덤하우스 관계자들께도 고마운 마음을 전한다.

필자의 연구실 한편에는 '학이불사즉망(學而不思則罔), 사이불학즉태(思而不學則殆)'라는 글이 걸려 있다. 《논어》 위정편에 나오는 말로 '배우기만 하고 생각하지 않으면 얻는 것이 없고, 생각만 하고 배우지 않으면 위태롭다'라는 뜻이다. 2002년 4월 필자가 부교

수로 승진했을 때 필자의 부친께서 손수 쓰셔서 액자에 담아 주신 글이다.

　공직자로 사시다가 은퇴하신 아버지는 배우기를 멈춘 적이 없었으며, 읽고 쓰는 일이 평생의 낙이었다. 여건과 기회가 주어졌다면 아마 행복한 학자로 사셨으리라. 책을 쓰는 데 직접 도움을 주신 바는 없지만 필자가 이 작업을 하는 이유의 중요한 일부임을 느낀다. 필자의 책 출간을 조용히 기뻐하셨을 아버지는 5년 전 세상을 떠나셨다. 그분을 새삼 그리워하며, 이 책을 바친다.

• 주

1장

1. Ross Douthat, "Is South Korea Disappearing," *New York Times*, 2023년 12월 2일.
2. 이철희 (2024), 5장.
3. Wrigley and Schofield (1985), pp. 417~421.
4. Livi-Bacci (2001), p. 13.
5. 권태환·김두섭 (2002), p. 264.
6. Edlund and Lee (2013).
7. Livi-Bacci (2001), p. 14.
8. Schultz (1978).
9. Lindert (2004), chapter 5.
10. Goldin (1990), chapter 2.
11. Jayachandran and Lleras-Muney (2009).
12. Kussmaul (1981).
13. Conley and Glauber (2006), Lee (2006), Lee (2022).
14. Clark (2007).
15. Malthus (1798).
16. Woods (1995), p. 40.
17. Fogel (1991).
18. Preston and Haines (1991); Mokyer (1993); Cutler and Miller (2004); Troesken (2004).
19. Chandler (1977).
20. Goldin and Katz (2008).
21. Goldin (1991).
22. Goldin (1991); Greenwood, Seshadri, and Yorukoglu (2005).
23. Easterlin (1976).

24. Lee (2004).
25. [SDF] "한국, 문제 해결 실패 땐 세계 최초 인구 소멸 국가"…인구학 석학의 경고, SBS 뉴스 2024년 11월 12일.
26. 머스크, 한국 '인구 붕괴' 또 경고…"3분의 2가 사라질 것", 〈한겨레〉 2024년 11월 28일.
27. [단독] "30년 뒤, 한국은 없다" 전설적 투자자 단호한 '경고', JTBC 뉴스 2025년 2월 18일.
28. 이철희 (2024).
29. Morgan (2003).
30. Wrigley and Schofield (1985).
31. 이철희 (2024).
32. 폴 몰런드, 이재득 역 (2025).
33. 전광희 (2018).
34. 이철희 (2018).
35. 이철희 (2024).
36. Ehrlich and and Zhong (1998).

2장

1. Perkin (1969), p. 85.
2. Becker (1957, 1964, 1976, 1981, 1995).
3. Lundberg et al. (2016).
4. Cornelson and Siow (2016).
5. Lundberg et al. (2016).
6. Becker (1981).
7. Doepke, et al. (2022)
8. Goldin and Katz (1999).
9. Goldin and Katz (2008), chapter 7.

3장

1. 전근대사회에서 평균 출생아 수 결정과 관련된 서술은 Livi-Bacci (2001)의 1장을 주로 참고했다.

2. Wrigley and Schofield (1985).
3. Woods (1995), p. 34.
4. 이철희 (2012).
5. Edlund and Lee (2013); Lee and Lee (2025).
6. 이철희 (2019), 이철희·이소영 (2022).
7. 이철희 (2023a).
8. Fogel (1960).
9. 분석 기간 동안 20세 미만 여성에게서 태어나는 출생아 수는 매우 적었다. 20세 미만 여성 출산 출생아 수가 전체 출생아 수에서 차지하는 비율은 2012년 약 0.6%, 2021년 약 0.2%에 불과했다. (통계청, 2023)
10. 분석 기간 동안 절대다수의 출생아는 25~39세 여성에게서 태어났다. 이 연령층 산모의 출생아 수가 전체 출생아 수에서 차지하는 비중은 2002년 87.2%, 2012년 91.9%, 2022년 91%였다.
11. 이철희 (2019); 이철희·이소영 (2022).

4장

1. Clark (2007), chapter 6.
2. Clark (2007), p. 116.
3. 대부분 신생아가 병원에서 태어나기 때문에 각 소득분위에 속한 여성 가운데 몇 사람이 분만과 관련된 의료서비스를 받았는지를 알 수 있으면 소득분위별 합계출산율을 파악할 수 있다.
4. 통계청, 2024년 초중고 사교육비 조사 결과 보도자료, 2025년 3월 13일.
5. 교육부, 2024년 유아 사교육비 시험조사 주요 결과, 2025년 3월 14일.
6. 이철희 (2025).
7. 이철희·권정현·김태훈 (2024).
8. 고은미 (2011).
9. 이지영·고영선 (2024).
10. 2024년 2월 20일 MBC 〈100분 토론〉 중 서울대 김윤 교수 토론 내용.
11. 임금상승·근로시간 단축…정규직만 누렸다, 〈매일경제〉 2025년 4월 29일.
12. 통계청, 2024년 8월 경제활동인구 근로형태별 부가조사 결과 보도자료, 2024년 10월 22일.
13. 박종서 외 (2021).

14. 인구보건복지협회 (2022).
15. 김태훈 (2024).
16. 이 분석에서는 지역 학부모의 특성이 도구변수로 이용되었다.
17. Lee and Kang (2022).
18. 이철희·황영지 (2022).
19. 2010년 인구주택총조사 2% 표본에서 계산.
20. Dettling and Kearney (2014); Aksoy (2016).
21. 서미숙 (2014).
22. Han and Lee (2022).
23. 이철희 (2018).
24. 도난영·최막중 (2018).
25. 그린벨트 비중이 넓은 지역은 주택공급에 애로가 있어서 전국적인 주택수요 충격이 주택 가격 상승에 더 큰 영향을 미치는 경향이 있다. 그렇지만 주택공급 제한 지수가 결혼이나 출산에 직접적인 영향을 미치지는 않는다. 따라서 이 변수는 적절한 도구변수라고 할 수 있다.
26. Wriglely and Schofield (1985).
27. Hill (2015).
28. Schaller (2013).
29. Santos and Weiss (2016).
30. Ahn and Mira (2000).
31. Hofmann and Hohmeyer (2013); Modena, Rondinelli, and Sabatini (2014); Clark and Lepinteur (2022).
32. 안태현 (2010); 이상호·이상헌 (2010); 김성준 (2015).
33. 조성호·문승현 (2021).
34. Autor et al. (2019).
35. 2021년 하반기 지역별 고용 조사 원자료를 이용하여 계산한 20~44세 제조업과 비제조업 종사자의 월 평균임금은 각각 314만 원과 276만 원이었으며 상용직 비율은 각각 89.7%와 42.3%였다. 또한 2008년 20~49세 취업자의 제조업과 비제조업 월 평균임금은 각각 199만 원과 188만 원이었으며 상용직 비율은 각각 68.7%와 30.9%로 추정되었다.
36. 이철희 (2020).
37. 주예진·이철희 (2025).

5장

1. Easterlin (1974).
2. Easterlin (1995).
3. Layard (2006).
4. Marmot (2004).
5. 박종서 외 (2024).
6. 한국리서치 정기조사 여론 속의 여론, 2025년 7월 8일.
7. 이철희 (2025).
8. Feyrer et al. (2008).
9. Bertrand, Cortés, Olivetti & Pan (2016).
10. 안수지 (2024).
11. Yoo (2023).
12. 한국교육개발원·교육부, 시도 유초중등 교육통계, 한국청소년정책연구원 청소년정책분석평가센터 홈페이지에서 내려받았음.
13. Kim, Lee, and Oh (2025).
14. Edlund and Lee (2013).
15. 이철희 (2015), 《응용경제》.
16. Lee and Lee (2017).
17. 1991년 〈동아일보〉 조사 결과로, Kim, Lee, and Oh (2025)에서 재인용.
18. Kim, Lee, and Oh (2025).
19. Hwang, Lee, and Lee (2019).
20. Fluchtmann, Veen and Adema (2023).
21. 이철희·민규량 (2024).
22. Esaterlin (1978).
23. 20대 임금근로자 10명 중 4명은 비정규직…비중 역대 최고, 〈연합뉴스〉 2024년 10월 27일.
24. 지난해 '그냥 쉬는' 청년 41만1000명… 노인 일자리 시장도 '한파', 〈동아일보〉 2025년 1월 20일.
25. 7080보다 낮은 20대 임금상승률… 작년 1.6%로 사실상 뒷걸음, 〈동아일보〉 2025년 2월 13일.
26. Bocquet-Appel and Jakobi (1998).
27. Vitali and Franceso (2015).
28. Nicoletta and Nicola (2014).

29. 이철희·황영지 (2025).

6장

1. 이 예시는 이철희 (2018)의 내용에 기초한 것이다.
2. Mcnown and Ridao-Cano (2004); Milligan (2005); Ang (2015).
3. Riphahn and Wiynck (2017); Gonzalez (2013).
4. Cohen et al. (2013); Garganata et. al. (2017).
5. Gauthier and Hatzius (1997).
6. 이 분석 결과는 이철희 (2019c; 2023c)에 기초한 것이다.
7. 박창우·송헌재 (2014); Hong et al. (2016); 김우영·이정만 (2018); 이철희 (2019).
8. 김현숙 (2021).
9. 만 7세까지 지급되는 아동수당을 일시금으로 환산하면 840만 원이고, 첫만남이용권은 200만 원으로, 양육 방법에 따라 달라지는 부모급여를 제외하더라도 총지급액은 1,040만 원이다.
10. 이철희·이소영 (2023); 이철희 (2023d).
11. Kim, Lee, and Lee (2025), "Child Benefits and Fertility".
12. Kluve and Tamm (2013); Kluve and Schmitz (2018); Fontenay (2021).
13. Asai (2015).
14. 김정호 (2012).
15. 윤자영·홍민기 (2014).
16. Fontenay (2021).
17. Cygan-Rehm (2016).
18. Raute (2019).
19. 이철희·김정호·이소영·민규량 (2023), 2장.
20. 곽은혜 (2022).
21. Luci, Greulich, Thévenon (2013).
22. Olivetti and Petrongolo (2017).
23. 서민희·이혜민 (2014).
24. 김정호·홍석철 (2013).
25. 홍정림 (2013).
26. 민규량·이철희 (2020).

7장

1. 이철희 (2022); 이철희·김정호·이소영·민규량 (2024).
2. 통계청, 인구동향조사.
3. 김영란 외 (2021).
4. Lundberg, et al. (2016).
5. 〈조선일보〉 2021년 6월 21일 기사 내용을 홍석철 교수의 2023년 10월 10일 한국재정학회 정책토론회 발표 자료에서 재인용.
6. OECD Statistics.

8장

1. 이철희 (2024).
2. 여성전문 '제일병원' 폐원 위기…"진료·검사 불가", 〈연합뉴스〉 2018년 12월 30일.
3. 2025년 8월 28일 공개된 이개호 의원 발표 자료 내용을 2025년 9월 1일 〈베이비뉴스〉에서 인용.
4. 한국사회보장정보원, 연도별 어린이집 설치 현황.
5. 李대통령 6km 걸어다닌 모교…안동 삼계초교 9월 폐교하는 사연, 〈중앙일보〉 2025년 7월 1일.
6. 2024년 10월 9일 국회 교육위원회 정성국 의원 발표 자료.
7. 이철희·권정현·김태훈 (2024).
8. 아동도서 발행 부수 10년來 최저…"될만한 작품만 출간", 〈서울경제〉 2024년 8월 14일.
9. 출생아 64만→27만명…장난감 업체 10곳 중 7곳이 문 닫았다, 〈한국경제〉 2022년 8월 16일.
10. 한국농수산식품공사 식품산업 통계정보, 〈아시아경제〉 2024년 8월 20일 기사에서 인용.
11. 금융감독원 자료, 〈한국경제〉 2024년 3월 31일 기사에서 인용.
12. 완구시장 '큰 손' 된 2030…정작 아이들은 "빌려써요", 〈서울경제TV〉 2025년 1월 27일.
13. "분유·우유만 팔다간 망하게 생겼다"…생존 위기 몰린 유업계[산업 덮친 인구소멸], 〈아시아경제〉 2024년 8월 20일.
14. 아기 울음소리 뚝…그래도 쑥쑥 크는 아동복 시장, 왜?, 〈머니투데이〉 2025년 3월

27일.
15. "우리 딸, '구찌' 입어요"…명품 아동복에 수백만원 쓰는 엄빠들, 왜냐구요? [이슈, 풀어주리], 〈서울경제〉 2023년 5월 5일.
16. Mulligan and Sala-i-Martin (1999).

9장

1. 이승은 (2023).
2. "한국 인재 유출, 걷잡을 수가 없다"…작년 5800명 미국행, 7년만에 최대, 〈매일경제〉 2025년 8월 16일.
3. 김천구 (2025).
4. '웨이팅게일' 된 간호사, 한국 떠난다, 〈서울경제〉 2025년 4월 12일.
5. 원양업계, 선장 등 고급사관 해외 유출 '심각', 〈현대해양〉 2024년 5월 10일.
6. 김천구 (2025).
7. OECD 교육지표 2025, 2025년 9월 9일 교육부 보도자료.
8. 올해 국공립 어린이집 540곳 늘어난다, 〈동아일보〉 2024년 1월 14일.
9. 앞의 기사.
10. 전공의 돌아왔지만… 수도권·인기과로 몰렸다, 〈파이낸셜뉴스〉 2025년 9월 2일.
11. 지역필수의사제 지원율 65%…산부인과 0명·흉부외과 2명 불과, 〈뉴시스〉 2025년 9월 15일.
12. 남들과 조금 다른 우리 아이… 적합한 교육법 없을까?, 〈미주한국일보〉 2025년 3월 17일.

● **참고 문헌**

고은미 (2011) "1999~2008년 한국에서 대졸자 간 임금 격차의 변화"《노동경제논집》 34(1), 103-138.

곽은혜 (2022) "육아휴직급여 확대가 출산 결정에 미치는 영향"《노동경제논집》 45(3), 43-69.

권태환·김두섭 (2002)《인구의 이해》서울대학교 출판부.

김성준 (2015) "왜 결혼이 늦어지는가?"《노동경제논집》38(4), 57-81.

김영란·주재선·정가원·배호중·선보영·최진희·김수진·이진숙 (2021) "비혼동거 실태 분석 연구: 2020년 가족실태조사 부가 연구" 한국여성정책연구원 연구보고서.

김우영·이정만 (2018) "출산장려금의 출산율 제고 효과: 충청지역을 대상으로"《노동정책연구》18(2), 61–98.

김정호 (2012) "육아휴직 지원과 여성의 노동공급"《KDI Journal of Economic Policy》 34(1), 169-197.

____·홍석철 (2013) "보육료 지원의 여성 노동공급 및 출산 효과 분석" 현진권 외《보육정책의 논쟁과 추진과제》제3장, 한국경제연구원.

김천구 (2025) "한국의 고급인력 해외유출 현상의 경제적 영향과 대응방안"《SGI 브리프》32, 대한상공회의소.

김태훈 (2024) "사교육비 지출 증가가 출산율에 미치는 영향" 2025년 제37회 인구 클러스터 포럼 발표.

김현숙 (2021) "중앙과 지방정부 출산율 제고 정책 효과성 분석: 유배우 출산율을 중심으로"《여성경제연구》18(2), 23-47.

도난영·최막중 (2018) "지역주택가격이 결혼연령 및 첫째, 둘째 자녀 출산 시점에 미치는 영향"《주택연구》 26(2), 163-189.

민규량·이철희 (2020) "보편적 보육료 지원정책이 여성 노동공급과 출산율에 미친 영향"《노동경제논집》 43(4), 143-177.

박종서·이지혜·정희선·이소영·장인수·최선영·이혜정 (2024)《2024년도 가족과 출산 조사》, 한국보건사회연구원 연구보고서.

박종서·임지영·김은정·변수정·이소영·장인수·조성호·최선영·이혜정·송지은 (2021)《2021년도 가족과 출산 조사》, 한국보건사회연구원 연구보고서.

박창우·송헌재 (2014) "출산장려금 정책이 출산에 미치는 영향 추정"《응용경제》 16(1), 5-34.

서문희·이혜민 (2014)《영유아 교육·보육 재정 증가 추이와 효과: 2004-2014》육아정책연구소 연구보고서.

서미숙 (2013) "주택가격 변화에 따른 여성 출산율에 관한 연구"《여성경제연구》 10(1), 63-79.

안수지 (2024) "지표를 통해 살펴본 일·가정 양립 현황과 미래 과제"《Futures Brief》 24(9) 국회미래연구원.

안태현 (2010) "남성의 고용상황과 결혼 형성"《노동정책연구》 10(3), 35-64.

윤자영·홍민기 (2014) "육아휴직제도의 여성 고용 효과: 정액제에서 정률제 급여제도로의 변화를 중심으로"《노동정책연구》 14(4), 31-57.

이상호·이상헌 (2011) "저출산·인구고령화의 원인: 결혼결정의 경제적 요인을 중심으로"《경제분석》 17(3), 131-166.

이승은 (2023) "부모의 학대가 자녀의 대학 진학 및 노동시장 성과에 미치는 영향" 서울대학교 대학원 박사학위논문.

이이나·서정애·조애진 (2022) "[저출산 인식조사] 9차 워킹대디가 경험하는 육아와 일" 한국인구보건복지협회 연구보고서.

이지영·고영선 (2023) "대학 서열과 생애 임금격차"《경제학 연구》 71(2), 155-204.

이지혜·이철희 (2024a) "돌봄서비스 수요 추정을 위한 장래가구추계"《한국 인구학》 47(1), 73-108.

_____ (2024b) "인구·가구구조 변화에 따른 영유아 돌봄서비스 장래 수요 추계"《경제학 연구》 72(3), 75-111.

이철희 (2012) "한국의 합계출산율 변화요인 분해: 혼인과 유배우 출산율 변화의 효과"《한국 인구학》 35(3), 117-144.

___ (2013) "경제적 변화와 아들 선호: 한국 여성의 노동시장 성과와 출생성비"《응용경제》 15(1), 219-246.

___ (2018) "한국의 출산장려정책은 실패했는가?: 2000년~2016년 출산율 변화요인 분해"《경제학 연구》 66(3), 5-42.

___ (2019a) "출생아 수 변화 분석과 장래 전망"《한국경제의 분석패널》 25(1), 37–77.

___ (2019b) "출생아 감소와 노동정책" 이소영 외《출생 및 인구 규모 감소와 미래 사회정책》(pp. 217-277) 보건사회연구원.

___ (2019c) "지자체 출산지원금의 효과-아동수당의 기대효과에 대한 시사점" 김미곤 외《아동수당 및 출산·양육 지원체계 발전방안 연구》 제6장, 보건사회연구원 정책보고서.

___ (2019d) "결혼과 출산의 소득계층 및 사회경제적 지위 간 격차 분석" 강동수 외《저출산에 대응한 통합적 정책 방안》(pp. 41-67) 경제인문사회연구회 협동연구총서.

___ (2020) "지역 일자리 질이 결혼과 출산에 미친 영향: 이천과 포항/광양의 사례를 중심으로"《기업시민 리서치》 6호. 포스텍 지속가능 연구소.

___ (2022a) "장래 인구변화가 노동투입 규모에 미치는 영향"《노동경제논집》 45(2), 37-68.

___ (2022b) "저출산 대응 정책 효과의 이질성 분석: 현금지원 및 보육지원 정책의 소득분위별 효과"《한국경제포럼》 15(3), 53-85.

___ (2022c) "영아기 집중투자 사업의 계량적 평가방안 이소영 외《영아기 집중투자 사업 평가방안》 제5장, 한국보건사회연구원 정책보고서.

___ (2023a) "일자리 질이 결혼과 출산에 미치는 영향: 지역 제조업 고용 비율의 효과" 《한국경제연구》 41(2), 5-34.

___ (2023b) "1992년~2021년 한국 출생아 수 변화 요인 분해: 여성인구, 결혼, 자녀수별 유배우 출산율 변화의 효과" 《한국 인구학》 46(3), 79-110.

___ (2023c) "아동 대상 현금지원 정책 효과 분석" 이소영 외 《인구변화 대응 아동수당 정책의 재정 전망 및 개선 방안》 제3장, 한국보건사회연구원 연구보고서.

___ (2023d) "육아기본수당의 효과성 평가" 이소영 외 《제2차 육아기본수당 정기 평가》 보건사회연구원 용역보고서.

___ (2024) 《일할 사람이 사라진다: 새로 쓰는 대한민국 인구와 노동의 미래》 위즈덤하우스.

___ (2024) "부모급여 및 첫만남이용권 효과 계량적 평가" 이소영 외 《부모급여 및 첫만남이용권 성과평가와 체감도 제고 방안 연구》 제5장, 한국보건사회연구원.

___·권정현·김태훈 (2025) 《인구변화의 주요 부문별 전망과 대응 방향 연구》, 보건복지부 보고서.

___·김규연 (2019) "선진국의 역사적 사례에 기초한 여성 경제활동인구 변화 전망: 인구구조 변화가 노동인력 규모에 미치는 영향에 대한 함의" 《노동경제논집》 42(4), 1-29.

___·김대일·이영욱·이소영 (2022) "왜 출생아 수가 감소하는가?-실증적인 근거를 찾아서" 《경제논집》 61(2), 1-40.

___·김정호·이소영·민규량 (2023) 《저출산 정책 평가 및 핵심과제 선정 연구》, 저출산·고령사회위원회 보고서.

___·노신애 (2025) "압축성장과 저출산" 미발표 논문.

___·민규량 (2024) "노동시장 여건이 여성의 결혼과 출산에 미치는 영향" 《노동경제논집》 47(2), 1-30.

___·이소영 (2022) "현금지원이 유배우 출산율에 미치는 효과: 강원도 육아기본수당 지급 사례로부터의 증거" 《경제학 연구》 70(2), 61-93.

_____ (2024) "지역 고용이 결혼과 출산에 미치는 영향의 성별 차이-결혼·출산의 페널티에 대한 함의"《페미니즘 연구》24(2), 3-50.

___ · 황영지 (2022) "한국의 지역 간 인구 불균형 확대의 인구학적 요인 분석"《한국인구학》45(2), 105-135.

_____ (2025) "결혼과 출산의 이웃 효과" 미발표 논문.

전광희 (2018) "유럽의 인구동향 및 저출산 대응 가족정책과 한국 인구정책의 과제"《사회과학연구》29(1), 219-237.

조성호·문승현 (2021) "일자리 관련 요인과 출산 의향에 관한 연구"《보건사회연구》41(4), 262-279.

주예진·이철희 (2024) "현금성 출산 지원정책의 한계 효과 평가"《한국경제연구》42(3), 35-70.

통계청 (2010)《인구주택총조사 2% 표본》.

___ (2021)《지역별 고용조사》.

___ (2023)《인구동향조사》.

홍정림 (2013) "보육비 지원 정책의 효과성 분석"《한국 인구학》36(4), 95-118.

Ahn, N. and Mira, P. (2001) "Job Bust, Baby Bust?: Evidence from Spain" *Journal of Population Economics*, 14(3), 505 – 521.

Aksoy, C. G. (2016) "Short-Term Effects of House Prices on Birth Rates" EBRD, Working Paper No. 192.

Ang, X. L. (2015) "The Effects of Cash Transfer Fertility Incentives and Parental Leave Benefits on Fertility and Labor Supply: Evidence from Two Natural Experiments" *Journal of Family and Economic Issues*, 36(2), 263 – 288.

Asai, Y. (2015) "Parental leave reforms and the employment of new mothers: Quasi-experimental evidence from Japan" *Labour Economics*, 36, 72 – 83.

Autor, D., Dorn, D. and Hanson, G. (2019b) "When Work disappears: manufacturing decline and the falling marriage market value of young men" *American Economic Review Insights*, 1(2), 161–178.

Balbo, N. and Barban, N. (2014) "Does Fertility Behavior Spread among Friends?" *American Sociological Review*, 79(3), 412–431.

Becker, G. S. (1957) *The Economics of Discrimination*, The University of Chicago Press.

___ (1964) *Human capital: A theoretical and empirical analysis, with special reference to education*, University of Chicago Press.

___ (1976) *The economic approach to human behavior*, University of Chicago Press.

___ (1981) "Altruism in the Family and Selfishness in the Market Place" *Economica*, 48(189), 1–15.

___ (1981) *A Treatise on the Family*, Harvard University Press, Cambridge.

___ (1995) "The Economics of Crime" *Cross Section*, Fall(12), 8–15.

Bertrand, M., Cortes, P., Olivetti, C. and Pan, J. (2016) "Social norms, labor market opportunities, and the marriage gap for skilled women" *SSRN Electronic Journal*.

Bocquet-Appel, J. P. and Jakobi, L. (1998) "Evidence for a Spatial Diffusion of Contraception at the Onset of the Fertility Transition in Victorian Britain" *Population: An English Selection*, 10(1), 181–204.

Chandler, A. D. (1977) *The Visible Hand: The Managerial Revolution in American Business*, Harvard University Press.

Clark, G. (2007) *A Farewell to Alms: A Brief Economic History of the World (STU-Student edition)*, Princeton University Press.

Clark, A. E. and Lepinteur, A. (2020) "A natural experiment on job insecurity and fertility in France" *The Review of Economics and Statistics*, 104(2), 386–398.

Cohen, A., Dehejia, R. H. and Romanov, D. (2013) "Do financial incentives affect fertility?" *Review of Economic and Statistics*, 95(1), 1–20.

Conley, D. and Glauber, R. (2006) "Parental educational investment and children's academic risk: Estimates of the impact of sibship size and birth order from exogenous variation in fertility" *Journal of Human Resources*, 41(4), 722-737.

Cornelson, K. and Siow, A. (2016) "A Quantitative Review of Marriage Markets: How Inequality is Remaking the American Family by Carbone and Cahn" *Journal of Economic Literature*, 54(1), 193-207.

Cutler, D. and Miller, G. (2004) "The Role of Public Health Improvements in Health Advances: The 20th Century United States" *Demography*, 42, 1-22.

Cygan-Rehm, K. (2016): "Parental Leave Benefit and Differential Fertility Response: Evidence from a German Reform," *Journal of Population Economics* 29, 73-103.

Dettling, L. J. and Kearney, M. S. (2014) "House prices and birth rates: The impact of the real estate market on the decision to have a baby" *Journal of Public Economics*, 110, 82-100.

Doepke, M., Hannusch, A., Kindermann, F. and Tertilt, M. (2022) "The Economics of Fertility: A New Era" NBER Working Paper, No. 29948.

Easterlin, R. A. (1974) "Does Economic Growth Improve the Human Lot? Some Empirical Evidence" In David, P. A. and Reder, M. W. (Eds.), *Nations and Households in Economic Growth* (pp. 89-125) Academic Press.

___ (1976) "Population Change and Farm Settlement in the Northern United States" *The Journal of Economic History*, 36(1), 45-75.

___ (1976) "The Conflict between Aspirations and Resources" *Population and Development Review*, 2, 417.

___ (1978) "What Will 1984 Be Like? Socioeconomic Implications of Recent Twists in Age Structure" *Demography*, 15(4), 397-432.

___ (1995) "Will raising the incomes of all increase the happiness of all?" *Journal of Economic Behavior & Organization*, 27(1), 35-47.

Edlund, L. and Lee, C. (2013) "Son preference, sex selection and economic development: The case of South Korea" NBER Working Paper, No. w18679.

Ehrlich, I. and Zhong, J.-G. (1998) "Social Security and the Real Economy: An Inquiry into Some Neglected Issues" *The American Economic Review*, 88(2), 151 – 157.

Feyrer, J., Sacerdote, B. and Stern, A. D. (2008) "Will the Stork Return to Europe and Japan? Understanding Fertility within Developed Nations" *The Journal of Economic Perspectives*, 22(3), 3 – 22.

Fluchtmann, J., Van Veen, V. and Adema, W. (2023) "Fertility, employment and family policy" In OECD Social Employment and Migration Working Papers.

Fogel, R. W. (1960) *The Union Pacific railroad*, Johns Hopkins Press.

___ (1991) "The Conquest of High Mortality and Hunger in Europe and America: Timing and Mechanisms" In Higonnet, P., Landes, D. S. and Rosovsky, H. (Eds.), *Favorites of Fortune: Technology, Growth, and Economic Development since the Industrial Revolution* (pp.35-71), Harvard University Press.

Fontenay, S. (2021) "How Does Maternity Leave Allowance Affect Fertility and Career Decisions" Manuscript, Université Libre de Bruxelles.

Garganta, S., Gasparini, L. and Marchionni, M. (2017) "Cash transfers and female labor force participation: the case of AUH in Argentina" IZA *Journal of Labor Policy*, 6(10)

Gauthier, A. H. and Hatzius, J. (1997) "Family Benefits and Fertility: An Econometric Analysis" *Population Studies*, 51(3), 295 – 306.

Goldin, C. (1990) *Understanding the Gender Gap*, Oxford University Press.

___ (1991) "The Role of World War II in the Rise of Women's Employment" *The American Economic Review*, 81(4), 741 – 756.

___ and Katz, L. F. (1999) "Human Capital and Social Capital: The Rise of Secondary Schooling in America, 1910-1940" *The Journal of Interdisciplinary History*, 29(4), 683 – 723.

___ (2008) *The Race between Education and Technology*, Harvard University Press.

González, L. (2013) "The effect of a universal child benefit on conceptions, abortions, and early maternal labor supply" *American Economic Journal Economic Policy*, 5(3), 160 – 188.

Greenwood, J., Seshadri, A. and Vandenbroucke, G. (2005) "The baby boom and baby bust" *American Economic Review*, 95(1), 183 – 207.

Han, J. and Lee, Y. (2022) "The Effects of Housing Prices and Rents on Birth Rates: Evidence from Korea" Working Paper.

Hill, M. J. (2015) "Love in the Time of the Depression: The Effect of Economic Conditions on Marriage in the Great Depression" *The Journal of Economic History*, 75(1), 163 – 189.

Hofmann, B. and Hohmeyer, K. (2013) "Perceived economic uncertainty and fertility: evidence from a labor market reform" *Journal of Marriage and Family*, 75(2) 503 – 521.

Hong, S. C., Kim, Y. I., Lim, J. Y. and Yeo, M. Y. (2016) "Pro-natalist cash grants and fertility: A panel analysis" *Korean Economic Review*, 32(2), 331-354.

Hwang, J., Lee, C. and Lee, E. (2019) "Gender norms and housework time allocation among dual-earner couples" *Labour Economics*, 57, 102-116.

Jayachandran, S., and Lleras-Muney, A. (2009) "Life Expectancy and Human Capital Investments: Evidence from Maternal Mortality Declines" *The Quarterly Journal of Economics*, 124(1), 349 – 397.

Joo, Y. and Lee, C. (2025) "The Impact of Income Inequality and Income on Fertility Rates" Working Paper, Seoul National University.

Kim, H., Lee, C. and Oh, S. (2025) "Parental Gender Norms and College Major Choice" Paper presented at the AASLE.

Kim, H. and Lee, C. (2025) "The Effect of Local Maternity Ward Closure on Health and Demographic Outcomes" Working Paper.

Kim, T., Lee, C. and Lee, S. (2025) "Child Benefits and Fertility" Working Paper.

Kluve J. and Schmitz, S. (2018) "Back to Work: Parental Benefits and Mothers' Labor

Market Outcomes in the Medium Run" *ILR Review*, 71(1), 143-173.

Kluve, J. and Tamm, M. (2013) "Parental leave regulations, mothers' labor force attachment and fathers' childcare involvement: evidence from a natural experiment" *Journal of Population Economics*, 26(3), 983-1005.

Kussmaul, A. (1981) *Servants in Husbandry in Early Modern England*, Cambridge University Press.

Layard, R. (2006) "Happiness and Public Policy: A Challenge to the Profession" *The Economic Journal*, 116(510), C24-C33.

Lee, C. (2004) "Intra-household transfers and old-age security in America, 1890-1950" *International Economic Journal*, 18(1), 79-102.

___ (2022) *Early-Life Determinants of Health and Human Capital Formation-Evidence from Natural Experiments in Korea*, Seoul National University Press.

___ and Hong. J. (2017) "Income, Health, and Suicide: Evidence from Individual Panel Data in Korea" *Seoul Journal of Economics*, 30(4), 385-408.

___ and Kang, E. (2022) "Generation Uphill: Housing Cost, Migration, and Commuting Time of the Young in South Korea" *Seoul Journal of Economics*, 35(1), 1-31.

___ and Lee, E. (2015) "Son Preference, Sex-Selective Abortion, and Parental Investment in Girls in South Korea: Evidence from the Year of the White Horse" Paper presented at the 2015 NBER Cohort Studies Meeting.

Lindert, P. H. (2004) *Growing Public: Social Spending and Economic Growth since the Eighteenth Century*, Cambridge University Press.

Livi-Bacci, M. (2001) *A Concise History of World Population*, Wiley.

Luci-Greulich, A. and Thévenon, O. (2013) "The Impact of Family Policies on Fertility Trends in Developed Countries / L'influence des politiques familiales sur les tendances de la fécondité des pays développés" *European Journal of Population / Revue Européenne de Démographie*, 29(4), 387-416.

Lundberg, S., Pollak, R. A. and Stearns, J. (2016b) "Family inequality: diverging patterns in marriage, cohabitation, and childbearing" *The Journal of Economic Perspectives*, 30(2), 79-102.

Malthus, T. (1798) *An Essay on the Principle of Population*, Oxford University Press.

Marmot, M. (2004) "Status syndrome" *Significance*, 1(4), 150-154.

Mcnown, R. and Ridao-Cano, C. (2004) "The effect of child benefit policies on fertility and female labor force participation in Canada" *Review of Economics of the Household*, 2(3), 237-254.

Milligan, K. (2005) "Subsidizing the Stork: New evidence on tax incentives and fertility" *The Review of Economics and Statistics*, 87(3), 539-555.

Modena, F., Rondinelli, C. and Sabatini, F. (2014) "Economic Insecurity and Fertility Intentions: The Case of Italy" *Review of Income and Wealth*, 60(1), 233-255.

Mokyr, J. (1993) "Technological Progress and the Decline of European Mortality" *The American Economic Review*, 83(2), 324-330.

Morgan S. P. (2003) "Is low fertility a twenty-first-century demographic crisis?" *Demography*, 40(4), 589-603.

Morland, P. (2025) 《최후의 인구론 (이재득 역)》 미래의창.

Mulligan, C. B. and Sala-i-Martin, F. X. (1999) "Gerontocracy, Retirement, and Social Security" NBER Working Paper, No. w7117.

Olivetti, C. and Petrongolo, B. (2017) "The Economic Consequences of Family Policies: Lessons from a Century of Legislation in High-Income Countries" *The Journal of Economic Perspectives*, 31(1), 205-230.

Perkin, H. J. (1969) *The origins of modern English society 1780-1880*, Routledge & K. Paul.

Preston, S. H. and Haines, M. R. (1991) *Fatal Years: Child Mortality in Late Nineteenth-Century America*, Princeton University Press.

Raute, A. (2019) "Can Financial Incentives Reduce the Baby Gap? Evidence from a Reform in Maternity Leave Benefits," *Journal of Public Economics* 169, 203-222.

Riphahn, R. T. and Wiynck, F. (2017) "Fertility effects of child benefits" *Journal of Population Economics*, 30(4), 1135 – 1184.

Santos, C. and Weiss, D. (2016) "WHY NOT SETTLE DOWN ALREADY? A QUANTITATIVE ANALYSIS OF THE DELAY IN MARRIAGE" *International Economic Review*, 57(2), 425 – 452.

Schaller, J. (2013) "For richer, if not for poorer? Marriage and divorce over the business cycle" *Journal of Population Economics*, 26(3), 1007 – 1033.

Schofield, R. S. and Wrigley, E. A. (1985) "Population and economy: From the traditional to the modern world" *Journal of Interdisciplinary History*, 561-569.

Schultz T. P. (1978) "Fertility and child mortalilty over the llfe cycle: aggregate and additional evidence" *The American economic review*, 68(2), 208 – 215.

Troesken, W. (2004) *Water, race, and disease*, The MIT Press.

Vitali, A. and Billari, F. C. (2015) "Changing Determinants of Low Fertility and Diffusion: a Spatial Analysis for Italy" *Population Space and Place*, 23(2)

Woods, R. (1995) *The population of Britain in the nineteenth century*, Cambridge University Press.

Wrigley, E. A. and Schofield, R. S. (1989) *The Population History of England 1541-1871*, Cambridge University Press.

Yoo, I. (2023) "Essays on the Health, Family, and Labor Supply of Elderly and Women" Doctoral dissertation, Seoul National University.

인구에서 인간으로

초판 1쇄 인쇄 2025년 12월 4일
초판 1쇄 발행 2025년 12월 17일

지은이 이철희
펴낸이 최순영

출판2 본부장 박태근
경제경영 팀장 류혜정
편집 남은경
디자인 윤정아
본문 조판 및 그래프 디자인 황성실

펴낸곳 ㈜위즈덤하우스 **출판등록** 2000년 5월 23일 제13-1071호
주소 서울특별시 마포구 양화로 19 합정오피스빌딩 17층
전화 02) 2179-5600 **홈페이지** www.wisdomhouse.co.kr

ⓒ 이철희, 2025

ISBN 979-11-7591-012-6 03320

- 이 책의 전부 또는 일부 내용을 재사용하려면 반드시 사전에 저작권자와 ㈜위즈덤하우스의 동의를 받아야 합니다.
- 인쇄·제작 및 유통상의 파본 도서는 구입하신 서점에서 바꿔드립니다.
- 책값은 뒤표지에 있습니다.